AF720933

«Ich scheiße auf die Trauerzeit, Konsul, Ihr werdet mir jetzt zuhören. Kaiser Gaius hat mich geschickt, damit ich Euch Tiberius' Testament übergebe und Euch auffordere, es für nichtig zu erklären.»

Proculus wurde unsicher. «Mit welcher Begründung könnten wir das Testament eines Kaisers ändern?»

«Mit der Begründung, dass er nicht mehr klar bei Sinnen war, als er es niederlegte. Und wenn Euch das nicht genügt, hört Ihr dies?» Macro machte eine Handbewegung zur Tür; der Lärm, der von draußen hereindrang, klang jetzt bedrohlich. «Das ist das Volk, das einen einzigen Mann zum Herrscher will, nicht einen Mann und einen Knaben. Ich kann Euch versprechen, dass keiner von Euch hier lebend rauskommt, bevor Ihr es ändert. Und wenn Ihr schon einmal dabei seid, schlage ich vor, Ihr sprecht dem Kaiser sämtliche Titel und Ehren zu, von denen Ihr denkt, sie könnten ihm gefallen. Anschließend könnt Ihr verdammt noch mal abstimmen, so viel Ihr wollt.» Macro warf dem Konsul die Röhre mit dem Dokument zu, machte auf dem Absatz kehrt und marschierte mit seiner Eskorte hinaus.

Robert Fabbri, geboren 1961, lebt in London und Berlin. Er arbeitete nach seinem Studium an der University of London 25 Jahre lang als Regieassistent und war an so unterschiedlichen Filmen beteiligt wie «Die Stunde der Patrioten», «Hellraiser», «Hornblower» und «Billy Elliot – I Will Dance». Aus Leidenschaft für antike Geschichte bemalte er 3500 mazedonische, thrakische, galatische, römische und viele andere Zinnsoldaten – und begann schließlich zu schreiben. Mit seiner epischen historischen Romanserie «Vespasian» über das Leben des späteren römischen Kaisers wurde Robert Fabbri in Großbritannien Bestsellerautor.

Mehr zum Autor und zu seinen Büchern:
www.robertfabbri.com

ROBERT FABBRI

VESPASIAN

DER FALSCHE GOTT

Historischer Roman

Aus dem Englischen
von Anja Schünemann

Rowohlt Taschenbuch Verlag

Die Originalausgabe erschien 2013 unter dem Titel
«Vespasian. False God of Rome»
bei Corvus / Atlantic Books, Ltd., London.

5. Auflage Dezember 2025
Veröffentlicht im Rowohlt Taschenbuch Verlag,
Rowohlt Verlag GmbH, Kirchenallee 19, 20099 Hamburg

Deutsche Erstausgabe
Zuerst veröffentlicht im Rowohlt Taschenbuch Verlag,
Reinbek bei Hamburg, Februar 2019
Copyright © 2019 by Rowohlt Verlag GmbH, Reinbek bei Hamburg
«Vespasian. False God of Rome» Copyright © 2013 by Robert Fabbri
Redaktion Tobias Schumacher-Hernández
Die Nutzung unserer Werke für Text- und Data-Mining
im Sinne von § 44b UrhG behalten wir uns explizit vor.
Umschlaggestaltung Hauptmann & Kompanie Werbeagentur, Zürich,
nach der Originalausgabe von Atlantic Books Ltd.
Umschlagabbildung Tim Byrne
Satz aus der Stempel Garamond bei hanseatenSatz-bremen, Bremen
Printed in Germany
ISBN 978-3-499-27514-2

Kontaktadresse nach EU-Produktsicherheitsverordnung:
produktsicherheit@rowohlt.de

Für Anja Müller,
ohne die dieses Buch nicht entstanden wäre.
Willst du mich heiraten, meine Liebste?

Prolog

Jerusalem,
April A. D. 33

Ein Klopfen an der Tür riss Titus Flavius Sabinus aus dem Schlaf. Als er die Augen aufschlug, wusste er im ersten Moment nicht, wo er sich befand. Er hob hastig den Kopf von der Tischplatte und schaute sich im Raum um. Durch ein schmales, offenes Fenster drang noch genügend Dämmerlicht herein, sodass er die fremde Umgebung ausmachen konnte: seine Amtsstube im Turm der Burg Antonia. Draußen vor dem Fenster ragte der Tempel hoch in den Himmel auf. Seine mit weißem Marmor verkleideten Mauern waren in rötliches Licht getaucht, und das Blattgold, mit dem das Dach verziert war, glänzte in der untergehenden Sonne. Das heiligste Bauwerk der Juden war so gewaltig, dass die mächtigen Säulen um den rechteckigen Hof dagegen klein wirkten. Diese wiederum ließen die zahlreichen Gestalten, die zwischen ihnen herum und kreuz und quer über den riesigen Hof liefen, winzig wie Ameisen erscheinen.

Der Blutgeruch von Tausenden Lämmern, die im Tempelkomplex für das Pessachmahl an diesem Abend geschlachtet wurden, durchzog die kühle Luft. Sabinus fröstelte; während seines kurzen Schlummers war er ausgekühlt.

Es klopfte wieder, diesmal nachdrücklicher.

«Quästor, seid Ihr da?», rief jemand.

«Ja, herein», erwiderte Sabinus und schob rasch die Schriftrollen auf dem Tisch so zurecht, dass es aussah, als wäre er in seine Arbeit vertieft gewesen, statt sich bei einem spätnachmittäglichen Nickerchen von der zweitägigen Reise von Caesarea – der Provinzhauptstadt von Judäa – nach Jerusalem zu erholen.

Die Tür wurde geöffnet, ein Auxiliarcenturio marschierte herein und stand vor dem Schreibtisch stramm, den Helm mit dem quer verlaufenden Helmbusch steif unter dem linken Arm. «Centurio Longinus von der Kohorte Prima Augusta, zu Diensten, Herr», bellte er. Sein Gesicht war vom jahrelangen Dienst im Osten gebräunt und faltig wie altes Leder.

«Was gibt es, Centurio?»

«Zwei Juden bitten um eine Audienz beim Präfekten, Herr.»

«Dann bringt sie zu ihm.»

«Er speist mit einem jüdischen Prinzen aus Idumäa und mehreren Parthern, die gerade in die Stadt gekommen sind. Er ist betrunken wie ein Legionär beim Ausgang und sagte, Ihr solltet Euch um sie kümmern.»

Sabinus knurrte. Seit er vor zehn Tagen nach Judäa entsandt worden war, um auf Geheiß seines Vorgesetzten – des Statthalters von Syrien, der die oberste Amtsgewalt über Judäa innehatte – die Steuereinnahmen zu prüfen, hatte er bereits genug mit dem Präfekten Pontius Pilatus zu tun gehabt, um ohne weiteres zu glauben, was der Centurio berichtete. «Sagt ihnen, sie sollen morgen wiederkommen, wenn der Präfekt zugänglicher ist», befahl er abwehrend.

«Das habe ich, Herr, aber einer von ihnen ist ein Hauptmann der Tempelwache, der vom Hohepriester Kajaphas geschickt wurde. Er hat nachdrücklich betont, er habe Informationen über etwas, das angeblich heute Abend nach dem Pessachmahl geschehen soll.»

Sabinus seufzte. Obgleich neu in der Provinz, war er über die komplexen politischen Fehden zwischen Roms unbotmäßigen Untertanen schon genügend im Bilde, um zu wissen, dass Kajaphas seine Position der Gunst Roms verdankte und daher gewissermaßen ein Verbündeter war. Der beste, den er unter der überwiegend feindseligen jüdischen Bevölkerung dieser spannungsgeladenen Stadt finden würde. Jetzt, da Jerusalem anlässlich des Pessachfestes zum Bersten voll mit Pilgern war, wäre es politisch äußerst ungeschickt, einen Verbündeten zu brüskieren. Wegen ebendieses Festes waren er und der Präfekt überhaupt hierhergekommen, um die Lage in der Stadt im Auge zu behalten.

«Also gut, Centurio, führt sie herauf.»

«Es wäre besser, wenn Ihr herunterkommt, Herr, damit wir dafür sorgen können, dass sie Euch nicht zu nahe kommen.» Longinus zog zwei kurze Krummdolche aus seinem Gürtel. «Diese haben wir bei dem anderen Mann gefunden, sie waren in seiner Kleidung versteckt.»

Sabinus nahm die Waffen und betrachtete die rasiermesserscharfen Klingen. «Was sind das für Dolche?»

«*Sicae*, Herr. Das bedeutet, dass er ein *Sicarius* ist.»

Sabinus schaute den Centurio verständnislos an.

«Die *Sicarii* sind Meuchelmörder, die aus religiösen Gründen töten, Herr», erklärte Longinus. «Sie glauben, das Werk ihres Gottes zu tun, indem sie jene beseitigen, die sie für unrein und für Gotteslästerer halten – und das ist so ziemlich jeder, der nicht ihrer Sekte angehört. Ein solcher Mann würde nicht vor einem Mordanschlag auf Euch zurückschrecken, auch wenn es ihn selbst das Leben kosten würde. Diese Leute glauben, wenn sie bei einem heiligen Werk ihr Leben lassen, würden sie am sogenannten Ende der Tage, wenn dieser langersehnte Messias endlich erscheint, gemeinsam mit allen anderen verstorbenen Gerechten auferstehen und in einem irdischen Paradies unter den Gesetzen ihres Gottes ewig leben.»

«Dagegen scheinen ja selbst die Zeloten ganz vernünftige Leute zu sein», bemerkte Sabinus, womit er die jüdische Sekte meinte, die bislang der unvernünftigste Haufen religiöser Eiferer war, von denen er gehört hatte.

«In diesem Arschloch des Imperiums gibt es nun mal keine Vernunft.»

Sabinus schwieg kurz, um über die Richtigkeit dieser Aussage zu sinnieren. «Also gut, Centurio», sagte er schließlich, «ich komme nach unten. Geht und kündigt mich an.»

«Jawohl, Herr!» Longinus salutierte und marschierte forsch hinaus.

Sabinus machte sich kopfschüttelnd daran, die Dokumente über Jerusalems Steuereinnahmen im vergangenen Jahr einzurollen, richtete seine Toga und verließ ebenfalls den Raum. Zwar verletzte es seine *Dignitas*, sich hinunterzubemühen, um mit den Juden zu sprechen, statt sie zu sich führen zu lassen. Doch er kannte sie gut genug, um den Rat des erfahrenen Centurios zu befolgen, denn er wollte nicht irgendeinem selbstmörderischen religiösen Eiferer zum Opfer fallen.

«Mein Name ist Gaius Iulius Paulus», verkündete der kleinere der beiden Juden in ungeduldigem Ton, sobald Sabinus in die große Halle der Burg trat. «Ich bin ein römischer Bürger und Hauptmann der Tempelwache, und ich verlange, den Präfekten zu sprechen, nicht seinen Untergebenen.»

«Der Präfekt ist indisponiert, also wirst du mit mir sprechen», versetzte Sabinus scharf. Er konnte diesen wichtigtuerischen, krummbeinigen kleinen Juden auf Anhieb nicht leiden. «Und du wirst mir den Respekt zollen, der mir als Quästor des Statthalters von Syrien gebührt, des Präfekten der Provinz, der Judäa direkt untersteht, sonst lasse ich dich mit der Peitsche aus der Burg prügeln, römischer Bürger hin oder her.»

Paulus schluckte und fuhr sich mit einer Hand durch das schüttere Haar. «Verzeiht mir, Quästor, ich wollte Euch nicht beleidigen», sagte er, und plötzlich troff seine Stimme von Unterwürfigkeit. «Ich komme mit einem Ersuchen vom Hohepriester, betreffend den Aufrührer und Gotteslästerer Jeschua bar Joseph.»

«Nie gehört», versetzte Sabinus trocken. «Was hat er angestellt?»

«Er ist einer von denen, die sich als der Messias ausgeben, Herr», erklärte Longinus. «Wir versuchen, ihn wegen Aufwiegelung zu verhaften, denn er hat einen Aufruhr verursacht, als er vor vier Tagen in die Stadt gekommen ist. Er hat sich gegen die Autorität des Kaisers aufgelehnt, indem er behauptete, ein König zu sein. Eine ganze Menge Leute sind bei dem Aufruhr umgekommen, darunter auch drei meiner Soldaten. Dann hat er den Hohepriester gegen sich aufgebracht, indem er in den Tempel ging, so ziemlich alle dort beleidigte und die Tische der Geldwechsler umstieß.»

«Was machen denn Geldwechsler im Tempel?», erkundigte sich Sabinus mit aufrichtiger Neugier.

«Die Juden betrachten unsere Münzen als Götzenbilder, weil der Kopf des Kaisers darauf geprägt ist. Deshalb gestatten wir ihnen ihre eigene Tempelwährung, mit der sie Opferschafe und dergleichen kaufen können. Und wie Ihr Euch wohl denken könnt, machen die Geldwechsler beim Umtausch einen ganz ordentlichen Gewinn.»

Sabinus zog die Augenbrauen hoch. Allmählich überraschte ihn bei diesem Volk nichts mehr. Er wandte sich wieder den beiden Juden zu. Der zweite Mann, hochgewachsen, mit Vollbart und geöltem schwarzem Haar, das unter dem Tuch um seinen Kopf hervorquoll, stand reglos da und starrte Sabinus mit hasserfülltem Blick an. Seine Hände waren vor dem Körper gefesselt. Augenscheinlich war er kein roher Bauer vom Lande. Sein langärmeliges, hellblaues Gewand, das bis zu den Knöcheln reichte, war sauber und sichtlich kostbar, in einem Stück gewebt – die Kleidung eines wohlhabenden Mannes. Der hochwertige schwarz-weiße Mantel, den er um die Schultern trug, verstärkte diesen Eindruck.

«Was hat dieser Mann mit Jeschua zu tun?», fragte Sabinus, an Paulus gewandt.

«Er ist einer seiner Anhänger», erwiderte Paulus mit kaum verhohlener Abneigung. «Er war bei ihm während der zwei Jahre, in denen Jeschua oben in Galiläa Unfrieden gestiftet hat. Er behauptet, nach dem Pessachmahl werde Jeschua verkünden, dass das Ende der Tage bevorsteht; er werde sich selbst zum lange erwarteten Messias erklären und einen Aufstand gegen Rom und die Tempelpriester anführen. Kajaphas ersucht um die Erlaubnis des Präfekten, ihn wegen Gotteslästerung zu verhaften und vor dem Sanhedrin, dem geistlichen Gericht, anzuklagen. Dieser Mann hier sagt, er werde uns heute Abend zu ihm führen.»

Sabinus wandte sich wieder dem anderen zu. «Wie heißt du, Jude?»

Der Mann starrte ihn Augenblicke lang weiter an, ehe er sich zu einer Antwort herabließ. «Jehudah», antwortete er und nahm eine noch aufrechtere Haltung an.

«Wie ich hörte, bist du ein Sicarius.»

«Es ist eine Ehre, Gott zu dienen», erwiderte Jehudah gleichmütig in fast akzentfreiem Griechisch.

«Also, Jehudah der Sicarius, was verlangst du dafür, dass du den Mann verrätst, dem du zwei Jahre lang gefolgt bist?»

«Ich bin nicht auf Belohnung aus, ich habe meine eigenen Gründe, es zu tun.»

Sabinus schnaubte verächtlich. «Ein Mann mit Prinzipien, wie? Sage mir, warum du es tust, damit ich glauben kann, dass das Ganze keine Falle ist.»

Jehudah starrte Sabinus ausdruckslos an, dann wandte er langsam den Blick ab.

«Ich könnte dich foltern lassen, um es aus dir herauszupressen, Jude», drohte Sabinus. Er verlor allmählich die Geduld mit diesem Mann, der keinerlei Achtung vor der Autorität Roms zeigte.

«Das könnt Ihr nicht, Quästor», warf Paulus rasch ein. «Ihr würdet Kajaphas und die Priester gegen Euch aufbringen, die Euch um Hilfe ersucht haben, um einen Aufrührer zu verhaften. Jetzt, da zum Pessachfest mehr als tausend Pilger hier sind, ist Rom auf die Unterstützung der Priester angewiesen, um Ruhe und Ordnung zu wahren. In den vergangenen Tagen hat es bereits genug Unruhe gegeben.»

Sabinus funkelte den stämmigen kleinen Soldaten der Tempelwache erbost an. «Wie kannst du es wagen, mir, einem römischen Quästor, zu sagen, was ich tun kann und was nicht?»

«Er hat aber recht, Herr», mischte sich Longinus ein, «und ein Hilfsersuchen der Priester kann man nicht einfach ablehnen. So laufen die Dinge hier nicht, zumal wir ihnen einen Gefallen schulden.»

«Wofür?»

«Direkt nach dem von Jeschua angestifteten Aufruhr haben sie uns die Mörder der drei Soldaten unserer Auxiliartruppe ausgeliefert. Einer von ihnen – er heißt auch Jeschua, Jeschua bar Abbas – ist beim Volk fast so beliebt wie sein Namensvetter. Der Präfekt hat gestern bei seiner Ankunft alle drei zum Tode verurteilt. Sie sollen morgen hingerichtet werden.»

Sabinus erkannte, dass Longinus wahrscheinlich recht hatte: Ihm blieb nichts anderes übrig, als Kajaphas' Ersuchen stattzugeben. Er verfluchte Pilatus dafür, dass er ihn in diese Lage brachte, indem er sich selbst betrank und seine Pflicht vernachlässigte. Doch dann sagte er sich, dass wahrscheinlich die unerträgliche Situation in dieser Provinz den Präfekten dazu trieb.

«Also gut», grollte er, «richte Kajaphas aus, ihr dürft den Mann verhaften.»

«Er bittet darum, dass ein römischer Offizier uns begleitet», erwiderte Paulus. «Sonst fehlt es uns an der nötigen Amtsbefugnis.»

Sabinus warf einen Blick zu Longinus, der bestätigend nickte. «Nun gut, ich gehe mit. Wo treffen wir uns?»

Paulus wandte sich an Jehudah. «Sag es ihm.»

Der Sicarius hob den Kopf und schaute Sabinus verächtlich an. «Wir werden das Pessachmahl in der Oberstadt einnehmen. Der Raum wurde mit Bedacht gewählt: Es führt nur eine Treppe hinauf, sodass er leicht zu verteidigen ist. Aber später werden wir außerhalb der Stadtmauern neue Anhänger treffen. Seid zu Beginn der zweiten Wache beim Schaftor, dann führe ich Euch zu ihm.»

«Warum verhaften wir ihn nicht einfach auf der Straße, wenn er das Haus verlässt?»

«In Gethsemani ist es ruhiger.»

«Ihr habt zugelassen, dass die Tempelwache diesen Aufrührer verhaftet hat!», brüllte Präfekt Pilatus Sabinus lallend an. «Damit seine jüdischen Glaubensbrüder ihm den Prozess machen. Dann habt Ihr seine bewaffneten Anhänger ihrer Wege gehen lassen, sodass sie nach Herzenslust Unheil stiften können. Und das gerade jetzt, wo diese dreckige Stadt zum Bersten voll mit den kriegerischsten religiösen Eiferern ist, die Rom jemals unseligerweise unterworfen hat!»

«Die Tempelwache hat sie gehen lassen, nachdem Jeschua festgenommen war. Ihr Hauptmann hatte bereits die Hälfte seines rechten Ohrs eingebüßt, und sie wollten einen Kampf vermeiden. Ich hatte sonst keine Soldaten bei mir.»

«Warum nicht?» Pilatus' blutunterlaufene Augen traten vor Wut hervor, seine knollige Trinkernase war rot wie ein Brandeisen, und Schweißtropfen liefen ihm über die schlaffen Wangen.

Sabinus' Bericht über Jeschuas Verhaftung hatte ihn, gelinde gesagt, enttäuscht. Die drei Männer, die bei ihm zum Abendessen zu Gast waren, tranken schweigend ihren Wein, während er sich auf sein Speisesofa fallen ließ und sich die Schläfen rieb. Er griff nach seinem Becher, leerte ihn in einem Zug, schmetterte ihn wieder auf den Tisch, starrte Sabinus boshaft an und wandte sich dann an einen eleganten Mann mittleren Alters, der auf dem Sofa zu seiner Linken lag.

«Herodes Agrippa, ich brauche Euren Rat. Der Quästor hat zugelassen, dass dieser Rebell uns überlistet hat.»

Herodes Agrippa schüttelte den Kopf, dass seine geölten Locken wippten, die bis knapp unter den kurzgestutzten Bart reichten. Sein hageres Gesicht mit dem festen Kinn hätte attraktiv sein können, wäre da nicht die große Hakennase gewesen, die wie der Schnabel eines Habichts unter den dunklen Augen vorsprang. «Ihr habt recht, Präfekt», sagte er und hielt seinen Becher mit unsicherer Hand dem Sklaven hin, der ihm nachschenkte. «Die Priester sind in Jeschuas Falle getappt, ohne ...» Er hielt inne, als der Sklave Wein über seine zitternde Hand goss. «Eutyches! Du bist fast so nutzlos wie dieser Quästor. Schere dich hinaus!»

Sabinus erhob sich und starrte finster geradeaus. Er machte keinen Hehl aus seiner Abneigung gegen Herodes.

«In unserem Land würde ein Mann für die Inkompetenz des Quästors sein Augenlicht verlieren», bemerkte der ältere der zwei Männer, die zur Rechten von Pilatus lagen, und strich sich über den langen, lockigen Bart.

Herodes warf seinen Becher nach dem Sklaven, der sich entfernte. «Leider, Sinnakes, haben sie hier nicht die gleichen

Freiheiten wie Ihr in Parthien, Schwachköpfen ihre gerechte Strafe zu erteilen.»

Sabinus warf Herodes einen bitterbösen Blick zu. «Ich möchte Euch daran erinnern, Jude, dass ich Senator bin, also hütet Eure Zunge.» Er wandte sich wieder an Pilatus. «Die Priester haben uns eine Gelegenheit geboten, diesen Mann verhaften zu lassen, deshalb habe ich die Initiative ergriffen. Ihr wolltet Euch ja nicht mit der Angelegenheit befassen, da Ihr … anderweitig beschäftigt wart.»

«Ich war nicht ‹anderweitig beschäftigt›, ich war betrunken, und jetzt bin ich noch betrunkener. Aber selbst in diesem Zustand hätte ich genügend Verstand aufgebracht, diesen Wahnsinnigen hierher in römischen Gewahrsam zu bringen und ihn nicht den Juden zu überlassen, ganz gleich, wie viele verdammte Priester ich damit verärgert hätte. Ich scheiße auf sie alle, Quästor, hört Ihr? Ich scheiße auf sie alle.»

«Aber die Priester werden ihm den Prozess machen und ihn schuldig sprechen, das ist in ihrem eigenen Interesse», wandte Sabinus ein.

«Der Prozess ist bereits im Gange, und sie brennen darauf, ihn zum Tode zu verurteilen. Ihnen liegt so viel daran, dass sie sogar ihren Schabbath zum Pessach gebrochen haben, um ihn unverzüglich vor Gericht zu stellen. Kajaphas hat mir eine Nachricht geschickt mit der Bitte, gleich morgen früh zum Palast zu kommen, um ihr Urteil zu bestätigen, ehe sie ihn steinigen.»

Sabinus schaute seinen Vorgesetzten verständnislos an. «Und wo liegt dann das Problem?»

Pilatus seufzte ungeduldig, schloss die Augen, fuhr sich mit beiden Händen durchs Haar und bog dabei den Kopf zurück. «Ihr seid neu in diesem Drecksloch, deshalb will ich versuchen, es mit einfachen Worten zu erklären», sagte er mit nicht geringer Herablassung. «Wie Ihr in Eurem Bericht selbst eingeräumt habt, hat Jeschua seine eigene Verhaftung inszeniert. Er hat Jehudah als Verräter zu den Priestern geschickt, weil er wollte, dass *sie* ihn schuldig sprechen, nicht *wir*. Weil er beim gemeinen Volk so beliebt ist, setzt er darauf, dass es sich aufgrund des Todesurteils gegen die Priester und die ganze Tempelhierarchie und auch gegen Rom erhebt, weil wir das Urteil bestätigt haben. Mit einem einzigen gewaltigen Patzer habt Ihr es Jeschua ermöglicht, einen Keil zwischen das Volk und die einzige Macht zu treiben, die diese Leute respektieren: die Priester, die ihre Stellung Rom verdanken und deshalb durch einen Aufstand nichts zu gewinnen haben.»

Plötzlich erkannte Sabinus das Ausmaß seiner Fehleinschätzung. «Hätten dagegen *wir* ihn verurteilt, dann könnten die Priester zum Frieden aufrufen und erwarten, dass man auf sie hört. Das hätte zusammen mit einer Machtdemonstration unsererseits genügt, um einen Aufstand im Keim zu ersticken.»

«Ganz genau», bestätigte Pilatus spöttisch, «Ihr habt es endlich erfasst. Nun, Herodes, ich muss diese Situation schnell entschärfen, ehe Jeschuas Anhänger anfangen, das Volk aufzuhetzen. Was soll ich tun?»

«Ihr müsst gleich morgen früh zum Palast gehen.»

«Um das Urteil aufzuheben?»

«Nein, Ihr könnt diesen Mann nicht am Leben lassen, jetzt, da er endlich gefasst ist. Aber Ihr müsst die Priester wieder mit dem Volk einen, damit sie ihren Einfluss geltend machen können.»

«Ja, aber wie?»

«Indem Ihr eine jüdische Steinigung in eine römische Kreuzigung umwandelt.»

«Dieser Mann muss sterben», zischte der Hohepriester Kajaphas durch seinen langen grauen Vollbart Pilatus zu. In seinen prächtigen Gewändern und mit dem seltsamen, edelsteinbesetzten hohen Hut aus Seide wirkte er auf Sabinus eher wie ein Klientelkönig aus dem Osten denn wie ein Priester. Doch nach der Größe und Pracht des jüdischen Tempels zu urteilen, war das Judentum wohl eine sehr reiche Religion, und die Priester konnten es sich leisten, verschwenderisch mit dem Geld umzugehen, das die Armen ihnen in der Hoffnung zahlten, vor ihrem Gott als Gerechte dazustehen.

«Und das wird er, Priester», erwiderte Pilatus. Er war offenbar in den ersten Stunden nach Tagesanbruch nicht gerade bester Laune, und im Augenblick fiel es ihm besonders schwer, nicht die Beherrschung zu verlieren. «Aber er wird nach römischer Sitte sterben, nicht nach jüdischer.»

Sabinus stand neben Herodes Agrippa und verfolgte interessiert die Auseinandersetzung zwischen den beiden mächtigsten Männern der Provinz. Die Zusammenkunft war von Bitterkeit geprägt, erst recht, nachdem Pilatus genüsslich erörtert hatte, welche Falle Jeschua Kajaphas gestellt hatte und wie dieser aus Mangel an politischem Geschick darauf hereingefallen war.

«Um einen Aufstand zu verhindern», fuhr Pilatus fort, «den Jeschuas Anhänger Berichten zufolge bereits anzetteln, müsst Ihr sofort tun, was ich befohlen habe.»

«Und wie kann ich sicher sein, dass Ihr Euer Versprechen halten werdet?»

«Stellt Ihr Euch absichtlich dumm?», fuhr Pilatus ihn an. Er verlor nun tatsächlich die Geduld angesichts dieses eigennützigen Priesters. «Wir stehen in dieser Angelegenheit auf derselben Seite. Die Vorbereitungen sind getroffen, die Befehle erteilt. Und nun geht!»

Kajaphas wandte sich ab und schritt so würdevoll, wie er es nach dieser rüden Abfuhr vermochte, aus dem herrschaftlichen Empfangszimmer im Herzen des Palastes, den der verstorbene Herodes der Große an der Westseite der Oberstadt hatte erbauen lassen.

«Was denkt Ihr, Herodes?», erkundigte sich Pilatus.

«Ich denke, er wird seine Rolle spielen. Sind die Soldaten bereit?»

«Ja.» Pilatus richtete seine blutunterlaufenen Augen auf Sabinus. «Dies ist Eure Chance, Euren Fehler wiedergutzumachen, Quästor. Tut einfach, was Herodes gesagt hat.»

Der Lärm der aufgebrachten Menge wurde immer lauter, je näher Sabinus und Herodes dem Haupteingang des Palastes kamen. Als sie durch die hohen Türen aus poliertem Zedernholz traten, sahen sie einen riesigen Menschenauflauf vor sich, der die ganze *Agora* vor dem Palast erfüllte und bis in die breite Straße am anderen Ende reichte, die zum Tempel und der Burg Antonia führte.

Die Schatten waren lang, und die Luft war zur ersten Stunde des Tages noch kalt. Als Sabinus nach links schaute, entdeckte er auf dem Hügel Golgotha hinter dem Alten Tor in der Stadtmauer ein Kreuz, das zwischen den Hinrichtungen dauernd dort stand, um die Leute an das Schicksal zu gemahnen, das sie erwartete, wenn sie sich der Macht Roms zu widersetzen versuchten.

Kajaphas blieb am oberen Ende der Treppe vor dem Palast stehen und hob die Arme in dem Versuch, die Menge zum Schweigen zu bringen. Er war von einem Dutzend weiterer Priester umgeben; hinter ihnen, von Paulus und einem Trupp der Tempelwache bewacht, stand Jeschua mit gefesselten Händen und einem blutfleckigen Verband um den Kopf.

Allmählich verebbte der Lärm, und Kajaphas ergriff das Wort.

«Was sagt er?», erkundigte sich Sabinus bei Herodes.

«Er hat um Ruhe gebeten, und jetzt erklärt er, aufgrund seiner Beliebtheit beim gemeinen Volk werde Jeschua begnadigt und aus dem jüdischen Gewahrsam entlassen, als Gnadengeste zum Pessachfest.»

Sobald Kajaphas verstummte, erhob sich aus der Menge lauter Jubel. Nach ein paar Augenblicken gebot der Hohepriester erneut mit erhobenen Armen Schweigen, dann fuhr er fort.

«Jetzt fordert er die Leute auf, nach Hause zu gehen», übersetzte Herodes, «und er sagt, Jeschua werde unverzüglich freikommen.»

Sabinus verfolgte die Szene aufmerksam und wartete auf seinen Einsatz. Kajaphas wandte sich um und nickte Paulus zu, der widerstrebend begann, die Handfesseln seines Gefangenen zu lösen.

«Jetzt!», zischte Herodes. «Und bemüht Euch, nichts Dummes zu sagen.»

«Dieser Mann ist jetzt ein Gefangener des römischen Senats», rief Sabinus laut und marschierte auf Jeschua zu. Hinter ihm führte Longinus eine halbe Centurie einer Auxiliartruppe aus dem Palast, die rasch die Tempelwache und den Mann umstellte, der bis eben ihr Gefangener gewesen war. Über die Straße zur Burg Antonia kam eine Kohorte anmarschiert und ging hinter der Menge in Stellung, sodass die Straße versperrt war und niemand entkommen konnte.

«Was hat das zu bedeuten?», schrie Kajaphas Sabinus an. Er spielte seine Rolle wirklich sehr theatralisch.

«Der Senat fordert, dass dieser Mann, Jeschua, vor dem Statthalter des Kaisers, dem Präfekten Pilatus, angeklagt wird», erwiderte Sabinus mit lauter, klarer Stimme, die über die Agora scholl.

Aus der Menge ertönten zornige Ausrufe, da diejenigen, die Griechisch verstanden, Sabinus' Worte für die anderen übersetzten. Als der Lärm der Menge anschwoll, zogen die Männer der Kohorte dahinter ihre Schwerter und begannen, damit rhythmisch auf die Schilde zu schlagen.

Pilatus trat aus dem Palast, begleitet von einem zerlumpten, ziemlich mitgenommen aussehenden Juden. Er schritt an Sabinus vorbei und stellte sich neben Kajaphas. Die Rufe und der Waffenlärm erstarben.

«Mir sind die Hände gebunden», verkündete er und hob die Arme mit gekreuzten Handgelenken über seinen Kopf. «Quästor Titus Flavius Sabinus hat im Namen des Senats gefordert, dass ich Jeschua den Prozess mache, weil er sich selbst zum König erklärt und einen Aufstand gegen den Kaiser angestiftet hat. Als Diener Roms kann ich mich einer solchen Forderung nicht widersetzen. Sollte er schuldig gesprochen werden, dann hat Rom ihn verurteilt, nicht ich, euer Präfekt. Ich bin am Blut dieses Menschen nicht schuldig, denn dies ist nicht mein Werk, sondern der Wille des Senats.» Er hielt inne und zog den Juden nach vorn, der ihn begleitete. «Doch als Zeichen des guten Willens und zum Beweis, dass Rom gnädig ist, will ich zu Ehren eures Pessachfestes einen anderen Jeschua freilassen, der euch am Herzen liegt: diesen Mann, Jeschua bar Abbas.» Pilatus schob den Mann die Stufen vor dem Palast hinunter, wo er in der jubelnden Menge verschwand.

«Ihr habt ihnen einen Brocken zum Trost hingeworfen, Priester, jetzt nutzt Eure Autorität und bringt die Leute dazu, sich zu zerstreuen, ehe ich sie allesamt abschlachten muss», zischte Pilatus Kajaphas zu, ehe er sich zum Gehen wandte. «Herodes, kommt mit mir.»

«Ich denke, mit Eurer Erlaubnis werde ich mich jetzt entfernen, Präfekt. Es wäre nicht gut, wenn ein jüdischer Prinz mit dem Tod dieses Mannes in Verbindung gebracht würde, und außerdem muss ich mich um meine parthischen Gäste kümmern.»

«Wie Ihr wünscht. Longinus, bringt den Gefangenen zu mir, nachdem Ihr ihn ein wenig mürbe gemacht habt.»

«Du bist also der Mann, der sich selbst König der Juden nennt?», stellte Pilatus fest und blickte auf den geschundenen Mann hinunter, der im Audienzzimmer vor seinem kurulischen Stuhl auf dem Boden kniete.

«Das sind deine Worte, nicht die meinen», entgegnete Jeschua und hob unter Schmerzen den Kopf, um seinem Ankläger in die Augen zu blicken. Blut aus den Wunden von der Dornenkrone, die man ihm zum Spott auf den Kopf gedrückt hatte, verklebte sein Haar und lief ihm übers Gesicht. Auf seinem Rücken sah Sabinus die frischen Striemen von einer heftigen Geißelung.

«Und doch leugnest du nicht.»

«Mein Königreich ist nicht von der materiellen Welt.» Jeschua hob die gefesselten Hände an seinen Kopf. «Es ist hier drin, wie bei allen Menschen.»

«Ist es das, was du predigst, Jude?», fragte Sabinus und erntete einen zornigen Blick von Pilatus, weil er sich in seine Befragung einmischte.

Jeschua richtete die Aufmerksamkeit auf ihn. Sein eindringlicher Blick ging Sabinus durch und durch. «Alle Menschen tragen das Königreich Gottes in sich, Römer, selbst heidnische Hunde wie ihr. Ich predige, dass wir uns durch die Taufe reinigen sollen, um unsere Sünden abzuwaschen. Dann werden wir, indem wir der Torah folgen und unsere Glaubensbrüder mit Mitgefühl behandeln – indem wir ihnen tun, wie wir wünschen, dass uns getan wird –, am Ende der Tage, das bald kommen wird, für gerecht und würdig befunden werden, zu unserem Vater zu gehen.»

«Genug von diesem Unfug», fuhr Pilatus ihn an. «Leugnest du, dass du mit deinen Anhängern das Volk dazu angestiftet hast, sich gegen die römische Herrschaft zu erheben?»

«Kein Mensch ist Herr über einen anderen», erwiderte Jeschua schlicht.

«Da irrst du, Jude, ich bin Herr über dich. Dein Schicksal liegt in meinen Händen.»

«Das Schicksal meines Leibes, ja, aber nicht *mein* Schicksal, Römer.»

Pilatus stand auf und versetzte Jeschua eine heftige Ohrfeige. Mit höhnischem Grinsen hielt Jeschua ihm demonstrativ die andere Wange hin. Aus der aufgeplatzten Lippe rann Blut in seinen Bart. Pilatus folgte der Aufforderung und versetzte ihm noch eine schallende Ohrfeige.

Jeschua spuckte Blut auf den Boden. «Du kannst mir körperlichen Schmerz zufügen, Römer, aber du kannst nicht das verletzen, was ich in mir trage.»

Sabinus war unwillkürlich fasziniert von der Willensstärke des Mannes. Er spürte, dass dieser Wille unmöglich zu brechen war.

«Es reicht mir», wütete Pilatus. «Quästor, lasst ihn unverzüglich zusammen mit den zwei anderen Gefangenen kreuzigen.»

«Welches Verbrechens ist er für schuldig befunden, Herr?»

«Ich weiß es nicht – irgendeines. Aufwiegelei, Rebellion oder von mir aus einfach, dass ich ihn nicht leiden kann. Was immer Euch beliebt. Jetzt schafft ihn fort und sorgt dafür, dass er tot und begraben ist, ehe bei Sonnenuntergang der Schabbath beginnt, damit wir nicht gegen das jüdische Gesetz verstoßen. Er hat schon lebend genug Ärger gemacht, ich will nicht, dass er im Tod noch mehr verursacht.»

Der Himmel hatte sich grau verfärbt. Erste Regentropfen fielen und vermischten sich mit dem Blut aus den Wunden der drei Gekreuzigten. Es war die neunte Stunde des Tages. Sabinus und Longinus gingen den Hügel von Golgotha wieder hinunter. Von fern ertönte Donnergrollen.

Sabinus blickte sich nach Jeschua um, der am Kreuz hing. Sein Kopf war auf die Brust gesunken, und Blut lief ihm aus einer Wunde in der Seite, die Longinus ihm mit dem Speer beigebracht hatte, um sein Leiden schneller zu beenden, ehe der Schabbath begann. Sechs Stunden zuvor war er mit Peitschenhieben den Hügel hinaufgetrieben worden, wobei er sein Kreuz hatte mitschleifen müssen. Ein Mann aus der Menge hatte ihm geholfen. Dann hatte Jeschua schweigend erduldet, dass die Nägel durch seine Handgelenke getrieben wurden. Er schien kaum wahrzunehmen, wie auch seine Füße an das Holz geschlagen wurden. Während die Kreuze aufgerichtet wurden, steigerte das heftige Rucken die Schreie der zwei anderen Gekreuzigten ins Unmenschliche, doch seinen Lippen entwich nur ein leises Stöhnen. Als Sabinus ihn jetzt anschaute, wirkte er friedlich.

Sabinus ging durch die Kette der Soldaten, die die kleine Gruppe Trauernder von den Gekreuzigten fernhielt. Da bemerkte er Paulus, der bei ein paar Männern der Tempelwache stand und zu Jeschua hinaufblickte. Er trug einen Verband um den Kopf, durch den Blut von einer Wunde an seinem Ohr gesickert war.

«Was machst du hier?», fragte Sabinus.

Paulus schien in Gedanken versunken und nahm ihn zuerst gar nicht wahr, dann blinzelte er mehrmals, als ihm bewusst wurde, dass die Frage an ihn gerichtet war. «Ich bin gekommen, um mich zu vergewissern, dass er tot ist, seinen Leichnam fortzubringen und ihn anonym zu bestatten, damit das Grab nicht zur Pilgerstätte für seine häretischen Anhänger wird. Kajaphas hat es angeordnet.»

«Warum hattet ihr alle solche Angst vor ihm?», wollte Sabinus wissen.

Paulus starrte ihn an, als wäre er nicht recht bei Verstand. «Er hätte große Veränderungen bewirken können.»

Sabinus schüttelte verächtlich den Kopf und drängte sich an den Wachen vorbei. Da kamen zwei Männer und zwei Frauen auf ihn zu, von denen die jüngere hochschwanger war und ein Kind auf dem Arm trug.

Der ältere Mann, ein augenscheinlich wohlhabender Jude Anfang dreißig mit dichtem schwarzem Bart, verbeugte sich. «Quästor, wir möchten Jeschuas Leichnam mitnehmen, um ihn zu bestatten.»

«Die Tempelwache ist hier, um ihn abzuholen. Welchen Anspruch habt ihr auf seinen Leichnam?»

«Mein Name ist Joseph, ich bin ein Verwandter von Jeschua», erwiderte der Mann und legte der älteren der beiden Frauen einen Arm um die Schultern, «und diese Frau ist Mirjam, seine Mutter.»

Diese schaute Sabinus flehentlich an, Tränen liefen ihr über die Wangen. «Bitte überlasst ihn nicht denen, Quästor, gebt mir meinen Sohn, damit ich ihn heim nach Galiläa bringen und dort begraben kann.»

«Ich habe den Befehl, dass er vor Sonnenuntergang bestattet werden muss.»

«Ich habe eine Familiengruft hier ganz in der Nähe», sagte Joseph. «Wir werden den Leichnam vorerst dort hineinlegen und ihn dann am Tag nach dem Schabbath überführen.»

Mit boshaftem Lächeln drehte Sabinus sich zu Paulus um. «Diese Leute haben als Verwandte Anspruch auf den Leichnam.»

Paulus war sichtlich entrüstet. «Das könnt Ihr nicht tun, Kajaphas fordert seinen Leichnam.»

«Kajaphas ist ein Untertan Roms! Longinus, lasst diesen widerlichen kleinen Mann von hier fortbringen.»

Während der widerstrebende Paulus unter Protest davongeführt wurde, wandte Sabinus sich wieder Joseph zu. «Du darfst den Leichnam mitnehmen, Rom ist mit ihm fertig.» Er wandte sich zum Gehen.

Joseph neigte den Kopf. «Ich werde Euch Eure Güte nicht vergessen, Quästor.»

«Quästor», sagte der jüngere Mann und hielt Sabinus zurück. «Rom mag jetzt unser Herr sein, aber seid gewarnt, das Ende der Zeiten ist nah, und Jeschuas Lehren sind Teil davon. Ein neues Königreich wird erstehen, neue Männer mit neuen Ideen werden herrschen, und die alte Ordnung wird allmählich vergehen.»

Sabinus fühlte sich an Tiberius' Astrologen Thrasyllos erinnert, der zwei Jahre zuvor den Beginn eines neuen Zeitalters vorausgesagt hatte. Er starrte den jungen Mann an und erkannte ihn wieder. Es war derselbe, der Jeschua am Morgen geholfen hatte, das Kreuz zu tragen. «Was macht dich da so sicher, Jude?»

«Ich komme aus der Kyrenaika, Römer, das war einst eine Provinz des Königreichs Ägypten. Dort erwarten sie die Wiedergeburt des Feuervogels. Sein fünfhundertjähriger Zyklus nähert sich dem Ende. Nächstes Jahr wird der Phönix in Ägypten zum letzten Mal wiedergeboren, und alles wird beginnen, sich zu wandeln, denn es geht auf das Ende der Tage zu.»

Teil I

Kyrenaika,
November A. D. 34

I

Hast du es?», fragte Vespasian, sobald Magnus die Laufplanke eines großen Handelsschiffes herunterkam, das gerade in den Hafen von Apollonia eingelaufen war.

«Nein, Herr, ich fürchte nicht», antwortete Magnus und schulterte sein Bündel. «Der Kaiser verweigert derzeit jegliche Genehmigungen, nach Ägypten zu reisen.»

«Warum?»

Magnus ergriff den dargebotenen Arm seines Freundes. «Laut Caligula geschieht es auf den Rat von Tiberius' Astrologen Thrasyllos. Nicht einmal Antonia konnte ihn umstimmen.»

«Warum hast du dir dann überhaupt die Mühe gemacht herzukommen?»

«Ist das eine Art, einen Freund zu begrüßen, der Hunderte Meilen weit auf diesem verdammten Kahn gereist ist, und das zu einer Jahreszeit, zu der sich die meisten Seeleute miteinander im Bett vergnügen?»

«Tut mir leid, Magnus. Ich hatte darauf gezählt, dass Antonia mir die Genehmigung verschaffen würde. Seit Ataphanes' Tod sind vier Jahre vergangen, und wir haben versprochen, sein Gold zu seiner Familie in Parthien zu bringen.»

«Na, dann kommt es auf ein paar Jahre mehr wohl auch nicht an, wie?»

«Darum geht es nicht. Ägypten ist die Nachbarprovinz, ich hätte auf meinem Heimweg im März einen kleinen Abstecher nach Alexandria machen können. Ich hätte den Alabarchen ausfindig gemacht, ihm Ataphanes' Truhe übergeben, dafür gesorgt, dass das Geld zu seiner Familie in Ktesiphon gebracht wird, und wäre immer noch vor nächstem Mai wieder in Rom gewesen.»

«Nun müsst Ihr es eben irgendwann später erledigen.»

«Ja, aber von Rom aus ist es eine viel weitere Reise. Vielleicht habe ich nicht die Zeit dazu, ich muss mich um das Landgut kümmern. Außerdem beabsichtige ich, im übernächsten Jahr zum Ädil gewählt zu werden.»

«Dann solltet Ihr keine Versprechen geben, die Ihr nicht halten könnt.»

«Er hat meiner Familie viele Jahre lang treu gedient. Ich bin es ihm schuldig.»

«Dann seid nicht so knauserig mit Eurer Zeit.»

Vespasian knurrte und wandte sich ab, um zurück über den Kai zu gehen, zwischen Scharen von Hafenarbeitern hindurch, die die eben eingelaufene Handelsflotte entluden. Seine Senatorentoga wirkte einschüchternd genug, damit die Leute ihm auswichen, sodass er ohne Schwierigkeiten die hundert Schritt zu seiner wartenden Ein-Mann-Sänfte zurücklegen konnte.

Magnus folgte ihm auf dem Fuß und genoss es, welche Achtung die einheimische Bevölkerung seinem jungen Freund zollte. «Ich hätte nicht gedacht, dass Quästoren in den Provinzen so respektvoll behandelt werden», bemerkte er, als einer der vier Sänftenträger Vespasian unnötigerweise auf seinen Sitz half.

«Das liegt daran, dass die Statthalter so ungern herkommen, und das aus gutem Grund – es ist, als würde man in einem Backofen leben, nur dass es nicht so gut riecht. Sie halten sich im Allgemeinen die meiste Zeit in der Provinzhauptstadt auf, Gortyn drüben auf Kreta, und schicken ihre Quästoren hierher, damit sie die Kyrenaika in ihrem Namen verwalten.»

Magnus kicherte. «Ah, das fördert natürlich den Respekt der Leute, wenn Ihr die Macht über Leben und Tod habt.»

«Nicht ganz, als Quästor habe ich kein *Imperium* inne, keine eigene Machtbefugnis. Ich muss all meine Entscheidungen vom Statthalter absegnen lassen, und das dauert ewig», erklärte Vespasian düster. «Aber ich habe die Macht, Pferde zu beschaffen», fügte er dann grinsend hinzu, als ein dunkler junger Sklave ein gesatteltes Pferd zu Magnus führte.

Der nahm das Reittier dankbar in Empfang und lud sein Bündel auf, ehe er sich in den Sattel schwang. «Woher wusstet Ihr eigentlich, dass ich heute ankommen würde?»

«Gar nicht, aber ich hoffte es», erwiderte Vespasian. Seine Sänfte setzte sich in Bewegung, vorbei an einem Theater mit Blick auf das Meer. «Als die Flotte heute Morgen gesichtet wurde, beschloss ich, auf gut Glück herzukommen, da es wahrscheinlich die letzte Flotte aus Rom in dieser Saison war. Ohnehin ist es nicht so, als hätte ich viel Sinnvolleres zu tun.»

«Dann ist es hier wirklich so schlimm?» Magnus zog belustigt eine Augenbraue hoch, als der Sklave begann, Vespasian mit einem breiten Fächer aus geflochtenen Palmwedeln an einem langen Stiel Luft zuzufächeln.

«Es ist schrecklich: Die einheimischen Libu bringen ihre Zeit damit zu, die wohlhabenden griechischen Bauern auszurauben; die Griechen amüsieren sich damit, die jüdischen Kaufleute fälschlich des Betrugs oder Diebstahls zu bezichtigen; die Juden hören nicht auf, gegen gotteslästerliche Statuen oder irgendwelche angeblichen religiösen Frevel zu protestieren, bei denen Schweine eine Rolle spielen; und die durchreisenden römischen Kaufleute schließlich haben nichts anderes zu tun, als sich darüber zu beklagen, dass sie von den Juden, den Griechen und den Libu übers Ohr gehauen wurden, in dieser Reihenfolge. Und darüber hinaus leben alle in Angst vor Überfällen durch Sklavenjäger, entweder durch die Garamanten aus dem Süden oder die nomadischen Marmariden im Osten. Es brodelt hier nur so vor Hass zwischen den unterschiedlichen Bevölkerungsgruppen. Das Einzige, was sie mehr hassen als einander, sind wir. Das hindert einige Leute allerdings nicht daran, mich mit Geld zu überhäufen, damit ich in Gerichtsprozessen zu ihren Gunsten entscheide.»

«Ich hoffe doch, Ihr nehmt das Geld an?»

«Anfangs nicht, aber inzwischen schon. Ich weiß noch, wie entsetzt ich war, als mein Onkel mir erzählte, er habe während seiner Zeit als Statthalter von Aquitanien Bestechungsgelder angenommen, doch jetzt verstehe ich das System besser und habe begriffen, dass es von mir erwartet wird. Außerdem sind die meisten der reichen Einheimischen so unliebsame Zeitgenossen, dass es mir ein Vergnügen ist, von ihnen Geld zu nehmen.»

«Klingt ganz ähnlich wie das, was Sabinus über Judäa erzählt», bemerkte Magnus. Sie kamen jetzt auf eine von Menschen wimmelnde Agora zwischen halbverfallenen Tempeln, die den griechischen Göttern geweiht waren. Am Hang darüber ragten Profanbauten auf.

«Glaub mir, es ist schlimmer», erwiderte Vespasian, der sich an seine Gespräche mit seinem Bruder erinnerte, als dieser aus dem Osten zurückgekehrt war und erzählt hatte, was für ein ganz und gar unmögliches Unterfangen es sei, die Juden zu regieren. Sie beide hatten sich für zwei Tage in Rom getroffen, ehe Vespasian Ende März per Schiff nach Kreta aufgebrochen war. «Dort hatte er es nur mit den Juden zu tun; die konnte man mit der Hilfe ihrer Priester und durch kleine Zugeständnisse einigermaßen friedlich halten. Aber wenn man hier einer Gruppe Zugeständnisse machen würde, dann würden alle anderen auch welche fordern, bis man am Ende die ganze Provinz verschenken müsste und bei seiner Rückkehr nach Rom vor den Senat gezerrt würde oder Schlimmeres. Darum bekommt von mir überhaupt niemand etwas, außer wenn er mich gut dafür bezahlt. So können sich die anderen Parteien nicht beklagen, dass ich Günstlingswirtschaft betreibe, weil sie wissen, dass ich bestochen wurde. Erstaunlicherweise scheint das für alle in Ordnung zu sein.»

«Ich wette, Ihr wünscht, Ihr wärt wieder in Thrakien», bemerkte Magnus, während er anerkennend die Bemühungen des jungen Sklaven beobachtete, dem es gelang, seinem Herrn unentwegt Luft zuzufächeln, ohne dabei auf dem schadhaften Pflaster zu stolpern – die Stadt hatte schon bessere Zeiten erlebt.

«Wenigstens hatten wir da anständige Truppen, mit denen wir die Einheimischen einschüchtern konnten. Hier haben wir nichts als eine Kohorte unberittener einheimischer Auxiliartruppen, bestehend aus Männern, die zu dumm sind, um als Diebe zu überleben. Dann gibt es noch die Stadtmiliz, in der die Männer dienen, die selbst für die Auxiliartruppe zu dumm sind, und schließlich eine *Ala* einheimischer Kavallerie, die uns eigentlich vor den Nomaden schützen soll, aber das ist ein Witz, denn die meisten von denen haben Kamele.»

«Was sind Kamele?»

«Sie sehen aus wie große, braune Ziegen mit langem Hals und einem Buckel auf dem Rücken. Pferde hassen ihren Geruch.»

«Ah, solche habe ich mal im Circus gesehen. Sie haben das Publikum zum Lachen gebracht, aber besonders wehrhaft waren sie nicht.»

«Das brauchen sie auch nicht zu sein. Laut dem Kavalleriepräfekten Corvinus können sie den ganzen Tag durch die Wüste rennen. Unsere Kavallerie kommt kaum jemals auch nur in ihre Nähe.»

Ihr kleiner Trupp zog jetzt durch das Stadttor, das zu beiden Seiten von marmornen Löwen bewacht wurde. Sie begannen den sanften Anstieg zur Stadt Kyrene, die acht Meilen entfernt auf einem höher gelegenen Kalksteinplateau erbaut war. Vespasian versank in düsteres Schweigen und verlor sich in Gedanken über die Aussichtslosigkeit seines Postens in diesem Teil der vereinigten Provinz Kreta und Kyrenaika. Während der sieben Monate, die er jetzt hier war, hatte er nichts erreicht – hauptsächlich, weil es kaum Geld gab, mit dem er irgendetwas hätte erreichen können. Jahrhundertelang hatte Silphium die Kyrenaika reich gemacht, eine Pflanze mit dicken Wurzeln und langem, kräftigem Stängel, deren eingedickter Saft als aromatisches Gewürz sowie als Arznei gegen unterschiedliche Krankheiten verwendet wurde, darunter Halsschmerzen und Fieber. Das Fleisch von Tieren, die von der Pflanze gefressen hatten, erzielte besonders hohe Preise. Sie wuchs in der trockenen Küstenebene, während auf dem Plateau von Kyrene eher Obst und Gemüse gediehen. Doch seit einigen Jahren war rätselhafterweise die Ernte immer schlechter ausgefallen. Da die Pflanze nun knapp war, wurde sie nicht mehr als Viehfutter verwendet, sodass die Fleischproduktion zum Erliegen kam, und in den letzten Jahren hatte allen Bemühungen zum Trotz die Qualität mit jeder Ernte weiter nachgelassen.

Vespasian hatte versucht, die einheimischen Bauern dazu zu bewegen, etwas anderes anzubauen, doch auf dem kargen Boden und bei dem spärlichen Regen wuchs nicht viel, und außerdem glaubten die Bauern fest daran, das Silphium werde wieder gedeihen, wenn sie nur regelmäßig genügend Göttern opferten. Entsprechend versiegten auch die Steuereinnahmen, da diejenigen, die Geld besaßen, es heimlich horteten und nur wenig ausgaben, um Waren von denen zu kaufen, die ärmer waren. Da wenig Geld im Umlauf war, hatte sich das Getreide, das aus den fruchtbareren Nachbarprovinzen Ägypten und Africa eingeführt wurde, extrem verteuert, denn gierige Spekulanten beherrschten den Handel. Als Vespasian sie zur Rede stellen wollte, leugneten sie allesamt und behaupteten, aus Ägypten sei im vergangenen Jahr nun einmal weniger Getreide gekommen. Doch von Ernteausfällen in Ägypten war nichts bekannt. Das alles führte dazu, dass die Armen, ob Griechen, Juden oder Libu, am Hungertuch nagten und die Region somit dauernd von Unruhen bedroht war.

Ohne genügend Truppen, um einen Aufstand der fast eine halbe Million zählenden Bevölkerung der sieben größten Städte der Kyrenaika niederzuschlagen, und ohne die Befugnis, eigenständig Entscheidungen zu treffen, fühlte Vespasian sich machtlos und frustriert. Jetzt steigerte sich dieses Gefühl erst recht, da Kaiser Tiberius sich weigerte, ihm die Einreise in die kaiserliche Provinz Ägypten zu gestatten, eine Provinz, die so reich war, dass Senatoren sie nur mit ausdrücklicher Erlaubnis des Kaisers persönlich besuchen durften. Ein Verstoß gegen diesen Erlass stellte ein Kapitalverbrechen dar.

Vespasian schalt sich selbst dafür, dass er sich solchen selbstmitleidigen Gedanken hingab, und wandte sich wieder an seinen Gefährten, der neben ihm herritt. «Ist es Sabinus endlich gelungen, zum Ädil gewählt zu werden?»

«Ja, wenn auch nur knapp», erwiderte Magnus. «Aber wie Euer Bruder immer sagt, das genügt ja. Allerdings war er erleichtert, dass die Wahl zum Prätor für ihn erst nächstes Jahr ansteht – die Posten wurden sämtlich mit den Söhnen von Macros Kumpanen besetzt.»

«Dann haben wir also wieder einmal einen Prätorianerpräfekten, der sich in die Politik einmischt? Man hätte denken sollen, Macro hätte aus dem verfrühten Ableben seines Vorgängers etwas gelernt. Ich kann mir nicht vorstellen, dass er sich damit bei Antonia besonders beliebt macht. Nach ihrer Überzeugung ist es das Vorrecht des Kaiserhauses, sich in die Politik einzumischen, und insbesondere ihr eigenes.»

Magnus deutete auf die Sänftenträger.

«Um die brauchst du dir keine Gedanken zu machen, sie verstehen kein Latein», beruhigte Vespasian ihn, «und der Junge ist taubstumm.»

«Gut. Also, seit Ihr im März aufgebrochen seid, sind ein

paar seltsame Dinge geschehen. Antonia macht sich schon ernste Sorgen.»

«Ich dachte, sie redet nicht mit dir, außer, um dir Befehle zu erteilen.»

«Nein, das meiste erfahre ich von Eurem Onkel, Senator Pollo. Auch wenn ihr hin und wieder etwas rausrutscht – nachher, wenn Ihr versteht, was ich meine?»

«Du alter Bock!» Vespasian grinste, und es kam ihm vor, als wäre es das erste Mal seit seiner Ankunft in der Kyrenaika. Er amüsierte sich über die unwahrscheinliche und ungleiche sexuelle Beziehung zwischen seinem alten Freund und der ehrfurchtgebietendsten Frau in Rom, seiner Patronin Antonia, der Schwägerin des Kaisers Tiberius.

«Na ja, ich kann zu meiner Freude berichten, dass es in letzter Zeit nicht mehr so häufig vorkommt. Sie ist nicht mehr die Jüngste, wisst Ihr, da hängt so einiges. Wie auch immer, sie macht sich Sorgen über Caligulas Beziehung zu Macro, oder besser gesagt, über Caligulas neue Beziehung mit dessen Frau Ennia, die Macro selbst zu fördern scheint.»

Vespasian grinste wiederum und winkte ab. «Caligula hatte schon vor längerer Zeit ein Auge auf sie geworfen. Zweifellos wird er sie bald wieder leid. Er ist einfach unersättlich. Macro betrachtet die Angelegenheit eben nüchtern. Er weiß, wenn er jetzt Aufhebens davon machen würde, dann fände er sich in einer äußerst prekären Lage wieder, wenn Caligula Kaiser wird.»

«Mag sein, aber Euer Onkel denkt, hinter Macros Verhalten steckt mehr als bloße Höflichkeit. Er vermutet, dass Macro darauf bedacht ist, sich Caligulas Gunst zu sichern, weil er etwas von ihm will, falls Caligula denn Kaiser wird.»

«Als Prätorianerpräfekt ist er nach den Angehörigen des Kaiserhauses der mächtigste Mann in Rom – nach was kann er noch streben, wenn nicht gleich danach, selbst sein Erbe zu werden? Man kann Caligula so manches nachsagen, aber dumm ist er nicht.»

«Eben das bereitet Antonia Sorge. Sie versteht nicht, worauf er aus ist, und sie kann es absolut nicht leiden, wenn sie Dinge nicht versteht und somit nicht steuern kann.»

«Das kann ich mir denken, aber ich finde nichts Seltsames daran.»

«Nein, das Seltsame ist, um wessen Gunst Macro sich außerdem noch bemüht», sagte Magnus mit Verschwörermiene. «Um die von Herodes Agrippa. Er war ein Freund von Antonia und hat sich öfter von ihr Geld geliehen, es jedoch nie zurückgezahlt. Er fand, als Günstling von Tiberius und guter Freund seines Sohnes Drusus – die beiden wurden zusammen erzogen – hätte er einen Anspruch auf Unterhalt. Wie dem auch sei, als Drusus starb, floh er aus Rom und vor seinen Schulden und kehrte in seine Heimat Idumäa zurück.»

«Wo ist das?»

«Keine Ahnung, aber da er Jude ist, wahrscheinlich nicht weit von Judäa. Egal, von dort musste er auch bald wieder verschwinden, wiederum wegen Schulden, und dann hat er seine Zeit damit zugebracht, sämtliche Kleinkönige und Tetrarchen im Osten zu vergrätzen, indem er eine Machtposition oder ein Darlehen forderte, nur weil er der Enkel Herodes des Großen ist. Vor ein paar Monaten ist er nach Rom zurückgekehrt und hat es erreicht, dass Tiberius ihn wieder in seine Gunst aufnahm. Laut Eurem Onkel hat er es eingefädelt, dass nächstes Jahr eine Gesandtschaft aufständischer parthischer Edelmänner nach Rom kommt. Sie wollen, dass Tiberius ihnen hilft, ihren König abzusetzen. Zum Lohn hat Tiberius Herodes Agrippa zum Erzieher seines Enkels Tiberius Gemellus ernannt.»

«Und was ist nun so seltsam daran, dass Macro sich mit ihm anfreundet?»

«Die Tatsache, dass Macro einerseits versucht, sich bei Caligula beliebt zu machen, und sich andererseits an Herodes heranmacht, den Mann, der den größten Einfluss auf einen weiteren möglichen Erben hat, Gemellus.»

«Er setzt also auf beide Gespanne?»

Magnus grinste und schüttelte den Kopf. «Nein, Herr, anscheinend setzt er sogar auf alle drei. Herodes Agrippa hat einen weiteren Kontakt, einen sehr guten Freund aus Kindertagen, der zusammen mit ihm und Drusus erzogen wurde: den dritten möglichen Erben aus der kaiserlichen Familie, Antonias Sohn Claudius.»

Die Sonne neigte sich bereits gen Westen, und das Meer funkelte bronzefarben, als Vespasian und Magnus durch das Haupttor von Kyrene in die Unterstadt kamen. Die Sänftenträger mussten sich ihren Weg zwischen Dutzenden Bettlern hindurchbahnen – Flüchtlinge von den bankrottgegangenen Silphium-Plantagen, die auf milde Gaben von neueingetroffenen Kaufleuten hofften, ehe diese es leid wurden, von den unzähligen Armen bedrängt zu werden, die jetzt auf Almosen angewiesen waren.

«Allmählich hasse ich diese Stadt wirklich», bemerkte Vespasian, während er ihm bittend entgegengestreckte Hände abwehrte. «Sie führt mir vor Augen, dass meine Familie einen geringen Stand im Senat hat – hierher werden nur die unbedeutendsten Quästoren entsandt.»

«Ihr habt doch das Los gezogen.»

«Ja, aber nur die unbedeutendsten Quästoren bekommen ihre Posten zugelost. Die aus den hochgestellten Familien erhalten die begehrten Ämter in Rom. Sabinus hatte letztes Jahr Glück, Syrien zu ziehen.»

Magnus verjagte ein allzu beharrliches altes Weib mit einem Fußtritt. «Ich habe einen Brief von Caenis in meinem Bündel, hoffentlich heitert der Euch auf. Ihr scheint es wahrhaft nötig zu haben.»

«Ein bisschen wird es sicher helfen», rief Vespasian über den Schwall von Beschimpfungen hinweg, mit denen das zu Boden gestürzte Weib Magnus bedachte, «aber wahre Heiterkeit werde ich wohl erst wieder empfinden, wenn im März die Schiffe wieder fahren und mein Nachfolger eintrifft. Ich muss zurück nach Rom, ich brauche das Gefühl, voranzukommen, statt in diesem Arschloch des Imperiums zu verschimmeln.»

«Nun, bis dahin haben wir noch vier Monate totzuschlagen. Ich leiste Euch Gesellschaft. Ehrlich gesagt, als es Antonia nicht gelang, die Genehmigung für Eure Reise nach Ägypten zu erwirken, habe ich mich freiwillig bereit erklärt, trotzdem herzukommen, um die schlechte Nachricht persönlich zu überbringen. Zurzeit ist das Pflaster in Rom für mich etwas zu heiß. Euer Onkel wird die Angelegenheit in Ordnung bringen, während ich fort bin.»

«Was hast du angestellt?»

«Nichts, nur ein paar Geschäfte gemacht und mich um die

Interessen meiner Bruderschaft der Straße gekümmert. Ich habe Servius, meinem besten Mann, das Kommando übertragen, er wird sich um alles kümmern.»

Vespasian hütete sich, zu viele Fragen zu stellen, wenn es um Magnus' Leben in der Unterwelt ging, als Anführer der Bruderschaft vom südlichen Quirinal. Bruderschaften wie diese lebten hauptsächlich von Schutzgelderpressung. «Du kannst gern hierbleiben, aber es gibt nicht viel zu tun.»

«Wie ist es um die Jagd bestellt?»

«In der Nähe der Stadt gibt es wenige Möglichkeiten, aber ich habe gehört, ein paar Tagesritte weiter südlich im Vorgebirge soll es Löwen geben.»

«In ein paar Tagen ist Euer Geburtstag. Wir könnten zur Feier des Tages einen Löwen erlegen», schlug Magnus vor.

Vespasian sah seinen Freund bedauernd an. «Geh du nur feiern, ich fürchte, ich kann nicht mitkommen. Ich darf die Stadt außer zu offiziellen Amtsgeschäften nicht verlassen.»

Magnus schüttelte den Kopf. «Mir scheint, das werden ein paar sehr langweilige Monate.»

«Willkommen in meiner Welt.»

«Wie sind die Huren?»

«Hübsch alt, habe ich mir sagen lassen, genau, wie du sie magst, allerdings ziemlich verschwitzt.»

«Ich bitte Euch, Herr, macht Euch nicht über mich lustig, ich habe mir das nicht ausgesucht. Ich tue nur, was die werte Dame mir befiehlt. Und wie ich schon sagte, in letzter Zeit kommt es nicht mehr oft vor.»

Vespasian grinste wieder. «Ich bin sicher, mein Buchhalter Quintillius kann etwas Passendes beschaffen, um dich zu trösten.»

Die Straße mündete in die belebte große Agora der Unterstadt.

«Was ist da los?» Magnus zeigte auf eine Menge überwiegend jüdischer Männer, die einen großen, breitschultrigen jungen Mann verhöhnten, welcher von einem Sockel aus zu ihnen zu sprechen versuchte. Neben ihm stand eine junge Frau mit einem einjährigen Mädchen auf dem Arm; ein dreijähriger Junge hockte zu ihren Füßen und schaute die Leute verängstigt an.

«Wahrscheinlich wieder so ein jüdischer Bekehrer», erwiderte Vespasian seufzend. «Neuerdings scheint es einen großen Zustrom von denen zu geben. Sie predigen irgendeinen neuen jüdischen Kult. Ich habe mir sagen lassen, den Ratsältesten gefällt er nicht, aber solange sie keinen Aufruhr verursachen, lasse ich sie in Ruhe. Wenn ich hier eines gelernt habe, dann ist es, dass man sich aus den Angelegenheiten der Juden besser heraushält – die sind unmöglich zu durchschauen.»

Da sie nun nicht mehr von Bettlern aufgehalten wurden, kamen die Sänftenträger leichter voran. Sie folgten der breiten Hauptstraße der Unterstadt, die von alten und heruntergekommenen, aber noch immer eindrucksvollen zweigeschossigen Häusern der reicheren Kaufleute gesäumt war. Bald begannen sie den kurzen Anstieg in die Oberstadt.

Durch die Aussicht auf Caenis' Brief ein wenig aufgemuntert, richtete Vespasian die Gedanken auf seine Liebste, die er seit mehr als sieben Monaten nicht gesehen hatte. Sie war noch immer eine Sklavin im Hause der Dame Antonia. In drei Jahren würde sie dreißig sein, und er lebte in der Hoffnung, dass sie dann freigelassen würde, denn das war das gesetzliche Mindestalter für die *Manumissio* von Sklaven. Zwar durfte laut Gesetz ein Mann von Senatorenrang keine Freigelassene ehelichen, doch er hoffte, sie würde seine Mätresse werden, sobald sie über sich selbst verfügen konnte. Er wollte ihr ein kleines Haus in Rom einrichten. Immerhin häufte er rasch Geld an – Bestechungen und Geschenke von Bewohnern der Provinz, die sich die Gunst des höchstrangigen römischen Beamten in der Region sichern wollten. Nun, da er seine Skrupel beiseitegeschoben hatte und die Bestechungen annahm, wollte er bis zu seiner Rückkehr nach Rom genug beisammenhaben, um nicht nur ein Haus für Caenis kaufen zu können, sondern auch eines für sich selbst und die Ehefrau, die er sich bald nehmen musste, um seine Pflicht gegenüber seiner Familie zu erfüllen. Wie wichtig es war, einen Erben und Stammhalter zu zeugen, hatten seine Eltern ihm in einer Reihe von Briefen eindringlich klargemacht. Sie lebten jetzt in Aventicum in der Germania Superior, wo sein Vater ein Bankgeschäft gekauft hatte.

Bald erreichten Vespasian und Magnus die Straße in der Oberstadt, die nach König Battos benannt war und an deren östlichem Ende sich das römische Forum befand. An dessen hinterem Rand stand die Residenz des Statthalters – ein viel moderneres Gebäude, das die Römer vor hundert Jahren zu diesem Zweck gebaut hatten, nachdem die Kyrenaika römische Provinz geworden war.

Vespasians Sänfte wurde vor der Residenz abgestellt. Er wehrte die Versuche seiner Träger ab, ihm zu helfen, stieg herunter, richtete seine Toga und ging die Stufen hinauf.

Magnus folgte ihm. Als die vier Soldaten der Auxiliartruppe, die unter dem Vorbau Wache standen, ungeschickt Haltung annahmen, verzog er das Gesicht. «Ich sehe, was Ihr meint», kommentierte er, während er und sein Freund durch die Eingangstür in ein großes Atrium traten, an dessen einer Seite Schreiber an Pulten arbeiteten. «Die sind ein verdammt unorganisierter Haufen; nicht mal ihre Mütter könnten stolz auf sie sein.»

«Und das sind noch einige der Besten aus der ersten Centurie», erwiderte Vespasian. «Manche Centurien sind nicht mal in der Lage, ordentlich in Reih und Glied zu stehen. Die Centurionen haben einen immensen Verbrauch an Rebenstäben.»

Ehe Magnus seine Meinung dazu äußern konnte, wie aussichtsreich es war, unfähigen Soldaten Disziplin einprügeln zu wollen, kam ein gepflegter Buchhalter des Quästors in einer Toga auf sie zu.

«Was gibt es, Quintillius?», erkundigte sich Vespasian.

«Da ist eine Frau, die Euch sprechen möchte, sie wartet seit drei Stunden. Ich wollte mit ihr einen Termin vereinbaren, damit sie zu einem günstigeren Zeitpunkt wiederkommt, aber sie ließ sich nicht vertrösten. Sie sagte, als römische Bürgerin habe sie ein Recht darauf, Euch zu sprechen, sobald Ihr zurückkehrt. Und sie sagte auch, es sei Eure Pflicht, sie zu empfangen, da ihr Vater der Schreiber Eures Onkels gewesen sei, als dieser Quästor in Africa war.»

Vespasian seufzte. «Also schön, lasst sie in mein Amtszimmer führen. Wie heißt sie?»

«Das ist ja das Seltsame, Quästor: Sie behauptet, eine Verwandte von Euch zu sein, ihr Name ist Flavia Domitilla.»

«Und nun sind schon anderthalb Monate vergangen, seit er nach Südosten aufgebrochen ist, und er hat mir doch versprochen, nicht länger als vierzig Tage fortzubleiben.» Flavia Domitilla schluchzte in ein seidenes Taschentuch, dann tupfte sie sich behutsam die Augen, um den dicken schwarzen Lidstrich nicht zu verwischen.

Ob sie wirklich so verzweifelt war oder ob es sich um weibliche List handelte, konnte Vespasian nicht erkennen, und es kümmerte ihn auch nicht sonderlich. Er war wie gebannt von dieser eleganten jungen Frau und ihrer makellosen Erscheinung. Ihr Körper war herrlich anzusehen, groß, mit geschwungenen Hüften, einer schlanken Taille und festen, vollen Brüsten. Sie hatte kluge, funkelnde dunkle Augen, eine schmale Nase, volle Lippen und dichtes schwarzes Haar, das sie hoch aufgesteckt trug, und Flechten fielen ihr zu beiden Seiten des hübschen Gesichts bis auf die Schultern. Abgesehen von ein paar Sklavenmädchen hatte Vespasian keine richtige Frau mehr gehabt, seit er sich von Caenis verabschiedet hatte, und Flavia Domitilla war zweifellos eine richtige Frau. Ihre Kleidung und der Schmuck zeugten von Wohlstand, und ihre Frisur und die Schminke zeigten, dass sie Zeit hatte, diesen Wohlstand zu genießen. Sie war außerordentlich. Während sie leise in ihr Taschentuch wimmerte, starrte Vespasian sie an, sog ihren weiblichen Duft ein, der durch die Hitze verstärkt wurde und in den sich ein Hauch von Parfüm mischte. Er fühlte, wie das Blut in seinen Lenden pulsierte, und musste die Falten seiner Toga zurechtrücken, um nicht in Verlegenheit zu geraten. Zum ersten Mal seit seiner Ankunft in der Provinz war er froh darum, dieses Kleidungsstück zu tragen. Um seine Gedanken von fleischlichen

Gelüsten abzulenken, zwang er sich, den Blick zu heben und ihr Gesicht zu betrachten. Abgesehen von der rundlichen Gesichtsform konnte er nichts erkennen, das auf eine nähere Verwandtschaft mit ihm selbst hingedeutet hätte. Dennoch war ihr Name unleugbar die weibliche Form von Flavius.

Plötzlich wurde ihm bewusst, dass er zu sehr in ihren Anblick versunken war, um überhaupt wahrzunehmen, was sie gesagt hatte. Er räusperte sich. «Wie war noch gleich sein Name?»

Flavia sah von ihrem Taschentuch auf. «Das sagte ich doch bereits: Statilius Capella.»

«Ach ja, natürlich. Und er ist Euer Ehemann?»

«Nein, ich bin seine Mätresse, habt Ihr mir denn gar nicht zugehört?» Flavia runzelte die Stirn. «Seine Frau hält sich in Sabrata in der Provinz Africa auf. Er nimmt sie nie auf Geschäftsreisen mit, er findet, dass meine Reize weitaus besser auf seine Klienten wirken.»

Das glaubte Vespasian ohne weiteres. Ganz benommen von der Begierde, die ihr sinnlicher Duft und ihr üppiger Körper entfacht hatten, musste er sich zwingen, die Armlehnen seines Stuhls zu umklammern und sich auf ihre Worte zu konzentrieren. «Und in welchen Geschäften war er noch gleich unterwegs?»

Flavia schaute ihn ungeduldig an. «Ihr habt die ganze Zeit nur auf meine Brüste gestarrt, nicht wahr? Denn offenkundig habt Ihr kein Wort von dem gehört, was ich gesagt habe.»

Vespasian öffnete den Mund, um den Vorwurf zu bestreiten – er hatte durchaus nicht nur auf ihre Brüste gestarrt –, besann sich jedoch eines Besseren. «Es tut mir leid, wenn Ihr den Eindruck habt, ich sei unaufmerksam. Ich bin ein vielbeschäftigter Mann», fuhr er auf, und unwillkürlich blieben seine Augen erneut für einen Moment an der prächtigen Rundung des genannten Körperteils hängen.

«Nicht zu beschäftigt, um dazusitzen und den Körper einer Frau anzustarren, statt anzuhören, was sie zu sagen hat. Er handelt mit wilden Tieren, die er an die Circusse von Sabrata und Leptis Magna verkauft. Er hat einen Abstecher in die Wüste gemacht, weil er versuchen wollte, ein paar Kamele zu beschaffen. Diese Tiere sind zwar nicht besonders wehrhaft, aber sie sehen komisch aus und reizen das Publikum zum Lachen. In der Provinz Africa haben wir keine, aber hier gibt es einen Stamm, der sie hält.»

«Die Marmariden.»

«Ja, ich glaube, so heißen sie, Marmariden», bestätigte Flavia, erfreut, dass er ihr endlich richtig zuhörte.

«Euer, äh, Mann ist also losgezogen, um Kamele von einem Stamm einzukaufen, der die Vorherrschaft Roms in seinem Gebiet nicht anerkennt, weil wir die Stammesangehörigen nie in der Schlacht schlagen konnten, da sie Nomaden und fast unmöglich aufzuspüren sind?»

«Ja, und er hätte vor fünf Tagen zurück sein sollen», fügte Flavia mit zitternder Unterlippe hinzu.

Vespasian biss auf die seine und versuchte, sich nicht vorzustellen, was er mit der ihren tun könnte. «Ihr solltet hoffen, dass er nicht mit ihnen in Kontakt gekommen ist.»

Flavia sah ihn erschrocken an. «Wie meint Ihr das?»

«Sie sind berüchtigte Sklavenjäger. Sie machen Gefangene, wo sie nur können, und verkaufen sie Hunderte Meilen weiter im Süden an die Garamanten. Diese brauchen offenbar Unmengen an Arbeitskräften für die umfangreichen Bewässerungsanlagen, die ihnen dort die Landwirtschaft ermöglichen.»

Flavia brach erneut in Tränen aus.

Vespasian widerstand dem Drang, sie zu trösten. Er wusste, wenn er diesen Körper berührte, wäre er verloren. «Es tut mir leid, Flavia, aber das ist die Wahrheit. Es war völliger Irrsinn von ihm, dorthin zu gehen. Wie viele Männer hatte er bei sich?»

«Ich weiß es nicht genau, ich glaube, wenigstens zehn.»

«Zehn? Das ist absurd. Die Marmariden sind zu Tausenden. Wir können nur beten, dass er sie nicht gefunden hat und dass ihm das Wasser noch nicht ausgegangen ist – wie viel hat er mitgenommen?»

«Ich weiß es nicht.»

«Nun, wenn er nicht in den nächsten paar Tagen wiederauftaucht, dann fürchte ich, Ihr müsst vom Schlimmsten ausgehen. Wenn er nach Südosten gezogen ist und keinen einheimischen Führer bei sich hatte, der ihm die verborgenen Brunnen zeigen konnte, dann wäre die nächste Wasserstelle die Oase Siwa kurz vor der ägyptischen Grenze. Das ist mehr als dreihundert Meilen von hier, und die Reise dauert, abhängig von den Bedingungen, zehn bis zwanzig Tage.»

«Dann müsst Ihr losziehen und ihn suchen.»

«Ihn suchen? Habt Ihr eine Vorstellung davon, wie groß das Gebiet ist, von dem wir hier reden, und wie viele Männer ich mitnehmen müsste, nur um sicherzustellen, dass wir auch wieder zurückkehren?»

«Das ist mir gleich», fuhr Flavia ihn an. «Er ist ein freigeborener Bürger Roms, und es ist Eure Pflicht, ihn vor der Sklaverei zu bewahren.»

«Dann hätte er mich um eine Eskorte bitten sollen, bevor er zu dieser wahnwitzigen Reise aufbrach», versetzte Vespasian, den dieser Temperamentsausbruch erst recht erregte. «Gegen ein angemessenes Entgelt hätte ich ihm einen Trupp berittener Soldaten zur Verfügung stellen können.»

«Dann stellt ihm die Kavallerie eben jetzt zur Verfügung», beharrte Flavia und erhob sich. «Ich bin sicher, er wird es Euch großzügig vergelten, wenn Ihr ihn findet.»

«Und was, wenn ich mich weigere?»

«Dann, Titus Flavius Vespasianus, ob verwandt oder nicht, werde ich nach Rom gehen und bekannt machen, dass Ihr untätig dagesessen habt, während ein Angehöriger des Ritterstandes entführt und in die Sklaverei verkauft wurde. Und ich werde außerdem durchblicken lassen, weshalb Ihr nichts unternommen habt: weil Ihr seine Mätresse begehrtet.» Damit machte sie auf dem Absatz kehrt und stürmte hinaus.

Vespasian blickte ihr wohlgefällig nach, dann atmete er tief durch und schüttelte den Kopf. In einem hatte sie jedenfalls recht: Er begehrte sie tatsächlich. Aber sie konnte ihm mehr als nur Lust verschaffen, und während das Blut in seinem Körper pulsierte, wurde ihm klar, dass er jedes Risiko eingehen würde, um sie zu besitzen.

Instinktiv riss Vespasian den linken Arm hoch und fing den blitzschnellen Abwärtsschlag eines *Gladius* am Heft seines *Pugios* ab. Indem er den Dolch nach links drehte, zwang er das Schwert zur Seite und abwärts, während er zugleich seinen eigenen Gladius in Bauchhöhe nach vorn stieß, wo er von einer weiteren Klinge nach rechts abgewehrt wurde.

«Also bekommen wir vielleicht doch noch Gelegenheit zur Löwenjagd», stellte Magnus fest und löste sich aus der Umarmung, in der das Manöver geendet war. Zum ersten Mal seit seiner Ankunft in der Kyrenaika sah er erfreut aus. Sein vernarbter Oberkörper glänzte von Schweiß.

«Ich habe noch nicht entschieden, ob ich die Expedition unternehme», erwiderte Vespasian, während er in Abwehrstellung ging: geduckt, fast frontal zum Gegner, den Gladius tief und nach vorn gerichtet, den Pugio an der anderen Seite ein wenig zurückgenommen.

Sie übten neben einem Granatapfelbaum im bepflanzten Innenhof der Residenz des Statthalters, wo es jetzt in der Abenddämmerung angenehm kühl war. Ein paar Sklaven entzündeten gerade die Fackeln im Säulengang. Der Rauch der in Brand gesteckten pechgetränkten Lumpen bildete einen scharfen Gegensatz zum sauberen, frischen Duft des kürzlich bewässerten Gartens.

Magnus täuschte nach rechts an und schlug dann mit der Rückhand nach Vespasians Hals, Vespasian wehrte die Schwertklinge mit seinem Pugio ab. Dann schlug er mehrmals in rascher Folge kreuz und quer mit seinem Gladius zu und drängte Magnus damit immer weiter zurück, sodass der kaum Gelegenheit hatte, die Schläge zu erwidern. Den Sieg schon vor Augen, zielte Vespasian einen Schwertstoß auf Magnus' Kehle. Magnus duckte sich sogleich unter der Klinge hinweg, lenkte Vespasians Dolch nach unten ab und stieß mit der rechten Schulter aufwärts unter dessen ausgestreckten Schwertarm, sodass Vespasian das Gleichgewicht verlor. Zugleich hakte Magnus sein rechtes Bein hinter das linke des Gegners, worauf dieser unsanft zu Boden ging.

«Ihr wart zu sehr auf den Sieg aus, Herr», bemerkte Magnus und setzte Vespasian die stumpfe Spitze seines Übungsschwerts an den Hals.

«Ich war mit meinen Gedanken woanders», erwiderte der. Er schob die Waffe zur Seite.

Magnus bückte sich, um ihm aufzuhelfen. «Tja, sie raubt Euch die Konzentration. So oder so, wenn Ihr nicht geht, könnte sie Euch daheim in Rom Scherereien machen.»

Vespasian schnaubte verächtlich und klopfte sich den Staub ab. «Nein, das könnte sie nicht. Jeder würde verstehen, warum ich nichts unternommen habe. Wer würde Partei für einen Schwachkopf ergreifen, der ohne nennenswerte Eskorte auf der Suche nach einem Stamm von Sklavenhändlern in die Wüste zieht?»

Magnus machte ein enttäuschtes Gesicht. «Dann werdet Ihr es also nicht tun?»

Vespasian ging zu der Bank unter dem Granatapfelbaum. «Das habe ich nicht gesagt. Ich sagte nur, ich gehe nicht, weil Flavia mir droht. Wenn ich gehe, dann aus anderen Gründen.»

«Weil es vergnüglich werden könnte?»

«Hast du sie gesehen?», fragte Vespasian, ohne auf die Frage einzugehen. Er nahm einen Krug vom Tisch und schenkte zwei Becher Wein ein.

Magnus setzte sich zu ihm auf die Bank und nahm den angebotenen Becher. «Ja, flüchtig. Sie sah teuer aus.»

«Das stimmt, aber auf eine gute Art – eine wahre Frau. Und sie hat Kampfgeist und Loyalität bewiesen. Stell dir vor, was für Söhne eine resolute Frau wie sie gebären könnte.»

Magnus schaute seinen Freund verwundert an. «Das meint Ihr doch nicht im Ernst? Was ist mit Caenis?»

Die Liebesworte aus Caenis' Brief kamen Vespasian in den Sinn, doch er schüttelte bedauernd den Kopf. «Sosehr ich wollte, ich könnte ebenso wenig mit Caenis Kinder haben wie mit dir. Mit dir nicht, weil du keine empfangen könntest, ganz gleich, wie ich mich anstrengen würde. Und mit Caenis nicht, weil die Kinder aus einer rechtswidrigen Verbindung zwischen einem Senator und einer Freigelassenen nicht als römische Bürger anerkannt würden.»

«Ja, das stimmt wohl. Darüber habe ich noch nie wirklich nachgedacht», gestand Magnus, nickte und trank dann mit großen Schlucken seinen Wein. «Dann müsst Ihr Euch also anderweitig nach einer Zuchtstute umsehen?»

«Und Flavia scheint mir ideal zu sein. Obendrein ist sie sogar eine Flavierin.»

«Was spielt das für eine Rolle?»

«Es bedeutet, dass ihre Mitgift in der Familie bleibt und ihr Vater sie deshalb wahrscheinlich besonders großzügig bedenken wird.»

«Nun, Ihr werdet das Geld brauchen, wenn Ihr sie in all dem Luxus halten wollt. Das wird nicht billig. Also hat es wohl keinen Sinn, loszuziehen, um ihren Liebsten zu retten – besser, er bleibt verschwunden.»

«Im Gegenteil, ich werde mit vier *Turmae* meiner Kavallerie ausziehen und ihn finden. Wenn nicht, wird Flavia niemals auch nur daran denken, mich zu heiraten. Sie ist eine treue Frau.»

«Solange Ihr ihn nicht findet, ist ja alles in Ordnung, aber wenn Ihr ihn tatsächlich zurückbringt, wird sie doch bei ihm bleiben.»

«Nicht unbedingt.» Vespasian grinste seinen Freund verschwörerisch an. «Wenn ich ihn finde, stelle ich ihn vor die Wahl, entweder für die vollen Kosten der Rettungsaktion aufzukommen oder dort draußen in der Wüste zu bleiben.»

«Was? Ihr wollt ihm den Unterhalt für die Kavallerie in Rechnung stellen, für die gesamte Dauer der Suche?»

«Ja. Und dazu natürlich meine persönlichen Auslagen.»

«Und wie viel wird das sein?»

«Ach, nicht mehr, als Capella aufbringen kann – sagen wir, eine Frau?»

II

»Wie weit noch, Aghilas?«, fragte Marcus Valerius Messala Corvinus barsch. Der junge patrizische Präfekt der leichten Kavallerie wischte sich den Schweiß ab, der ihm in Strömen unter seinem breitkrempigen Strohhut hinunterlief.

Der dunkelhäutige Libu, der ihnen als Führer diente, deutete auf eine kleine, felsige Erhebung in etwa zwei Meilen Entfernung, die in der Hitze flimmerte. «Nicht mehr weit, Herr, es ist zwischen den Felsen dort.»

«Wurde auch Zeit», knurrte Magnus und rutschte im Sattel herum, denn sein Hinterteil war wund und erhitzt. «Es sind erst drei Tage vergangen, seit wir von dem Plateau runtergekommen sind, und ich habe die Wüste jetzt schon satt.»

«Du hättest nicht mitkommen müssen», erinnerte Vespasian seinen Freund. «Du hättest im Vorgebirge bleiben und jagen können. Ich bin sicher, Corvinus hätte dir ein paar Führer dagelassen.»

Corvinus warf Vespasian einen Blick zu, der keinen Zweifel daran ließ, dass er in diesem Punkt gänzlich im Irrtum war.

Magnus betrachtete wehmütig den dicken Jagdspeer, der senkrecht in einer ledernen Halterung an seinem Sattel steckte, und schüttelte den Kopf. «Nein, ich wollte mir doch das Vergnügen nicht entgehen lassen. Mir war nur nicht klar, wie viel Wüste es hier gibt.»

Es gab in der Tat sehr viel Wüste.

Seit sie vom Plateau von Kyrene heruntergekommen waren, zwei Tage, nachdem sie die Stadt verlassen hatten, ritten sie in südöstlicher Richtung durch eine karge, graubraune, von Felsen übersäte Wildnis, die sich bis über die vage südliche Grenze der Provinz hinaus und dann noch unermesslich viel weiter erstreckte. Sie stellte einen natürlichen Schutz gegen alles und jeden von jenseits dieser Ödnis dar. Obwohl es November war, brannte tagsüber die Sonne. Nachts jedoch bekam der Suchtrupp den Winter zu spüren, und es wurde so kalt, dass das Wasser in den Hälsen der Trinkschläuche gefror.

Den hundertzwanzig Mann der vier Turmae leichter Reiter vom Stamm der Libu schienen die Bedingungen nichts anzuhaben. Sie waren mit leichten Wurfspeeren, einer Kavallerie-*Spatha* – einem Schwert, das etwas länger war als der Gladius der Fußtruppen –, krummen Messern und kleinen, runden, lederbezogenen Schilden bewehrt. Breitkrempige Strohhüte überschatteten ihre Gesichter, und lange, dicke Mäntel aus ungefärbter Lammwolle über Tuniken aus ähnlichem Material schützten sie bei Tag vor der sengenden Sonne und hielten sie nachts warm. Feuer konnten sie nicht machen, da es kein Brennmaterial gab. Die römischen Decurionen waren für diese Expedition dem Beispiel ihrer Männer gefolgt, da metallene Brustpanzer und Helme in der Hitze unerträglich gewesen wären.

Jeder Mann hatte einen Trinkschlauch mit gerade genug

Wasser, um sich und sein Pferd zwei Tage lang zu versorgen. Zusammen mit den Vorräten auf den Packmaultieren am Ende der Kolonne – zusätzliches Wasser, Getreide für die Pferde und Reserverationen für die Soldaten – konnten sie drei Tage durchhalten, ohne sich neu zu bevorraten. Daher war es von entscheidender Wichtigkeit, in der eintönigen Landschaft den richtigen Weg zu finden, denn sie mussten unterwegs bei zwei Wasserstellen haltmachen, Teil eines Netzwerks uralter Brunnen. Die Marmariden hatten sie vor Generationen in der Wüste gegraben, um von ihrem Weideland im Norden nahe der Küste mehr als hundert Meilen östlich von Kyrene zur Oase Siwa und noch weiter zu reisen.

«Verdammt, wie findet Aghilas sich hier draußen nur zurecht?», wollte Magnus von Corvinus wissen, als sie sich der Felsgruppe näherten, wo sie den ersten Brunnen auf ihrer Reise finden sollten. «Es gibt doch überhaupt keine Anhaltspunkte.»

Corvinus schaute Magnus hochnäsig an, ehe er sich zu einer Antwort herabließ. «Er ist als Junge Sklavenjägern vom Stamm der Marmariden in die Hände gefallen und hat zehn Jahre lang bei ihnen gelebt, ehe er fliehen konnte. Er ist schon oft durch die Wüste geritten. Ich habe ihn bereits früher eingesetzt, und er hat mich nie im Stich gelassen.»

«Wann wart Ihr zuletzt hier draußen?», erkundigte sich Vespasian in dem Versuch, freundlich zu diesem arroganten Patrizier zu sein. Er hatte bisher nicht viel mit Corvinus zu tun gehabt, der sich die meiste Zeit in Barke südwestlich von Kyrene aufhielt, wo die berittene Auxiliartruppe stationiert war.

«Kurz vor Eurer Ankunft, Quästor.» Er sprach Vespasians offiziellen Titel in beinahe spöttischem Ton aus. «Wir haben eine raubende Horde ein paar Tage lang verfolgt, konnten sie jedoch nicht zur Strecke bringen. Ihre Kamele sind nicht so schnell wie galoppierende Pferde, aber sie können achtzig oder neunzig Meilen in zehn Stunden zurücklegen, ohne Trinkpause. Unsere Pferde würden bei einer solchen Geschwindigkeit in dieser Hitze einfach zusammenbrechen.»

«Habt Ihr jemals welche gefasst?»

«Nein, kein einziges Mal in den sieben Monaten, seit ich das Unglück hatte, hier stationiert zu werden. Und ich weiß nicht, wieso Ihr denkt, es würde diesmal anders verlaufen. Ihr müsstet schon überraschend –»

Ein durchdringender Schrei von Aghilas, der von seinem Pferd stürzte, unterbrach Corvinus. Im nächsten Moment bäumte sein eigenes Pferd sich auf, sodass er selbst zu Boden ging. Vespasian hörte einen Pfeil dicht über seinem Kopf durch die Luft zischen, und unmittelbar darauf schrie einer der Soldaten hinter ihm.

«Turmae auffächern!», brüllte Corvinus und sprang auf, während sein Pferd schrill wiehernd neben ihm zusammenbrach, einen blutigen Pfeil in der Brust.

Die vier Turmae aus je dreißig Mann bildeten eine Linie; das Wiehern verwundeter Pferde und die schrillen Signaltöne des *Lituus*, des Horns der Kavallerie, gellten durch die Wüste.

Hundert Schritt entfernt sah Vespasian die Angreifer zwischen den Felsen aus ihrer Deckung stürmen, auf etwa ein Dutzend kleinere, rundliche Felsen zu rennen und auf sie aufspringen. Augenblicke später schienen diese Steine zum Leben zu erwachen, als sie sich vom Boden erhoben, als wären ihnen plötzlich zuerst Hinter-, dann Vorderbeine gewachsen. Sie machten kehrt und galoppierten gen Süden davon.

«Decurio, nehmt Eure Turma und bringt diese kamelfickenden marmaridischen Hurensöhne zur Strecke. Wir sind nah genug dran, um sie einzuholen. Einen will ich lebend!», brüllte Corvinus in das nächste latinisch aussehende Gesicht.

Während die Turma sich von den Übrigen trennte, warf Vespasian Magnus einen fragenden Blick zu.

«Ich halte zwar immer noch nichts davon, im Sattel zu kämpfen, aber mir scheint, das hier könnte mich für die entgangene Löwenjagd entschädigen», sagte Magnus und trieb sein Pferd an.

Vespasian folgte ihm grinsend. Als sein Pferd zum Galopp beschleunigte, riss ihm der Wind den Hut vom Kopf, sodass er an dem lockeren Lederriemen um seinen Hals hinter ihm herwehte.

Rasch ließen sie die Felsen hinter sich, und Vespasian hatte den Eindruck, dass sie zu den langsameren, aber ausdauernderen Kamelen aufholten, die weniger als zweihundert Schritt Vorsprung hatten. Er zählte etwa zwanzig Tiere. Die Turma hatte sich ungeordnet aufgefächert. Die Soldaten lenkten ihre Pferde gekonnt um größere Steine herum, von denen der sonnenverbrannte, rissige Boden übersät war. Gelegentlich flog noch ein Pfeil über sie hinweg oder seitlich an ihnen vorbei, doch niemand wurde mehr getroffen. Angesichts des schwankenden Gangs der seltsamen Tiere konnte Vespasian sich vorstellen, dass es schwierig sein musste, im Reiten zielsicher auf einen Gegner hinter sich zu schießen.

Nach einer halben Meile waren sie bis auf weniger als hundert Schritt an die Marmariden heran. In der Gewissheit, ihre Angreifer einholen zu können, trieben die Soldaten ihre Pferde zu noch größerer Anstrengung an. Schweiß schäumte unter ihren Sätteln hervor, und Speichel flog von ihren Mäulern, als die Tiere gehorchten.

Vespasian griff hinter sich und zog einen der zehn leichten Wurfspeere, die jeder Mann bei sich trug, aus der Tasche an seinem Sattel. Er steckte den Zeigefinger durch die Lederschlaufe in der Mitte des Schafts. Das Ziel war jetzt kaum noch mehr als siebzig Schritt voraus, und Vespasian empfand den vertrauten Rausch und die Anspannung unmittelbar vor der Schlacht. Es würde sein erster Kampf seit dem Überfall auf den Hof seiner Eltern in Aquae Cutiliae vor mehr als vier Jahren sein, und die Langeweile der letzten paar Monate steigerte seinen Drang, zu kämpfen.

Als nur noch sechzig Schritt Abstand die beiden Gruppen trennten und den Marmariden klar wurde, dass sie keine Chance hatten, zu entkommen, wendeten sie plötzlich ihre Kamele, ritten der Turma entgegen und lösten eine Salve Pfeile. Rechts von Vespasian stürzte ein Soldat schreiend aus dem Sattel; sein Pferd rannte in der Hitze des Angriffs weiter.

«Speere los», schrie der Decurio bei fünfzig Schritt Abstand.

Mehr als dreißig Wurfspeere schnellten den Kamelreitern entgegen, rasch gefolgt von einer zweiten Salve, da die Soldaten darauf bedacht waren, mit ihrer wichtigsten Waffe so großen Schaden wie möglich anzurichten. Dutzende eiserner Spitzen trafen die Marmariden, durchbohrten in einem Schwall von Blut Brust und Kopf der Männer oder gruben sich tief in ihre Reittiere, die in einer Kakophonie kehliger, animalischer Laute zu Boden stürzten.

Die sieben Überlebenden des Speerangriffs zogen lange, gerade Schwerter aus den Scheiden und donnerten unter Kampfschreien, die Gesichter mit Tüchern verhüllt, in die Turma hinein, die ihre *Spathae* zog.

Der starke, fremdartige Geruch der Kamele ließ das herrenlose Pferd neben Vespasian scheuen und abrupt nach links schwenken. Es prallte heftig gegen die Schulter seines eigenen Pferdes, während glänzender Stahl auf ihn zuschnellte. Durch den Schmerz des Zusammenstoßes warf sein Pferd wild wiehernd den Kopf hoch, und so traf der Schwerthieb, der auf Vespasians Hals gezielt war, stattdessen den des Pferdes. Blut spritzte Vespasian ins Gesicht, während er mit einem Abwärtsschlag seiner Spatha dem Gegner den Schwertarm durchtrennte. Der brüllte auf, und sein Kamel stieß seitlich gegen das herrenlose Pferd. Beide Tiere und der Marmaride mit dem blutenden Armstumpf stürzten zu Boden, und durch die gequälten Schreie war das Geräusch brechender Knochen zu hören.

Vespasians Pferd galoppierte mit dem Schwert im Hals noch fünf Schritte weiter, ehe es auf dem Wüstenboden zusammenbrach. Vespasian sprang rechtzeitig ab, um nicht unter dem toten Körper begraben zu werden, und stolperte über den unebenen Boden. Als er sich umschaute, konnte er gerade noch einen Satz nach links machen, um nicht unter die Hufe eines durchgehenden Pferdes zu geraten, dessen enthaupteter Reiter fest im Sattel saß – während aus dem Halsstumpf das Blut spritzte, umklammerten die Beinmuskeln noch immer das panische Pferd.

«Alles in Ordnung mit Euch, Herr?», rief Magnus und brachte sein Pferd neben Vespasian zum Stehen.

«Ich glaube schon», erwiderte der, während er mit einer Mischung aus Entsetzen und Neugier den kopflosen Reiter beobachtete. Nach ein paar Dutzend Schritten gaben die Beinmuskeln nach, und der leblose Körper glitt aus dem Sattel. Das Pferd galoppierte weiter, dem tiefblauen Horizont entgegen.

Vespasian zählte noch zwei herrenlose Pferde. Der Rest der Turma sammelte sich wieder. Der Boden war mit toten Kamelen und deren Reitern übersät, doch fünfzig Schritt entfernt, drüben in Richtung der Felsen, stand noch ein Kamel. Der Marmaride wendete es, schwang sein Schwert über dem Kopf und griff an.

«Schneid hat er, das muss man ihm lassen», kommentierte Magnus, sprang aus dem Sattel und packte seinen Jagdspeer. «Er gehört mir, dass das klar ist, zieht euch zurück», rief er den Soldaten zu, die taten wie ihnen geheißen, grinsend vor Vorfreude auf die spannende Begegnung.

Magnus stellte sich dem angreifenden Kamel frontal entgegen, den Speer mit dem acht Fuß langen Schaft aus Eichenholz quer vor dem Körper. Die blattförmige Eisenspitze glänzte in der Sonne. Die Soldaten feuerten ihn an, während der Reiter immer näher kam, dabei den heulenden Kampfschrei seines Stammes ausstieß und mit der Breitseite seines blutigen Schwerts das Kamel antrieb, schneller zu laufen.

Magnus blieb reglos stehen.

Einen Augenblick vor dem Zusammenstoß wich Magnus nach links aus, duckte sich unter dem wilden Schwerthieb des Marmariden hindurch und stieß seinen Speer mit der Spitze voran seitlich zwischen die Vorderbeine des Tieres. Das rechte Schienbein brach an dem soliden Schaft; durch die Vorwärtsbewegung wurde der Speer herumgerissen, und als Magnus die Waffe losließ, bohrte sie sich aufwärts in den Bauch des Tieres. Das Kamel brüllte auf und fiel auf den Speer, da das rechte Bein unter ihm nachgab, sodass der Reiter aus dem Sattel geschleudert wurde. Die Wucht des Sturzes trieb die Waffe weiter in den zuckenden Leib des Tiers, bis die Spitze mit einem Schwall von Blut über dem Becken wieder austrat. Wild kreischend und schnaubend, schlug das Kamel mit den Hinterbeinen aus in dem vergeblichen Versuch, der Qual zu entkommen. Magnus hob rasch das Schwert des bewusstlosen Marmariden vom Boden auf und holte zu einem beidhändigen Schlag aus. Mit einem gewaltigen Ächzen hieb er die Klinge von oben in den Hals der gequälten Kreatur, durchschlug das Rückgrat und trennte den Kopf fast ganz ab.

Der Körper zuckte noch mehrmals krampfartig, dann erschlaffte er.

Die Soldaten brachen in Jubelrufe und Beifall aus.

Vespasian ging auf seinen Freund zu, wobei er in stummer Bewunderung den Kopf schüttelte.

«Ich habe mal im Circus gesehen, wie ein *Bestiarius* auf diese Weise mit einem Kamel fertigwurde», gestand Magnus, «und da dachte ich mir, es wäre ein Vergnügen, es selbst mal auszuprobieren. Schließlich sind sie ja nicht besonders wehrhaft.»

«Paetus hätte seine Freude daran gehabt», erwiderte Vespasian und dachte an seinen Freund, der schon lange tot war. «Er liebte die Jagd auf wilde Tiere.»

«Allerdings glaube ich, mein Speer ist dahin. Ich schaffe es niemals, ihn da wieder rauszuziehen.»

Ein Stöhnen hinter ihnen lenkte die beiden ab, und als sie hinsahen, regte sich der Marmaride.

Vespasian drehte den Mann um. Er hatte das Tuch um seinen Kopf verloren. Er war jung, höchstens zwanzig, klein und drahtig, mit lockigem Haar, Nase und Mund waren schmal, und auf seinen Wangen hatte er jeweils drei seltsame gekrümmte Linien eintätowiert. «Wir sollten ihn mitnehmen, um ihn zu verhören. Vielleicht hat er Statilius Capellas Trupp gesehen.»

«Wenn Ihr vorhabt, ihn zu foltern, vergesst es», sagte Magnus, der bei dem am Boden liegenden Mann stand. «Schaut, ob noch ein anderer am Leben ist.»

«Wie meinst du das?»

«Ich meine, Ihr werdet nicht mein Eigentum beschädigen. Er gehört jetzt mir, ich werde ihn behalten. Ich finde, ich habe ihn mir redlich verdient.»

«Du hast Glück», sagte Vespasian am nächsten Morgen. Er stieß den schlafenden Magnus mit dem Fuß an. Die Sonne glühte rot am östlichen Horizont. «Ich war gerade bei Corvinus. Aghilas, unser Führer, wird durchkommen, der Pfeil konnte ohne allzu großen Blutverlust aus seiner Schulter entfernt werden. Anscheinend geht es ihm schon wieder gut.»

«Und wieso ist das ein Glück für mich?», fragte Magnus verschlafen, unwillig, unter seiner Decke hervorzukriechen.

«Weil es heißt, dass wir deinen neuen kleinen Freund nicht zwingen müssen, uns den Weg zum nächsten Brunnen zu zeigen», erklärte Vespasian mit einem Blick auf den Marmariden, der an einen Felsen gelehnt dasaß, die Hände hinter dem Rücken gefesselt. «Wenn du Frühstück willst, solltest du dich beeilen, die Turmae satteln schon die Pferde. Wir müssen weiter, es sind noch fünf Tage bis Siwa.»

Nach dem gestrigen Scharmützel hatten sie den Rest des Tages damit zugebracht, am Brunnen die Trinkschläuche der hundertzwanzig Mann aufzufüllen, und deshalb ihr Nachtlager bei den Felsen aufgeschlagen. In einem der Einheimischen hatte noch genügend Leben gesteckt, dass sie unter Zuhilfenahme eines Übersetzers – und des Krummdolchs eines Soldaten – von ihm erfahren hatten, Capella und ein paar seiner Männer seien tatsächlich von den Marmariden gefangen genommen worden. Man hatte sie nach Siwa gebracht, um dort den Aufbruch der nächsten Sklavenkarawane in die siebenhundert Meilen südwestlich gelegene Stadt Garama zu erwarten.

Grummelnd rappelte Magnus sich auf und kramte einen Streifen getrocknetes Schweinefleisch und etwas altes Brot aus seinem Bündel. Sein neuer Sklave warf gierige Blicke auf das Essen.

«Mir scheint, er hat Hunger», bemerkte Vespasian. «Du solltest ihm etwas geben, sonst hast du bald einen toten Spielgefährten.»

Magnus knurrte. «Dann haltet Euer Schwert bereit, während ich ihm die Fesseln löse.» Er ging zu dem Marmariden hinüber und zerrte ihn herum, um an den Knoten zu kommen. «Benimm dich, verstanden?», zischte er dem Mann ins Ohr, während der Strick sich löste. Der Gefangene verstand den Tonfall und nickte.

Magnus schnitt ein Stück Brot und eine Scheibe Schweinefleisch ab und gab ihm beides. Der Marmaride nahm es dankbar mit einer Hand, berührte dabei mit der anderen seine Stirn und sagte etwas in seiner eigenen Sprache.

«Ich glaube, er bedankt sich bei dir», kommentierte Vespasian.

«Das sollte er auch, schließlich verdankt er mir sein Leben.»

Nachdem der junge Mann hastig ein paar Bissen hinuntergeschlungen hatte, blickte er zu ihnen auf und zeigte auf sich selbst. «Ziri», sagte er nickend. «Ziri.»

Vespasian lachte. «Ach herrje, jetzt, da du seinen Namen kennst, musst du ihn wohl mit nach Hause nehmen.»

«Ziri», wiederholte der Marmaride noch einmal, dann deutete er auf Magnus.

«Herr», sagte Magnus und zeigte auf sich selbst. «Herr.» Dann zeigte er auch auf Vespasian. «Herr. Herr.»

Ziri nickte eifrig und schien erfreut. «Herr. Herr», wiederholte er.

«Na, damit wäre das wohl geklärt», sagte Magnus und biss von seinem Brot ab.

Aghilas, von seiner Verletzung noch sehr geschwächt, führte sie ohne Zwischenfälle zum nächsten Brunnen, nur zwei Tagesritte von Siwa entfernt. Hier begann sich die Landschaft zu verändern, der Boden wurde sandiger. Anfangs war es nur eine dünne Schicht auf der harten, ausgedörrten Erde, doch je weiter sie sich von dem Brunnen entfernten, desto dicker wurde die Sandschicht, bis die Reiter am späten Nachmittag mannshohe Dünen überwinden mussten. Ihre Pferde kamen auf dem weichen Boden immer schwerer voran, sodass die Männer schließlich gezwungen waren, abzusitzen und zu

Fuß weiterzugehen. Der sengend heiße Sand an den Füßen in Sandalen war für alle eine Qual.

«Allmählich finde ich es etwas übertrieben, solche Strapazen auf sich zu nehmen, nur weil Ihr ein Weib zum Kinderkriegen wollt», grummelte Magnus, während sie mit Corvinus und Aghilas den nächsten Hügel aus losem, trügerischem Sand erklommen. Die Kolonne aus vier Turmae verlor sich hinter ihnen in der flimmernden Luft.

«Wir bewahren auch einen römischen Bürger vor einem Leben im Elend als Feldsklave irgendwo im Niemandsland», erinnerte Vespasian seinen Freund.

Magnus knurrte nur und mühte sich mit seinem Pferd, das sich sträubte, die Düne auf der anderen Seite wieder hinunterzugehen.

«Los, Pferd!», rief Ziri und versetzte dem widerspenstigen Tier einen Schlag aufs Hinterteil, dass es einen Satz nach vorn machte und auf der Hinterhand hockend die Düne hinunterrutschte. Dabei zog es Magnus in einer Sandwolke mit sich, sehr zu Vespasians und Ziris Erheiterung.

«Ich werde dir kein Latein mehr beibringen, du kraushaariger kleiner Kamelficker, wenn du es so gebrauchst», prustete Magnus, während er versuchte, sich unter seinem verschreckten Pferd zu befreien.

Vespasian führte lachend sein eigenes Reittier die Düne hinunter. «Ich finde, er hat die Sprache perfekt verwendet: Er hat aus seinem Wortschatz von wenigstens zwanzig Wörtern genau die richtigen zwei ausgewählt, um das Pferd anzutreiben.»

Ziri grinste breit, wobei Zähne wie Elfenbein sichtbar wurden, und lief zu Magnus hinunter. «Ziri Herr helfen?»

«Ich brauche deine verdammte Hilfe nicht, Wüstenbewohner», versetzte Magnus, dem es jetzt gelungen war, sich aufzurappeln. Er klopfte sich den Sand von der Tunika und machte sich daran, sein Pferd zur nächsten Düne zu führen. Ziri folgte ihm grinsend.

«Warum ist Ziri so fröhlich?», erkundigte sich Vespasian bei Aghilas, während sie sich durch den losen Sand hinaufkämpften. «Wäre ich gerade in die Sklaverei geraten, wäre ich wohl ziemlich verzweifelt.»

«So sind die Marmariden. Weil sie Sklavenhändler sind, würden sie lieber sterben, als selbst Sklaven zu werden. Darum waren sie bei dem Brunnen so selbstmörderisch. Ihre Ehre verlangte, dass sie einen Blutpreis dafür forderten, dass wir von ihrem Wasser nehmen wollten. Aber als dann klarwurde, dass wir sie zur Strecke bringen würden, entschieden sie sich, lieber kämpfend zu sterben. Aus Ziris Sicht ist er als Marmaride in der Schlacht gestorben. Nachdem Magnus ihn im Zweikampf besiegt, ihn jedoch am Leben gelassen und zu seinem Sklaven gemacht hat, kann er nie wieder zu seinem Volk zurückkehren. Er hat jetzt ein völlig neues Leben und fügt sich in sein Schicksal.»

«Dann ist er damit zufrieden, ein Sklave zu sein und seine Familie nie wiederzusehen?»

«Ja, ihm bleibt gar nichts anderes übrig. Falls er Frau und Kinder hatte, ist er für sie gestorben; würde er zu ihnen zurückkehren, dann würde das einen langsamen und qualvollen Tod von den Händen seiner eigenen Familie bedeuten. Ihm bleibt nur dieses neue Leben in Magnus' Dienst.»

«Magnus kann ihm also vertrauen?»

«Ja, bis aufs Blut.»

«Sogar gegen die Marmariden?»

«Erst recht gegen die Marmariden.»

Vespasian betrachtete den jungen Wüstenbewohner, der hinter Magnus die Düne hinauftrottete wie ein treuer Hund, und fragte sich, was er wohl von Rom halten würde. Ein Schrei riss ihn aus seinen Gedanken – Ziri war plötzlich stehen geblieben und deutete nach Süden. Vespasian spähte blinzelnd in die Richtung und schirmte seine Augen mit der Hand gegen die Sonne ab. Der Horizont, sonst eine gerade, scharfe Trennlinie zwischen Hellbraun und Blau, erschien undeutlich und verschwommen.

«Mögen die Götter uns beistehen», murmelte Aghilas.

«Was ist das?», wollte Corvinus wissen.

«Ein Sandsturm, und er scheint sich in unsere Richtung zu bewegen. Wenn es so ist, wird er uns erreichen, noch ehe es dunkel wird.»

«Was können wir tun?», fragte Vespasian.

«Ich weiß es nicht, ich bin noch nie in einen Sandsturm geraten, aber ich glaube, nichts. Er wird uns in offenem Gelände treffen, es gibt hier meilenweit keine Felsen, die uns Deckung bieten könnten. Wir müssen einfach so schnell wie möglich weiter und beten, dass er an uns vorbeizieht, denn wenn nicht und wenn er groß ist, werden wir lebendig begraben.»

Die nächsten Stunden zogen sie in aller Hast durch die lebensfeindliche Landschaft. Die Sonne hatte inzwischen den westlichen Horizont erreicht. Die Kunde von dem bevorstehenden Sturm hatte sich durch die Kolonne fortgepflanzt, und die Männer warfen ängstliche Blicke südwärts zu der immer größer werdenden Bedrohung, die jetzt im Zwielicht nicht einmal mehr zehn Meilen entfernt war. Aus dem verschwommenen Streifen am Horizont war eine riesige dunkle Wolke am Boden geworden, die mit beängstigender Geschwindigkeit immer größer wurde.

«Macht Euren Frieden mit den Göttern», riet Aghilas, «nun gibt es kein Entrinnen mehr. Wir sind tote Männer.»

Ziri lief zu Aghilas und sagte etwas in seiner eigenen Sprache; es folgte ein kurzer Wortwechsel.

«Er sagt», übersetzte Aghilas, «es gibt nur eine Chance, in einem Sandsturm zu überleben: indem man sein Kamel dazu bringt, sich auf dem Gipfel einer Düne hinzulegen, und dahinter in Deckung geht. Er sagt, er weiß nicht, ob Pferde groß und schwer genug sind, aber es könnte gehen.»

«Lasst das durch die Kolonne weitersagen», rief Corvinus. «Alle sollen oben auf den Dünen hinter den Pferden oder Maultieren in Deckung gehen.»

Vespasian zog sein Pferd neben Magnus und Ziri zu Boden. Die Tiere, die das bevorstehende Unwetter spürten, waren nervös und mussten festgehalten werden, damit sie liegen blieben. Er spähte über den Rücken seines Pferdes und fühlte, wie der Wind auffrischte.

«Bei Volcanus' brodelnder Pisse, seht Euch nur an, wie riesig das ist», rief Magnus aus. «Die Wolke ist bestimmt drei- oder vierhundert Fuß hoch.»

Fasziniert starrte Vespasian der sich heranwälzenden braunen Wolke entgegen. Sie war wenigstens so hoch, wie Magnus geschätzt hatte, noch beeindruckender jedoch war die Geschwindigkeit, mit der sie sich bewegte. Nun noch ein paar Meilen entfernt, zog sie in einem Tempo über die Wüste, das nicht einmal das schnellste Rennpferd im Circus erreicht hätte. Während er mit großen Augen zusah, raste sie auf sie zu wie ein massiver Berg, der den Boden vor sich verschlang.

Plötzlich wurde es dunkel.

Dann war sie da.

In einem Augenblick hatte der Wind sich von einer frischen Brise in einen tosenden, schier ohrenbetäubenden Sturm verwandelt. Die Temperatur stieg an, die Sicht schwand, sodass Vespasian nicht mehr weiter als bis zu Magnus schauen konnte, der sich zwei Schritt entfernt hinter sein Pferd duckte. Winzige, spitze Sandkörnchen erfüllten die Luft und prasselten mit solcher Wucht auf die Pferde ein, dass sie durch das Fell stachen. Vespasian riss heftig am Zügel seines Reittiers, das aufstehen und vor dem alles verschlingenden Sandsturm fliehen wollte. Sosehr das Pferd auch kämpfte, er hielt es mit aller Kraft fest, bis es sich schließlich fügte und ruhig liegen blieb. Das Atmen wurde immer schwerer. Er zog sich die Tunika über die Nase, krümmte sich zusammen wie ein Fötus und kniff die Augen fest zu. Er betete zu jedem Gott, der ihm einfiel, während der Wind um ihn tobte, ihm den Hut vom Kopf riss und an seinem Mantel zerrte, der wie eine Fahne knatterte.

Die Sonne ging unter, und Schwärze umfing ihn.

Vespasian verlor jedes Zeitgefühl.

«Zieh, du lockenköpfiger kleiner Mistkerl!», schrie Magnus, und mit einem Schlag kam Vespasian wieder zu sich.

Er fühlte, wie starke Hände ihn an den Knöcheln packten, seine Beine streckten, und dann glitt er bergab. Plötzlich konnte er Sterne sehen, Tausende Sterne.

Magnus stand über ihn gebeugt. «Ist alles in Ordnung mit Euch, Herr?»

Vespasian spuckte Sand aus und hob den Kopf. «Es scheint so», brachte er mühsam heraus. Sein Mund war trocken wie die Wüste.

Ziri hielt ihm einen Schlauch mit Wasser an die Lippen. «Herr, trinken.»

Vespasian trank und fühlte, wie die lauwarme Flüssigkeit durch seine Kehle rann.

Ziri nahm ihm den Trinkschlauch wieder weg. «Herr, halt.»

«Ich fürchte, er hat recht», sagte Magnus und streckte die Hand aus, um Vespasian aufzuhelfen. «Es ist das einzige Wasser, das uns geblieben ist, es sei denn, wir graben noch welches aus.»

Vespasian kam unsicher auf die Beine und schaute sich um. Alles war friedlich, der Wind hatte sich gelegt. Der Dreiviertelmond überzog die Sanddünen, auf denen der Sturm ein Wellenmuster hinterlassen hatte, mit silbrigem Licht. Im Norden war die monströse Wolke gerade noch auszumachen, wie sie ihren verheerenden Zug zur Küste fortsetzte. Da und dort sah Vespasian ein paar Gestalten, insgesamt höchstens zwanzig, allein oder zu zweit im Sand graben. «Wo ist Corvinus?», fragte er und sah suchend nach der Stelle, wo er den Kavalleriepräfekten und sein Pferd zuletzt gesehen hatte.

«Er ist wohlauf», erwiderte Magnus. «Er organisiert die Suchtrupps, auch wenn ich bezweifle, dass das noch viel Sinn hat. Die meisten Pferde sind durchgegangen, nur die Jungs, die ihre am Boden halten konnten, haben überlebt. Ich fürchte, Aghilas hatte nicht die Kraft, seins festzuhalten.»

«Scheiße, dann sind wir verloren.»

«Nicht ganz», widersprach Magnus grinsend und tätschelte Ziris krauses Haar wie das Fell eines geliebten Haustiers. «Ziri kennt den Weg nach Siwa.»

Der Marmaride nickte. «Herr, Ziri, Siwa, ja.»

«Allmählich redet er richtig viel», bemerkte Vespasian.

«Allerdings», pflichtete Magnus ihm bei, «und wir auch, dabei sollten wir lieber graben, um zu sehen, was wir noch retten können.»

Die ersten direkten Sonnenstrahlen trafen auf Vespasians Gesicht, und es fühlte sich so gut an, am Leben zu sein, während er auf der Suche nach seinem kostbaren Trinkschlauch im Sand scharrte. In jener zeitlosen Ewigkeit, während er zusammengekrümmt im Windschatten seines nunmehr toten Pferdes gelegen hatte, war er in Verzweiflung versunken.

Anfangs war es ihm noch gelungen, den Sand wegzuschieben, der sich vor seinem Gesicht aufgehäuft hatte, doch als der Sturm stärker geworden war, hatten sich überall um ihn herum und auf ihm große Mengen abgelagert. Hätte er sich immer wieder freigeschaufelt, um obenauf zu bleiben, dann hätte er irgendwann höher gelegen als das Pferd, das ihm Deckung bot. Also gab er den ungleichen Kampf auf, zog sich seinen Mantel über den Kopf und konzentrierte sich stattdessen darauf, vor seinem Gesicht einen kleinen Raum mit Luft zum Atmen freizuhalten. Dazu benutzte er sein langes Kavallerieschwert wie einen Zeltpfosten und hielt durch, bis er in der stickigen Hitze das Bewusstsein verlor.

Wie er überlebt hatte, wusste er selbst nicht. Er konnte nur annehmen, dass die Göttin Fortuna ihre Hand über ihn gehalten hatte und dass sie tatsächlich über ihn wachte, damit er jene göttliche Bestimmung erfüllte, von der er im Alter von fünfzehn Jahren seine Mutter hatte reden hören. Wie auch immer diese Bestimmung aussehen mochte.

An jenem Tag hatte er ein Gespräch zwischen seinen Eltern belauscht. Es ging um die Omen zu seiner Geburt und was sie vorhersagten. Seitdem war niemand bereit gewesen, ihm von diesen Omen zu erzählen, da seine Mutter allen, die bei der Zeremonie der Namensgebung am neunten Tag nach seiner Geburt dabei gewesen waren, einen Schwur abgenommen hatte.

Eine Zeitlang hatte ihm das keine Ruhe gelassen, doch nach und nach war seine Wissbegierde in den Hintergrund gerückt, weil es dringendere Angelegenheiten gab. Kurz war die Neugier wieder erwacht, als er und sein Bruder Sabinus vor vier Jahren im Orakel des Amphiaraos in Griechenland einen rätselhaften Orakelspruch gehört hatten. Darin war von einem Bruder die Rede gewesen, aus dessen Mund der König im Osten die Wahrheit erfahren solle. Vespasian wusste nicht, ob Sabinus etwas damit anfangen konnte, denn sein Bruder gab nichts preis und berief sich darauf, noch immer durch den Schwur ihrer Mutter gebunden zu sein.

Die zwei Jahre zwischen dem Ende seiner Amtszeit als einer der *Triumviri Capitalis* und seiner Wahl zum Quästor hatte er hauptsächlich damit zugebracht, das Landgut bei Cosa zu verwalten, das seine Großmutter ihm hinterlassen hatte. In dieser Zeit hatte er kaum daran gedacht. Bis jetzt. Nun war er überzeugt, dass eine höhere Macht ihn gerettet hatte. Wie die anderen am Leben geblieben waren, wusste er nicht, doch er selbst hätte in der vergangenen Nacht eigentlich ersticken müssen, unter dem Sand begraben, am fünfundzwanzigsten Jahrestag seiner Geburt.

«Es sieht nicht sonderlich gut aus», meldete Corvinus mit verbissener Miene. Er und Magnus kamen von hinten auf Vespasian zu, gerade als er seinen Trinkschlauch endlich gefunden hatte. «Außer uns vieren gibt es noch sechsundzwanzig Überlebende und nur acht Trinkschläuche, die alle halb leer sind.»

«Jetzt sind es neun, Präfekt», erwiderte Vespasian, während er den Schlauch aus dem tiefen Loch im Sand zog. «Wir können doch sicher ausmachen, wo die Pferde waren, und uns zu ihnen durchgraben?»

«Das haben wir versucht, aber die meisten der Pferde und alle Packmaultiere bis auf eins sind mitsamt unseren Vorräten durchgegangen. Sie sind irgendwo dort draußen verendet», fuhr ihn Corvinus in scharfem Ton an und machte dabei eine ausladende Geste. «Wir werden sie niemals finden. Beim Graben sind wir auf nichts als tote Soldaten gestoßen. Ich habe drei meiner vier Decurionen verloren. Sie hatten es nicht verdient, so zu sterben, es ist eine verdammte Sauerei.»

«Nun, wenn keine Hoffnung besteht, noch Überlebende zu finden, dann sollten wir rasch aufbrechen, ehe es zu heiß wird.»

«Wohin aufbrechen?», schrie Corvinus.

«Nach Siwa, wie geplant, Präfekt. Es dürfte nicht mehr als einen Tagesritt entfernt sein.»

«Und was machen wir, wenn wir dort ankommen? Wir haben kaum noch Männer. Ihr habt die meisten von ihnen für Euer irrsinniges Vorhaben geopfert.»

«Darf ich Euch daran erinnern, mit wem Ihr redet, Präfekt?», versetzte Vespasian und zeigte mit dem Finger auf den jungen Kavalleriepräfekten.

«Ihr braucht mich nicht daran zu erinnern, dass ich mit einem jungen Emporkömmling mit sabinischem Akzent und ohne Stammbaum rede.»

«Was immer Ihr aufgrund Eurer patrizischen Vorurteile in mir sehen mögt, Corvinus, ich vertrete in der Kyrenaika den Statthalter und somit den Senat, und Ihr werdet meine Befehle befolgen, ohne sie zu hinterfragen. Wenn Ihr findet, römische Bürger vor der Sklaverei zu retten, sei ein irrsinniges Vorhaben, dann bete ich darum, wenn Euch einmal ein solches Schicksal ereilen sollte, dass jemand wie ich in der Nähe ist, der zu Eurer Hilfe kommt. Und jetzt macht die Männer bereit zum –»

Ein langgezogener, klagender Schrei von irgendwo fern und hoch oben ließ ihn verstummen.

Vespasian hielt gen Osten nach der Quelle Ausschau. «Was zum Hades war das?»

«Noch so ein armer Tropf, der das Unglück hatte, Euch in die Wüste zu folgen», stieß Corvinus hervor. Er machte kehrt, stürmte davon und bellte den überlebenden Soldaten, die ängstlich zum Himmel schauten, Befehle zu.

«Ich denke, Ihr hättet klarstellen sollen», bemerkte Magnus, während er Corvinus nachblickte, «dass Ihr nur zu seiner Rettung kommen würdet, wenn er eine attraktive Frau im Schlepptau hätte, wenn Ihr versteht, was ich meine?»

Vespasian warf seinem Freund einen giftigen Blick zu. «Sehr komisch!»

«Das finde ich auch. Und auch gar nicht so weit von der Wahrheit entfernt.»

Vespasian knurrte. Er konnte es Magnus gegenüber nicht leugnen. Hätte er Flavia nicht so begehrt, dann wären sie jetzt nicht hier, und rund hundert Männer wären noch am Leben. Andererseits: Wenn das Schicksal eines Menschen vorherbestimmt war, dann mussten diese Männer dazu bestimmt gewesen sein, hier zu sterben. Fortuna hatte ihre Hand nur über einige wenige von ihnen gehalten, damit sie verschont blieben, um andere Aufgaben zu erfüllen und zu einer anderen Zeit einen anderen Tod zu sterben. Was, fragte er sich, war die Aufgabe, für die er verschont worden war?

III

Siwa, Siwa!», rief Ziri, dessen Silhouette oben auf einer Sanddüne zu sehen war. Er fuchtelte wild mit den Armen und führte einen Freudentanz auf.

Vespasian blickte müde zu ihm hoch, die Augen gegen die sengende Mittagssonne zusammengekniffen. Seine Lippen waren aufgesprungen, und sein Kopf hämmerte von der Hitze, da er seinen schützenden Hut verloren hatte.

Es war der zweite Tag nach dem Sandsturm. Alle waren geschwächt, da am vergangenen Tag jeder nur drei Becher des kostbaren Wassers getrunken hatte und an diesem Vormittag jeweils einen. Nur Ziri schienen die Bedingungen nichts anzuhaben, und er setzte seinen ausgelassenen Tanz fort, während die anderen sich die Düne hinaufmühten.

«Keinen Augenblick zu früh», krächzte Magnus, der Schwierigkeiten hatte, in dem losen Sand Halt zu finden. «Ich habe schon den ganzen Vormittag davon geträumt, meine Pisse zu trinken.»

«So ein Zufall», erwiderte Vespasian und grinste, soweit seine aufgesprungenen Lippen es zuließen. «Ich habe auch den ganzen Vormittag davon geträumt, deine Pisse zu trinken.»

«Die hättet Ihr Euch erst mal erkämpfen müssen.»

Vespasians Entgegnung blieb ihm in der ausgedörrten Kehle stecken, als er den Gipfel der Düne erreichte. Zwei Meilen vor ihm bis zum Horizont war nichts als Grün, eine Oase des Lebens in dieser kargen und lebensfeindlichen Landschaft. Fünfzig Meilen lang und mehr als zehn Meilen breit, überzog sie den Wüstengrund wie ein üppiger, sattgrüner Teppich.

Corvinus blieb neben Vespasian stehen. «Den Göttern sei Dank, wir haben es geschafft.»

«Ja, aber wie kommen wir wieder zurück?», murmelte Magnus.

Während sie dastanden und nach Tagen, in denen sie nichts als braunes, verdorrtes Land und tiefblauen Himmel gesehen hatten, staunend diese riesige fruchtbare Landschaft betrachteten, wehte von fern der Klang rhythmischer Trommeln, dröhnender Hörner und scheppernder Zimbeln zu ihnen herauf.

«Was ist das?», fragte Vespasian.

«Keine Ahnung», erwiderte Magnus, «aber es klingt, als hätte jemand was zu feiern.»

Nachdem sie ihr restliches Wasser getrunken hatten, fühlten sich die letzten zwei Meilen leichter an, und binnen einer Stunde traten sie in den Schatten der ersten Dattelpalmen. Die Musik klang stetig lauter, doch sonst gab es keine Anzeichen menschlicher Siedlungen. Die Temperatur fiel rapide, bis es nicht mehr wärmer war als an einem brennend heißen Sommertag in Rom.

Nachdem sie eine weitere Meile zwischen den immer dichter stehenden Bäumen zurückgelegt und den zunehmenden Schatten genossen hatten, erreichten sie plötzlich und unglaublicherweise einen See. Ohne Zögern liefen sie alle darauf zu, stürzten sich in das kühle, lebenspendende Wasser und stillten ihren Durst, während sie in das frische Nass eintauchten, froh, endlich der erbarmungslosen Sonne entkommen zu sein.

Erfrischt drangen sie tiefer in die Oase vor, in die Richtung, aus der die Musik kam. Als sie auf einen offenbar vielbegangenen Pfad stießen, folgten sie ihm. Jetzt war durch die Trommeln, Hörner und Zimbeln auch Gesang zu hören. Nach ein paar hundert Schritt kamen sie an einigen niedrigen Häusern aus Lehmziegeln mit Flachdächern vorbei. Vespasian und Magnus schauten durch die offenen Fenster – die Behausungen waren verlassen.

«Ich nehme an, alle sind bei der Feier», bemerkte Vespasian, während sie weiter auf eine größere Ansammlung ähnlicher Gebäude zugingen.

Die Musik schien jetzt sehr nah. Der Weg machte eine scharfe Biegung nach rechts und führte zwischen zwei weiteren Häusern hindurch, dann mündete er in eine riesige, viereckige, gedrängt volle Agora, umgeben von Lehmhäusern, die wirkten, als wären sie aufeinandergestapelt. Musik und Gesang erreichten ein ohrenbetäubendes Crescendo; alle auf dem Platz sprangen in die Luft, die Arme in die Höhe gereckt.

«Amun! Amun! Amun!», schrien sie zum Scheppern der Zimbeln und den Schlägen der Trommeln.

Plötzlich wurde es still.

Am anderen Ende der Agora stand auf den Stufen eines kleinen Tempels ein Mann, der aussah wie ein Priester. Er trug einen ledernen Rock mit breitem goldenem Gürtel und auf dem Kopf einen hohen schwarzen, krempenlosen Lederhut mit goldenen Sonnensymbolen daran. Er hob seinen Krummstab, woraufhin die Versammelten sich bäuchlings niederwarfen.

Der Mann stimmte ein Gebet an. Dann hielt er abrupt inne, als er Vespasian und seine Begleiter gewahrte, die noch immer standen. Er zeigte mit dem Krummstab auf sie und gab ihnen mit einem Zuruf zu verstehen, auch sie sollten sich niederwerfen. Mehr als tausend Köpfe wandten sich um und starrten sie an.

«So wenig es mir behagt, aber ich glaube, wir sollten tun, was er sagt», entschied Vespasian und legte sich auf den Boden. Magnus, Corvinus und die Soldaten folgten seinem Beispiel.

Für gewöhnlich krochen Römer nicht im Staub. Sie waren mehr daran gewöhnt, über andere zu herrschen, auf sie hinunter-, statt zu ihnen aufzuschauen. Und so taten Vespasian, Magnus und Corvinus es nur äußerst widerstrebend. Ziri und die Libu-Soldaten warfen sich ohne Scham nieder.

Zufrieden, dass nun die ganze Versammlung die gebotene Demut zeigte, fuhr der Priester mit seinem Gesang fort. Es schien eine Ewigkeit zu dauern.

«Amun!», rief er schließlich gen Himmel.

«Amun!», wiederholte die Menge.

Damit war das Gebet offenbar beendet, und die Leute standen wieder auf.

Vespasian erhob sich und versuchte mit wenig Erfolg, den Schmutz von seiner nassen Tunika abzuklopfen.

Der Priester kam durch die Menge auf sie zu und blieb vor Vespasian stehen.

«Was tut Ihr hier, Fremder?», fragte er auf Griechisch.

«Ich bin kein Fremder», entgegnete Vespasian mit aller

Würde, die er in seinem nassen, verdreckten Zustand aufbrachte. «Ich bin Titus Flavius Vespasianus, Quästor der Provinz Kreta und Kyrenaika, zu der dieser Ort gehört.»

Der Priester verbeugte sich. «Quästor, Ihr und Eure Männer seid willkommen.»

Vespasian spürte, wie die Soldaten hinter ihm sich entspannten.

«Mein Name ist Ahmose», fuhr der Priester fort. «Ich bin ein Priester des Amun, des Verborgenen, dessen, der zuerst war. Ihr werdet in uns hier treue Untertanen Roms finden, und ich werde Euch in jeder mir möglichen Weise behilflich sein. Ich denke, zuerst müsst Ihr essen, und dann könnt Ihr mir erzählen, wie es Euch gelungen ist, zu Fuß aus der westlichen Wüste aufzutauchen.»

Vespasian, Magnus und Corvinus saßen ziemlich unbequem auf dem mit Teppichen bedeckten Boden. Sie teilten mit Ahmose in seinem überraschend prächtig ausgestatteten Haus eine Mahlzeit aus Brot, Oliven, Datteln und einem gebratenen Fleisch, das keiner von ihnen je gekostet hatte. Es war zwar etwas zäh, aber sie alle waren hungrig genug, es zu essen, ohne sich allzu viele Gedanken darüber zu machen, von welchem Tier es stammen mochte.

«Ihr sucht also nach der Sklavenkarawane der Marmariden», stellte Ahmose fest, nachdem er die Geschichte ihrer Reise angehört hatte. «Sie muss noch hier sein. Eine Gruppe ist erst vor vier Tagen angekommen, darum schmeckt das Kamel so frisch.»

«Das ist Kamel?», rief Magnus aus und starrte auf das Stück Fleisch in seiner Hand.

«Aber gewiss doch. Die Marmariden bezahlen jedes Mal, wenn sie hier durchziehen, mit Kamelen für den Zugang zu unserem Wasser. Wir geben ihnen auch Brot, Datteln und Oliven als Teil des Handels.»

«Na, sie schmecken nicht so übel, wie sie riechen», kommentierte Magnus, ehe er einen weiteren Bissen aß.

«Ja, das Fleisch ist recht aromatisch. Auch ihre Milch ist wohlschmeckend.»

Magnus rümpfte die Nase. «Also das ist nun wirklich ekelhaft.»

«Entführen die Marmariden Eure Leute nicht auch in die Sklaverei?», fragte Vespasian, während er die Vorstellung, Kamelmilch zu trinken, wieder aus dem Kopf zu bekommen versuchte.

«Nein, sie sind auf uns angewiesen, weil sie Wasser und Nahrung von uns brauchen, ehe sie sich auf den Weg nach Garama machen. Würden wir ihnen beides verweigern, dann wäre die Reise noch riskanter, als sie ohnehin schon ist.»

«Sie könnten es sich einfach nehmen», wandte Corvinus ein und biss in eine große grüne Olive.

«Hier in der Oase leben über zehntausend Menschen, wir könnten uns ihrer erwehren. Und wenn wir Schwierigkeiten haben, können wir uns an den Kaiser wenden, wie wir uns früher, als wir zum Königreich Ägypten gehörten, an die Pharaonen wandten.»

Vespasian bezweifelte stark, dass irgendeine Truppe ausgeschickt würde, um diesen Außenposten des Imperiums zu verteidigen, doch er behielt seine Gedanken für sich. «Wo finden wir denn nun die Karawane der Marmariden?»

«Sie werden sich wohl am letzten Wasserloch am südwestlichen Rand der Oase aufhalten, etwa sechs Meilen von hier.»

«Wir brauchen Pferde.»

«Ich bin sicher, wenn wir sie Euch nicht freiwillig gäben, würdet Ihr sie requirieren.»

«Ich fürchte, das würden wir. Als Quästor habe ich die Amtsgewalt dazu.»

«Und als Quästor habt Ihr auch die Amtsgewalt, zu entscheiden, dass diese Pferde auf unsere alljährliche Steuer angerechnet werden.»

Vespasian lächelte dem alten Priester zu. «Wenn Ihr noch Wurfspeere dazugebt und genügend Proviant für unseren Rückweg nach Kyrene, dann bin ich sicher, das lässt sich einrichten.»

«Einverstanden, Quästor.» Ahmose spuckte in seine Hand und streckte sie Vespasian entgegen, der sie recht zögerlich ergriff. «Aber das ist alles, was ich Euch an Hilfe bieten kann. Wenn ich Euch Männer zur Verfügung stellte, würde ich womöglich das prekäre Gleichgewicht stören, das wir hier mit den Marmariden haben.»

«Ich könnte auch Männer requirieren.»

«Das könntet Ihr, aber Ihr hättet wohl ein Problem: Wir feiern derzeit ein Fest des Amun. Es geht von heute an drei Tage, im Gedenken an Alexander, der vor dreihundertsiebenundsechzig Jahren hierherkam, um die Weisheit des Amun zu empfangen. Heute Abend gibt es ein Festmahl zu seinen Ehren, und Ihr seid herzlich eingeladen, daran teilzunehmen. Ich sorge dafür, dass die Pferde und Waffen bis Tagesanbruch bereit sind, dann könnt Ihr aufbrechen.»

Vespasian schlug die Augen auf. Es war stockdunkle Nacht. Ihm war ein wenig schwindelig von den Nachwirkungen des Dattelweins, der bei dem Festessen in reichlichen Mengen serviert worden war. Magnus hatte einen Becher nach dem anderen davon in sich hineingeschüttet, ohne die Wirkung allzu stark zu spüren, Corvinus und sämtliche Soldaten jedoch hatten sich in kürzester Zeit bis zur Besinnungslosigkeit betrunken. Das hatte Vespasian nicht überrascht – das Gebräu war stark, und er selbst hatte sich schon sehr früh darauf beschränkt, nur hin und wieder einen Becher zu sich zu nehmen. Dennoch war er noch nicht wieder richtig nüchtern. Ziri hatte den ganzen Abend keinen Tropfen angerührt, während er Magnus bedient hatte. Jetzt schlief er eingerollt zu Füßen seines Herrn.

Ein metallischer Laut ließ Vespasian aufhorchen. Er war sicher, dass es dasselbe Geräusch war, das ihn eben geweckt hatte. Er lauschte aufmerksam und versuchte, Corvinus' Schnarchen und Magnus' schwere Atemzüge auszublenden. Da hörte er es wieder: Dicht vor dem Fenster war jemand, dessen war er gewiss.

Er griff mit der linken Hand nach der Spatha auf dem Boden neben seiner Matratze und zog sie behutsam auf die Brust. Seine Rechte schloss sich um den Griff, während er weiter lauschte.

Nichts. Er begann, sich wieder zu entspannen.

Ein plötzliches Krachen von Holz in der Ferne gefolgt von Rufen ließ ihn hochfahren, und er zog die Klinge blank. «Magnus!», rief er, doch weiter kam er nicht.

Die Tür krachte auf den Boden, durch die Öffnung fiel Mondlicht, und dunkle Gestalten drangen ein.

Mit einem heiseren Aufschrei sprang Vespasian auf die Füße und warf sich ihnen entgegen, die Spatha hoch erhoben. Er nahm flüchtig wahr, dass auch Magnus sein Schwert zog und Ziri ebenfalls aufsprang, während er selbst schon wild ins Dunkel hieb. Sein Schwert traf auf Widerstand, und er wurde mit einem schrillen Schrei und Blutspritzern im Gesicht belohnt. Er drang weiter vor und fällte mit einem Rückhandschlag einen weiteren der schattenhaften Angreifer. Magnus stürzte sich auf den Mann daneben, versetzte ihm einen Faustschlag in den Bauch und ging gemeinsam mit dem Gegner zu Boden. Ziri warf sich auf einen anderen, rammte seine Stirn gegen die Nase des Mannes und riss ihn ebenfalls um. Vespasian stellte den linken Fuß vor und stieß das rechte Knie in den Unterleib der nächsten Gestalt, die mit einem kehligen Brüllen zusammenbrach. Das Gebrüll verstummte, als der Angreifer vor Schmerz hyperventilierte. Ersticktes Röcheln ertönte vom Boden, wo Ziri seinen Widersacher mit bloßen Händen erledigte. Magnus' Schwertstich in das rechte Auge eines weiteren Gegners genügte, um die Eindringlinge zu einem hastigen Rückzug zu bewegen.

«Verdammt, was war das?», stieß Magnus schwer atmend hervor.

«Keine Ahnung, jedenfalls sollten wir von hier verschwinden. Hilf mir mit Corvinus», erwiderte Vespasian. Er stieß die Spitze seiner Spatha in die Kehle des Mannes, der die Hände auf sein gequetschtes Gemächt presste.

Der laut schnarchende Corvinus war im Dunkeln leicht zu finden; ihn zu wecken erwies sich als weniger leicht.

«Scheiße, wir müssen den Mistkerl tragen. Ziri, hierher»,

sagte Magnus, da auch die dritte heftige Ohrfeige keinen Erfolg zeitigte.

Magnus und Ziri nahmen je einen Arm von Corvinus über die Schultern und schleiften den Mann zur offenen Tür.

Als Vespasian auf die mondbeschienene Agora hinausspähte, rannten ihre Angreifer gerade zum anderen Rand des Platzes hinüber. Dort hatte eine Gruppe den Lagerraum umstellt, in den man zuvor die vom Dattelwein volltrunkenen Soldaten gebracht hatte, damit sie ihren Rausch ausschliefen.

«Für die können wir nichts mehr tun», flüsterte Vespasian, wandte sich ab und packte Corvinus an den Fußknöcheln. «Sie haben sie wahrscheinlich schon niedergemetzelt. Sehen wir zu, dass wir von hier wegkommen, ehe diese Hundesöhne Verstärkung holen.»

Sie trugen Corvinus zu dritt und liefen, so schnell es mit ihrer Last möglich war, am Rand der Agora entlang. Gerade als sie in eine Gasse einbogen, ertönte vom Lagerraum her markerschütterndes Gebrüll.

«Scheiße! Jetzt sind sie hinter uns her», stellte Magnus fest, während sie durch die dunkle Gasse liefen. Corvinus begann zu stöhnen, sein Kopf schlenkerte hin und her. «Verdammt, ich wünschte, unser alter Freund hier wäre etwas trinkfester.»

Unvermittelt mündete die Gasse auf eine Hauptstraße. Sie blieben stehen und hielten nach beiden Seiten Ausschau – die Straße war menschenleer. Hastig überquerten sie sie und liefen in die nächste Gasse hinein. Die Rufe ihrer Verfolger kamen immer näher.

Fast hundert hämmernde Herzschläge später endeten die Reihen ärmlicher Häuser zu beiden Seiten der Gasse abrupt, und sie fanden sich in einem Wald aus Dattelpalmen wieder.

«Geradeaus weiter!», keuchte Vespasian. «Und haltet nach einem Versteck Ausschau. Solange wir ihn mitschleppen müssen, haben wir keine Chance, ihnen davonzulaufen. Beten wir, dass sie nicht gesehen haben, in welche Gasse wir eingebogen sind.»

«Warum lassen wir ihn nicht einfach liegen?»

«Wenn wir vor der Wahl stehen, ob wir alle vier umkommen oder nur er, dann werden wir das tun.»

«Mir scheint, dieser Punkt ist gerade erreicht, Herr», stellte Magnus fest, als aus einer Gasse gut hundert Schritt hinter ihnen eine Horde schattenhafter Gestalten strömte.

Die drei wechselten einen raschen Blick, dann ließen sie Corvinus fallen und sprinteten los.

Ohne ihre Last kamen sie zwischen den vom Mond beschienenen Palmen ein gutes Stück schneller voran, aber ihre Verfolger, die mit dem Gelände vertraut waren, holten dennoch weiter auf.

«Aufteilen», rief Vespasian und schwenkte nach links. «Wir treffen uns nach Tagesanbruch an diesem See wieder.»

Mit einem zustimmenden Laut schwenkte Magnus nach rechts, gefolgt von Ziri, während Vespasian allein durch die Nacht rannte. Allmählich schmerzten seine Beine von der Anstrengung. Die Brust wurde ihm eng, und sein Herzschlag dröhnte ihm in den Ohren. Die Rufe der Verfolger verrieten ihm, dass sie hinter ihm her waren und noch mehr aufholten.

Er stürzte auf eine Lichtung hinaus, verfluchte sich selbst dafür, dass er die Deckung des Waldes verlassen hatte, und sprintete weiter.

Zehn Schritt bevor er wieder den Schutz der Palmen erreichte, zerriss ein Schrei die Luft und ließ ihn erstarren. Er stürzte zu Boden und hielt sich mit beiden Händen die Ohren zu. Aus dem Schrei wurde ein klagender Laut in mittlerer Höhe, vibrierend wie ein herrlicher Trauergesang an die Götter. Der Ton wurde höher und immer höher, bis er Spitzen von solch durchdringender Intensität und Klarheit erreichte, dass alle anderen Sinne wie betäubt waren und Vespasian nur noch diesem göttlichen Klang lauschte. Allmählich wurde der Gesang langsamer, und die Tonhöhe fiel, als wäre der Sänger von der Gefühlsfülle der Musik ermüdet und hätte beschlossen, das Stück mit einer Reihe herrlicher Töne zum Abschluss zu bringen, die immer tiefer, immer sanfter wurden, bis schließlich, nach einem letzten sanften Hauch, Stille eintrat.

Vespasian richtete sich auf die Knie auf, ganz benommen von dem, was er eben gehört hatte. Er schaute sich um. Seine Verfolger hatten sich am anderen Rand der Lichtung bäuchlings zu Boden geworfen.

Ein plötzlicher goldener Lichtblitz zwang ihn, die Augen fest zu schließen und den Kopf zu senken. Er fühlte eine Wärme auf der Haut, die allmählich zunahm. Als er die Augen wieder öffnete, war die freie Fläche von Licht überflutet, das immer intensiver wurde wie ein visuelles Abbild der gerade erst verklungenen Musik.

«Bennu! Bennu!», riefen die Männer am Boden.

Vespasian blickte auf, und nachdem er die Hände schützend über die Augen gelegt hatte, konnte er die Lichtquelle ausmachen: Es war ein Leuchtfeuer, das wundersamerweise auf der Spitze einer hohen Dattelpalme nicht weit von ihm am Rand der Lichtung brannte. Es versprühte goldene Funken, die sich orange und dann rot färbten, während sie zu

Boden schwebten, wo sich vor dem Stamm der Palme ein wachsender Haufen schwachleuchtender Glut sammelte.

Die immer heller lodernde Flamme wurde an der Spitze rein weiß; die Hitze, die sie abstrahlte, versengte Vespasian Gesicht und Hände, während er am Boden kniete wie in einem See aus Licht.

«Bennu! Bennu!», erschollen noch immer die Rufe.

Mit einem scharfen Krachen, als hätte ein Titan zwei Felsen gegeneinandergeschmettert, erlosch die Flamme plötzlich. Es war, als hätte sie unerwartet allen Brennstoff bis auf den letzten Rest verzehrt, sodass sie nicht allmählich ersterben konnte.

Der letzte Funke fiel zu Boden. Nur der Aschehaufen glomm schwach im Dunkeln wie ein heruntergebranntes Lagerfeuer in den kalten Stunden vor Tagesanbruch.

Vespasian blickte sich um. Seine Verfolger waren jetzt aufgestanden und hatten die Lichtung zur Hälfte überquert. Noch immer «Bennu» singend, kamen sie auf ihn zu.

Gerade wollte er sich abwenden, um wieder zu fliehen, da stob von hinten eine Wolke heißer Asche über ihn. Ein Schrei scholl himmelwärts. Vespasian fuhr herum und erblickte statt des Aschehaufens jetzt einen Nebel schimmernden roten Staubes.

Der Schrei verstummte, und der rote Nebel begann, wie von oben mit einem riesenhaften Fächer herumgetrieben zu wirbeln. Ein pulsierender Wind schlug Vespasian entgegen, der mit jedem Stoß kräftiger wurde, als stieße ein riesenhafter Vogel aus der Dunkelheit flügelschlagend auf ihn herab. Er duckte sich vor der unsichtbaren Bedrohung, da traf ihn überraschend ein mächtiger Windstoß und warf ihn zu Boden.

Die Luft war wieder still.

Nach kurzer Zeit öffnete Vespasian die Augen und sah vor sich ein Paar Füße. Er blickte auf.

«Euch wird kein Leid geschehen», sagte Ahmose und streckte Vespasian die Hand entgegen, um ihm aufzuhelfen. Seine Männer, die sich um ihn scharten, betrachteten Vespasian mit einer Mischung aus Furcht und Staunen. Ahmoses Augen, von religiösem Eifer erfüllt, blickten funkelnd im Mondlicht auf ihn hinunter. «Ihr seid von Amun gesegnet. Ihr seid sicher.»

«Was ist mit meinen Kameraden?», fragte Vespasian, während er sich erhob.

«Sie sind noch am Leben. Wir werden sie als Sklaven an die Marmariden verkaufen.»

«Ich scheiße auf deinen Segen», stieß Vespasian hervor und versetzte dem Priester einen Faustschlag in die Magengrube. «Wir hatten eine Vereinbarung, du kleiner Dreckskerl.»

Ahmose krümmte sich zusammen. Ein halbes Dutzend Hände packten Vespasian, um ihn zurückzuhalten.

Nachdem Ahmose kurz um Atem gerungen hatte, blickte er auf. «Glaubt Ihr wirklich, wir könnten die Marmariden daran hindern, unsere Leute zu entführen und sie als Sklaven nach Garama zu verschleppen? Wir sind keine Krieger wie sie, wir sind Bauern. Wir müssen ihnen jedes Jahr einige Sklaven verkaufen, um sie bei Laune zu halten. Eure Freunde werden diesen Zweck erfüllen, Ihr jedoch nicht. Als Priester des Amun ist es meine Pflicht, Euch zu Seinem Orakel im Herzen von Siwa zu bringen, wo Ihr, wenn Ihr wahrhaftig von Ihm gesegnet seid, wie Alexander selbst und ein paar andere Auserwählte früherer Zeiten Seine Weisheit hören werdet.»

Vespasian musterte den betrügerischen alten Priester voller Abscheu. «Warum ist das Eure Pflicht?»

«Ihr wurdet vom Wind des Bennu berührt und habt im Licht seines Feuers gebadet. Amun weiß, dass ich Zeuge war.»

«Was ist der Bennu?»

«Der heilige Vogel Ägyptens, dessen Tod und Wiedergeburt das Ende eines Zeitalters und den Beginn eines neuen markieren. Ein Mann, der in sein Licht taucht und den Wind seines Flügelschlags fühlt, wenn der Vogel zur heiligen Stadt Heliopolis fliegt, um auf dem Altar des Re sein Nest zu bauen, ist dazu bestimmt, in dem neuen Zeitalter eine bedeutende Rolle zu spielen. Ihr kennt dieses Tier in Eurer Sprache als den Phönix.»

Während der übrigen Nachtstunden und den ganzen folgenden Vormittag lang wurde Vespasian gen Osten geführt. Das Schwert war ihm abgenommen worden, doch man hatte ihm nicht die Hände gefesselt. Allerdings war er von einem Dutzend bewaffneter Männer umringt, damit er keinen Fluchtversuch unternahm. Doch selbst wenn niemand anders als der falsche Ahmose ihn begleitet hätte, wäre er willig mitgegangen und hätte sich seine Rache für später aufgespart. Denn er war neugierig auf das Orakel des Amun – neugierig, ob es Licht auf die Prophezeiung vom Orakel des Amphiaraos werfen würde.

Als sie tiefer in die Oase vordrangen, kamen sie an weiteren Seen vorbei, viel größer als der, in dem er am Vortag gebadet hatte. Bewässerungsgräben waren angelegt worden, um das kostbare Nass zu den vielen kleinen Höfen mit Olivenhainen, Kichererbsenfeldern und Gemüsegärten zu leiten. Auf den Weiden an den Ufern standen Schafe und Ziegen. Die Menschen wurden zahlreicher. Männer mit Kopftüchern arbeiteten auf den Feldern, pflügten, ernteten Früchte oder luden ihre Erzeugnisse auf Karren. Frauen wuschen Wäsche und Kinder an den Ufern der Seen, holten Wasser in irdenen Krügen, die sie auf dem Kopf trugen, oder kochten über offenen Feuern vor ihren Lehmhütten. Vespasian hatte den Eindruck, dass dieses Land viel wohlhabender war, als die Steuereinnahmen aus Siwa ihn hatten glauben machen. Offenbar hatte nie ein Quästor diesen Ort besucht, um eine richtige Steuerschätzung durchzuführen. Er nahm sich vor, bei seiner Rückkehr nach Kyrene die Forderungen gründlich zu revidieren, als Teil seiner Rache an dem Volk, das die Gesetze der Gastfreundschaft so barbarisch missachtete. Der Reichtum aus der Oase würde die schwierige Finanzlage der Provinz erheblich aufbessern.

Kurz vor Mittag kamen sie an eine Mauer aus Lehmziegeln und traten durch ein breites Tor in eine Stadt voller Leben. Vespasians Eskorte musste sich einen Weg durch das Gedränge in den Straßen bahnen, an deren Rändern Bauern auf Decken oder auf Matten aus Palmwedeln ihre Waren feilboten. Die Luft war von den Gerüchen exotischer Gewürze und menschlichen Schweißes durchzogen.

Auf einer Anhöhe in der Mitte der Stadt stand ein Tempel aus Sandstein, aus dem am nördlichen Ende ein sich nach oben verjüngender Turm aufragte. Beim Näherkommen erkannte Vespasian, dass winzige Figuren Reihe um Reihe in die steinernen Wände geschnitzt waren.

«Was ist das?», erkundigte sich Vespasian bei Ahmose,

da die Wissbegier über seine Abneigung gegen den Priester siegte.

«Das sind Hymnen an Amun, Aufzählungen von Priestern und Berichte von Königen, die diesen Tempel besucht haben, seit er vor mehr als siebenhundert Jahren erbaut wurde.»

«Das ist Schrift?» Vespasian staunte, dass diese seltsamen Darstellungen von Tieren und kuriosen Zeichen zusammenhängende Sätze ergeben sollten.

Ahmose nickte, während sie gemeinsam die Stufen zum Eingang des Tempels hinaufstiegen. Ihre Eskorte blieb am Fuß der Treppe zurück.

Im Inneren des Gebäudes war es erheblich kühler. Symmetrische Reihen von Säulen in drei Schritt Abstand stützten die hohe Decke, sodass der Eindruck eines geordneten Waldes aus Stein entstand. Durch ein paar Fenster hoch in der Südwand fielen Lichtstrahlen, in denen Staubflocken tanzten, steil durch diesen dämmrigen versteinerten Hain. Anstelle der frischen Düfte eines blühenden Waldes hingen hier schwacher Weihrauchdunst und der aufdringliche Geruch alter, trockener Steine in der Luft. Das Klappern von Vespasians genagelten Sandalen auf den Steinfliesen hallte durch den Raum.

Als sie die erste Säulenreihe erreichten, gebot eine laute, körperlose Stimme ihnen in einer Sprache Einhalt, die Vespasian nicht verstand.

«Ahmose, dein Mitpriester des Amun», antwortete Ahmose auf Griechisch, damit auch Vespasian ihn verstehen konnte.

«Und wer ist dein Begleiter?», fragte die Stimme weiter, jetzt in derselben Sprache.

«Letzte Nacht ist der Bennu geflogen.»

«Wir verstehen nicht, weshalb er hierhergekommen ist. Wir hörten ihn über den Tempel hinwegfliegen und haben die Chroniken konsultiert. Es sind auf den Tag genau fünfhundert Jahre vergangen, seit er zuletzt in Ägypten gesehen wurde, jedoch fünfmal so viele, seit er hier in Siwa erschien, so weit im Westen.»

«Dieser Mann hat die Hitze seines Feuers gefühlt und den Wind seiner Schwingen.»

Es folgte Stille.

Vespasian sah sich um, konnte jedoch nicht ausmachen, woher die Stimme gekommen war.

Gleich darauf hörte er das leise Tappen bloßer Füße auf glattem Stein, und zwei Priester erschienen von verschiedenen Seiten aus den Tiefen des Säulenwaldes. Beide waren ähnlich wie Ahmose gekleidet, nur steckten auf ihren hohen Hüten jeweils zwei lange Federn.

Sie trafen sich in der Mitte und schritten geradeaus zwischen den Säulen hindurch, bis sie vor Vespasian stehen blieben und ihn mit großen Augen staunend betrachteten. Er fühlte sich äußerst unbehaglich unter den eindringlichen Blicken der Priester. Einer von ihnen war offenbar sehr alt, wie Vespasian jetzt aus der Nähe erkennen konnte; dennoch hatte er die Haltung eines gesunden jungen Mannes. Der andere Priester musste in den Zwanzigern sein.

Der alte Priester, der gesprochen hatte, breitete die Arme aus, die Handflächen nach oben gewandt, und rief in den Raum hinein: «Du wirst ihn finden, der gegen Dich frevelt. Weh dem, der Dich angreift. Deine Stadt besteht fort, doch er, der Dich angreift, fällt. Amun.»

«Amun», intonierten der zweite Priester und Ahmose.

«Die Gefilde dessen, der sich gegen Dich wendet, liegen im Dunkeln, die ganze Welt jedoch ist im Licht. Wer immer Dich in sein Herz schließt, siehe, seine Sonne geht auf. Amun.»

«Amun.»

«Wenn dieser Mann nicht wirklich den Wind des Bennu gefühlt und im Licht seines Feuers gebadet hat, wird Amun, der Unsichtbare und Sichtbare, der Allgestaltige, nicht zu ihm sprechen, und er wird aus Seiner Sonne verbannt werden und nie mehr den Morgen schauen. Und du, Ahmose, wirst sein Schicksal teilen.»

«Ich habe es mit diesen Augen gesehen, mögen sie mir genommen werden, wenn das, was ich sage, nicht die Wahrheit ist. Er kniete im Feuerschein des Bennu, und dann wurde er, als der Bennu über ihn hinwegflog, von einem Wind angeweht, der so stark war, dass er in den Sand geworfen wurde. Amun, dessen Namen keiner kennt, wird zu ihm sprechen.»

«Also gut», sagte der zweite Priester, «wir werden die Vorbereitungen für das Orakel treffen.»

IIII

Heil Dir, der Du Dich selbst erschaffen hast als einer, der Millionen in ihrer Vielfalt erschuf. Der Eine, dessen Leib Millionen ist. Amun.»

Vespasian kniete vor der überraschend kleinen Statue des Gottes, die sich auf einem Altar in einer Kammer im Herzen des Tempels befand, vom Schein zweier Wandleuchten erhellt. Um ihn herum standen die drei Priester und sangen ihre Hymne. Die Statue stellte Amun sitzend dar, in der rechten Hand ein Zepter, in der linken ein Anch. Sein Gesicht war das eines Menschen, der Mund offen und hohl. Quer über seine Beine lag ein Schwert in einer reichverzierten Scheide, die sichtlich sehr alt war. Die von Weihrauchschwaden geschwängerte Luft verursachte Vespasian starken Schwindel und Euphorie.

«Kein Gott ist vor Ihm erstanden. Kein anderer Gott war bei Ihm, der sagen könnte, wie Er aussah. Er hatte keine Mutter, die Seinen Namen erschuf. Er hatte keinen Vater, der Ihn zeugte oder sagte: ‹Dieser gehört mir.› Amun.»

Vespasian fühlte, wie er auf die Füße hochgezogen wurde. Öl wurde über seine Stirn gegossen, sodass es ihm über das Gesicht lief. Er fühlte sich wohl und lächelte.

«Du, der Du alle Reisenden schützt, wenn ich Dich in

meiner Not anrufe, kommst Du mir zur Rettung. Gib Atem dem Elenden und errette mich aus der Gefangenschaft. Denn Du bist der, der gnädig ist, wenn einer Dich anruft; Du bist der, der von weit her kommt. Erhöre jetzt den Ruf Deiner Kinder, komm und sprich. Amun.»

«Amun», wiederholte Vespasian unwillkürlich.

Das Wort hallte durch den Raum.

Dann war es still.

Vespasian stand da und starrte auf die Gottheit. Die Priester um ihn herum verharrten reglos.

Es wurde kalt im Raum. Der Rauch hing bewegungslos in der Luft. Die Flammen in den Leuchtern brannten kleiner.

Vespasian spürte, wie sein Herz langsamer schlug.

Er hörte einen leisen Atem aus dem Mund der Statue, und im schwachen Licht sah er, dass der Rauch um das Gesicht des Gottes zu wirbeln begann. Ein weiterer Atemzug, diesmal heiserer, bewegte den Rauch schneller; die kleinen Flämmchen flackerten.

«Du kommst zu früh», flüsterte eine Stimme, und der Rauch wölkte um den Mund der Statue.

Vespasian riss vor Erstaunen die Augen auf. Er beugte sich ein wenig vor, um sich zu vergewissern, dass die Stimme aus dem Mund kam.

«Zu früh wofür?», fragte er, wobei er überlegte, ob das alles hier eine raffinierte Täuschung war.

«Zu früh, um deine Frage zu kennen.» Hätte sich nicht der Rauch erneut bewegt, dann hätte Vespasian geschworen, die Stimme sei in seinem Kopf.

«Wann werde ich sie kennen?»

«Wenn du diese Gabe aufwiegen kannst.»

«Diese Gabe?» Er blickte auf das Schwert hinunter, das auf den Knien der Statue lag.

«Bring etwas, das ihresgleichen ist.»

«Was?»

«Ein Bruder wird es verstehen.»

«Wann?»

«Wenn du es von ihm brauchst.»

«Wie soll ich …», setzte er an.

Ein pfeifender Atem sog den Rauch in einem einzigen langen Zug in den Mund der Statue; die Flammen brannten wieder hell auf.

Der Bann war gebrochen.

Vespasian sah um sich. Die drei Priester zuckten plötzlich, als erwachten sie aus einer Trance. Wie aus einem Mund stimmten sie erneut ihren Gesang an.

«An alles, was aus seinem Munde kommt, sind die Götter gebunden, so steht es geschrieben. Wenn eine Botschaft ausgesandt wird, so gilt es, Leben zu geben oder zu nehmen; denn aller Leben und Tod hängen von Ihm ab. Nichts besteht, das nicht Er ist. Alles ist Er. Amun.»

«Amun», wiederholte Vespasian, während die Priester sich von dem Altar abwandten und davongingen. Mit einem kurzen verwirrten Blick auf die Statue folgte er ihnen.

«Was hatte das zu bedeuten?», fragte Vespasian, als sie wieder in den Säulenwald traten.

«Das können wir Euch nicht erklären», erwiderte der erste Priester, «wir haben nichts gehört. Was Er sagte, war allein für Euch bestimmt. Wir wissen nur, dass der Gott zu Euch gesprochen hat und dass Ihr von Ihm gesegnet seid. Jetzt kann Euch niemand mehr etwas in Seinem heiligen

Lande Siwa zuleide tun. Ihr und Eure Weggefährten steht unter Seinem Schutz.»

«Dazu ist es zu spät. Dieser Mann hat meine Weggefährten in die Sklaverei verkauft.»

«Dann wird er sie zur Sühne zurückkaufen müssen», stellte der jüngere Priester fest.

«Gut, und wenn Ihr schon dabei seid, Ahmose, könnt Ihr gleich auch den Mann freikaufen, zu dessen Rettung wir hergekommen sind, einen Römer namens Capella.»

«Das werde ich», versprach Ahmose etwas verängstigt. «Ihr solltet mir dafür danken, dass ich Euch hergeführt habe.»

«Ich denke nicht daran», versetzte Vespasian schroff. Er hasste diesen Mann fast so sehr wie seinen mittlerweile toten Feind, den thrakischen Hohepriester Rhotekes. «Ihr sagtet, es sei Eure Pflicht.»

«So ist es», bestätigte der ältere Priester. «Er hätte den Fluch des Gottes auf sich gezogen, wenn er einen, der vom Bennu berührt wurde, nicht zu Ihm geführt hätte.»

«Er wird Euch wohlbehalten wieder zurückbringen, Römer, und Euch mit Euren Freunden wiedervereinen. Auch Euer Schwert wird er Euch zurückgeben.»

«Wer hat dem Gott dieses Schwert gebracht?»

«Das war eine Gabe des großen Alexander – zum Dank für den Rat, den er hier erhielt, ließ er sein Schwert zurück.»

Vespasian verließ den Tempel mit der Frage im Kopf, wie er eine solche Gabe jemals aufwiegen sollte. Selbst wenn er es könnte, welche Frage sollte ihn je dazu bewegen, noch einmal die beschwerliche Reise durch den endlosen Sand nach Siwa zu unternehmen, um diese Gabe zu überbringen? *Sand?* Ihm kam die Prophezeiung des Amphiaraos in den Sinn:

Zwei Tyrannen stürzen, doch schon bald ein dritter übernimmt ihre Posten,
Aus eines Bruders Mund erfährt die Wahrheit der König im Osten.
Folgen soll er mit seiner Gabe des Löwen Spuren im Sand,
Auf dass er morgen über den vierten im Westen gewinne die Oberhand.

Eine Gabe auf den Spuren des Löwen im Sand überbringen – eine Gabe, auf die ein Bruder ihn bringen sollte und die jene von Alexander aufwiegen würde: Alexander, dem Löwen von Makedonien. Doch wenn Vespasian der Überbringer dieser Gabe sein sollte, wäre er der König des Ostens. Wie sollte das je möglich sein?

Auf dem Rückweg zu Ahmoses Stadt sprach Vespasian kein Wort. Seine Gedanken kreisten um die Prophezeiung und um die Worte aus dem Munde der Gottheit: Tyrannen, Könige, Brüder und eine Gabe, um den Westen zu erringen ... Welche Rolle hatte er in alldem zu spielen, und warum würde eine Frage ihn dazu treiben, an diesen Ort zurückzukehren?

Nachdem er diese Überlegungen einige Zeit im Kopf herumgewälzt hatte, ohne zu einem Ergebnis zu gelangen, richtete er seine Gedanken auf die Rettung seiner Kameraden und Capellas und auf die Frage, ob der doppelzüngige Priester, der vor ihm herging, sein Wort halten würde. Ahmose hatte ihm tatsächlich sein Schwert zurückgegeben, mit unterwürfigen Entschuldigungen an einen, der in der Gunst Amuns stand, und er hatte versprochen, Capella freizukaufen und Vespasians Männer zu dem Preis wieder auszulösen, den er für sie erhalten hatte. Vespasian bezweifelte, dass die Marmariden sich auf diesen Handel einlassen würden.

Als sie sich am folgenden Nachmittag Ahmoses Stadt näherten, ließ der Ruf einer vertrauten Stimme Vespasians Herz vor Freude schneller schlagen.

«Haltet an, Priester, sonst werde ich Euch bei Plutos dunklem Reich aufspießen und Euch zu ihm hinunterschicken.» Magnus erschien mit Ziri zwischen den Palmen, beide mit erhobenen Speeren.

Ahmoses Männer zogen ihre Schwerter und machten sich bereit, den Angriff abzuwehren.

«Schon gut, Magnus», rief Vespasian zurück, «die Dinge liegen jetzt anders. Anscheinend bin ich von Amun gesegnet. Keiner von uns ist hier mehr in Gefahr.»

«Wir haben gestern mit angesehen, wie Corvinus und die Jungs an die Marmariden verkauft wurden – wenn das keine verdammte Gefahr ist.»

«Und dieser kleine Dreckskerl wird sie für uns zurückholen, nicht wahr?» Vespasian funkelte Ahmose an, der zerknirscht nickte. «Gut, dann sollten wir keine Zeit verlieren.»

«Aber zuerst muss ich besorgen, was nötig ist, um Eure Männer zurückzukaufen.»

«Dazu werdet Ihr viel mehr Geld brauchen, als die Marmariden Euch für sie gezahlt haben.»

«Ich werde sie nicht mit Geld kaufen. Ich werde sie eins zu eins austauschen.»

«Marmariden, Herr, da», sagte Ziri und deutete zwischen den Palmen hindurch.

«Wie viele sind es?», fragte Vespasian, an Magnus gerichtet. Sie spähten in der Abenddämmerung zum Lager der Marmariden hinüber, das sich bei einem großen Wasserloch am südwestlichen Rand der Oase befand.

«Gestern habe ich wenigstens hundert gezählt, aber jetzt scheinen es mehr zu sein.»

Dreißig oder vierzig Vier-Mann-Zelte, von einzelnen, sechs Fuß hohen Mittelpfosten getragen, standen in zwei konzentrischen Ringen um das Wasserloch. Feuer waren entzündet, und gerade wurden die Kamele zum Trinken ans Wasser geführt. Der Anblick hätte friedvoll sein können, wäre da nicht der streng bewachte Pferch am südlichen Rand des Lagers gewesen, in dem wenigstens zweihundert Männer, Frauen und Kinder kauerten, an Pfosten im Boden gefesselt.

Vespasian suchte mit den Augen nach Ahmose an der Spitze der etwa dreißig Mann, die er aus seiner Stadt mitgebracht hatte, um die Elenden zu eskortieren, welche die Währung in dem beabsichtigten Tauschhandel darstellten. «Nun, Priester, geht. Wir werden Euch von hier aus beobachten.»

«Es wird nicht lange dauern, die Sache ist einfach. Amun wird über mich wachen, da ich Sein Werk tue.»

«Ich hasse religiöse Eiferer», kommentierte Magnus, während der Priester seinen Trupp zum Lager der Marmariden führte.

Vespasian nickte zustimmend. «Ich glaube, ich verabscheue alle, die ihren Lebensunterhalt als Priester verdienen. Sie verkaufen den Armen Religion gegen ihre Angst, und dann genießen sie die Bequemlichkeit und Macht, die sie sich mit ihrem Geld erkaufen. Wir haben es zu Hause viel besser eingerichtet: Bei uns werden Priesterämter als Lohn für

Dienste an Rom verliehen und sind kein einfacher Weg in ein bequemes Leben.»

«Da sagt Ihr was Wahres, Herr. Aber im Allgemeinen sind diejenigen, denen Priesterämter verliehen werden, bereits reich – auch wenn das nach meiner Erfahrung kein Grund ist, nicht noch mehr zu wollen.»

Vespasian grinste. «Im Allgemeinen eher im Gegenteil.»

«Stimmt», pflichtete Magnus ihm bei, während sie zusahen, wie sich die Marmariden um Ahmose und seine Männer scharten.

Es folgte ein kurzer Wortwechsel, und anschließend wurde Ahmose zu einem Zelt geführt, das größer war als die übrigen.

Vespasian, Magnus und Ziri warteten in der Dämmerung. Fackeln wurden entzündet, die das Lager in orangefarbenen Schein tauchten. Langsam wurde es kühler.

Schließlich kam Ahmose gemeinsam mit einem graubärtigen Mann wieder aus dem Zelt und gab seinen Männern Zeichen, die Ware vorzuführen, die eingetauscht werden sollte. Der Graubart untersuchte jeden Einzelnen, besah sich die Zähne und befühlte die Muskeln in Armen und Beinen, als handelte es sich um Pferde für ein Wagenrennen, die er zu kaufen beabsichtigte. Nachdem er alle Männer in Augenschein genommen hatte, wandte sich Graubart wieder an Ahmose. Ihm war deutlich anzusehen, dass er nicht zufrieden war.

«Sieht aus, als müssten wir die Jungs freikämpfen», bemerkte Magnus, da die Gesten nachdrücklicher wurden.

Die erhobenen Stimmen trugen über das Wasserloch bis zu ihrem Versteck.

«Sieht nicht gut aus», stimmte Vespasian ihm zu.

Plötzlich zogen die Marmariden ihre Schwerter, umstellten Ahmoses Männer und entwaffneten sie. Fünf wurden von der Gruppe getrennt und unter Gegenwehr zu Graubart gezerrt, der sie inspizierte. Offenbar zufrieden, rief er einen Befehl, und ein Trupp Marmariden setzte sich in Richtung des Sklavenpferchs in Bewegung.

«Anscheinend ist der Preis soeben gestiegen», kommentierte Vespasian. «Das wird Ahmose bei seinen Männern nicht beliebt machen.»

Inzwischen war es ganz dunkel geworden, und überall im Lager brannten Fackeln. In ihrem flackernden Licht sah Vespasian, wie eine Gruppe Männer aus dem Pferch geführt wurde. «Das sind unsere Jungs, ich erkenne Corvinus.»

Magnus kniff die Augen zusammen. «Ich sehe aber keinen, der Capella sein könnte.»

«Ihn müssen wir nachher holen. Wenigstens haben wir jetzt die Männer dafür.»

Die Soldaten wurden zu Graubart und Ahmose gebracht, die sie beide durchzählten. Als sie sich vergewissert hatten, dass die Zahl stimmte, nickten sie einander zu, und Ahmose führte seine Leute und die Soldaten vom Lager fort, während die unseligen Opfer des Austauschs zum Pferch gebracht wurden.

«Wo ist Capella?», fragte Vespasian, sobald Ahmose zurückkam.

«Sie haben sich geweigert, ihn auszutauschen.»

«Sich geweigert oder einen zu hohen Preis gefordert?»

«Ich musste ihm noch weitere fünf meiner eigenen Männer geben, nur um die zurückzubekommen, die ich ihm gestern verkauft hatte», brauste der Priester auf. «Noch mehr kann ich mir nicht leisten.»

«Weitere fünf Eurer Männer? Wollt Ihr damit sagen, keiner derjenigen, die Ihr ausgetauscht habt, war ein Sklave?»

«Wir halten keine Sklaven. Es wäre sinnlos, die Marmariden würden sie uns stehlen. Ich musste ihnen freie Männer aus meiner Stadt geben. Sie haben das Los gezogen, und die Verlierer waren bereit, mit dem Segen des Amun auf ihren Häuptern zu gehen.»

Vespasian starrte den Priester ungläubig an. «Ihr habt Eure eigenen Leute in die Sklaverei verkauft?»

«Es war Amuns Wille. Ihr habt gehört, wie die Priester beim Orakel es gesagt haben.»

«Aber warum habt Ihr nicht versucht, meine Kameraden mit dem Silber zurückzukaufen, das die Marmariden für sie bezahlt haben?»

Ahmose runzelte die Stirn, als verstünde er die Frage nicht recht. «Das Silber gehört Amun.»

«Und das Silber ist Amun kostbarer als das Leben dieser Menschen?»

Der Priester zuckte die Achseln.

«Natürlich nicht, aber *Euch* ist es kostbarer. Ihr führt ein bequemes Leben, während alle anderen sich in der Hitze plagen müssen. Ihr widert mich an, Priester. Wir werden jetzt zurück in Eure Stadt gehen, und Ihr werdet mir all Eure Krieger leihen, denn ich gehe nicht von hier fort, ehe ich Capella befreit habe und auch die armen Hunde, die Ihr Eurer Gier geopfert habt.»

«Das könnt Ihr nicht tun. Man muss dem Willen Amuns gehorchen.»

«Seinem Willen oder dem Euren, Priester?»

«Vespasian, Ihr elender sabinischer Bauer, Ihr habt mich den Sklavenhändlern überlassen», schrie Corvinus und stürmte ihm entgegen. «Das werde ich Euch nicht vergessen.»

«Ich hatte keine Wahl, Ihr wart betrunken, und wir konnten uns nicht mit Euch aufhalten. Und wenn ich Euch daran erinnern dürfte, Präfekt: Ich bin zurückgekehrt, um Euch und Eure Männer zu holen. Ihr habt es mir zu verdanken, dass Ihr jetzt frei seid, und das wäre nicht möglich gewesen, wenn ich mich mit Euch in diesen Pferch hätte sperren lassen. Auch das solltet Ihr nicht vergessen.»

«Außerdem solltet Ihr nicht mehr trinken, als Ihr vertragt», riet Magnus ihm, «dann würdet Ihr vielleicht nicht so schnell in Gefangenschaft geraten.»

Corvinus schlug mit der rechten Faust nach Magnus, der sich unter dem Schlag wegduckte und ihm seinerseits die Faust in den Bauch rammte.

«Ihr habt Euch den Falschen zum Boxen ausgesucht», kommentierte Magnus, als Corvinus zusammengekrümmt zu Boden ging. «Ich habe früher meinen Lebensunterhalt damit verdient.»

Vespasian trat zwischen die beiden. «Das reicht! Steht auf, Corvinus, und wenn wir Euch das nächste Mal retten, dann schlage ich vor, Ihr bedankt Euch, anstatt Streit anzufangen und mich zu beleidigen.»

Der Präfekt blickte mit hasserfüllten Augen zu Vespasian auf. «Eines Tages werdet Ihr das bereuen, Quästor, das verspreche ich Euch.»

«Das werden wir sehen. In der Zwischenzeit haben wir einen Bürger zu befreien, dem dasselbe Schicksal droht, vor dem Ihr eben bewahrt wurdet. Geht jetzt und findet heraus, ob einer Eurer Jungs die Sprache der Einheimischen hier spricht.»

Zwei Stunden später erreichten sie wieder die Agora der Stadt. Sie lag verlassen, nur da und dort brannte hinter geschlossenen Fensterläden Licht.

«Weckt Eure Leute, Ahmose», befahl Vespasian, «wir werden zu ihnen sprechen.»

«Jetzt?»

«Ja, jetzt! Ihr werdet für mich übersetzen. Und sorgt dafür, dass meine Männer ihre Schwerter zurückbekommen, wo auch immer Ihr sie versteckt habt.»

Der Priester erteilte seinen Männern einen Befehl, und sie schwärmten in die Stadt aus, hämmerten mit den Fäusten an Türen und befahlen allen, sich auf der Agora zu versammeln.

Wenig später drängten sich Scharen von Menschen auf dem Platz, der jetzt von flackernden Fackeln erhellt war. Sie redeten durcheinander, neugierig, was im Gange war. Gefolgt von Magnus und Ziri, erklomm Vespasian die Stufen vor dem Tempel, gemeinsam mit Ahmose und einem Soldaten aus Corvinus' Truppe, von dem sich herausgestellt hatte, dass er die Sprache der Siwi sprach.

«Du passt auf, dass er alles richtig übersetzt», trug Vespasian dem Soldaten auf, während Corvinus' Männer, jetzt wieder mit ihren Spathae bewaffnet, am Fuß der Treppe in Stellung gingen. «Und wenn er sich weigert – womit ich rechne –, dann übernimmst du das Übersetzen.»

«Ja, Quästor.»

«Ahmose, sorgt für Ruhe.»

Ein Hornsignal ertönte, und der Lärm erstarb.

Vespasian trat vor, um zu der versammelten Menge zu sprechen. «Vorletzte Nacht wurde der Bennu wiedergeboren, um seinen neuen Fünfhundertjahreszyklus zu beginnen», verkündete er feierlich. Er machte eine Pause, damit Ahmose seine Worte übersetzte. Mit einem raschen Blick zu dem Soldaten vergewisserte er sich, dass der Priester getreulich übersetzt hatte, dann fuhr er fort: «Ich habe die Hitze seines Feuers und den Wind seines Flügelschlags gefühlt, und euer Priester hat mich zum Tempel des Amun gebracht, wo der Gott zu mir gesprochen hat.»

Die Gesichter der Zuhörer nahmen einen ehrfürchtigen Ausdruck an, als Ahmose diesen Teil übersetzte.

«Ich bin von Amun gesegnet, und ich und alle meine Begleiter stehen unter Seinem Schutz. Doch euer Priester hat meine Gefährten, römische Soldaten, an die Marmariden verkauft.»

Ahmose warf Vespasian einen beunruhigten Blick zu.

«Übersetzt, Priester», befahl er.

Nachdem der Priester geendet hatte, wandte Vespasian sich dem Soldaten zu, der den Kopf schüttelte. «Er hat den zweiten Satz nicht übersetzt – er hat einfach irgendwas über Amuns Größe erfunden.»

«Welch eine Überraschung. Dann übernimm du es für ihn.»

Als der Soldat die ursprüngliche Version übersetzte, spiegelte Ahmoses Miene erst Überraschung, dann Panik wider. Dem Priester wurde klar, dass ihm die Situation gerade vollends außer Kontrolle geriet.

«Um sie zurückzukaufen, hat er zweiunddreißig eurer Landsleute benutzt, freie Männer, die nun von eurem Priester in die Sklaverei gezwungen wurden.»

«Ich habe es für Amun getan!», schrie Ahmose Vespasian an.

«Nein, Ihr tut nichts für Amun, Ihr tut alles nur zu Eurem eigenen Nutzen, wie so viele Euresgleichen. Werdet Ihr jetzt übersetzen, oder soll er es tun?»

Mit einem Aufschrei stürzte sich Ahmose auf Vespasian, nur um sich im festen Griff von Magnus und Ziri wiederzufinden. Vespasian nickte dem Soldaten zu, während der Priester vergeblich versuchte, sich zu befreien.

Schreie der Entrüstung erhoben sich aus der Menge, als der Soldat die Worte in ihre Sprache übertrug. Die Leute drängten vorwärts, wurden jedoch von Corvinus' Männern aufgehalten.

Vespasian bat mit erhobenen Armen um Ruhe. «Dieser euer Priester, der von dem Geld, das ihr ihm gebt, im Überfluss lebt, kümmert sich nicht um euer Wohlergehen, nur um sein eigenes.»

Die Menge rief zustimmend, als sie die Übersetzung hörte.

«Er hat römische Soldaten und eure eigenen Leute an die Sklavenhändler ausgeliefert und dadurch den Zorn Roms und Amuns über euch alle gebracht. Als Wiedergutmachung für seine Taten werde ich euch heute Nacht zum Lager der Marmariden führen, und wir werden sie gemeinsam vernichten und eure Leute befreien.»

Gewaltiger Jubel erhob sich, sobald auch diese Worte verstanden wurden.

«Doch zuvor fordere ich, der ich in der Gunst eures Gottes stehe, Rache an diesem Priester für das, was er meinen Männern angetan hat. Sein Leben ist verwirkt.»

Ahmose drohten die Beine einzuknicken; Magnus und Ziri hielten ihn aufrecht.

«Ich könnte ihn auf der Stelle hinrichten. Aber wenn ihr es wünscht, werde ich euch euren Priester übergeben, der keine Skrupel hat, zweiunddreißig von euch in ein Leben in Knechtschaft zu verkaufen, und ihr könnt ihn bestrafen, wie ihr es für richtig haltet. Ihr untersteht ihm nicht länger.»

Sobald der Soldat fertig übersetzt hatte, war die Reaktion der Menge unmissverständlich. Vespasian gab Magnus und Ziri einen Wink. Sie zwangen den schreienden Ahmose die Stufen hinunter, durch die Kette der Soldaten, und stießen ihn in die Leute hinein, die ihn in Luxus gehalten und die er doch so wenig wertgeschätzt hatte.

Wild wie Raubtiere zerrten sie ihn in ihre Mitte und fielen mit Fäusten, Klauen und Fußtritten über ihn her. Seine schrillen Schreie gingen in ihrem hasserfüllten Gebrüll unter, während sie ihn gnadenlos schlugen und traten. Vespasian und seine Begleiter sahen mit grimmiger Befriedigung zu, wie der blutverschmierte Priester schreiend in die Luft geworfen und von zahlreichen Händen wieder aufgefangen wurde. Starke Männer packten ihn an Handgelenken und Fußknöcheln und zerrten in entgegengesetzte Richtungen, dass Ahmose vor Angst und Qual die Augen hervortraten. Andere schnitten ihn mit Messern, wobei sie sich auf die Gelenke konzentrierten. Durch den immer stärker werdenden Zug wurden ihm Schultern und Hüften ausgekugelt, bis schließlich unter dem Gebrüll der Menge der linke Arm abriss, dessen Sehnen von zahlreichen Schnitten durchtrennt waren, und einen Moment später auch der rechte. Ahmoses Kopf schlug hart auf dem Boden auf, während die makabren Trophäen durch die Luft geschwenkt wurden. Dann zogen die Männer, die ihn an den Fußknöcheln hielten, seine Beine auseinander und zerrten mit aller Kraft daran, zerrissen Bänder und Muskeln, bis das rechte Bein in einem Schwall von Blut am Knie abriss. Unfähig, ihn noch weiter zu zerreißen, prügelte die Menge schließlich den letzten Rest Leben mit Ahmoses eigenen abgetrennten Gliedmaßen aus ihm heraus.

«Mir scheint, ihr Kampfgeist ist geweckt», bemerkte Magnus und nickte wohlgefällig zu der Art, wie der Priester aus dem Leben geschieden war.

«Hoffen wir es», erwiderte Vespasian. «Wir sollten sie in das Marmaridenlager führen, solange sie in der richtigen Stimmung sind.»

Mitternacht war vorüber, und der Mond war untergegangen. Vespasian schlich durch die Düsternis eines Palmenwäldchens, nur vom Schein einiger Fackeln und Feuer geleitet, die im Lager der Marmariden noch brannten. Hinter ihm im Dunkel warteten etwas mehr als zweihundert Männer aus der Stadt gemeinsam mit Corvinus und seinen Soldaten.

Als er den Waldrand erreichte, kauerte Vespasian sich hinter eine Palme und spähte am Stamm vorbei zum Lager der Sklavenhändler hinüber. Alles war ruhig. Nachdem er sich vergewissert hatte, dass außer ein paar Wachen, die an ihren Lagerfeuern dösten, niemand mehr im Freien war, kehrte er leise zu seinen wartenden Männern zurück.

«Sie rechnen nicht mit Besuch», flüsterte er und ging neben Magnus und Corvinus in die Hocke. «Ich habe etwa ein halbes Dutzend Wachen gesehen, von denen keine Patrouille ging und die meisten zu schlafen schienen. Alle anderen sind in ihren Zelten.»

«Wie könnt Ihr da so sicher sein?», fragte Corvinus, der seine Bedenken bezüglich des Überfalls hatte.

«Weil ich sie nirgendwo sonst gesehen habe. Aber Ihr habt recht, es ist nur eine Annahme. Das ist allerdings kein Hinderungsgrund für diese Unternehmung. Wir sind ihnen zahlenmäßig um wenigstens fünfzig Mann überlegen.»

«Aber die meisten von uns sind Leute aus der Stadt mit improvisierten Waffen. Sie werden es mit ausgebildeten Kriegern zu tun bekommen.»

«Desto wichtiger ist, dass wir schnell zuschlagen und das Überraschungsmoment nutzen, Corvinus, also hören wir auf, darüber zu reden, und tun es. Es sei denn, Ihr würdet es vorziehen, wenn ich das ganze Unterfangen abbreche und dem Statthalter berichte, dass ich einen römischen Bürger in die Sklaverei führen lassen musste, weil mein Kavalleriepräfekt einen Kampf scheute?»

«Hundesohn.»

«Schon besser. Jetzt lasst mir den Dolmetscher hier und bringt Eure Leute an den südlichen Rand des Lagers. Magnus und ich führen die Stadtbewohner an und übernehmen diese Seite und den Osten und Westen. Tötet so leise wie möglich die Wachen am Pferch. Anschließend sichert Ihr ihn und gebt mir ein Signal, indem Ihr eine der Fackeln schwenkt. Dann greifen wir von allen Seiten an, stecken die Zelte in Brand und töten so viele, wie wir können, ehe sie überhaupt richtig wach sind. Danach wird es ein harter Kampf werden. Wenn wir Schreie hören, bevor Ihr das Signal gebt, schlagen wir sofort zu.»

Corvinus knurrte zustimmend.

«Und seht zu, dass die Kamele möglichst nicht zu Schaden kommen», fügte Vespasian hinzu.

«Warum?»

«Weil wir die für den Heimweg brauchen.»

Corvinus erhob sich, klopfte sich den Sand von den Knien und ging zu seiner Truppe.

«Was denkt Ihr?», erkundigte sich Magnus.

«Ich denke, er wird meine Befehle ausführen. Er ist ein guter Offizier, er kann mich nur nicht leiden.»

«Hoffen wir, dass das nicht sein Urteil trübt.»

«Komm, bringen wir unsere zusammengewürfelte Truppe in Stellung.»

Nachdem Vespasian den Männern durch den Dolmetscher Befehle erteilt und sie angewiesen hatte, nichts zu unternehmen, ehe er den Anfang machte, waren sie schweigend über den losen Sand auf ihre Positionen gegangen. Vespasian und Magnus warteten mit gezogenen Schwertern in der Dunkelheit und beobachteten das Lager der Marmariden, das jetzt von einer Kette aus Männern im Abstand von fünf Schritt umstellt war. Ziri lag neben Magnus am Boden und umklammerte einen Speer. Abgesehen vom gelegentlichen Schnauben der Kamele, die mit zusammengebundenen Beinen zwischen den Zelten ruhten, war alles still. Die Wachen dösten friedlich an ihren ersterbenden Feuern.

Vespasian spürte, wie die Spannung des bevorstehenden Kampfes in ihm aufstieg und seine Eingeweide sich zusammenkrampften. Er schickte ein stilles Gebet an Fortuna, sie möge ihn vor den Kriegern der Wüste beschützen, wie sie ihn vor dem Sturm bewahrt hatte, und er war zuversichtlich, dass sie es tun würde. Allerdings würden andere weniger Glück haben, und insgeheim konnte er nicht anders, als sein eigenes Verhalten mit dem Ahmoses zu vergleichen. Sie beide hatten Männer für ihre eigenen Begierden geopfert – der Priester für den Luxus und Vespasian selbst für die Lust. Es hatte Ahmose das Leben gekostet und dazu geführt, dass Vespasian jetzt Corvinus zum Feind hatte, einen Mann, der aufgrund seiner hohen Geburt zweifellos eines Tages in der Lage sein würde, seinen Racheschwur einzulösen. Es stand nur zu hoffen, dass Capella seine Schuld beglich und Flavia all die Risiken und Strapazen wert war.

Die Zeit dehnte sich, und die Anspannung des Wartens begann, an den Nerven der Männer zu zerren. Vespasian horchte jedes Mal auf, wenn im Dunkeln Kleidung raschelte oder ein Dolch leise klimperte, weil jemand sich bewegte.

«Komm schon, Corvinus, warum brauchst du so lange?», murmelte er.

«Vielleicht hat er sich einfach mit seinen Leuten aus dem Staub gemacht und uns im Stich gelassen», flüsterte Magnus zurück.

Vespasian begann gerade, das Schlimmste zu fürchten, als aus der Richtung des Pferchs ein erstickter Schrei herüberdrang.

«Scheiße!», zischte er und richtete den Blick auf die Wachen. Ein paar von ihnen regten sich und schauten sich um, doch da nur ein Kamel ein paarmal schnaubte, gaben sie sich wieder dem Schlummer hin.

Vespasian entspannte sich eine Winzigkeit. Jetzt wusste

er, dass Corvinus und seine Männer ihren vorgesehenen Part übernahmen.

Nach ein paar weiteren angespannten Herzschlägen wurde eine Fackel nahe dem Pferch aus der Halterung genommen und durch die Luft geschwenkt.

«Los geht's», sagte Vespasian leise und stand geduckt auf.

Die Stadtbewohner zu beiden Seiten folgten seinem Beispiel, und die Bewegung setzte sich rund um das Lager fort, da jeder spürte, wie sein Nebenmann sich im Dunkeln erhob. Bald rückten mehr als zweihundert Mann von allen Seiten geduckt und in verbissenem Schweigen gegen die nichtsahnenden Marmariden vor.

Vespasian näherte sich dem äußeren Ring aus Zelten an der Nordseite des Wasserlochs. Dahinter befand sich das erste Lagerfeuer der Wachen. Er gab Ziri ein Zeichen, eine nahe Fackel zu holen, dann signalisierte er Magnus und den Stadtbewohnern, die Zelteingänge zu bewachen, ehe er selbst weiterschlich. Der Wachmann saß ihm zugewandt mit gekreuzten Beinen am Boden, den Kopf auf der Brust, das blanke Schwert auf dem Schoß. Mit angehaltenem Atem näherte sich Vespasian vorsichtig dem Schlafenden, die Spatha bereit. Einen Augenblick, bevor er zustechen konnte, spürte der Wachmann seine Gegenwart, öffnete die Augen und sah im schwachen Feuerschein ein Paar Füße in Sandalen vor sich. Er hob ruckartig den Kopf, riss erschrocken die Augen auf, und das Letzte, was er sah, war Vespasians Schwert, das auf ihn zuschnellte. Dann bohrte sich die Spitze der Spatha dicht unter dem bärtigen Kinn durch seinen Hals bis in den Schädel; ein Schwall von Blut in der Kehle erstickte jeden Versuch, zu schreien, und er fiel mit dem Gesicht ins Feuer, tot. Fast augenblicklich fingen sein Gewand und Mantel aus fettiger Wolle Feuer, sodass Vespasian von den auflodernden Flammen beleuchtet wurde.

«Jetzt», zischte er Magnus zu.

Der nahm Ziri die Fackel ab und hielt sie unten an die Plane des Zelteingangs. Sofort erfassten die Flammen die trockene, grobe Leinwand, bis der ganze Zelteingang lichterloh brannte. Ziri stand davor, den Speer in der Hand. Der erste Marmaride, nur mit einem Lendenschurz bekleidet, stürzte durch die Flammen geradewegs auf die messerscharfe Spitze zu. Mit einem Stoß und einer Drehung schlitzte Ziri ihm den Bauch auf, dann stieß er ihn mit einem Fußtritt rücklings ins Feuer zurück, wobei das ausgetretene Blut in der Hitze zischte und dampfte.

Schreie gellten, als Magnus und die anderen Männer durch den Ring aus Zelten gingen und Feuer legten. Die kühneren Stadtbewohner ermutigten sich jetzt gegenseitig mit Rufen, da der Angriff nicht länger still vonstattengehen musste, und stürzten sich auf die übrigen Wachen, um sie mit einem Hagel von Schlägen und Hieben unschädlich zu machen.

Überall im äußeren Ring standen nun die Zelte der Marmariden in Flammen, mit ihren eigenen Fackeln angezündet. Vespasian befahl seinen Männern, weiter vorzurücken, und erreichte den inneren Ring. Doch hier brannten weniger Zelte, und die Männer des Stammes, jetzt vollends wach und sich der Gefahr bewusst, begannen hastig, sich zu verteidigen. Die Schreckenslaute der panischen Kamele, die mit ihren zusammengebundenen Beinen nicht vor den Feuern davonlaufen konnten, mischten sich mit den Schreien der Verwundeten und Sterbenden zu einem entsetzlichen Lärm.

Neben einem brennenden Zelteingang führte Vespasian mit seiner Spatha einen schnellen Abwärtsschlag, als die Zeltplane auseinandergestoßen wurde. Doch er hatte zu früh zugeschlagen und hieb dem Mann, der zu entkommen versuchte, die Hände ab. Während der Gegner sich mit seinen blutenden Stümpfen unter Qualen am Boden wand, zielte Vespasian mit seinem Schwert erneut auf den Zelteingang und traf den nächsten Mann quer über die Brust, während ein Marmaride, der wie eine Fackel brannte, schreiend an ihm vorbeirannte, um sich unter Zischen und Dampfen in das Wasserloch in der Mitte des Lagers zu stürzen.

Vespasian erledigte den letzten Mann, der aus dem Zelt kam, dann schaute er sich rasch um. Magnus und Ziri ließen den Bewohnern eines anderen Zeltes die gleiche Behandlung angedeihen. Überall im Lager spielten sich ähnliche Szenen ab: Die erbosten Männer aus der Stadt fielen Knüppel, Dolche und Feldwerkzeuge schwingend über die überrumpelten Sklavenhändler her, die ihnen so lange Zeit Angst eingeflößt und ihre friedliche Lebensweise bedroht hatten. Jetzt, da es galt, zweiunddreißig ihrer Landsleute vor einem lebenden Tod zu bewahren, kannten sie kein Halten mehr. Überall wölkte Rauch auf, da die in Brand gesteckten Zelte sich in lodernde Infernos verwandelten; brennende Männer stürzten heraus, nur um mit Mistgabeln aufgespießt oder mit Sensen niedergemäht zu werden. Der Gestank ihrer versengten Haut mischte sich in den beißenden Geruch brennender Stoffe.

Durch den dichter werdenden Qualm und das Chaos der Brände konnte Vespasian erkennen, wie es einigen Marmariden gelang, sich zu Pulks zusammenzuschließen, die sich erbittert wehrten. Die schlecht bewaffneten und unerfahrenen Stadtbewohner fielen unter den mächtigen Streichen ihrer Langschwerter, und angesichts dieser besser organisierten Verteidiger schwand ihr Kampfgeist rasch dahin.

«Magnus, komm mit», schrie Vespasian und sprang über mehrere Tote hinweg. Während er mit der linken Hand seinen Pugio aus der Scheide zog, sprintete er auf eine Gruppe aus drei Marmariden zu, die unter Schwerthieben gegen eine dünne Linie verzagender Stadtbewohner vorrückten. Vespasian brach durch eine Lücke in der losen Formation, duckte sich unter einem Schwerthieb, rammte dem, der den Schlag geführt hatte, seinen Kopf in den Bauch und stieß zugleich seine Spatha tief in den Unterleib des Marmariden daneben. Alle drei gingen in einer Wolke aus aufwirbelndem Sand zu Boden. Sogleich nutzten die Stadtbewohner die Überraschung des verbliebenen Marmariden über Vespasians Erscheinen aus und drangen mit neuem Mut gegen ihn vor. Vespasian wälzte sich beim Aufprall von seinem Gegner hinunter und stieß seinen Dolch durch den Brustkorb des Mannes in die Lunge.

«Mir war, als hättet Ihr um Beistand gerufen», sagte Magnus, der Vespasian an seinem Schwertarm wieder auf die Beine zog, während Ziri den zwei verletzten Gegnern mit Speerstößen in die Kehle ein Ende machte.

«Das habe ich», keuchte Vespasian. Sein Herz raste. «Sie beginnen, sich zu formieren. Lass uns weiter durch den Ring vorrücken, bis wir auf Corvinus' Jungs treffen.»

Sie liefen an zwei in sich zusammengefallenen, lodernden Zelten vorbei, in denen noch schreiende Bewohner gefangen waren. Diese wurden von den Stadtbewohnern jetzt gnadenlos zu Tode geknüppelt. Dahinter kam Vespasian und seinen Begleitern eine Horde fliehender Stadtbewohner entgegen, die die drei beiseitedrängten und dabei fast in ein brennendes Zelt stießen, so eilig hatten sie es, dem Schrecken hinter ihnen zu entkommen: Graubart.

«Verdammt!», fluchte Magnus, und die Gefährten kamen abrupt zum Stehen, so nah an dem brennenden Zelt, dass die Hitze ihnen das Haar auf Armen und Beinen versengte.

Ein gewaltiges beidhändiges Schwert schwingend, von vier seiner Getreuen flankiert, schritt der Marmaridenhäuptling ihnen entgegen, Rachsucht in den Augen. Beim Anblick der Römer bleckte Graubart die Zähne und rannte los, das Schwert über den Kopf erhoben, um sich auf Vespasian zu stürzen. Zwei seiner Männer bemerkten Ziri und stürmten schreiend auf ihn zu.

Mit einem geschickten Schwung seines Speers hob Ziri die brennende Zeltplane an und warf sie auf die beiden Männer. Zugleich parierte Vespasian Graubarts mächtigen Abwärtsschlag, der in einem Funkenregen an seiner Klinge bis zum Heft abglitt. Er nahm vage wahr, wie Magnus neben ihm sich vor den anderen beiden Männern an Graubarts Seite auf den Boden warf, um sie zu Fall zu bringen, während der Marmaridenhäuptling den Druck auf Vespasians Spatha verstärkte und ihn so in die Knie zwang. Die Schreie der Männer unter dem brennenden Zelt gellten ihm in den Ohren. Mit einer schnellen Bewegung trat Graubart Vespasian mit dem Fuß gegen die Brust, sodass der krachend auf den Rücken fiel, und hob zugleich sein Schwert, knurrend, das Gesicht vor Anstrengung verzerrt. Auf dem Höhepunkt der Bewegung erstarrte er plötzlich, und Blut quoll aus seinem

Mund. Graubart stand Augenblicke lang reglos, als stünde die Zeit still, dann fiel sein Schwert hinter ihm zu Boden, und er drehte den Kopf, um Ziri anzublicken, dessen Speer seitlich in seiner Brust stak. Mit einem langsamen Nicken, das Vespasian wie eine Geste des Einverständnisses erschien, brach der Marmaridenhäuptling zusammen.

Der Kampflärm zwang Vespasian, den Blick von dem sterbenden Graubart loszureißen und sich umzusehen. Magnus saß rittlings auf einem Gegner, jeder die Hände um den Hals des anderen geklammert. Dicht hinter ihnen holte ein weiterer Marmaride, dem aus einer leeren Augenhöhle Blut strömte, mit dem Messer aus und zielte auf Magnus' ungeschützten Rücken. Vespasian riss seinen Schwertarm herum und ließ dabei den Griff der Spatha los, sodass die Waffe durch die Luft geschleudert wurde und den Mann seitlich am Rumpf traf. Dem ging von der Wucht des Anpralls die Luft aus. Vespasian sprang auf, setzte über Magnus hinweg und stürzte sich auf den einäugigen Marmariden, um sein Gesicht mit den Fäusten zu traktieren, während beide in den blutgetränkten Sand fielen. Schlag um Schlag teilte er in seinem rasenden Angriff aus, noch als die Nase des Mannes bereits zerschmettert und sein Kiefer gebrochen war, bis eine Hand ihn am Haar packte und er eine Klinge am Hals fühlte.

«Entspannt Euch, Quästor», ertönte Corvinus' Stimme an seinem Ohr. Vespasian erstarrte. «Jemand sollte Euch davor warnen, in der Schlacht die Beherrschung zu verlieren.»

«Das habe ich schon getan», sagte Magnus, der von seinem nunmehr toten Gegner aufstand, dessen Augen hervorgequollen waren. «Anscheinend hat er vergessen, dass es ein sicherer Weg ist, am Ende selbst sein Leben zu lassen.»

«Lasst mich los, Präfekt», befahl Vespasian. Er hatte sich wieder gefasst und schüttelte Corvinus ab.

«Ich hätte Euch die Kehle durchschneiden können und war stark versucht, es zu tun», fauchte Corvinus und ließ sein Schwert fallen, «wäre *er* nicht gewesen.»

Vespasian drehte sich um und erblickte Ziri, der seinen bluttriefenden Speer Corvinus an den Hals hielt. «Schon gut, Ziri», sagte Vespasian und gab ihm ein Zeichen, seine Waffe sinken zu lassen.

Ziri nickte, dann zog er sich zurück.

Vespasian stand auf. Noch immer brannten Zelte, und die Flammen warfen einen sanften bernsteinfarbenen Schein auf die umgebenden Palmen, die reglos in der windstillen Nacht standen. Der Kampflärm war verstummt. Gruppen von Stadtbewohnern und Soldaten gingen zwischen den Spuren des Gemetzels umher. Hin und wieder hob einer eine Waffe, um einem verwundeten Marmariden den Rest zu geben.

«Sind welche entkommen?», fragte er, an niemand Bestimmten gerichtet, während er seine Spatha aufhob.

«Ich weiß es nicht, aber ich glaube kaum», antwortete Corvinus. «Der Pferch mit den Sklaven ist gesichert, ein paar meiner Männer bewachen ihn.»

«Gut, gehen wir und schauen sie uns an.»

«Zeit, zu sehen, ob Capella Euch aus Dankbarkeit für all Eure Bemühungen seine Geliebte überlässt», kommentierte Magnus. Er sah nicht, wie Corvinus bei dieser Bemerkung die Stirn runzelte.

Als Vespasian und Magnus sich zum Gehen wandten, bemerkten sie, wie Ziri auf die noch immer brennenden Leichen hinunterschaute. Dann rammte er beiden seinen Speer ins Herz.

«Komm, Ziri», sagte Magnus und zog ihn am Ärmel.

Ziri schüttelte den Kopf. «Das Ziri Brüder», sagte er sachlich.

Vespasian starrte den jungen Marmariden entgeistert an, dann deutete er voller böser Ahnung auf Graubart hinunter. «Und er, der Mann, den du getötet hast, um mir das Leben zu retten?», erkundigte er sich und dachte an Aghilas' Worte zurück: *Erst recht gegen die Marmariden.*

Ziri schaute ihn mit ausdruckslosen Augen an. «Das Ziri Vater.»

V

Statilius Capella! Statilius Capella!», rief Magnus über das Wehklagen der verängstigten weiblichen Gefangenen und das Geschrei ihrer Kinder hinweg, während er, Vespasian und Corvinus sich mit Fackeln einen Weg durch den gedrängt vollen Sklavenpferch suchten.

«Ja, hier», hörten sie endlich eine Stimme.

«Corvinus, lasst die Freigeborenen und Freigelassenen gehen», befahl Vespasian, «aber haltet alle fest, die bereits Sklaven waren, ehe sie den Marmariden in die Hände fielen. Und kommandiert ein paar Eurer Männer dazu ab, die Kamele zusammenzutreiben. Ich werde mich unterdessen ein wenig mit dem Schwachkopf unterhalten, dessentwegen wir diese ganze Expedition unternommen haben.»

«Heißt das, Ihr führt ein kleines Selbstgespräch?», fragte Magnus grinsend, während Corvinus sich entfernte.

«Sehr komisch. Wenn du dich nützlich machen willst, sorg dafür, dass die Stadtbewohner die Toten begraben und die Leichen aus dem Wasserloch fischen. Nichts soll mehr darauf hindeuten, dass es dieses Lager überhaupt gegeben hat. Dann geh und suche nach den Überresten vom Zelt des Häuptlings. Ich nehme an, er wird da einen kleinen Schatz gehortet haben, unter anderem Capellas Geldbeutel.»

Magnus wies mit einer Kopfbewegung auf seinen Sklaven, der in Gedanken versunken ein wenig abseits stand; sein Gesicht verriet keinerlei Gefühlsregung. «In Anbetracht der Umstände werde ich Ziri nicht auffordern mitzuhelfen.»

«Wie geht es ihm denn?»

«Dem Anschein nach gut – wie es wohl jedem von uns gehen würde, wenn wir einen doppelten Brudermord und anschließend Vatermord verübt hätten.»

«Nun, spätestens jetzt besteht wohl kein Zweifel mehr an seiner Loyalität zu dir und mir.»

«Ja, das stimmt wohl, aber welch eine Art, seine Treue zu beweisen! Ich weiß nicht, was für Götter diese Marmariden haben, aber es wird einigen Aufwand erfordern, sie zu befrieden, wenn er nicht für den Rest seines Lebens verflucht sein will.»

Vespasian warf einen Blick zu Ziri, und ihm wurde wieder bewusst, wie jung dieser aussah. «Meinst du, er weiß, was zu tun ist?»

«Keine Ahnung, aber er wird eine Möglichkeit finden müssen. Was er getan hat, ist wider die Natur, und daraus kann nichts Gutes entstehen.»

«Außer uns das Leben zu retten, meinst du?»

Magnus knurrte und marschierte davon.

Vespasian ging weiter zu Capella. Dabei fragte er sich, welches Ende Ziri wohl von den Händen seines Vaters und seiner Brüder erlitten hätte, wenn sie ihn in ihre Gewalt bekommen hätten, dass er sie so leicht und allem Anschein nach gefühllos hatte töten können.

«Ich bin Titus Flavius Vespasianus, Quästor dieser Provinz, und Ihr, Statilius Capella, seid ein Schwachkopf», teilte Vespasian Capella mit, sobald er vor ihm stand.

«Das ist ein sehr eilfertiges Urteil über jemanden, dem Ihr gerade erst begegnet seid, junger Mann», entgegnete Capella. Er saß an einen Pfahl gelehnt, an den er an Händen und Hals gefesselt war. Er wirkte viel älter, als Vespasian erwartet hatte, Anfang bis Mitte vierzig, aber noch immer mit einem dichten Schopf lockigen schwarzen Haars, einem von Falten durchzogenen, aber attraktiven Gesicht und einem straffen, muskulösen Körper. Ein starker Fäkalgestank umgab ihn; offenbar war er gezwungen gewesen, sich zu entleeren, wo er saß.

«Wer anders als ein Schwachkopf würde mit nichts als einer kleinen Eskorte in die Wüste losziehen und nach einem Stamm von Sklavenhändlern suchen, um ihnen Kamele abzukaufen?»

Capella schmunzelte. «Ah, Ihr habt mit Flavia gesprochen. Nun, dann befreit mich, denn offenbar hat sie Euch den ganzen weiten Weg hierhergeschickt, um mich zu retten – ich weiß, sie kann sehr überzeugend sein.»

«Alles zu seiner Zeit. Zuerst müssen wir über die Bedingungen Eurer Befreiung verhandeln.»

«Das heißt?»

«Das heißt, dass mehr als hundert Mann, aufwendig ausgebildete Soldaten einer Auxiliartruppe Roms, bei der Suche nach Euch ihr Leben gelassen haben, ganz zu schweigen vom Verlust von über hundertzwanzig Pferden, dreißig Maultieren und unserer gesamten Ausrüstung. Das beläuft sich zusammen auf mehrere tausend Denar, und es scheint nur recht und billig, dass Ihr diesen Betrag erstattet, da Ihr die Ursache des Verlustes seid.»

«Zweifellos findet Ihr, dass ich auch Euch persönlich etwas schuldig bin?»

«Natürlich.»

«Und wenn ich mich weigere?»

«Dann wäre die gesamte Unternehmung eine tragische, kolossale Vergeudung von Zeit und Geld gewesen. Wir wären den ganzen weiten Weg gekommen und konnten Euch nicht finden.»

Capella brach trotz des Stricks um seinen Hals in Gelächter aus. «Ihr würdet mich hier zurücklassen?»

«Ich würde Euch nicht an diesen Pfosten gefesselt lassen, das nicht. Aber, ja, ich würde Euch in Siwa zurücklassen, und Ihr könntet selbst zusehen, wie Ihr wieder nach Hause kämt, wobei Ihr sehr wahrscheinlich erneut den Marmariden in die Hände fallen würdet. Welches Recht hättet Ihr, unter meinem Schutz nach Kyrene zurückzukehren, wenn Ihr Euch weigern würdet, Rom für den Schaden zu bezahlen, den Euer tollkühnes Handeln verursacht hat?»

«Ich verstehe Euren Standpunkt, Quästor. Ihr geht davon aus, dass ich tollkühn gehandelt habe, und das hätte ich in der Tat, wenn ich wirklich versucht hätte, den Sklavenhändlern Kamele abzukaufen.»

«Dann habt Ihr das nicht?»

«Junger Mann, glaubt Ihr wirklich, dann wäre ich hier herausgekommen, wenn ich doch einfach nur hundert Meilen von Apollonia an der Küste entlang zu den Weidegründen der Marmariden hätte segeln müssen, wo ich das Kamelgeschäft von einem sicheren Schiff aus hätte abschließen können, wie ich es viele Male zuvor getan habe? Selbstverständlich nicht, das wäre Irrsinn gewesen.»

«Warum habt Ihr es dann Flavia erzählt?»

«Löst meine Fesseln, dann bekommt Ihr vielleicht eine Antwort.»

Vespasian blieb kaum eine Wahl. Er kam sich ein wenig töricht vor. Er zog sein Schwert und durchtrennte die Stricke. Rings umher schlugen die Klagerufe der Gefangenen in Freudengeschrei um, da Corvinus' Soldaten durch den Pferch gingen und die Fesseln der Freien und Freigelassenen durchtrennten. Nur die Sklaven ließen sie an ihren Pfosten sitzen, wo sie trübsinnig ihr Schicksal erwarteten.

«So ist es besser», sagte Capella, rieb sich die wunden Handgelenke und ging auf den Eingang des Pferchs zu. «Jetzt wasche ich mir den Arsch im See, und dann wäre ich dankbar für eine saubere Tunika und etwas zu essen.»

Vespasian folgte ihm. «Ihr sagtet, Ihr würdet meine Frage beantworten.»

«Ich sagte, vielleicht. Aber nun gut: Ich habe Flavia erzählt, ich wolle Kamele kaufen, weil ich ihr nicht sagen konnte, was ich wirklich vorhatte. Ich habe ihr mitgeteilt, ich würde in vierzig Tagen zurück sein. Denn ich wusste, wenn ich bis dahin nicht wieder da wäre, würde sie jemanden wie Euch dazu bewegen, loszuziehen und nach mir zu suchen. Und ich hatte recht: Hier seid Ihr. Man kann ihr wirklich nur schwer etwas abschlagen, wie Ihr offenbar selbst erfahren habt.»

«Ich bin hier, weil mir gesagt wurde, ein römischer Bürger sei wahrscheinlich Sklavenhändlern in die Hände gefallen», erwiderte Vespasian hoheitsvoll.

«Blödsinn. Ihr seid hier, weil Ihr Flavia beeindrucken wolltet.»

«Macht Euch nicht lächerlich, es war meine Pflicht», brauste Vespasian auf.

Capella grinste ihn an. «Ihr braucht Euch nicht dafür zu schämen, ich mache Euch wirklich keinen Vorwurf. Wer weiß, wenn Ihr genügend Eindruck auf sie macht, könnte es sogar sein, dass sie mich Euretwegen verlässt, und auch ihr würde ich keinen Vorwurf machen.»

«Es schien mir, als wäre sie Euch außerordentlich treu.»

«Oh, das ist sie, und sie wird es bleiben, bis jemand anders ihre Treue an sich binden kann. Sagen wir, sie legt Wert darauf, dass ihre Treue reichlich belohnt wird. Wie auch immer, sie hat ihre Aufgabe erfüllt und mich vor einem wirklich unschönen Ende bewahrt.»

«Und dafür müsst Ihr bezahlen und mich zusätzlich für meine Mühen entschädigen.»

«Quästor, ich bin sicher, der Patron, für den ich diese Reise unternommen habe, wird mit größtem Vergnügen ein paar mickrige tausend Denar zahlen, wenn Ihr mich mit dem nach Kyrene zurückbringt, was ich für ihn im Gepäck habe. Was *Euren* Wunsch betrifft, so müsst Ihr sie selbst fragen.»

Vespasian sah Capella stirnrunzelnd an und fragte sich, ob er sich sein Verlangen nach Flavia wirklich so deutlich hatte anmerken lassen. «Ihr würdet mir Flavia überlassen – warum?»

«Weil ich ihrer allmählich überdrüssig werde. Sie strapaziert meine Finanzen erheblich und ist sehr fordernd – auch wenn ihre Reize in gewisser Weise dafür entschädigen. Wenn Ihr in Eurem Überschwang die Ausgaben nicht scheut, dann könnt Ihr sie von mir aus gern haben. Aber ich kann sie Euch nicht schenken; diese Entscheidung muss Flavia selbst treffen. Betrachten wir das also als geklärt und machen uns auf den Weg, sobald Eure Männer meinen Besitz geborgen haben.» Capella blieb am Eingang zum Pferch stehen und bot Vespasian mit freundlichem Lächeln seinen Unterarm.

Der ergriff ihn, verblüfft, dass Capella eine solche Frau so ohne weiteres hergab. «Ihr seid sehr großzügig, Capella.»

«Bin ich das?»

«Quästor, kommt, das solltet Ihr Euch ansehen», unterbrach Corvinus' Ruf von den Zelten her ihr Gespräch.

Vespasian wandte sich ab und ging hinüber. «Was gibt es?»

«Magnus hat eine Truhe entdeckt, die unter dem Zelt des Häuptlings vergraben war.»

«Ah, gut», rief Capella aus, der Vespasian gefolgt war. «Das ist sicher meine.»

Sie traten neben Corvinus, der zusah, wie Magnus und Ziri eine kleine hölzerne Truhe aus einem flachen Loch im Sand hoben.

Vespasian zeigte auf Ziri. «Warum hilft er hier mit?»

«Er hat darauf bestanden. Genau genommen hat er mir sogar gezeigt, wo ich nachsehen soll», erwiderte Magnus. Sie stellten die Truhe neben einem Haufen Wertsachen ab, die aus dem Zelt geborgen worden waren. An einem Griff waren mit einer Schnur zwei Schlüssel befestigt.

«Ja, das ist meine», bestätigte Capella.

«Wie wollt Ihr das beweisen?», fragte Corvinus, während Vespasian sich bückte und die Schlüssel losband.

«Ganz einfach: Ich könnte Euch sagen, was darin ist, und Euch dann nachsehen lassen. Aber ich fürchte, Ihr würdet es mir nicht danken.»

Vespasian steckte die Schlüssel in die Schlösser an beiden Seiten der Truhe. «Warum nicht?»

«Weil zwar die Truhe mir gehört, der Inhalt aber meinem Patron. Ich hatte seine Geschäfte hier in Siwa abgewickelt und befand mich gerade auf dem Rückweg nach Kyrene, als die Marmariden mich gefangen nahmen. Wenn mein Patron erführe, dass Ihr wisst, was ich ihm zu überbringen habe, dann wäre er gezwungen, Euch zu töten.»

Vespasian wechselte einen Blick mit Magnus. «Was denkst du?»

«Ich denke, es kommt ganz darauf an, wer sein Patron ist.»

Capella nickte anerkennend. «Euer Mann ist sehr klug, Vespasian. Es ist stets besser, sich nach Möglichkeit aus der kaiserlichen Politik herauszuhalten. Mein Patron – wie soll ich sagen – steht der Spitze des Kaiserhauses sehr nahe.»

Vespasian zog die Schlüssel wieder heraus.

Der Morgen dämmerte, und Vespasian überblickte das Lager, in dem die Stadtbewohner und die befreiten Gefangenen die Nacht hindurch hart gearbeitet hatten. Sämtliche Überreste der verbrannten Zelte und die Leichen waren vergraben worden. An den betreffenden Stellen war der Sand noch feucht, doch er würde bald trocknen.

Alles von Wert war auf die Kamele gepackt worden, und die etwa hundert Sklaven waren mit auf dem Rücken gefesselten Händen in Reihen aneinandergebunden. Die befreiten Gefangenen und die Stadtbewohner hatten sich zu einer halbwegs geordneten Kolonne formiert. Jetzt waren sie bereit, den Rückweg zur Stadt anzutreten.

«Abmarsch, Corvinus», befahl Vespasian.

Auf ein scharfes Kommando ihres Präfekten setzten sich die Soldaten an der Spitze der Kolonne in Bewegung.

«Hoffen wir, dass die Marmariden zu dem Schluss kommen, ihre Karawane sei in der Wüste von einem Sandsturm begraben worden und nicht von den Einheimischen an diesem Ort», sagte Vespasian zu Magnus, während sie den Aufbruch verfolgten. «Sonst stecken diese Leute in der Scheiße.»

Magnus zuckte die Schultern. «Vielleicht wird sie das lehren, die Gesetze der Gastfreundschaft zu achten, statt ihre Gäste betrunken zu machen und dann zu verkaufen.»

«Nun, wenn die Marmariden das nächste Mal kommen, können sie ihnen all die Sklaven anbieten. Von Rechts wegen müsste ich eigentlich versuchen, sie ihren Eigentümern zurückzugeben, aber ich denke, das ist schier unmöglich. Deshalb habe ich sie den Stadtbewohnern im Austausch gegen alles geschenkt, was wir für den Weg zurück durch die Wüste brauchen.»

«Eure kleine Plauderei mit Capella war wohl erfolgreich, da er mit uns kommt?»

«Ja, sehr erfolgreich, danke.»

«Und?»

«Und er sagte, sein Patron werde der Provinz die Verluste erstatten.»

«Und?»

«Und dass er mir Flavia überlassen würde, wenn ich sie selbst frage und sie es wünscht.»

«Einfach so?»

«Ja.»

Magnus brach in Gelächter aus.

«Was ist daran so komisch?», fragte Vespasian verärgert.

«Der Mann ist wirklich gerissen.»

«Wie meinst du das?»

«Ich wette, er hat gesagt: Nehmt sie, wenn sie gehen will, sie kostet mich ein Vermögen, und ich werde sie allmählich leid.»

«So in etwa, ja», gab Vespasian zu, verblüfft, wie zutreffend Magnus es erraten hatte.

«Er hat Euch reingelegt.»

«Inwiefern?»

«Ihr hättet ihn schwören lassen sollen, sie zu verstoßen. Dann würde ihr nicht viel anderes übrig bleiben, als mit Euch zu gehen, sonst stünde sie allein und ohne Beschützer in einer fremden Provinz da. Dagegen hat er nur gesagt: Meinetwegen fragt sie, ich habe nichts dagegen.»

«Und das werde ich», beteuerte Vespasian zähneknirschend.

«Ich bitte Euch, Herr, versteht Ihr denn nicht? Sie wird einen Blick auf Euch werfen: einen Quästor in einer der am wenigsten prestigeträchtigen Provinzen im ganzen Imperium, der von Glück sagen kann, wenn er am Ende seiner Amtszeit genug Geld beisammen hat, um eine Frau wie sie für die nächsten paar Jahre mit Schmuck und Parfüm auszustatten. Dann wird sie ihren reichen Liebhaber anschauen, der die Circusse in Africa mit wilden Tieren beliefert, wahrscheinlich ein eigenes Schiff besitzt und Beziehungen zu hochgestellten Persönlichkeiten unterhält. Und wie wird sie sich dann entscheiden?»

«Ich bin vermögend, ich habe meine Landgüter.»

«Ja, aber das Geld ist in Form von Grundbesitz, Maultieren und Sklaven gebunden. Wenn sie Schmuck kaufen geht, wird sie etwa wollen, dass Ihr sie mit einem wiehernden Maultier im Schlepptau begleitet, um dafür zu bezahlen? Sie wird auch nicht auf einem Landgut leben wollen, umgeben von Bauerntölpeln – sie wird ein vornehmes Haus auf dem Esquilin wünschen.»

«Ich habe auch Geld.» Vespasian war immer lauter geworden, jetzt schrie er die Worte beinahe heraus.

«Nicht so viel wie Capella.»

Vespasian öffnete den Mund, doch dann wurde ihm klar, dass es sinnlos war, zu widersprechen. Magnus hatte recht. Er massierte sich die Stirn. «Er hat mir die Gelegenheit geboten, sie zu bekommen, da er wusste, dass sie Nein sagen würde. Somit ist seine Schuld mir gegenüber abgegolten, ohne dass es ihn auch nur eine Kupfermünze gekostet hätte. Brillant!»

«Allerdings.»

«Dieser gerissene Hund. Und jetzt kann ich die Vereinbarung nicht mehr widerrufen.» Vespasian ging davon, wobei er sich vergeblich bemühte, sich die Scham über seine Naivität nicht anmerken zu lassen. Magnus sah ihm mit belustigter Miene nach.

Während er zügig zur Spitze der Kolonne marschierte, die gerade in den Palmenwald zog, dachte Vespasian darüber nach, wie leicht er auf die List hereingefallen war. In allem, was er seit seiner Begegnung mit Flavia getan hatte, war er von Selbstherrlichkeit beherrscht gewesen und hatte sich eingebildet, in seinem eigenen Interesse zu handeln. Jetzt wurde ihm klar, dass in Wahrheit Capella, älter und raffinierter als er, die ganze Zeit ein Spiel mit ihm gespielt hatte. Nun wollte Capella ihn also um den Lohn prellen, mit dem er ihn gelockt hatte: Flavia.

Der Mann hatte recht gehabt: Vespasian war einzig und allein hergekommen, um sie zu beeindrucken.

Er dachte an seine letzten Gespräche mit seiner Großmutter Tertulla zurück, und ihm wurde bewusst, dass sie von seinem Verhalten in der letzten Zeit entsetzt gewesen wäre. Er war nicht dem Instinkt seines Herzens gefolgt, auf den er vertraute, sondern hatte aus niederer Begierde heraus gehandelt, seine Macht in unreifer und unbedachter Weise einzig zu seinem eigenen Vorteil ausgenutzt, und all die Männer waren durch seine Arroganz gestorben. Er hatte die Ideale vergessen, denen er sich einst verschrieben hatte, als er zum ersten Mal nach Rom gekommen war – damals, als er es noch als unrecht empfunden hatte, auch nur eine Bestechung anzunehmen. Er schämte sich zutiefst.

«Quästor!», riss ein Ruf aus der Mitte der Kolonne Vespasian aus seinen selbstquälerischen Grübeleien.

Er drehte sich um und sah einen Mann Anfang dreißig, der sich durch die Schar der befreiten Gefangenen zu ihm drängte. «Was gibt es?», fragte er, froh über die Ablenkung.

«Erstens schulde ich Euch Dank dafür, dass Ihr uns vor einem lebenden Tod in der Wüste bewahrt habt», sagte der Mann und fiel neben ihm in Gleichschritt.

«Du solltest den Männern danken, die dabei ihr Leben gelassen haben, nicht mir», erwiderte Vespasian. Er musterte den Mann von der Seite. Anhand der Gesichtszüge und der Kopfbedeckung folgerte er, dass er Jude war.

«Eine solche Antwort zeichnet einen mitfühlenden Mann

aus», erwiderte der. «Doch Ihr habt diese Truppe zu unserer Rettung geführt, dabei hättet Ihr einfach in Kyrene bleiben und uns unserem Schicksal überlassen können.»

«Wenn du nur die Wahrheit wüsstest», sagte Vespasian halb zu sich selbst.

«Wie auch immer die Wahrheit aussehen mag, sie kann nichts an der Tatsache ändern, dass Ihr für unsere Befreiung verantwortlich seid. Deshalb stehen alle hier in Eurer Schuld, und ich für meinen Teil werde das nie vergessen.»

Vespasian gab einen zustimmenden Laut von sich. «Und zweitens?»

Der Jude schaute ihn fragend an. «Was?»

«Du sagtest ‹erstens›, also gehe ich davon aus, dass es ‹zweitens› gibt.»

Der Jude starrte ihn im Gehen noch ein paar Schritte länger an. «Verzeiht mir die Frage, Quästor, aber Ihr habt große Ähnlichkeit mit einem Mann, dem ich in Judäa begegnet bin, einem guten Mann: Titus Flavius Sabinus.»

«Er ist mein älterer Bruder», bestätigte Vespasian und wischte sich den Schweiß von der Stirn, da die Sonne höher stieg und mit ihr auch die Hitze zunahm.

«Dann stehe ich zweifach in Eurer Schuld, denn er hat das Leiden eines Verwandten von mir am Kreuz verkürzt. Er befahl seinem Centurio, ihm mit einem Speer ein rasches Ende zu machen, statt ihm die Beine zu brechen und ihn unter Qualen sterben zu lassen. Dann überließ er uns den Leichnam.»

«Warum wurde dein Verwandter denn gekreuzigt?»

«Das hat niemand je so recht verstanden.»

«Er muss doch für irgendein Verbrechen verurteilt worden sein.»

«Die Priester wollten ihn wegen Gotteslästerung steinigen lassen, weil er predigte, wir Juden sollten statt unserer zehn Gebote nur noch einem einzigen neuen Gebot folgen: Liebe deinen Nächsten, wie du dich selbst liebst.»

«Wenn er gekreuzigt wurde, muss er nach römischem Recht verurteilt worden sein.»

«Ja, doch es wurde keine Begründung für sein Todesurteil verlesen. Aber was geschehen ist, kann nicht ungeschehen gemacht werden. Seine Lehren leben über seinen Tod hinaus in meinem Volk durch jene weiter, die ihm am nächsten standen und sein Mitgefühl bewunderten. Auch wenn wir jetzt dafür verfolgt werden.»

«Wir?»

«Ich bin einer von denen, die seine Worte predigen.»

«Warum bist du dann nicht in Judäa und tust ebendas?»

«Die Priester haben in seiner Vision des Judentums keinen Platz. Sie aber wollen ihre Macht bewahren, deshalb verfolgen sie uns gnadenlos.»

«Und deshalb bist du geflohen.»

«Nein, Quästor, ich bin Kaufmann, ich handele mit Zinn. Neben dem Predigen muss ich auch meinen Lebensunterhalt bestreiten, also predige ich den jüdischen Gemeinden in den Häfen, durch die ich komme. Wir wollten zwischen Alexandria und Apollonia unsere Wasservorräte auffüllen, als die Marmariden zwei meiner Gefährten und mich gefangen nahmen. Ich war gerade auf dem Weg zu den Zinnminen im südlichen Britannien, außerhalb des Imperiums. Und damit komme ich zu ‹zweitens›.»

«Und das wäre?»

«Nach meiner Gefangennahme muss mein Schiff nach

Apollonia weitergesegelt sein, um neue Vorräte an Bord zu nehmen und einen Freund von mir abzusetzen, der nach Kyrene zurückkehrte. Doch ich weiß nicht, ob es danach weiter westwärts gefahren oder ob es nach Judäa zurückgekehrt ist, weil die Besatzung es nicht wagte, die Reise ohne mich fortzusetzen, da nur ich schon früher in Britannien war.»

«Und was soll ich deswegen unternehmen?»

«Ich muss Euch um einen kleinen Gefallen bitten, Quästor, auch wenn mir bewusst ist, dass ich bereits tief in Eurer Schuld stehe.»

Vespasian schaute den Mann an. Sein Blick war gänzlich arglos. «Nenne den Gefallen.»

«Um zu wissen, wohin sie gefahren sind. Damit ich ihnen folgen kann, bräuchte ich Einsicht in die Aufzeichnungen des Hafenädils. Ich gehe davon aus, dass er Euch täglich eine Kopie schickt.»

«Das ist richtig. Kommt zu mir, wenn wir wieder in Kyrene sind.»

«Ich danke Euch, Quästor», sagte der Mann sichtlich erfreut. «Mein Name ist Joseph. Ich werde im Haus des Statthalters nach Euch fragen.»

«Ich sorge dafür, dass du empfangen wirst, Joseph.»

Kurz vor Mittag traf die Kolonne in der Stadt ein, und Vespasian verschlief den Rest des Tages und die ganze Nacht. Es war das erste Mal seit seiner Ankunft in Siwa, dass er ausgiebig Schlaf bekam, und nicht einmal das ständige Hämmern und Sägen der Zimmerleute, die auf seinen Befehl sechzig Schlitten bauten, konnte seinen Schlummer stören.

«Ihr solltet jetzt aufwachen, Herr», sagte Magnus und

schüttelte Vespasian an der Schulter. «Es ist kurz vor Tagesanbruch, und die Kolonne formiert sich bereits.»

Vespasian richtete sich auf. Er fühlte sich beträchtlich verjüngt und so bereit, wie er nur irgend sein konnte, die beschwerliche dreihundert Meilen weite Rückreise nach Kyrene anzutreten.

Er schnürte seine Militärsandalen, gürtete die Tunika und folgte Magnus hinaus auf die von Fackeln erhellte Agora. Die Kamele standen in drei Reihen zu je zwanzig Tieren, jedes vor einen Schlitten gespannt, der hoch mit gefüllten Wasserschläuchen beladen war. Diese sollten – so hoffte Vespasian – zusammen mit den Schläuchen, die die Kamele auf dem Rücken trugen, für die Wüstendurchquerung reichen, sodass sie nicht auf die Brunnen der Marmariden angewiesen waren. Um jene wollte er aus Angst, seine unzureichend geschützte Kolonne könnte den Sklavenjägern zum Opfer fallen, nach Möglichkeit einen großen Bogen machen. Die Schlitten würden auch geschwächte Männer tragen, die auf dem Weg immer zahlreicher werden würden, während sich die Zahl der Wasserschläuche verringerte. Etwa vierzig der befreiten Gefangenen, die aus Ägypten stammten, wollten in Siwa bleiben, um auf die nächste Karawane nach Alexandria zu warten. Die Übrigen, etwas über achtzig Personen, kamen mit nach Kyrene. Sie waren sich der Gefahren dieser Reise nur allzu deutlich bewusst.

Vespasian erinnerte den Stadtobersten mit ein paar schroffen Worten daran, dass die zurückbleibenden Männer seine Gefährten waren und somit unter Amuns Schutz standen. Dann bestieg er eins der zwölf Pferde, die sie zusätzlich zu den Trinkschläuchen, Nahrungsvorräten und Schlitten im Tausch gegen sämtliche Sklaven und ein paar Kamele bekommen hatten, und gab den Befehl zum Aufbruch. Gerade krochen die ersten Sonnenstrahlen über den östlichen Horizont und warfen lange Schatten voraus, als Vespasian die langsame Kolonne aus der Stadt hinausführte und sich erneut in die unbarmherzige Wüste wagte.

VI

Das Plateau von Kyrene war vor ihren Augen während der vergangenen drei Tage immer größer geworden. Vespasian schätzte, dass das Vorgebirge nur noch weniger als zehn Meilen entfernt war und sie an diesem Abend zwischen der kargen Vegetation an den unteren Hängen lagern würden.

Es war der Morgen des sechzehnten Tages, seit sie von Siwa aufgebrochen waren, und jetzt hatte er die Gewissheit, dass sie ihr Ziel erreichen würden. Während der quälend langsamen Reise durch die sengend heiße, eintönige Wildnis hatte er viele Male daran gezweifelt. Die Soldaten ohne Pferde und die wenigen der befreiten Gefangenen, die es konnten, waren auf Kamelen geritten, die Übrigen jedoch hatten zu Fuß gehen müssen. Sie waren vor der Morgendämmerung aufgebrochen und bis weit nach Sonnenuntergang marschiert, mit nur ein paar Stunden Rast während der schlimmsten Mittagshitze. So hatten sie im Durchschnitt etwa zwanzig Meilen pro Tag zurückgelegt. Je mehr Wasser verbraucht war, desto mehr Platz gab es auf den Schlitten für die Frauen und Kinder und die schwächeren unter den Männern. Halb bewusstlos in der sengenden Hitze, wurden sie über das unebene Gelände gezogen. Am vierten Tag hatte es den ersten Toten durch Hitzschlag gegeben, und seither war kein Tag vergangen, ohne dass die Kolonne wenigstens einen weiteren Leichnam am Weg zurückließ.

Vespasian hatte bemerkt, dass Joseph sich um die Kranken auf den Schlitten kümmerte, sich bemühte, ihre Köpfe bedeckt zu halten, und ihnen Wasser in Bechern brachte bei den wenigen Gelegenheiten am Tag, zu denen Vespasian erlaubte, dass die kostbaren Schläuche geöffnet wurden.

Ziri hatte sie geführt, bequem auf einem Kamel sitzend. Indem er sich südlich der Marmaridenbrunnen hielt und dann wieder nach Nordwesten schwenkte, mied er die Routen der Sklavenjäger, auch wenn sich die Reise dadurch um ein paar Tage verlängerte. Anscheinend unbehelligt von der Hitze, in sein wollenes Gewand und Kopftuch gehüllt, erheiterte er Vespasian, Magnus und Capella durch seine Bemühungen, Latein zu sprechen – er wurde mit jedem Tag besser –, und unterhielt sie mit kehligen Marmaridengesängen. Ein paarmal ertappte Vespasian ihn am Ende einer besonders melancholischen Ballade, wie er schwermütig in die Richtung der Weidegründe seines Volkes im Norden blickte, als verabschiedete er sich von dem Leben, an dem er nie wieder teilhaben konnte.

Während der Tag voranschritt und das Vorgebirge immer näher rückte, schien die Kolonne zu beschleunigen, als ließe die Aussicht auf Erlösung von der erlittenen Qual frische Energie in die Beine aller strömen, die noch zu Fuß gehen mussten. Es dauerte nicht lange, da begannen sie zwischen riesigen Felsbrocken und dornigem Gestrüpp den Aufstieg zum Plateau. Zwei Schakale – die ersten Lebewesen, die sie seit Siwa gesehen hatten – huschten über den Weg und erschreckten Vespasians Pferd.

«Wie bringt ihr eigentlich die Sklaven nach Garama, Ziri?», fragte Vespasian nachdenklich, nachdem er sein Pferd wieder beruhigt hatte. Er schaute sich um und deutete auf die heruntergekommene Kolonne, die sich hinter ihm über den sanft ansteigenden Hang wand. «Diese Leute sind schon nach dreihundert Meilen mehr tot als lebendig – nach Garama sind es siebenhundert Meilen.»

«Garama, sehr langsam, zwei Monde voll», erwiderte Ziri und ließ seine weißen Zähne aufblitzen. «Ein Brunnen drei Tage, Sklaven leben. Ein Brunnen vier Tage, Sklaven sterben.»

«Aber die Mühe lohnt sich», mischte sich Capella ein. «Die Garamanten zahlen gut für Sklaven, und sie können es sich leisten. Es ist ein bemerkenswert reiches Königreich.»

«Wart Ihr schon einmal dort?», erkundigte sich Vespasian.

«Ein Mal, um Sklaven gegen wilde Tiere einzutauschen. Dort bekomme ich einen Löwen für nur zwei Sklaven. Es ist ein ganz erstaunlicher Ort. Es gibt sechs oder sieben Städte auf den Gipfeln einer Hügelkette, die einfach so aus der Wüste aufragt. Die Bewohner haben Brunnen gegraben und sind auf einen schier unerschöpflichen Vorrat an Wasser gestoßen, das sie durch Bewässerungskanäle leiten.»

«Viel Wasser», bestätigte Ziri kopfnickend.

«Sie haben Brunnen und fließendes Wasser in den Straßen, und das mitten in der Wüste – es ist unglaublich. Sie bauen Weizen an, Gerste und Feigen und auch Gemüse; sie bewässern sogar Weideland und lassen Vieh darauf grasen. Sie sind völlig unabhängig bis auf Wein und Olivenöl und natürlich das eine Gut, das sie am nötigsten brauchen: Sklaven als Arbeitskräfte auf den Feldern. Es gibt sie dort zu Tausenden, sie sind zahlreicher als die Garamanten selbst.»

«Wenn den Sklaven das einmal bewusst wird, dann werden die Garamanten eine böse Überraschung erleben», warf Magnus ein.

«Oh, die Sklaven werden streng bewacht, sie –» Capella unterbrach sich, da sein Pferd vor ein paar weiteren Schakalen scheute, die vor ihm über den Weg liefen. Noch während er sein Reittier wieder bändigte, sprang eine Gazelle hinter den Schakalen her. «Verdammt, das habe ich ja noch nie gesehen: eine Gazelle, die Schakale jagt.»

Vespasian lachte und wandte sich Capella zu, doch sein Lachen erstarb, als er den wahren Grund für die Flucht der Tiere erkannte. Ein gewaltiger Schatten sprang auf einen Felsen und von dort, ohne innezuhalten, mit einem heiseren Brüllen geradewegs auf den Herrn der wilden Tiere zu.

«Ein Löwe!», schrie Vespasian und zerrte an den Zügeln seines Pferdes, während der Löwe sich auf Capella stürzte, seine messerscharfen Klauen in dessen Schultern schlug und den schreienden Mann zu Boden riss.

Das Brüllen der ihre Beute zerfleischenden Bestie übertönte das Wiehern der Pferde, die sich aufbäumten und ausschlugen, wobei sie ihre Reiter abwarfen; Ziris Kamel ging durch. Vespasian landete mit einem markerschütternden Rums neben Magnus, drei Schritt von dem nunmehr leblosen Capella entfernt. Sie rührten sich nicht von der Stelle und starrten auf den riesigen Löwen, der jetzt den Kopf hob und sie anfauchte, wobei er seine blutigen Zähne bleckte. Mit der Pranke schlug er nach Capellas Brust, dass Tunika und Fleisch in Fetzen gingen.

«Wo ist mein verdammter Jagdspeer, wenn ich ihn brauche?», murmelte Magnus und zog langsam seine Spatha.

«Steckt in einem Kamel», erinnerte ihn Vespasian und griff ebenfalls vorsichtig nach seinem Schwert.

«Wir müssen diese Bestie töten, Herr. Wenn wir davonlaufen, erwischt sie uns, so sicher, wie eine Vestalin an sich selbst rumspielt.»

Der Löwe stieß erneut ein markerschütterndes Brüllen aus, als Corvinus mit einem Dutzend seiner Männer angerannt kam.

«Zurückbleiben, Corvinus», befahl Vespasian, ohne den Löwen aus den Augen zu lassen. «Eine plötzliche Bewegung, und er fällt einen von uns an.»

Der Schwanz des Löwen zuckte bedrohlich hin und her.

«Einer muss sich ihm stellen», sagte Magnus aus dem Mundwinkel, «während der andere ihn von der Seite angreift.»

«Du warst doch derjenige, der so gern auf Löwenjagd gehen wollte. Ich übernehme den Angriff von der Seite.»

«Ich hatte gehofft, Ihr hättet das vergessen.»

Vespasian schob sich behutsam nach links. Der Löwe schüttelte seine Mähne und stieß wiederum ein gewaltiges Brüllen aus, als er die Bewegung bemerkte. Vespasian erstarrte.

«Hier! Miez, miez – hier», rief Magnus.

Mit einem tiefen Grollen richtete der Löwe seine Aufmerksamkeit wieder auf Magnus, und Vespasian rutschte vorsichtig noch ein paar Schritt nach links.

«Bereit, Herr?»

«Soweit man das in dieser Situation behaupten kann.»

Magnus spannte sich an. Der Löwe duckte sich über Capellas Brust, als spürte er eine Bedrohung. Mit einem Aufschrei sprang Magnus nach vorn, den Schwertarm lang ausgestreckt; der Löwe stürzte sich geradewegs auf seinen Kopf. Vespasian kam auf die Füße und rannte, die Spitze seiner Spatha auf den muskulösen Hals der Bestie gerichtet, während Magnus sich unter den ausgestreckten Pranken duckte und sein Schwert blindlings in die Fellmasse stieß, die über ihn hinwegflog. Der Löwe drehte sich und erwischte mit einer Pranke Magnus am Rücken, gerade als Vespasian sich auf ihn stürzte und ihm seine Spatha in die Mähne rammte. Mit einem gequälten Brüllen wirbelte das Tier zu diesem neuen Gegner herum, schnappte mit den Zähnen nach ihm, bekam den Ärmel seiner Tunika zu fassen und hinterließ mit der Hinterpranke blutige Spuren an Vespasians linkem Oberschenkel. Magnus sprang wieder auf, rammte seine Schulter in den weichen Unterleib der Bestie, sodass deren Hinterbeine in die Luft flogen und der Löwe kopfüber stürzte. Das Tier ging schwer zu Boden und zog Vespasian an seiner Tunika mit sich; der landete auf dem rechten Schulterblatt. Seine Spatha steckte noch immer im Hals des Löwen. Dieser wälzte sich auf den Rücken und schleuderte dabei Vespasian von sich, doch Magnus warf sich zwischen die klauenbewehrten Tatzen, die in der Luft zuckten, und stieß sein Schwert in den Torso. Er drehte die Waffe, wobei die Klinge Muskeln und Eingeweide durchbohrte, und rammte sie weiter aufwärts unter den Brustkorb. Mit der unnatürlichen Kraft eines verzweifelten Tieres schlug der Löwe mit einer gewaltigen Pranke nach Magnus' Brust, dass die Klauen durch seine Haut schnitten. Der Hieb schleuderte Magnus zurück, doch sein Schwert blieb in der Kreatur stecken. Vespasian packte das Schwert, stemmte sich hoch und ließ sich mit seinem ganzen Gewicht auf das Heft fallen, während der Löwe eine Klaue in seine Schulter grub. Schreiend vor Schmerz drückte Vespasian mit aller Kraft nach unten und bohrte die Schwertspitze in das schlagende Herz der Bestie. Er fühlte, wie sich die Pranke des Löwen in seiner Schulter anspannte, als das Herz im Inneren zerbarst. Plötzlich erstarrten die wild tretenden Hinterbeine, dann erschlafften sie, und der Körper fiel zurück. Mit der Klaue, die noch immer in seinem Fleisch steckte, riss er Vespasian mit.

Magnus rappelte sich auf und stolperte zu ihm hinüber. «Haltet still, Herr», sagte er, nahm die riesige Pranke und löste sie von Vespasians Schulter, wobei er die Klaue herauszog.

Vespasian war schwindelig vor Schmerz. «Verdammt, das war eine wilde Bestie», sagte er mit zusammengebissenen Zähnen.

«Aber was für ein Kampf, wie?» Magnus grinste schwer atmend. Blut rann aus den vier Schrammen, die quer über seine Brust verliefen.

«Eines Circus in Rom würdig», pflichtete Corvinus ihm bei, der auf sie zukam. «Ihr zwei habt Eier aus Stahl, es mit dem aufzunehmen, das muss ich Euch lassen.»

«Er hat uns ja kaum eine Wahl gelassen», murmelte Magnus, während er Vespasian aufhalf.

«Dem armen Capella hat er gar keine Wahl gelassen», bemerkte Vespasian und hinkte zu dem verrenkten, blutigen Körper des Tierbändigers hinüber. «Formiert die Kolonne neu, Corvinus.» Er kniete neben Capella nieder und drehte behutsam dessen Kopf.

Langsam schlug Capella die Augen auf und richtete den

Blick auf Vespasian. Sein Atem ging flach und unregelmäßig, seine Brust war völlig zerfleischt. «Eine köstliche Ironie, findet Ihr nicht?», hauchte Capella. Er versuchte ein schwaches Lächeln, während ihm Blut aus beiden Mundwinkeln rann. «Die Bestie tötet den Tierbändiger.»

«Noch seid Ihr nicht tot», erwiderte Vespasian. Magnus kam dazu.

«Ich werde es bald sein, ich spüre meinen Körper schon nicht mehr. Jetzt hört zu, Vespasian, ich bin gezwungen, Euch zu vertrauen. Ihr müsst sicherstellen, dass meine Truhe zu meinem Patron gelangt. Er ist ein Freigelassener im Hause von Claudius, dem Sohn der Antonia. Sein Name ist Narcissus.»

Vespasian verzog keine Miene. «Ich habe von ihm gehört», sagte er nicht ganz wahrheitsgemäß.

«Dann wisst Ihr vielleicht auch, dass er ein skrupelloser Mann ist, dem man nicht in die Quere kommen sollte.»

Das entsprach nicht Vespasians Erfahrungen mit Narcissus, doch er konnte sich gut vorstellen, dass Capellas Einschätzung zutraf. «Wie die meisten Leute in diesen Kreisen.»

«Ihr müsst die Truhe unbedingt zu ihm bringen, ohne dass jemand anders aus dem Kaiserhaus davon erfährt. Darum habe ich mich in Siwa mit seinem Mittelsmann getroffen, um die Truhe aus Ägypten herauszuschmuggeln. Wäre sie in Alexandria an Bord eines Schiffes gebracht worden, dann hätten die Zollbeamten sie inspiziert, beschlagnahmt und zweifellos dem Präfekten übergeben, Aulus Avilius Flaccus. Er ist Tiberius unverbrüchlich treu und hätte die Truhe zu ihm geschickt, und das will mein Patron um jeden Preis verhindern.»

«Dann ist das, worum Ihr mich bittet, Verrat? Wieso denkt Ihr, dass ich mich darauf einlasse?»

«Geld. Nehmt die Schlüssel. Ich habe sie um den Hals getragen, also müssen sie irgendwo hier in der Nähe liegen. In der Truhe befindet sich etwas Gold, nicht viel, fünfzig Aurei oder so, was von meiner Reisekasse übrig ist.»

«Das genügt nicht.»

«Meine Geschäfte werden nicht mit Bargeld geschlossen. In der Truhe befindet sich auch ein Bankscheck über eine Viertelmillion Denar, zahlbar an den Überbringer, ausgestellt von Thales in Alexandria. Er ist entweder bei ihm für eine Gebühr von fünf Prozent einzulösen oder bei den Cloelius-Brüdern auf dem Forum Romanum für zwanzig Prozent.»

Magnus sog die Luft durch die Zähne. «So oder so ist das eine Menge Geld, Herr.»

«Narcissus wird finden, dass es gut angelegt ist, wenn Ihr sicherstellt, dass der übrige Inhalt der Truhe ihn erreicht.»

«Und worin besteht dieser übrige Inhalt?», wollte Vespasian wissen, der sich fragte, was so wertvoll sein konnte.

«Urkunden über Grundbesitz. Im Laufe der vergangenen drei Jahre hat Narcissus für Claudius große Ländereien in Ägypten aufgekauft.»

«Was ist daran unrecht? Seine Mutter Antonia verfügt über riesige Landstriche in Ägypten.»

«Ja, aber sie ist keine potenzielle Erbin des Purpur.» Capellas Stimme wurde schwächer, das Leben wich aus ihm. «In einem Jahr mit guter Ernte sind die Einkünfte aus diesem Grundbesitz enorm. Narcissus hat für seinen Herrn ein Vermögen angehäuft.»

«Ein Vermögen, von dem er hofft, Claudius damit zum Kaiser zu machen?»

Capella nickte schwach, und ihm fielen die Augen zu. «Genau, indem er die Treue der Prätorianergarde erkauft. Claudius muss der nächste Kaiser werden.»

«Was ist mit Caligula?»

«Caligula würde Rom ins Verderben stürzen.»

«Caligula ist mein Freund.»

Capella öffnete die Augen noch einmal halb in kraftlosem Erschrecken. «Götter der Unterwelt, was habe ich getan?», röchelte er. Sein Atem ging unregelmäßiger. «Dafür wird Narcissus meine Familie töten lassen.»

Der Verletzte tat noch einen schwachen Atemzug, dann starb er mit einem erstickten Laut.

«Was werdet Ihr tun, Herr?», fragte Magnus, während Vespasian Capellas Augen schloss.

«Die Schlüssel zu dieser Truhe suchen.» Vespasian erhob sich mühsam und schaute sich um. Die Schrammen an seinem Bein brannten, und in der Schulter fühlte er einen pochenden Schmerz.

Magnus machte keine Anstalten, ihm zu helfen. «Ich meine, mit der Truhe.»

«Ich bringe sie natürlich zu Antonia. Sie soll entscheiden, wie damit zu verfahren ist.»

«Ich habe eine viel bessere Idee. Wie wäre es, wenn Ihr einfach das Gold und den Scheck nehmt und den Rest verbrennt? Auf diese Weise haltet Ihr Euch hübsch aus der kaiserlichen Politik heraus. Ich meine, mich zu erinnern, dass ich fast von einer Klippe gestoßen wurde, als Ihr Euch das letzte Mal da habt reinziehen lassen.»

«Ich habe sie», sagte Vespasian, bückte sich und hob die gesuchten Schlüssel auf. «Ich fürchte, dazu ist es zu spät. Ich bin bereits in die Angelegenheit verwickelt. Wenn Capella nicht mit den Urkunden über den Grundbesitz in Rom auftaucht, wird Narcissus Nachforschungen anstellen. Dann werden seine Mittelsmänner bald herausfinden, dass ich ihn vor den Marmariden gerettet habe und er auf dem Rückweg umgekommen ist. Narcissus wird richtigerweise folgern, dass ich die Dokumente habe. Auch wenn er in meiner Schuld steht, wird er mich verfolgen, um in ihren Besitz zu gelangen. Er würde mir nicht glauben, dass ich sie verbrannt habe, und ich hätte nichts gegen ihn in der Hand. Mir bleiben also nur zwei Möglichkeiten: sie ihm direkt zu übergeben und Antonias Zorn auf mich zu ziehen oder sie Antonia zu übergeben und Narcissus' Zorn auf mich zu ziehen.»

«Antonia braucht ja nicht davon zu erfahren.»

Vespasian schaute seinen Freund mit hochgezogenen Augenbrauen an. «Glaubst du wirklich, das ließe sich verhindern?»

«Hm, wohl nicht. Sie hat sicher einen Spion in Claudius' Haus. So gesehen habt Ihr recht, es wird das Beste sein, wenn Ihr Euch an Antonia haltet.»

«Das denke ich auch. Sie wird viel eher in der Lage sein, mich vor Narcissus zu schützen, als umgekehrt. Außerdem würde ich jeglichen Kontakt zu Caenis verlieren, wenn ich mich gegen sie stellte.»

«Das wäre vielleicht nicht das Schlechteste, wenn ich mir die Bemerkung erlauben darf.»

«Warum?»

«Nun, da Capella tot ist, wem fällt da wohl die Aufgabe

zu, sich um Flavia zu kümmern? Ich hatte den Eindruck, Euch wäre durchaus daran gelegen, in diesem Punkt seine Nachfolge anzutreten, wenn Ihr versteht, was ich meine?»

Vespasian schmunzelte. «Oh, durchaus, aber insofern ist das hier ein außerordentlicher Glücksfall: Mit dem Geld aus dieser Truhe werde ich in der Lage sein, sie beide zu unterhalten.»

Je näher sie am übernächsten Abend dem südlichen Tor von Kyrene kamen, desto besorgter wurde Vespasian. Was aus der Ferne ausgesehen hatte wie der übliche Rauch von den Bäckereien, Schmieden und Herdfeuern der Stadt, war jetzt deutlich als dichtere Wolke über dem nordöstlichen Teil Kyrenes zu erkennen.

«Sieht aus, als ob es im Judenviertel in der Unterstadt brennt», sagte er zu Magnus, der zwischen ihm und Ziri ritt.

«Na, solange das Feuer nicht auf das Badehaus in der Residenz des Statthalters übergreift, schert es mich einen feuchten Furz», erwiderte Magnus und kratzte sich die dickverbundene Brust. «Ich muss die halbe Wüste von mir abschrubben.»

Vespasian betastete seine verletzte Schulter. Sie pochte noch immer unablässig, und inzwischen quoll gelber Eiter heraus. «Du hast recht, ich werde auch nichts weiter unternehmen, bis das hier gesäubert und ausgebrannt wurde. Sobald ich zurück bin, werde ich nach Marcius Festus schicken, dem Präfekten der Auxiliarkohorte. Was immer da brennt, ich bin sicher, seine Männer kümmern sich bereits darum.»

Sie ritten unter Hufgeklapper durch das Tor, an dem sich ausnahmsweise einmal keine Bettler drängten, und schlugen den Weg zur Residenz des Statthalters im Herzen der Stadt ein. Hinter ihnen löste sich die Kolonne auf, da die erschöpften Menschen ihrer eigenen Wege gingen. Sie wussten, von nun an hatten sie von Rom keine Hilfe mehr zu erwarten. Ein paar wenige Glückliche waren in der Stadt zu Hause, die Übrigen jedoch waren auf die Unterstützung von Verwandten, Freunden oder Fremden angewiesen, um an ihr Ziel zu gelangen.

Als die letzten Befreiten in den Seitenstraßen verschwunden waren, wurde Vespasian bewusst, dass sich sonst niemand draußen aufhielt. «Corvinus», rief er dem Kavalleriepräfekten zu, der hinter ihm ritt, «kommt Euch das hier normal vor?»

«Nein, und seht die Fenster, die meisten sind mit Läden verschlossen.»

«Vielleicht sind Spiele im Gange», vermutete Magnus. «Hier gibt es doch ein Amphitheater, nicht wahr?»

«Ja, aber selbst dann wären ein paar Leute auf den Straßen – diejenigen, die keinen Platz bekommen haben oder zu zimperlich sind.»

«Ich hasse zimperliche Leute.»

Auch das Forum fanden sie verlassen vor. Vespasian ließ sich vor der Residenz des Statthalters aus dem Sattel gleiten und wandte sich Corvinus und der kleinen Truppe überlebender Soldaten zu. «Präfekt, Ihr und Eure Männer seid entlassen. Sprecht ihnen meinen Dank aus.»

«Denen, die noch übrig sind», versetzte Corvinus säuerlich, «und ich bezweifle, dass Euer Dank sie für den Verlust ihrer Kameraden entschädigen wird oder für die Härten, denen sie auf dieser unüberlegten Mission ausgesetzt waren, auf die Ihr sie geführt habt.»

«Nehmt die Kamele, verkauft sie und verwendet das Geld dazu, Ersatz anzuwerben», bot Vespasian an, ohne auf die bissige Bemerkung einzugehen.

«Sehr wohl.»

«Ihr seid eingeladen, die Nacht hier zu verbringen und mit mir zu speisen, ehe Ihr nach Barke zurückkehrt.»

«Danke, Quästor, aber ich ziehe es vor, mir meine Tischgesellschaft selbst auszusuchen.» Corvinus wendete sein Pferd. «Ihr werdet eines Tages noch von mir hören, Vespasian», sagte er drohend, dann trieb er das Pferd an und ritt in leichtem Galopp davon, gefolgt von seinen Männern mit den Kamelen.

«Ihr hattet recht», stellte Magnus fest, «er kann Euch wirklich nicht leiden.»

«Zum Hades mit ihm.» Vespasian stieg die Stufen hinauf. «Ich habe ihm den Olivenzweig angeboten, und er hat ihn nicht genommen. Wenn er mein Feind sein will, soll er.»

«Hoffen wir, dass Ihr das nicht eines Tages bereut.»

«Den Göttern sei Dank, dass Ihr zurück seid», rief Quintillius, der Buchhalter des Quästors, und lief auf Vespasian zu, kaum dass dieser das Atrium betreten hatte.

«Was geht hier vor, Quintillius?»

«Die Juden kämpfen seit drei Tagen untereinander. Es gibt Hunderte Tote überall in der Stadt.»

«Wo ist Marcius Festus mit seiner Auxiliartruppe?»

«Es ist ihm inzwischen gelungen, die Kämpfe auf das Judenviertel einzugrenzen.»

«Bestellt ihn her, er soll mir Bericht erstatten. Und lasst den Arzt holen, damit er meine Wunden versorgt.»

«Wir konnten die meisten Brände löschen, bis auf ein paar in dem Bereich, den die Aufständischen kontrollieren», meldete Festus. Er hielt eine Öllampe, damit der Arzt im schwächer werdenden Licht besser sehen konnte. «Es sind ein paar tausend, aber wir haben sie in acht Straßen im Judenviertel zusammengetrieben. Sie haben Barrikaden errichtet, die ich morgen bei Tagesanbruch zu stürmen beabsichtige.»

«Ihr habt also keine Ahnung, was die Gewalt ausgelöst hat?», fragte Vespasian Festus mit zusammengebissenen Zähnen, während der Arzt die Wunde an seiner Schulter mit Essig betupfte.

Festus schüttelte den Kopf. Er war Ende dreißig, ein Berufssoldat, der sich hochgedient hatte. «Nein, Quästor, wir wissen es nicht sicher, aber das Ganze scheint auf der Agora der Unterstadt begonnen zu haben. Dort predigte regelmäßig ein junger Mann, und immer mehr Menschen kamen, um ihn zu hören. Ich habe ihn ein paarmal beobachtet, er sagt allerdings nie etwas gegen den Kaiser oder Rom, also habe ich ihn gelassen, wie Ihr befohlen habt.»

«Was predigt er?»

«Ich weiß nicht, etwas über den Gott der Juden. Ich habe mehrmals gehört, wie er von ‹Erlösung am Ende der Tage› sprach, aber ich habe nicht weiter darauf geachtet. Er hat immer eine junge Frau mit zwei Kindern bei sich.»

«Ah ja, ich erinnere mich, dass ich ihn gesehen habe, ein paar Tage, bevor ich nach Siwa aufbrach. Wisst Ihr, wer er ist?» Vespasian verzog das Gesicht, als der Arzt begann, seine Wunde zu nähen.

«Ich weiß nur, dass er vor etwas über einem Monat mit einem Handelsschiff aus Judäa gekommen ist.»

«Was für ein Handelsschiff war das?»

«Zinn, laut den Aufzeichnungen des Hafenädils.»

«Zinn? Ist das Schiff noch hier?»

«Nein, in den Aufzeichnungen steht, dass es wieder abgelegt hat, am Tag nachdem die Gewalt ausgebrochen ist.»

«Gut, wir sollten die Unruhen morgen niederschlagen und dann diesen Prediger ausfindig machen. Wenn er der Anlass der Tumulte ist, werde ich ihn zum Statthalter schicken, um ihn kreuzigen zu lassen. Quintillius!»

«Ja, Quästor?» Der Buchhalter eilte zur Tür herein.

«Ein Jude namens Joseph wird um eine Audienz bitten. Ich muss ihn sprechen, sobald er kommt.»

«Ja, Quästor.»

«Und findet heraus, wo sich diese Frau aufhält, die bei mir war, Flavia Domitilla. Ich würde sie gern für morgen zum Abendessen einladen, sobald dieses Problem mit den Juden gelöst ist.»

«Ja, Quästor. Ist das alles?»

Vespasian zuckte zusammen, da der Arzt sich jetzt daranmachte, die Verletzungen an seinem Oberschenkel zu säubern. Er winkte ab, woraufhin der Buchhalter sich mit einer Verbeugung zurückzog.

«Danke, Festus, Ihr habt Eure Sache gut gemacht. Geht jetzt wieder zu Euren Männern, ich komme bei Tagesanbruch hinunter, um mir ein Bild von der Lage zu machen, ehe Ihr die Barrikaden stürmt. Lasst die Ratsältesten der Juden verhaften und herbringen, damit sie das Verhalten ihrer Leute erklären. Ich will wissen, ob es irgendeinen Grund gibt, gegen diese Aufständischen Gnade walten zu lassen.»

Vor Anbruch der Dämmerung durchquerte Vespasian in Uniform das Atrium. Er hatte es eilig, den Aufstand niederzuschlagen, um sich anschließend am Abend ganz auf die Verführung von Flavia Domitilla konzentrieren zu können.

Magnus erwartete ihn bereits, er saß auf der Kante eines der verlassenen Pulte der Schreiber. «Guten Morgen, Herr, wie fühlt Ihr Euch?»

«Ich nehme an, so ähnlich wie du: steif», erwiderte Vespasian und rieb sich den dickverbundenen Oberschenkel. «Aber wenigstens pocht meine Schulter nicht mehr. Wieso bist du überhaupt schon auf? Du brauchst nicht mitzukommen.»

«Soll ich mir etwa ein paar anständige Straßenkämpfe entgehen lassen? Blödsinn. Ich war bei den *Cohortes urbanae*, falls Ihr Euch erinnert? Wir haben uns immer gefreut, wenn am Tag nach den Wagenrennen die Anhänger der verschiedenen Rennställe aufeinander losgingen. Das waren die einzigen Kämpfe, bei denen wir mitmischen durften, und wir hatten eine Menge Spaß dabei – außer wenn wir gegen die Grünen vorgehen mussten, dann habe ich mich etwas zurückgehalten, wenn Ihr versteht?»

«Nun, unter diesen Aufständischen wird es keine Grünen geben.»

«Gut, dann stelle ich mir einfach vor, es wären alles Rote, die Hundesöhne.»

Quintillius trat durch die Haupttür ein. «Quästor», sagte er, «dieser Joseph ist unter den Bittstellern, die draußen warten.»

«Gut. Habt Ihr Flavia Domitilla ausfindig gemacht?»

«Nein, Quästor, gestern Abend war nicht mehr genug Zeit, aber sobald es hell wird, schicke ich ein paar Männer aus.»

«Tut das.»

Vespasian trat in die kühle Nachtluft hinaus. Sofort begannen die versammelten Bittsteller, vor ihm mit Schriftrollen zu fuchteln und ihn mit Ersuchen zu bestürmen.

«Wartet hier, bis ich zurückkomme», rief er und wehrte die bittend ausgestreckten Hände ab, «dann befasse ich mich mit euch.» Er entdeckte Joseph ganz hinten in der Menge und zeigte auf ihn. «Joseph, komm mit mir.»

«Ja, Quästor.» Joseph löste sich aus der Menge und schloss sich Vespasian an, der die Stufen zum Forum hinunterstieg. Magnus stieß die letzten paar beharrlichen Bittsteller zurück.

«Hatte dieser Mann, den du nach Apollonia mitgenommen hast, eine junge Frau mit zwei Kindern bei sich?»

«Auf dem Schiff war eine Frau mit zwei Kindern, aber sie war nicht Schimons Begleiterin. Sie war auf eigene Faust auf dem Weg ins südliche Gallien, um der Verfolgung durch die Priester zu entgehen, der sie in Judäa ausgesetzt war.»

«Nun, jetzt scheint sie diesen Schimon zu begleiten. Sie war bei ihm, während er seine Predigten über Auferstehung hielt.»

«Schimon predigt nicht die Auferstehung.»

«Nein? Dann erkläre mir, warum das Judenviertel sich im Aufruhr befindet.»

«Das hat nicht Schimon verursacht – er predigt Frieden, ebenso wie ich. Wir folgen den wahren Lehren meines Verwandten Jeschua.»

«War das der Mann, von dem du sagtest, dass er gekreuzigt wurde?»

«Ja, Quästor. Er war ein guter Mann, der glaubte, dass wir Juden einander mit Liebe und Mitgefühl begegnen sollen, weil das Ende der Tage naht und an jenem Tag des Gerichts nur die Gerechten errettet werden.»

«Wovor errettet?», fragte Vespasian, während sie das Forum verließen. Der Boden war mit Spuren der tagelangen Kämpfe übersät.

«Vor dem ewigen Tod. Sie werden ewig leben, zusammen mit den auferstandenen Gerechten, im irdischen Paradies unter dem Gesetz Gottes, das auf das Ende der Tage folgen wird.»

«Und das gilt nur für die Juden?»

«Jeder Mensch kann sich bekehren. Vorausgesetzt, er folgt dem Gesetz Gottes, wie es in den fünf Büchern der Torah geschrieben steht, und lässt sich beschneiden.»

«Was heißt das?», erkundigte sich Magnus, der gerade über die Trümmer eines Marktstandes hinwegstieg.

«Dabei wird die Vorhaut entfernt.»

Vespasian sah Joseph ungläubig an. «Ich werde euch Juden nie verstehen. Erwartet ihr ernsthaft, dass ich glaube, um ein Gerechter zu werden, müsse ein Mann sich die Vorhaut abschneiden?»

Joseph zuckte die Schultern. «So ist das Gesetz Gottes.»

«Nun, von mir aus tut es, wenn es euch glücklich macht, aber hört auf, es anderen aufzwingen zu wollen.»

«Das tun wir ja nicht, wir predigen nur unseren jüdischen Glaubensbrüdern, die im Befolgen der Gesetze nachlässig geworden sind. Jeschua hat sich in diesem Punkt sehr klar ausgedrückt: Wir sollen das Wort Gottes nicht den Heiden bringen oder gar den Samaritern, die einer häretischen Version der Torah folgen.»

Vespasian knurrte. Schweigend ging er weiter in Richtung Unterstadt. Dabei fragte er sich im Stillen, warum diese Leute so fest davon überzeugt waren, sie allein würden den Willen Gottes kennen, dass sie keinen anderen Standpunkt akzeptieren konnten.

Gerade tauchten die ersten Sonnenstrahlen die hohen Wolken in orangefarbenen Schein, als sie von der durch den Aufstand verwüsteten Hauptstraße der Unterstadt nach rechts abbogen. Vespasian erblickte die Centurien der Auxiliartruppe, die sich unter dem Gebrüll ihrer Centurionen und Optiones formierten.

«Was für ein verdammter Schlamassel», bemerkte Magnus. Sie gingen an den Reihen der Soldaten in Kettenhemden vorbei, die sich mühten, im Halbdunkel eine Linie zu bilden. Die Männer fluchten aufeinander, wenn ihre ovalen Schilde sich an den Wurfspeeren ihrer Nebenmänner verfingen, und mussten heftige Schläge mit den Rebenstäben ihrer Centurionen über sich ergehen lassen.

«Das hier wird für die meisten von ihnen der erste Kampf überhaupt», erklärte ihm Vespasian, der sich insgeheim fragte, ob sie die Disziplin aufbringen würden, sich methodisch durch das Viertel vorzuarbeiten und die Aufständischen aus ihren Schlupflöchern zu treiben.

«Und wenn sie so eine Linie bilden, dann wird es auch ihr letzter Kampf.»

«Guten Morgen, Quästor», grüßte Festus, als sie die Spitze der ersten Centurie erreichten. «Die Ratsältesten der Juden erwarten Euch.»

«Danke, Präfekt, lasst sie herbringen.» Vespasian spähte die Straße entlang. Im schwachen Licht konnte er rund hundert Schritt entfernt eine große Barrikade ausmachen. Drei alte Männer mit buschigen grauen Bärten schlurften auf ihn zu, in lange schwarz-weiße Gewänder und weiße Mäntel gekleidet. Vespasian musterte sie und hoffte, wenigstens aus einem von ihnen etwas Vernünftiges herauszubekommen. «Wer spricht für euch?», fragte er.

«Ich, Quästor», erwiderte der Mittlere der drei. «Mein Name ist Menahem.»

«Dann sage mir, Menahem, wodurch wurde all das hier verursacht?»

«Durch einen Mann, der Häresie predigte, Quästor.»

«Schimon?»

«Ihr kennt ihn?»

«Ich habe von ihm gehört. Was könnte er gesagt haben, das all diese Verwüstung und das Töten gerechtfertigt hätte?»

«Er hat Hunderte unserer Leute zu seinem Glauben bekehrt. Sie folgen nicht mehr unseren Lehren.»

«Ah, also das ist das Problem: Ihr fürchtet, euren Einfluss zu verlieren?»

«Was er predigt, ist gotteslästerlich.»

«Ich dachte, die Lehre Jeschuas besagt, dass Juden einander lieben und der Torah folgen sollen. Was ist daran gotteslästerlich?»

Menahems Augen weiteten sich vor Überraschung. «Für einen Heiden kennt Ihr Euch gut aus, Quästor. Ihr habt recht, daran ist nichts Verwerfliches. Aber Schimon behauptet, Jeschua sei der Messias gewesen und der Sohn Gottes. Das können wir nicht dulden.»

«Darum habt ihr euren Leuten befohlen, ihn und seine Anhänger zu töten.»

«Wir haben ihnen gar nichts befohlen. In der Menge war

ein Anstifter, einer, den wir nie zuvor gesehen hatten. Er begann, die Leute aufzuhetzen, als Schimon eine weitere, noch schlimmere Gotteslästerung aussprach.»

«Und die wäre?»

«Dass Jeschua drei Tage nach seiner Hinrichtung wieder ins Leben zurückgekehrt sei, als Beweis für die Auferstehung der Gerechten.»

«Welch ein Unfug. Und ihr habt nichts unternommen, um eure Leute zurückzuhalten?»

«Nach dieser Behauptung wandte sich der Anstifter an die Menge. Er stachelte sie so auf, dass sie nicht mehr auf uns hörten. Er sagte, die Getreideknappheit und die schlechten Silphiumernten seien eine göttliche Strafe dafür, dass wir auf Jeschuas Lügen gehört haben.»

«Aber die Ernten sind schon seit Jahren schlecht.»

Menahem zuckte die Schultern. «Diese Leute sind arm, und durch die Missernten sind sie noch ärmer geworden. Jetzt können sie sich die gestiegenen Getreidepreise nicht mehr leisten, also suchen sie einen Sündenbock. Sie sind über Schimons Anhänger hergefallen, und der Anstifter hat sie weiter aufgehetzt und gerufen, sie sollten die Frau mit den Kindern ergreifen, die Schimon immer begleiten. Sie konnten entkommen, während Schimons Anhänger unsere Leute zurückhielten. Seitdem dauern die Straßenschlachten an, während dieser Anstifter nach den dreien sucht.»

«Und jetzt haben sie sich im Judenviertel verschanzt, bis sie sie finden?»

«Ich fürchte, ja», bestätigte Menahem traurig. Er warf einen Blick zu den Auxiliartruppen, denen es inzwischen gelungen war, sich zu formieren. «Dieser Mann ist ein Fanatiker. Seinetwegen sind bereits viele unserer Leute umgekommen, und noch viele mehr werden sterben, ehe dieser Tag zu Ende geht.»

«Wie sieht er aus?»

«Er ist ziemlich klein, hat krumme Beine, und ihm fehlt ein halbes Ohr.»

«Nun, nach der Beschreibung sollten wir ihn erkennen können. Aber sage mir, Menahem, was hat dieser Mann gegen die Frau und ihre Kinder?»

«Er sagte, um Gottes auserwähltes Volk in Kyrene zu reinigen, damit Er das Silphium wieder wachsen lässt, muss Jeschuas Blutlinie ausgelöscht werden. Er behauptet, die beiden seien Jeschuas Kinder.»

VII

Die Sonne war gleißend über dem Horizont aufgestiegen, und es war inzwischen hell genug, um etwaige Hinterhalte in den engen Gassen zu beiden Seiten der verbarrikadierten Straße zu erkennen. Als Vespasian voraus auf die Barrikade aus umgestürzten Fuhrwerken, Fässern und zertrümmerten Möbeln blickte, konnte er dahinter eine Menschenmasse ausmachen. Ein paar Männer spähten über die Barrikade hinweg den Römern entgegen. Die Häuser hinter ihnen waren heruntergekommener als im Rest der Stadt, ein Zeugnis der Armut im Judenviertel.

«Gebt den Befehl zum Vorrücken, Festus», rief er dem Präfekten der Auxiliartruppe neben ihm an der Spitze der ersten Centurie zu, die in Reihen zu acht Mann aufgestellt war.

Magnus reichte ihm einen ovalen Schild. «Ich kann mir nicht vorstellen, dass sie so dumm sein werden, gegen uns Widerstand zu leisten.»

«Sie sind verzweifelt. Seit die Silphium-Missernten begonnen haben, sind sie immer ärmer geworden. Jetzt glauben sie diesem Lügner, der ihnen erzählt, wenn sie zwei Kinder töten, würden all ihre Nöte sich in nichts auflösen.»

Vier tiefe, dröhnende Töne aus einem *Cornu* erklangen,

und die *Signiferi* jeder Centurie senkten ihre Standarten. Der Angriff begann.

«Schilde hoch!», schrie Festus.

Fünfzig Schritt vor der Barrikade hörte Vespasian das unverkennbare Zischen einer Salve Pfeile. Er packte seinen Schild fester und duckte sich dahinter, sodass er gerade noch über den gebogenen Rand sehen konnte. Zugleich spürte er, wie der Soldat hinter ihm den Schild über seinen Kopf hob, und betete, der Mann möge erfahren genug sein, ihn sicher zu halten. Einen Augenblick später ertönte das Stakkato zahlreicher eiserner Pfeilspitzen, die in das mit Leder überzogene hölzerne Dach über den Köpfen der Centurie einschlugen. Ein paar Schreie aus den Reihen zeugten davon, dass die ovalen Schilde weniger geeignet waren, eine geschlossene Formation zu bilden, und dass es einigen der Soldaten an Erfahrung dafür mangelte. Der Marschtritt ihrer genagelten Sandalen auf dem Pflaster hallte von den Ziegelwänden zu beiden Seiten wider.

«Die verdammten Rennparteien haben nie Pfeile auf uns abgeschossen», grummelte Magnus neben Vespasian, als zwei Pfeilspitzen der zweiten Salve unmittelbar nacheinander deutlich hörbar in seinen Schild einschlugen.

Vespasian fühlte den Luftzug eines Pfeils, der zwischen den gebogenen Rändern von seinem und Magnus' Schild hindurchflog. Mit einem röchelnden Aufschrei brach der Soldat hinter ihm zusammen, und sein Schild schlug im Sturz dröhnend auf Vespasians Helm. Vespasian schüttelte seine Benommenheit ab und spürte, wie gleich darauf ein anderer Schild über ihn geschoben wurde, da die nächste Reihe die Lücke schloss.

Zwanzig Schritt vor der Barrikade hagelte eine dritte Salve auf die Centurie nieder.

«Wurfspeere bereit! Zielt über die Barrikade», schrie Festus, als die letzten Pfeile eingeschlagen waren. «Schilde runter!»

Die Soldaten hoben ihre Wurfspeere, bereit, sie zu schleudern.

«Los!»

Etwa siebzig schlanke Wurfgeschosse schnellten aus der vorrückenden Centurie empor, von denen die meisten über die Barrikade hinwegflogen und dahinter auf die ungeschützten Verteidiger niederprasselten, die gerade neue Pfeile auflegten. Auch wenn sie nicht so schwer waren wie die *Pila* der Legionäre, drangen die Wurfspeere der Auxiliartruppe doch in ungerüstete Brustkörbe und Schädel, durchbohrten Arme und Beine, sodass Männer in Strömen von Blut und unter Schmerzensschreien zu Boden gingen.

Es folgte eine halbherzige Salve Pfeile, die unter den vorrückenden Römern keinen Schaden anrichtete.

«Angriff!», brüllte Festus über das Geschrei der Verwundeten hinweg.

Die Soldaten zogen ihre Schwerter und fielen in Trab, hinter ihre Schilde geduckt, die sie fest vor sich hielten.

Vespasian schloss für einen Moment die Augen, als sein Schild gegen die Barrikade krachte. Der Soldat hinter ihm stieß ihm seinen Schild in den Rücken und schob ihn vorwärts, und der Schwung der Männer weiter hinten in der Formation steigerte die Wucht zusätzlich. Mit einem scharrenden Geräusch von Holz auf unebenem Stein verschoben sie die Barrikade um ein paar Fuß, bis sie plötzlich barst, als auch die nachfolgende Centurie den Druck verstärkte. Vespasian rang nach Luft. Er wurde nach vorn geschleudert, zwischen die umherfliegenden Trümmerteile der aufbrechenden Barrikade, stolperte über ein Brett und stürzte. Es gelang ihm gerade noch, sich unter dem heftigen Schwertstoß eines brüllenden Verteidigers wegzuducken und dem Mann seinen Helmbusch in den Unterleib zu rammen. Dann schlug er auf dem Boden auf und nahm wahr, wie der Soldat hinter ihm die entstandene Lücke ausfüllte und sogleich dem schreienden Gegner sein Schwert in die Brust rammte.

Überall um sich her sah er Römerbeine vorwärtslaufen, während er versuchte, inmitten des Chaos in dem Durchbruch wieder auf die Füße zu kommen. Die rufenden Soldaten der Auxiliartruppe bemerkten ihn gar nicht in ihrem Eifer, sich auf die schlechtbewaffneten Verteidiger zu stürzen, und seine Arme und Beine bekamen etliche Tritte ab, ehe es ihm endlich gelang, sich aufzurappeln und weiter mit dem Strom zu laufen.

Er ließ die eingerissene Barrikade hinter sich; der Feind schien vor dem Ansturm geflohen zu sein. Im nächsten Moment wurde diese Annahme durch das tiefe Dröhnen eines Cornu bestätigt, das ‹Halt› signalisierte.

Vespasian drängte sich zwischen den keuchenden Soldaten zur Frontreihe der ersten Centurie hindurch, wo er Festus mit etwa einem Dutzend Gefangenen vorfand, die verängstigt zwischen den blutigen Überresten ihrer toten Kameraden am Boden knieten.

«Ah, Quästor, da seid Ihr ja», sagte der Präfekt, sichtlich erleichtert, ihn zu sehen. «Wie soll ich mit denen hier verfahren? Ich wollte sie gerade hinrichten lassen.»

«Nein, lasst sie am Leben, Präfekt. Wenn die Juden sehen, dass wir Gefangene machen, kommen sie vielleicht zur Vernunft und geben diese lächerliche Sache auf. Stellt eine der weniger tüchtigen Centurien zur Bewachung ab, die Übrigen sollen durch das Viertel ausschwärmen und das hier beenden. Lasst alle Centurionen wissen, dass ich von jetzt an so wenige Tote wie möglich will, und unter gar keinen Umständen soll Frauen oder Kindern ein Leid geschehen.»

Während die erste Centurie tiefer ins Judenviertel vordrang, wurde das Ausmaß der Gewalt immer deutlicher sichtbar: Überall lagen Leichen herum, entweder in Gruppen, wo sich Kämpfe zugetragen hatten, oder einzeln, als seien die Menschen bei Fluchtversuchen niedergestreckt worden. Die meisten waren Männer unterschiedlichen Alters, doch Vespasian sah auch ein paar Frauen und Kinder. Allerdings ähnelten keine denjenigen, die Schimon begleitet hatten.

Methodisch arbeiteten sie sich entlang der Hauptstraße vor, während die anderen Centurien parallele Routen nahmen. Auf ihrem Weg beendeten sie ein paar Scharmützel und lösten Belagerungen von Häusern auf, brachten die befreiten Bewohner in Sicherheit, machten Dutzende Gefangene und töteten diejenigen Aufständischen beider Seiten, die sich ihnen beharrlich widersetzten. Während der Morgen voranschritt, drängte die Kohorte mit vereinten Anstrengungen die Gewalt in einen immer kleineren Bereich zurück.

«Die Juden müssen diesen neuen Kult verdammt hassen», bemerkte Magnus und stieß einen haarigen abgetrennten Unterarm mit dem Fuß in die Richtung des Körpers, zu dem er offenbar gehört hatte. «Ich begreife das nicht. Stellt Euch nur vor, was für ein Chaos wir hätten, wenn wir uns untereinander darüber bekriegen würden, ob man Mars einen schwarzen Stier opfern muss und Jupiter einen weißen oder umgekehrt – da kämen wir zu nichts anderem mehr.»

Vespasian wich nach links aus, um nicht in die herausgequollenen Eingeweide aus dem aufgeschlitzten Bauch eines Jungen zu treten. «Und wir wären viel weniger zahlreich. Bei uns kann sich niemand darüber empören, dass sein Lieblingsgott weniger geehrt wird als der von jemand anderem, weil wir alle Götter gleichermaßen ehren. Den Göttern sei Dank – natürlich allen gleichermaßen –, dass wir es so halten.»

«Somit können wir unsere Kräfte darauf verwenden, die Welt zu erobern», schloss Magnus gerade kichernd, da erhob sich irgendwo in der Nähe wüstes Geschrei.

«Wir hatten auch unsere Bürgerkriege, vergiss das nicht. Aber wenigstens waren die politisch begründet, und ich denke, eine politische Kluft ist viel einfacher zu überwinden als eine religiöse. Nach dem, was Sabinus erzählt hat, verwenden die Juden ihre gesamte Zeit darauf, untereinander über religiöse Lehren zu zanken. Wahrscheinlich ist das ein Grund dafür, dass sie nie ein Weltreich aufgebaut haben. Stell dir nur vor, in einer Welt voller solcher religiöser Unverträglichkeiten zu leben, das wäre …»

«Unerträglich?»

«Genau», pflichtete Vespasian ihm grinsend bei. Die Hauptstraße machte jetzt eine scharfe Biegung und mündete dann auf die kleine Agora im Herzen des Judenviertels.

«Scheiße!», stieß Festus hervor, als die Quelle des Geschreis sichtbar wurde. «Centurio Regulus, lasst die Centurie hier eine Linie bilden und schickt ein paar Boten aus, um die nächsten zwei Centurien zur Verstärkung herzuholen. Im Laufschritt.»

«Jawohl, Herr!», bellte der Primus Pilus der Kohorte, salutierte zackig und wandte sich ab, um die Befehle auszuführen.

Vor ihnen, nur fünfzig Schritt entfernt, konzentrierte sich eine Menge aus wenigstens vierhundert Aufständischen auf drei Häuser am anderen Rand der Agora, von denen eines bereits brannte. Schwarzer Rauch quoll durch das Gedränge.

Die erste Centurie strömte von der Hauptstraße herbei und ging unter dem Klappern der genagelten Sandalen zwei Reihen tief am Zugang zur Agora in Stellung, als die ersten Aufständischen ihr Eintreffen bemerkten. Unter Gebrüll lösten sich die hinteren Männer von der Menge und rückten Schwerter, Knüppel und Bogen schwingend gegen die dünne Linie der Soldaten vor.

Da ertönten von beiden Seiten laute Rufe, und Vespasian sah, wie aus jeder der beiden Parallelstraßen eine Centurie kam und sich rasch an beiden Flanken der ersten Centurie formierte.

Die vordersten Aufständischen hielten inne, da sie es nicht mit über zweihundert bewaffneten, mit Schilden bewehrten Soldaten aufnehmen wollten. Die dahinter jedoch drängten weiter, und so wurde die Menge immer dichter zusammengeschoben, da immer mehr Männer in den vordersten Reihen sich weigerten, weiter vorzurücken.

Auf einen lauten Befehl von Festus ertönte ein Cornu. Mit einem dröhnenden Schlag von Schwertern auf Schilde stellte jeder Soldat der drei Centurien den linken Fuß vor, schob den Schild nach vorn und nahm das Schwert an die rechte Hüfte zurück, leicht nach oben gerichtet, bereit, das tödliche Werk zu beginnen.

«Mir scheint, allmählich haben sie den Dreh raus», kommentierte Magnus hinter seinem Schild, überrascht, dass das Manöver fast gleichzeitig erfolgt war.

«Ihr Blut ist in Wallung», erwiderte Vespasian, während er beobachtete, wie ein kleiner Mann sich aus der Menge drängte. «Das da scheint mir der Aufwiegler zu sein, den Menahem beschrieben hat. Der hat Nerven, sich zu zeigen.»

«Wer führt hier das Kommando?», rief der Mann den Römern entgegen.

«Ich», rief Vespasian zurück und trat vor die Linie, ohne jedoch seinen Schild sinken zu lassen.

«Kommt mir auf halbem Weg entgegen», verlangte der Mann und ging auf seinen krummen Beinen vorwärts.

«Warum sollte ich mit dir verhandeln, Jude?», fragte Vespasian, dem die Anmaßung des Mannes außerordentlich missfiel. «Sag deinen Leuten, sie sollen die Waffen niederlegen, dann können wir reden.»

«Seid Ihr Titus Flavius Vespasianus, der Quästor dieser Provinz?»

«Der bin ich», bestätigte Vespasian überrascht.

«Nun, Quästor, ich schlage vor, dass Ihr mit mir redet», sagte der Mann schlicht und blieb in der Mitte zwischen den beiden Fronten stehen.

Vor die Wahl gestellt, sich mit dem Aufrührer zu treffen oder sofort zu kämpfen, ging Vespasian auf ihn zu. Er fragte sich, was dieser kleine Mann mit der herrischen Art wohl zu sagen haben könnte, um den Aufstand zu beenden.

«Mein Name ist Gaius Iulius Paulus, ich bin ein Bürger Roms», erklärte der Mann. Er zog mit selbstgefälligem Grinsen ein gerolltes Schriftstück aus einer Tasche an seinem Gürtel. «Ich habe eine Vollmacht vom Hohepriester in Jerusalem, im Namen des Kaisers ratifiziert von Pilatus, dem Präfekten von Judäa, und Flaccus, dem Präfekten von Ägypten. Sie wurde auch von Eurem direkten Vorgesetzten gegengezeichnet, Severus Severianus, dem Statthalter dieser Provinz, als ich ihn vorigen Monat in Gortyn besuchte, um seine Erlaubnis einzuholen, mich in dieser Provinz zu betätigen. Werdet Ihr jetzt verhandeln?»

Vespasian musterte den widerlich selbstherrlichen kleinen Mann. Die Hälfte seines rechten Ohrs fehlte – somit handelte es sich tatsächlich um den Aufwiegler, der den Aufstand angezettelt hatte. «Ich schere mich einen Dreck darum, wer dir deinen Fetzen Papyrus unterzeichnet hat, Jude», versetzte er schroff, unfähig, seine Abneigung zu unterdrücken. «Du hast einen dreitägigen Aufruhr angestiftet, bei dem viele ihr Leben gelassen haben. Ich kann mir nicht vorstellen, dass irgendjemand dich dazu ermächtigt hat.»

«Ich habe den Auftrag, alles Nötige zu unternehmen, um die Häresie auszurotten, die Jeschua gepredigt hat und die seine Anhänger als den ‹Weg› bezeichnen. Außerdem soll ich sicherstellen, dass alle großen jüdischen Gemeinden sich darüber im Klaren sind, dass dieser neue Kult inakzeptabel ist und das Volk Gottes ins Elend stürzen wird.»

«Wie der Unfug, den du verbreitest, diese Lehre sei der Grund dafür, dass die Silphiumernte ausbleibt?»

Paulus warf ihm einen verschlagenen Blick zu. «Eine Lüge wird zur Wahrheit, wenn sie zum gottgewollten Ergebnis führt.»

«Zeige mir diese Vollmacht.»

Paulus hielt Vespasian die Schriftrolle hin.

Der steckte sein Schwert in die Scheide und nahm sie. *«Ich, Kajaphas, Hohepriester der Juden»*, las Vespasian laut, *«treuer Untertan des Kaisers Tiberius, ermächtige Gaius Iulius Paulus, sich jeglicher erforderlicher Mittel zu bedienen, um die Lehren des Jeschua bar Joseph auszurotten, die den Frieden des Kaisers bedrohen, sowohl hier in Judäa als auch in den jüdischen Gemeinden überall in seinem Herrschaftsgebiet.»* Er warf einen Blick auf die Siegel und Unterschriften: *Kajaphas, Pilatus, Flaccus und Severianus.* Er gab die Schriftrolle zurück.

Paulus lächelte selbstzufrieden. «Ihr seht, Quästor, ich bin ein höchst bedeutender Mann mit mächtigen Patronen. Ich war schon in Caesarea und Alexandria erfolgreich, und jetzt bin ich in Kyrene fast fertig. Wenn mein Werk hier getan ist, werde ich wieder gen Osten ziehen.»

«Das hier gibt dir nicht das Recht zum Mord.»

«Dies ist kein Mord, es ist eine Hinrichtung», entgegnete Paulus, «und es ist eine interne Angelegenheit unter Juden. Ich habe bereits den Prediger Schimon von Kyrene getötet, und jetzt befinden sich in einem der Häuser dort hinter mir Jeschuas Frau und seine Kinder. Solange sie am Leben sind, werden sie weiter seine Lügen verbreiten. Also, Quästor, gestattet mir, Gottes Willen zu vollstrecken, dann werde ich Euch nicht weiter behelligen. Auf mich wartet Arbeit in Damaskus, wo diese abscheuliche Sekte ebenfalls Fuß gefasst hat.»

«Ich habe schon früher mit angesehen, wie Kinder hingerichtet wurden, nur weil sie den Namen ihres Vaters trugen, und ich werde es nicht noch einmal mit ansehen.»

«Ihr habt nicht die Befugnis, mich aufzuhalten.»

Vespasian packte Paulus am Arm und riss ihn herum, drückte seinen Schildarm quer über den Hals des Mannes, zog seinen Dolch und setzte die Spitze in der Nierengegend an. «Mag sein, dass ich nicht die Befugnis habe, aber ich habe den Willen. Eine falsche Bewegung, du widerliches kleines Stück Scheiße, und es wird deine letzte sein. Festus! Acht Mann hierher, um diesen Aufrührer zu verhaften.»

Protestgeschrei erhob sich aus der Menge, doch niemand machte Anstalten einzugreifen; die Anwesenheit der Soldaten hielt die Leute zurück.

«Ihr könnt mich nicht verhaften», kreischte Paulus, «ich habe eine Vollmacht.»

Vespasian drückte mit seinem Pugio ein wenig fester, sodass er die Haut ritzte. «Dann solltest du sie lieber zerreißen, denn wenn ich dich nicht verhaften kann, könnte es passieren, dass mir der Dolch ausrutscht.» Er zog die Klinge über Paulus' Fleisch und hinterließ einen Schnitt.

Paulus schrie vor Schmerz auf und wand sich in dem vergeblichen Versuch, sich zu befreien. Er nahm das Schriftstück, riss es langsam kreuz und quer durch und ließ die Fetzen fallen. «Ihr seid so arrogant wie Euer Bruder, dem zu begegnen ich in Judäa das Pech hatte», stieß er verächtlich hervor.

«Deine Meinung ist mir gleichgültig, du bist jetzt nicht mehr von Bedeutung.»

«Ich bin ein Mann mit großem Potenzial, Quästor, der durch das kleinliche Streben von Leuten wie Euch behindert wird. Eines Tages werde ich für Euch von großer Bedeutung sein, das verspreche ich Euch.»

Vespasian stieß Paulus den wartenden Soldaten in die Arme. «Schafft ihn zum Hafen hinunter und lasst ihn mit dem nächsten Schiff nach Judäa zurückbringen.»

Paulus funkelte ihn hasserfüllt an und spuckte ihm vor die Füße.

Vespasian kehrte ihm den Rücken und wandte sich an die Menge. «Euer Anführer hat seine Vollmacht zerrissen und ist auf dem Weg zurück nach Judäa. Alle, die jetzt ihre Waffen niederlegen, bleiben am Leben; die es nicht tun, werden sterben. Denjenigen, die bereits in Gewahrsam sind, wird vom Statthalter der Prozess gemacht mit meiner Empfehlung, sie zum Tode zu verurteilen, und über diesen Punkt werde ich nicht verhandeln. Meine Soldaten stehen bereit. Also, wie entscheidet ihr euch?»

Fast augenblicklich begannen die Aufständischen, ihre Waffen auf den Boden zu werfen.

«Präfekt, treibt sie zusammen und teilt sie dazu ein, die Feuer zu löschen und die Verwüstung zu beseitigen. Wer sich weigert, wird mit den Gefangenen nach Kreta geschickt. Dann bringt die Frau und ihre Kinder zu mir in die Residenz des Statthalters, und Joseph auch.»

«Wie kann ich Euch danken, Quästor?» Jeschuas Frau schluchzte vor Erleichterung, als Quintillius sie und Joseph in Vespasians Amtszimmer führte. Sie fiel auf die Knie und küsste ihm die Füße. Hinter ihr standen schüchtern ihre beiden Kinder neben Joseph.

«Wie heißt du?», fragte er, beugte sich von seinem Stuhl hinunter und hob ihr Kinn an.

«Mariam, Quästor.»

«Nun, Mariam, was möchtest du, wie ich mit dir verfahre?»

«Gestattet mir, meine Kinder in Sicherheit zu bringen.»

«Nach Gallien?»

«Zuerst nach Karthago. Im Frühjahr werde ich dann die Überfahrt nach Gallien antreten.»

«Warum nach Gallien?»

«Dort gibt es nur sehr wenige Juden, niemand wird mich erkennen.»

«Warum wollen die jüdischen Priester deinen Tod?»

«Diese Frage kann ich beantworten, Quästor», mischte sich Joseph ein. «Am dritten Tag nach Jeschuas Tod sind sie und ein paar seiner Jünger zu seinem Grab gegangen, um seinen Leichnam nach Galiläa zurückzubringen. Sie fanden es leer vor.»

«Jemand hatte den Leichnam entwendet?»

«Das wissen wir nicht. Kajaphas, der Hohepriester, wollte ihn anonym beisetzen lassen, also haben ihn vielleicht die Tempelwachen heimlich geholt, nachdem wir ihn in die Gruft gelegt hatten. Sie standen nach der Hinrichtung bereit, um ihn fortzubringen, aber Euer Bruder hat den Leichnam mir überlassen. Doch vielleicht ist Jeschua noch am Leben. Einige Leute behaupten, ihn gesehen und mit ihm gesprochen zu haben; manche sagen, er sei gen Osten gegangen.»

«Aber das ist doch absurd, der Mann wurde gekreuzigt – selbst wenn er irgendwie überlebt hätte, wäre er ein Krüppel.»

«Ich weiß.» Joseph breitete die Arme aus und zog die Schultern hoch. «Dennoch war sein Leichnam nicht in dem Grab, und er wurde gesehen. Vielleicht ist er nicht gestorben, vielleicht ist er auferstanden, wie jene behaupten, die ihn gesehen haben. Vielleicht ist es einfach jemand anders, der sich als er ausgibt. Es spielt keine Rolle, die Priester machen Jagd auf jeden, der bezeugen kann, dass das Grab leer war oder dass Jeschua noch am Leben ist.»

«Meinetwegen glaubt den Unfug.» Vespasians Gedanken schweiften zu Flavia ab. «Ihr seid beide frei und dürft gehen; wie und wohin, liegt bei euch. Nach den Aufzeichnungen das Hafenädils ist euer Schiff vor ein paar Tagen wieder gen Osten gefahren.»

«Gott wird es fügen.» Mariam stand auf.

«Ich stehe neuerlich in Eurer Schuld. Gott sei mit Euch, Quästor», bedankte sich Joseph und wandte sich zur Tür.

«Ich ziehe es vor, dass mehr als ein Gott mir beisteht.»

Quintillius öffnete die Tür, um die beiden hinauszulassen.

«Quästor», sagte der Buchhalter, als sie allein waren, «wir haben das Haus gefunden, wo Flavia Domitilla wohnte.»

«Ausgezeichnet. Hat sie die Einladung zum Essen angenommen?»

«Sie war nicht dort.»

«Dann geht hin und wartet, bis sie zurückkehrt.»

«Ich fürchte, das wäre vergeblich. Der Vermieter hat uns gesagt, am Tag nach dem Beginn der Kämpfe sei Flavia Domitilla an Bord eines judäischen Handelsschiffes gegangen, das in Richtung Osten fuhr.»

Teil II

Rom,
Juli A. D. 35

VIII

Was im Namen des Mars tun die da?», fragte Vespasian erschrocken, als eine Horde Frauen wie von Sinnen über das Forum auf ihn und Magnus zugestürmt kam, wobei sie sich selbst mit Zweigen schlugen.

«Nichts in Mars' Namen, Herr», erwiderte Magnus. Er hielt Ziri fest, der den Handkarren mit ihren Habseligkeiten und Capellas Truhe losgelassen hatte, um sie gegen die schreienden Frauen zu verteidigen. «Das sind Sklavinnen, und sie tun das in Junos Namen. Gerade sind die *Nonae Caprotinae.* Alle Sklavinnen in der Stadt haben an diesem Tag frei, laufen umher und peitschen sich selbst mit Zweigen von Feigenbäumen.»

«Und wozu das?»

«Das weiß keiner so recht.» Magnus half dem völlig verwirrten Ziri, den Handkarren wieder aufzunehmen, während die Frauen vorbeistürmten. «Ich habe gehört, es hätte etwas mit einer weiblichen Gefangenen im gallischen Lager während ihrer Invasion Italiens zu tun. Sie gab von einem Feigenbaum aus unseren Jungs ein Zeichen, aus der Stadt zu stürmen und die haarigen Dreckskerle zu überrumpeln. Egal, wen schert es, warum sie das tun – wichtig ist, *dass* sie es tun, es ist immer eine großartige Nacht. Wenn sie genug umhergerannt sind und sich selbst geschlagen haben, sind sie äußerst erregt und sehr zugänglich, wenn Ihr versteht, was ich meine?»

«Allerdings», erwiderte Vespasian, der sich fragte, ob auch Caenis gerade unterwegs war und sich in Wallung peitschte.

Eine weitere Gruppe Frauen, manche davon mit entblößten Brüsten, kam schreiend auf das Forum und trieb die Leute auseinander, die gutmütig über ihre Kapriolen lachten.

Magnus leckte sich wohlgefällig die Lippen. «Wir kommen gerade zur rechten Zeit zurück. Wir bekommen nicht nur begeisterte, halbnackte Frauen geboten, sondern auch ein paar nette Tage im Circus, um uns von etwaigen Exzessen wieder zu erholen, denn die Nonae Caprotinae fallen in die acht Tage der Spiele des Apollon. Ich liebe den Juli.»

«Das kann ich mir vorstellen.»

Vespasian wurde ungern daran erinnert, dass das Jahr schon halb herum war und er erst jetzt nach Rom zurückkehrte. Zu seiner Enttäuschung über Flavia Domitillas Verschwinden war noch gekommen, dass er länger in der Kyrenaika hatte bleiben müssen. Dann hatte er bis Juni auf seine Ablösung gewartet, einen jungen Mann mit säuerlicher Miene, der den Posten offenbar weit unter seiner Würde fand und keinen großen Wert darauf legte, pünktlich in der Provinz einzutreffen. Zu guter Letzt hatten für die Jahreszeit untypische Stürme seine Rückkehr ärgerlicherweise noch um mehr als einen halben Monat verzögert.

Abgesehen von seiner Sehnsucht, Caenis wiederzusehen und in ihren Armen Flavia zu vergessen, war Capellas Truhe der Hauptgrund dafür, dass er schnellstmöglich nach

Rom zurückkehren wollte. Er hatte es eilig, sie Antonia zu übergeben – ohne das Gold und den Bankscheck. Narcissus würde sich bald Sorgen machen, weshalb die Truhe nicht eintraf, und Nachforschungen anstellen, die höchstwahrscheinlich zu Vespasian führen würden. Und ihm gefiel die Vorstellung nicht, von gedungenen Schurken im Dienst von Claudius' ehrgeizigem Freigelassenem überfallen und seines jüngst erlangten Reichtums beraubt zu werden.

Die gewaltige Fassade des Circus Maximus zu ihrer Rechten, bogen Vespasian und seine Gefährten vom Forum Boarium auf den Vicus Tuscus zum Forum Romanum ein. Seit sie die Stadt betreten hatten, stand Ziri vor Staunen der Mund offen. Jetzt starrte er fassungslos an dem monumentalen Haus des Augustus mit seinen hohen Marmorwänden hinauf, das den Gipfel des Palatin dominierte.

Magnus klopfte seinem Sklaven auf die Schulter. «Das ist was anderes, als immer nur auf Kamelärsche zu starren, was, Ziri?»

«Scheiße, ja, Herr. Ich habe verdammt noch mal noch nie so was verdammt Großes gesehen, Scheiße auch.»

Vespasian runzelte die Stirn. «Du musst dafür sorgen, dass er aufhört, dauernd zu fluchen, Magnus. Es wird ihn noch in Schwierigkeiten bringen.»

«Er kommt schon klar. Ihr solltet beeindruckt sein, wie schnell er Latein gelernt hat.»

«Ja, schon – das Problem ist nur, dass er *dein* Latein gelernt hat.»

«Und das sagt ausgerechnet Ihr mit Eurem sabinischen Bauernakzent – wenn ich mir die Bemerkung erlauben darf, Herr. Er redet wenigstens wie ein Römer.»

«Ja, ich rede wie ein Römer, Herr», bestätigte Ziri stolz, «ich nicht rede wie eine Fotze.»

«Ziri!», fuhr Magnus ihn an und versetzte ihm eine Kopfnuss.

«Entschuldigung, Herr.»

Nachdem sie sich mühsam einen Weg durch die Massen der Feiernden auf dem Quirinal gebahnt hatten, erreichten sie endlich die vertraute Tür zum Haus von Vespasians Onkel, dem Senator Gaius Vespasius Pollo. Magnus klopfte an, und nach kurzem Warten öffnete ihnen ein auffallend attraktiver dunkelhäutiger Jüngling.

«Mein Onkel scheint seine Vorlieben erweitert zu haben», bemerkte Vespasian an Magnus gerichtet, nachdem er dem Jungen Anweisungen erteilt hatte, Ziri mit der gesamten Habe – ohne Capellas Truhe, die Magnus an sich genommen hatte – zum Sklaveneingang zu führen.

«Abwechslung gefällt», zitierte Magnus, während sie durch die Vorhalle ins Atrium gingen.

«Mein lieber Junge», dröhnte Gaius, der aus seinem Studierzimmer kam. «Und Magnus, mein Freund! Ich hörte jemanden an der Tür und habe gebetet, dass ihr es seid. Ich bin schon seit Tagen ganz krank vor Sorge.» Er watschelte eilends über den Mosaikboden, wobei seine Leibesfülle unter der Tunika wabbelte, schloss Vespasian in die Arme und drückte ihm feuchte Küsse auf die Wangen. «Als ich von dem schlechten Wetter draußen auf See erfuhr, fürchtete ich, euch hätte das gleiche Schicksal ereilt wie die erste Getreideflotte der Saison, die aus Ägypten kam.» Er ergriff Magnus' Unterarm und schlug ihm mit der anderen Hand kräftig auf die Schulter.

«Was ist denn mit der Flotte passiert, Onkel?», erkundigte sich Vespasian. Er legte die Hände an die Wangen, scheinbar vor Sorge, in Wahrheit jedoch, um sich verstohlen den Speichel abzuwischen, den die Küsse dort hinterlassen hatten.

«Nur zwei der dreißig Schiffe sind ans Ziel gelangt, die übrigen sind vor Kythira gesunken. Die Spötter sagen, die Stürme haben nur deshalb aufgehört, weil Neptun jetzt alle Hände voll damit zu tun hat, Brot zu backen. Sabinus hat furchtbare Scherereien deswegen: Er ist als Ädil für die Getreideversorgung der Stadt zuständig. Nun leeren sich die Kornspeicher, und der Pöbel wird zornig. Zum Glück für Sabinus und den Senat richtet sich der Zorn hauptsächlich gegen Tiberius, weil er auf Capreae bleibt und sein Volk im Stich lässt – so sehen es die Leute. Aber komm und nimm Platz.» Gaius führte Vespasian durch das Atrium zum Peristyl. «Aenor, bring Wein und nimm Magnus mit in die Küche, damit er sich stärkt», rief er dem blonden und blauäugigen germanischen Sklaven zu, der sich im Hintergrund bereithielt, während sein Herr die Gäste begrüßte. «Und Gebäck, wir brauchen Honiggebäck.»

«Mir scheint, mein lieber Junge, du befindest dich in einer Zwickmühle», bemerkte Gaius nachdenklich, während er den Inhalt von Capellas Truhe in Augenschein nahm. «Dein Instinkt ist schon richtig, das zu Antonia zu bringen, damit sie entscheidet, was weiter geschehen soll. Aber das könnte auch als Akt des Verrats gewertet werden.»

«Wie meinst du das, Onkel? Ich unterstütze Narcissus nicht. Er ist derjenige, der Verrat begeht, indem er für Claudius ohne die Erlaubnis des Kaisers Ländereien in Ägypten aufkauft.»

«Nein, du unterstützt ihn nicht, das stimmt. Aber du entlarvst ihn auch nicht als Verräter, und wenn du seinen Scheck einlöst, könnte das als Bestechung ausgelegt werden. Seit die Verräterprozesse wieder begonnen haben, könnte man das als etwas töricht betrachten.»

Vespasian wollte widersprechen, doch Gaius hob eine Hand. «Lass mich ausreden, lieber Junge. Du musst daran denken, dass du nicht mehr nur ein Militärtribun mit schmalen Streifen oder ein niederer Angehöriger der *Vigintiviri* bist; du bist jetzt ein Senator. Du bist dem Senat und dem Kaiser verpflichtet, nicht Antonia, die nichts weiter als eine Privatperson ist und noch dazu eine Frau. Ja, sie ist auf ihre Weise sehr mächtig, aber sie regiert nicht, sie ist nicht einmal eine offizielle Angehörige des Staates.» Gaius hielt inne, um an seinem Wein zu nippen und sich das letzte Gebäckstückchen zu nehmen.

Die Luft im Garten war angenehm kühl, der Wein köstlich und erfrischend; hätte sein Onkel ihm nicht eben Grund zur Sorge gegeben, dann hätte Vespasian sich zum ersten Mal, seit Capellas Truhe in seinen Besitz gelangt war, entspannen können.

«Du rätst mir also, die Truhe dem Senat oder direkt dem Kaiser zu bringen, Onkel?»

«Das habe ich nicht gesagt, ich habe dich nur darauf hingewiesen, was eigentlich deine Pflicht wäre. Deine persönlichen Verpflichtungen hingegen sind eine andere Sache, und ebendarum befindest du dich in einer so kniffligen Lage. Würdest du dich mit diesem Ding an den Senat wenden, dann würde Antonia dir nie verzeihen, dass du ihren Sohn, sosehr sie ihn auch ablehnen mag, in Gefahr bringst. Das betrachtet sie als ihr persönliches Privileg.»

«Und dann hätte ich mir sie *und* Narcissus zu Feinden gemacht», stöhnte Vespasian. Er stellte seinen Becher ab, vergrub das Gesicht in beiden Händen und verfluchte den Tag, an dem er Flavia begegnet war und seine Arroganz ihn in diese Situation gebracht hatte. «Ich könnte die Truhe heimlich direkt zu einem der Konsuln bringen», schlug er nach kurzem Nachdenken vor.

«Eine gute Überlegung. Aber mit den Suffektkonsuln, die wir in dieser Jahreshälfte haben, wird es nicht gehen. Decimus Valerius Asiaticus ist Antonias Mann, er hat in der Gallia Narbonensis ihre Interessen vertreten. Er verdankt ihr alles, nicht zuletzt, dass er der erste Konsul von gallischer Herkunft ist. Antonia würde noch in derselben Stunde davon erfahren. Sein jüngerer Kollege, Aulus Gabinius Secundus, ist ein boshafter Stümper, der die Information benutzen könnte, um alle Beteiligten in größtmögliche Schwierigkeiten zu bringen. Ich fürchte, ich sehe nur einen Ausweg für dich, und das ist der Mittelweg.»

«Wie meinst du das?»

«Du kannst deine Pflicht gegenüber dem Senat nicht erfüllen, ehe er in drei Tagen, nach dem Fest des Apollon, das nächste Mal zusammentritt. Also schlage ich vor, dass du in der Zwischenzeit deine Verpflichtung gegenüber Antonia erfüllst. Zeige ihr die Grundbesitzurkunden und erkläre die Zwangslage, in der du dich befindest, wobei du natürlich betonst, dass deine Loyalität zu ihr der Grund sei, weshalb du die Truhe zuerst zu ihr gebracht hast. Dann frage sie, ob du sie dem Senat bringen sollst. Man kann nie wissen, vielleicht wird Antonia dich überraschen.»

«Und was, wenn nicht?»

«Dann, mein lieber Junge, hättest du wenigstens eine Verteidigung, wenn es zum Schlimmsten kommen sollte. Du könntest vor Gericht wahrheitsgemäß aussagen, Antonia habe dich angewiesen, die Truhe nicht dem Senat zu bringen.»

«Aber wie könnte ich das beweisen?»

«Bitte Antonia um eine förmliche Unterredung, dann bekommst du eine Kopie der Mitschrift.»

«Sie könnte es dennoch leugnen.»

«Nicht, wenn du einen Zeugen mitnimmst. Leider kommen Sabinus und ich nicht in Frage. Ein Gericht würde nicht glauben, dass wir dich nicht einfach aufgrund unserer familiären Bindung unterstützen.»

«Wen soll ich dann mitnehmen?»

«Ich hätte gedacht, das sei offensichtlich: deinen alten Kameraden aus der Vierten Scythica, Corbulo. Ich weiß, dass er sich gegenwärtig in Rom aufhält, da er sich darum bemüht, für das nächste Jahr zum Prätor gewählt zu werden. Er brennt darauf, Sabinus bei der Wahl zu übertrumpfen. Sein Vater hat vor langer Zeit einmal zu mir gesagt, seine Familie stünde in unserer Schuld, weil du seinem Sohn damals in Thrakien das Leben gerettet hast. Ich werde diese Schuld umgehend einfordern.»

«Ich kann nicht behaupten, dass ich das hier mit Freuden tue, Vespasian», sagte Gnaeus Domitius Corbulo zu Vespasian, während sie sich Antonias Haus auf dem Palatin näherten. «Erst recht nicht, da Ihr mir nicht verraten wollt, worum es geht.» Er zeigte vage über die Schulter auf Magnus, der zwischen Marius und Sextus ging, zweien seiner Brüder der Straße. Ziri bildete die Nachhut. «Ich kann nur vermuten, dass es etwas mit dem Inhalt der Truhe zu tun hat, die Euer Mann trägt.»

«Der Mann heißt Magnus, Corbulo», sagte Magnus munter, «erinnert Ihr Euch? Ihr habt in meiner Scheiße gesessen und ich in Eurer, als wir vor neun Jahren auf einem Fuhrwerk quer durch Thrakien gekarrt wurden, nachdem ein paar ausgesprochen fiese Einheimische uns gefangen genommen hatten.»

Corbulo rümpfte die Nase bei der Erinnerung an jenen Transport und daran, wie ihnen beinahe die Flucht aus der thrakischen Gefangenschaft gelungen wäre. Doch er wollte nicht eingestehen, dass er sich nach so langer Zeit noch an den Namen eines Mannes erinnern konnte, der so tief unter ihm stand.

«Selbstherrliches Arschloch», murmelte Magnus durchaus vernehmlich.

Corbulo reckte das Kinn und tat, als hätte er die Bemerkung nicht gehört. Vespasian warf Magnus über die Schulter einen strafenden Blick zu. Der zuckte die Achseln und grinste unschuldig.

«Glaubt mir, Corbulo, es ist besser, wenn Ihr nicht wisst, worum es geht, solange es sich vermeiden lässt», sagte Vespasian in dem Versuch, das Gespräch wieder auf das eigentliche Thema zu lenken. «Ihr habt recht, es hat etwas mit dem Inhalt der Truhe zu tun. Ich beabsichtige, ihn der werten Antonia zu zeigen, und dann werden wir in Eurem Beisein besprechen, wie damit zu verfahren ist. Auf diese Weise geratet

Ihr nicht in Gefahr, weil Ihr nicht wisst, wovon die Rede ist. Ich brauche Euch nur als Zeugen, damit Ihr im Zweifelsfall für mich vor Gericht aussagen könnt, welche Anweisungen mir Antonia erteilt hat.»

Corbulo blickte ihn über seine lange Nase hinweg an. «Ihr mischt da in Angelegenheiten mit, denen Ihr bei weitem nicht gewachsen seid, Vespasian. Aber wie dem auch sei, ich werde Euch diesen Gefallen tun, von dem mein Vater behauptet, dass ich ihn Euch schulde. Aber das ist auch alles – danach sind wir quitt.»

«Hoffen wir, dass es ein Danach gibt», murmelte Vespasian, während sie auf das große, eingeschossige Haus zugingen, das der ehrfurchtgebietendsten Frau Roms gehörte.

Vespasian stieg die Stufen hinauf, als die Sonne gerade hinter dem Aventin unterging und Rom in Schatten versank. Er klopfte an die Tür. Der Sehschlitz wurde geöffnet, und ein Augenpaar erschien. «Titus Flavius Vespasianus und Gnaeus Domitius Corbulo bitten um eine Unterredung mit der werten Antonia.»

Der Schlitz wurde wieder geschlossen, und gleich darauf öffnete sich die Tür. Der Türhüter führte Vespasian und Corbulo in die Vorhalle, während Magnus, Ziri und die Brüder mit der Truhe draußen blieben.

Sie gingen durch das imposante Atrium mit seiner erlesenen Einrichtung, da ertönte bereits vom anderen Ende des riesigen Raumes eine vertraute Stimme. «Die Herren Vespasian und Corbulo, wie schön, Euch wiederzusehen», sagte Pallas, Antonias griechischer Verwalter, in seinem tadellosen Latein. «Ich hoffe, die Eingeborenen von Kreta und Kyrenaika sind Euch nicht zu lästig gefallen.»

«Sie waren so kriegerisch, wie man sie sich vorstellt, Pallas. Und es freut mich auch sehr, dich wiederzusehen», erwiderte Vespasian lächelnd.

Corbulo gab einen zustimmenden Laut von sich.

«Ihr seid zu gütig, meine Herren. Ich fühle mich geehrt, dass es Euch freut, einen niederen Freigelassenen zu sehen.»

«Es ist nichts Niederes an … sagtest du ‹Freigelassener›?»

Pallas zog die rechte Hand hinter dem Rücken hervor und setzte sich einen *Pileus* auf den Kopf, die kegelförmige Filzkappe, die einen Freigelassenen kenntlich machte. «In der Tat, Herr. Meine Herrin war so gütig, mir die Freiheit zu schenken, kurz nachdem Ihr in Eure Provinz aufgebrochen wart. Ich bin jetzt Marcus Antonius Pallas, ein freier Bürger Roms.»

«Meinen Glückwunsch, Pallas.» Vespasian bot dem Griechen zum ersten Mal, seit sie sich kannten, seinen Arm.

Pallas umfasste ihn mit festem Griff. «Ich danke Euch, Vespasian. Ich werde stets in Verbundenheit daran zurückdenken, dass Ihr, Euer Bruder und Euer Onkel mich mit weit größerer Achtung behandelt habt, als mir in meinem Rang als Sklave gebührte.»

Corbulo murmelte undeutlich einen Glückwunsch, den Pallas mit einer leichten Neigung seines Kopfes entgegennahm.

«Nun, meine Herren, werde ich sehen, ob die werte Antonia Euch empfangen kann.»

«Wir hätten gern eine förmliche Unterredung, wenn es keine Umstände macht, Pallas?», bat Vespasian ein wenig nervös. «Was ich mit ihr zu besprechen habe, ist für alle Beteiligten eine äußerst heikle Angelegenheit. Magnus und zwei seiner Brüder warten draußen mit etwas, das ich der Dame zur Kenntnis bringen muss.»

Pallas zog eine Augenbraue hoch, doch im Übrigen verriet sein Gesicht keinerlei Regung. «Ich verstehe.» Er klatschte zweimal in die Hände. «Felix!»

Ein Grieche erschien am anderen Ende des Raumes und kam in selbstsicherer Haltung auf sie zu. Vespasian musterte ihn neugierig; abgesehen von seiner sonnengebräunten Haut war er das genaue Ebenbild des jüngeren Pallas, dem er neun Jahre zuvor zum ersten Mal begegnet war.

«Felix, draußen warten ein paar Männer. Führe sie zum Stallhof und sorge dafür, dass sie eine Stärkung bekommen. Sie sollen dort warten, bis sie gerufen werden.»

«Ja, Pallas», erwiderte Felix und lief zur Eingangstür.

«Folgt mir, meine Herren.» Pallas ging in die Richtung von Antonias offiziellem Empfangszimmer.

«Ist das dein Bruder, Pallas?», erkundigte sich Vespasian.

«Das kann ich nicht leugnen.»

«Wie lange ist er schon in Antonias Haus?»

«Er ist erst gestern hier eingetroffen, aber er befindet sich schon den größten Teil seines Lebens im Besitz der werten Antonia. Er war der Verwalter ihres Hauses in Ägypten, und nun hat sie ihn hergeholt, damit er meine Stellung übernimmt, nachdem ich ihn in die Etikette Roms eingewiesen habe.»

«Was wirst du dann tun?»

«Ich fürchte, das ist eine Angelegenheit zwischen der Dame und mir, Vespasian», erwiderte Pallas, während sie den herrlichen Empfangsraum mit der hohen Decke betraten, der mit teuren, aber geschmackvollen Möbeln und Skulpturen aus dem gesamten Imperium ausgestattet war. Er bedeutete Vespasian und Corbulo, Platz zu nehmen. «Wenn Ihr hier warten würdet, meine Herren, ich lasse Euch Wein bringen, während ich meiner Herrin Eure Bitte übermittle.»

Inzwischen war die Dunkelheit hereingebrochen, und der Raum war von Dutzenden Öllampen erhellt, deren Rauch in der Luft hing und die Decke verschleierte. Vespasian und Corbulo hatten länger als eine Stunde gewartet, der Weinkrug und die beiden Becher auf dem niedrigen Tisch zwischen ihnen waren leer. Doch die Zeit war recht schnell vergangen, da Corbulo Vespasian über die Machenschaften der verschiedenen Parteien auf den neuesten Stand gebracht hatte – natürlich eingefärbt durch seine eigene konservative, aristokratische Perspektive.

«Ich empfinde die Rückkehr dieses schmierigen kleinen Emporkömmlings Poppaeus Sabinus nach Rom als Beleidigung meiner Ehre», sagte Corbulo gerade. «Es war schon schlimm genug, als Antonia nicht zuließ, dass ich als Rache dafür, dass er mich in Thrakien umbringen lassen wollte, seine Beteiligung an Seianus' Verschwörung offenlegte …»

«Mich wollte er auch umbringen lassen, Corbulo», erinnerte ihn Vespasian.

«Gewiss, Euch auch. Aber jetzt, da er sich wieder in Rom aufhält, ist es unerträglich. Er scheint mit Macro gemeinsame Sache zu machen und klagt jeden an, gegen den er einen Groll hegt, selbst Männer aus den ranghöchsten Familien. Inzwischen sind es über zwanzig. Kurz nachdem Ihr voriges Jahr abgereist wart, wurde Pomponius Labeo angeklagt, weil er angeblich in den drei Jahren, nachdem er Moesien von

Poppaeus übernommen hatte, Misswirtschaft in seiner Provinz getrieben habe.»

«Der schlüpfrige kleine Dreckskerl.»

«In der Tat. Nun kann man über Pomponius' persönliche Gewohnheiten sagen, was man will, aber ich habe ihn als ehrenhaften Mann und anständigen Legatus der Vierten Scythica kennengelernt.»

«Und was ist aus der Anklage geworden?»

«Soll das heißen, Ihr wisst es nicht?»

«Ich bin heute erst nach Rom zurückgekehrt und habe noch keine Neuigkeiten gehört bis auf das, was Ihr mir hier während unserer Wartezeit erzählt habt.»

«Ach ja, natürlich.» Corbulo holte tief Luft. «Nun denn, es tut mir leid, Euch das sagen zu müssen», fuhr er fort, und sein Gesicht nahm einen so besorgten Ausdruck an, wie er ihn eben zustande brachte. «Poppaeus hat ihn und seine Frau Paxea voriges Jahr in den Selbstmord getrieben.»

Vespasian war zutiefst bestürzt. «Dieser kleine Hundesohn. Wie das? Und warum? Er war doch nur der Misswirtschaft angeklagt, darauf steht nicht die Todesstrafe.»

«Zuerst schon, doch dann fand Poppaeus heraus, dass Pomponius mit Getreide spekuliert hatte. Er erzählte es Macro, der den Kaiser davon in Kenntnis setzte, und Tiberius selbst erhob die Anklage – gegen Getreidespekulanten kennt er keine Milde. Danach blieb Pomponius keine andere Wahl, als sich das Leben zu nehmen, um zu verhindern, dass sein Besitz konfisziert wurde. Was das Warum betrifft, das ist einfach: weil Pomponius dem Senat davon berichtet hat, dass Poppaeus sich von seinen Legionen als ‹Imperator› bejubeln ließ und nichts dagegen unternahm. Seither lebt

Poppaeus in Angst vor Tiberius' Rache, die unglücklicherweise nie erfolgt ist.»

«Ganz im Gegenteil. Er wurde während meines letzten Jahres in Thrakien erneut als Statthalter von Moesien und auch von Makedonien eingesetzt.»

«Ganz recht, ganz recht, doch das geschah auf Anregung von Seianus. Solange der am Leben war, hat er Poppaeus vor Tiberius beschützt, doch seit seinem Sturz hat niemand mehr verstanden, warum Poppaeus so unantastbar schien – bis er im Sommer vorigen Jahres nach Rom zurückkehrte ...»

«... und sich herausstellte, dass er mit Macro gemeinsame Sache macht», beendete Vespasian den Satz.

«Ach, Ihr habt davon gehört?»

«Ihr habt es mir eben erzählt.»

«Stimmt.»

«Meine Herren, es tut mir leid, dass ich Euch habe warten lassen.» Antonia erschien in der Tür, und die beiden Männer sprangen auf.

«Herrin», sagten sie zugleich und neigten die Köpfe.

«Ich hoffe, ich habe Euch keine Unannehmlichkeiten bereitet?»

«Ganz und gar nicht, Herrin», versicherte Vespasian, während sie mit Pallas im Gefolge auf sie zukam. «Ich bin derjenige, der Euch Umstände macht.»

«Für jemanden, den ich als Freund betrachte, habt Ihr ein recht befremdliches Ersuchen.»

«Es tut mir leid, Euch darum zu bitten, Herrin. Aber Ihr werdet es hoffentlich verstehen, wenn ich erkläre, was mich herführt.»

Antonia blieb vor ihm stehen, und ihre durchdringenden grünen Augen bohrten sich in seine. Er spürte die potenzielle Bedrohung, die dahinter lauerte, und ihm wurde mulmig zumute. Als sie seine besorgte Miene sah, zog sie die Augenbrauen hoch, dann lächelte sie. «Die Besitzurkunden über die Ländereien, die Narcissus für meinen Sohn Claudius in Ägypten aufgekauft hat?»

Vespasian fiel die Kinnlade herunter.

«Und Ihr macht Euch Sorgen, wenn Ihr diesen Akt des Verrats nicht den entsprechenden Autoritäten zur Kenntnis bringt, könnte das als Verrat Eurerseits ausgelegt werden?»

Vespasian nickte.

«Und deshalb habt Ihr meinen lieben Freund Corbulo als Zeugen von unzweifelhaftem Charakter mitgebracht und um eine förmliche Unterredung gebeten, damit Ihr anschließend eine Kopie der Mitschrift bekommt?»

«Ja, Herrin», brachte Vespasian leise heraus. «Woher wisst Ihr das?»

«Ich an Eurer Stelle hätte so gehandelt.»

«Ich meine, woher wisst Ihr von den Urkunden über den Grundbesitz?»

«Seit ich festgestellt habe, dass in meinem schwachköpfigen Sohn vielleicht mehr steckt, als man ihm ansieht, habe ich mich darum bemüht, alles zu erfahren, was in seinem Hause vor sich geht. *Wie* ich es erfahren habe, werde ich vielleicht später verraten.» Sie wandte sich an Pallas. «Ist der Konsul schon eingetroffen, Pallas?»

«Ja, Herrin, er und das Abendessen erwarten Euch in Eurem Privatraum.»

«Ausgezeichnet. Sag Magnus Bescheid, er soll die Truhe

dorthin bringen. Meine Herren, lasst uns zu Tisch gehen.» Antonia wandte sich ab und schritt zur Tür.

Vespasian warf einen raschen Blick zu Corbulo, der langsam den Kopf schüttelte und mit der Zunge schnalzte, dann folgte er Antonia. Er hatte das Gefühl, dass die Situation gänzlich seiner Kontrolle entglitten war.

«Decimus Valerius Asiaticus, darf ich Euch Titus Flavius Vespasianus vorstellen? Gnaeus Domitius Corbulo kennt Ihr bereits, soweit ich weiß», sagte Antonia.

Der erste Konsul für die zweite Hälfte des Jahres stand wartend in ihrem privaten Wohnbereich und bewunderte das kunstvoll verglaste Erkerfenster, das den Raum dominierte. Asiaticus drehte sich um und nickte Vespasian und Corbulo kurz zu, ehe er sich an Antonia wandte. «Werte Antonia, darf ich fragen, was so dringend ist, dass ich dafür meine Mahlzeit unterbrechen musste?»

«Konsul, ich entschuldige mich aufrichtig. Ich hoffe, mein Koch hat ein paar Speisen zubereitet, die Euch für Euer entgangenes Essen entschädigen werden. Meine Herren, wollen wir uns zu Tisch legen? Konsul, bitte nehmt das Sofa zu meiner Rechten; die beiden jüngeren Herren bitte ich zu meiner Linken.» Sie selbst legte sich auf das mittlere der drei Speisesofas, die um den niedrigen Tisch aus Walnussholz standen, und ihr Gebaren ließ keinen Zweifel daran, dass ihre Aufforderung ein Befehl war, keine Einladung.

Pallas klatschte in die Hände, und drei Sklavenmädchen erschienen aus dem angrenzenden Raum mit je einem Paar Pantoffeln. Sie nahmen die Togen der Männer entgegen, zogen ihnen die Sandalen aus und streiften ihnen stattdessen die

Pantoffeln über. Dann zogen sie sich wieder zurück, während zwei weitere Sklavinnen den Herrschaften die Hände wuschen und Mundtücher auf den Sofas vor ihnen ausbreiteten.

Vespasian hoffte, ihm möge seine Enttäuschung darüber nicht anzumerken sein, dass Caenis nicht anwesend war, um ihrer Herrin aufzuwarten.

Als ihre Becher mit Wein gefüllt waren und die *Gustatio* auf dem Tisch stand, entließ Antonia die Sklavinnen, und Pallas nahm seinen gewohnten Platz an der Tür ein.

Antonia löffelte sich eine kleine Portion Sardellen auf den Teller. «Meine Herren, wir werden ohne das Personal auskommen und uns selbst bedienen. Konsul, ich bin Euch eine Erklärung schuldig.» Sie hielt inne, bis die drei Männer ihrem Beispiel folgten und sich die Teller füllten. «Als Vespasian heute am späten Nachmittag hier eintraf, um eine förmliche Unterredung bat und den geschätzten Corbulo als Zeugen mitbrachte, glaubte ich, erraten zu können, um was es ging. Pallas, bitte Magnus, die Truhe hereinzubringen.» Der Verwalter steckte den Kopf zur Tür hinaus, um den Befehl an einen Untergebenen weiterzugeben, während Antonia fortfuhr: «Ich verstand sofort, welche Befürchtungen er hegte, und deshalb schickte ich nach Euch.»

Jetzt wurde Vespasian klar, weshalb Antonia sie so lange hatte warten lassen.

Die Tür öffnete sich, und Magnus trat mit Capellas Truhe ein.

«Stell sie auf den Tisch, Magnus, und dann geh und sieh zu, dass du und deine Gefährten etwas zu essen bekommt.»

Magnus murmelte etwas Unverständliches und verließ den Raum. Die vier starrten auf die Truhe.

«Vespasian, mir ist klar, dass dies keine förmliche Unterredung ist – eine solche könnte ich unter den gegebenen Umständen unmöglich gewähren. Aber da Ihr nun nicht nur mir, sondern zugleich dem ersten Konsul von Eurer Entdeckung berichtet, denke ich, Ihr solltet vor jeglichem Vorwurf des Verrats sicher sein.»

«Ja, Herrin», erwiderte Vespasian, wieder einmal verblüfft über Antonias Fähigkeit, seine Gedanken zu lesen.

«Verrat, meine Dame?», fragte Asiaticus alarmiert.

«Ja, Konsul, Verrat», bestätigte Antonia und nippte an ihrem Wein. «Verrat, begangen von meinem nutzlosen und schwachköpfigen Sohn, den Ihr aus Gründen, die sich mir nicht erschließen, als Freund betrachtet. Aber das spielt jetzt keine Rolle. Vespasian, öffnet die Truhe.»

Vespasian stand auf, nahm die Schlüssel von seinem Hals, steckte sie in die Schlüssellöcher und hob den Deckel.

Asiaticus und Corbulo reckten die Hälse, um in die Truhe zu schauen.

«Das, Konsul», erklärte Antonia, ohne den Inhalt eines Blickes zu würdigen, «sind die Besitzurkunden von sieben sehr großen Landgütern in Ägypten, die Getreide produzieren. Sie wurden im Laufe der letzten drei Jahre heimlich für Claudius erworben, durch einen Mittelsmann seines Freigelassenen Narcissus.»

«Aber das ist …»

«Verrat, Konsul, ich weiß. Niemand, nicht einmal ich darf ohne die Erlaubnis meines Schwagers, des Kaisers, in solchem Umfang Grundbesitz in Ägypten erwerben.»

Asiaticus schaute sie entgeistert an. Er leerte seinen Becher in einem Zug, den Appetit hatte er mit einem Schlag verloren. «Was beabsichtigt Ihr deshalb zu unternehmen, meine Dame?»

«Das, Konsul, ist es, was wir hier zu besprechen haben. Pallas, würdest du meinen Gästen Wein nachschenken? In der Zwischenzeit kann Vespasian dem Konsul erzählen, wie diese Truhe in seinen Besitz gelangt ist.»

Als er seinen kurzen Bericht beendet hatte, warf Antonia Vespasian einen abschätzenden Blick zu, nickte und ließ den nächsten Gang auftragen. Er hatte kein Detail bezüglich Capella oder Flavia ausgelassen – abgesehen von seinen persönlichen Beweggründen –, da ihm klar war, dass Antonia die Geschichte bereits kannte, auch wenn er keine Ahnung hatte, woher.

Nachdem die Sklaven zwei gebratene Zicklein in einer Soße aus Honig und Cumin serviert und sich wieder entfernt hatten, wandte Antonia sich an Asiaticus. «Die Frage ist also: Warum hat Narcissus all den Aufwand getrieben, um die Dokumente nach Rom zu bringen, wenn er sie doch ganz bequem in einer sicheren unterirdischen Schatzkammer auf einem der neuen Anwesen seines Patrons in Ägypten hätte verwahren können?» Sie stellte die Frage in einer Weise, die Vespasian erahnen ließ, dass sie die Antwort bereits kannte.

«Das scheint allerdings ein erheblicher Aufwand, ganz zu schweigen von dem Risiko, dass die Papiere von Tiberius' Mittelsmännern entdeckt werden oder gar verlorengehen könnten.»

«Was ja auch geschehen ist.»

«In der Tat, meine Dame. Ich kann nur annehmen, dass

sie für Claudius hier mehr wert wären als in Ägypten, aber warum, weiß ich nicht.»

«Auch ich wusste es bis vor kurzem nicht.» Sie machte eine Pause, um ein paar Scheiben zarten Fleisches von einem der Zicklein abzuschneiden, und wartete ab, bis ihre Gäste ihrem Beispiel folgten. Als alle am Tisch versorgt waren und von dem saftigen Fleisch zumindest gekostet hatten, fuhr sie fort: «Möglicherweise ist Euch nicht bewusst, Konsul, dass mein Enkel Gaius Caligula eine Affäre mit Macros Frau Ennia hat?»

Asiaticus' Gesichtsausdruck bestätigte seine Unwissenheit. «Aber ich dachte, er würde in Antium heiraten – der Kaiser wird nach dem Fest des Apollon zur Zeremonie dort eintreffen.»

«Das stimmt, doch mein Gaius ist ein recht umtriebiger kleiner Junge, und trotz seiner bevorstehenden Heirat hat er die Zeit gefunden, sich in diese Hure zu verlieben. Es fing an, als Macro sie letztes Jahr nach Capreae übersiedelte – was, gelinde gesagt, seltsam anmutete, wenn er es nicht geradezu darauf anlegte, sie Gaius unterzuschieben. Mir war unverständlich, was Macro dadurch zu gewinnen hätte, deshalb habe ich die Sache beobachtet und abgewartet. In meinen Briefen an Gaius habe ich nichts davon erwähnt, da er immer weniger auf meinen Rat hört und inzwischen eher dazu neigt, das Gegenteil dessen zu tun, was ich ihm empfehle. Vor ein paar Monaten wurde meine Geduld belohnt, als ich dies hier erhielt. Pallas, wenn ich bitten darf?»

Pallas ging zu dem Schreibpult am anderen Ende des Raumes hinüber, nahm eine Schriftrolle und brachte sie seiner Herrin.

«Das hat Clemens mir geschickt, der Hauptmann von

Gaius' Leibgarde. Seine Treue zu meinem Enkel ist ebenso tief in ihm verwurzelt wie sein Misstrauen gegen Macro. Es ist eine Kopie eines Dokuments, unterzeichnet von Gaius, in dem er schwört, Ennia zur Kaiserin zu machen, wenn er den Purpur erbt. Als Entschädigung für Macros Verlust und auch zum Lohn dafür, dass dieser Gaius dazu verhilft, Kaiser zu werden, verspricht er, Macro zum Präfekten von Ägypten zu machen.»

Corbulo konnte seine Entrüstung nicht zurückhalten. «Er hat seine Frau verkauft, um sich eine Machtposition zu sichern! Das ist unvorstellbar.»

«Nein, Corbulo, das ist die heutige Politik», versetzte Antonia. «Würdet Ihr mir nicht zustimmen, Konsul?»

«Das würde ich in der Tat. Es scheint, dass unser Prätorianerpräfekt aus den Fehlern seiner Vorgänger gelernt hat.»

Vespasian lächelte. Plötzlich begriff er, wie elegant Macros Strategie war. «Er weiß, dass er niemals Kaiser werden kann, da der Versuch Seianus das Leben gekostet hat. Also gibt er sich mit einem geringeren Ziel zufrieden.»

«Zwar geringer», räumte Antonia ein, «aber doch mit einem gewaltigen Zuwachs an Macht und Reichtum verbunden. Genug, um ihn an sein eigentliches Ziel zu bringen: Ich glaube, dass er es meinem Vater Marcus Antonius gleichtun und das Reich spalten will, indem er die östlichen Provinzen unter seine Herrschaft bringt.»

Auf diese Worte folgte verblüfftes Schweigen. Niemand dachte mehr ans Essen, Antonias Gäste waren vollauf mit der Frage beschäftigt, wie das zu erreichen wäre und welche Folgen es für die Stabilität der Welt haben würde, wie sie sie kannten.

«Ich glaube, jetzt könnten wir alle noch etwas Wein vertragen, Pallas», verlangte Antonia.

Nachdem die Becher neu gefüllt waren, fuhr Antonia vor den gebannt lauschenden Zuhörern mit ihrer Analyse fort:

«Nehmen wir für einen Moment an, Gaius gibt Macro, was er will – und diese Annahme ist nicht abwegig. Mein kleiner Gaius mag viele Fehler haben, aber an Großzügigkeit mangelt es ihm nicht. Er will geliebt werden und ist naiv genug, zu glauben, er könne sich diese Liebe erkaufen. Dann hätte Macro die reichste Provinz des Imperiums unter seiner Kontrolle, eine Provinz, die von zwei Legionen verteidigt wird und praktisch eine Halbinsel ist. Keine Armee kann die Wüste im Westen durchqueren, wie Ihr inzwischen sehr wohl wisst, Vespasian; die Südgrenze stellt den Rand des Imperiums dar, und im Norden und Osten liegen Meere. Abgesehen von einer höchst risikoreichen Invasion mit Schiffen wäre also der einzige Weg, um Ägypten anzugreifen, von Nordosten durch Judäa und all die umliegenden Kleinkönigreiche und Tetrarchien, und zwar mit den einzigen vier Legionen, die es sonst noch in der Region gibt und die in Syrien stationiert sind. Um Ägypten zu sichern, bräuchte Macro also nur dafür zu sorgen, dass die syrischen Legionen anderweitig beschäftigt sind. Und das hat er letzten Monat getan, mit einem Schachzug, der großen Weitblick und politisches Geschick verrät.»

Asiaticus' Augen weiteten sich. «Die parthische Gesandtschaft», sagte er langsam. «Brillant.»

«Ja, das war bewundernswert», pflichtete Antonia ihm bei, sichtlich erfreut, dass der Konsul den politischen Scharfsinn besaß, ihren Ausführungen zu folgen.

«Aber das war eine Gruppe rebellischer Edelmänner, die König Artabanos auf dem parthischen Thron durch Phraates ersetzen wollten, der als Geisel hier in Rom war», mischte sich Corbulo ein. «Was haben die mit Ägypten oder mit Macro zu tun?»

Vespasian erinnerte sich vage, dass Magnus bei seiner Ankunft in der Kyrenaika etwas von aufständischen Parthern erwähnt hatte.

«Eine ganze Menge», erwiderte Antonia, «wenn man sich anschaut, zu welchem Zeitpunkt die Gesandtschaft organisiert wurde und von wem.»

«Herodes Agrippa», stellte Vespasian fest, der sich jetzt wieder erinnerte. Er belohnte sich selbst mit einem großen Schluck Wein.

Antonia blickte ihn forschend an, als frage sie sich, woher er das wusste. «Richtig. Herodes versucht schon seit langem, Tiberius zu überreden, Judäa wieder zum Klientelkönigreich zu machen und ihn auf den Thron zu setzen, aber Tiberius weigert sich. Macro muss Herodes angeboten haben, ihm seinen Wunsch zu erfüllen, wenn Herodes im Gegenzug seinen beträchtlichen Einfluss auf die unzufriedenen parthischen Edelmänner geltend macht und sie davon überzeugt, dass jetzt der rechte Zeitpunkt wäre, einen anderen König auf den Thron zu bringen. Herodes' Freund Phraates ist der einzige lebende Nachfahr der alten Dynastie der Arsakiden und somit der rechtmäßige Erbe des Partherthrons. Er wird nur zu gern behilflich gewesen sein.»

Asiaticus grinste. «Sehr elegant. Tiberius hat sich darauf eingelassen, weil das Machtgleichgewicht im Osten sich zugunsten des Partherreichs verschoben hat, seit Artabanos seinen Sohn Arsakes auf den Thron von Armenien gebracht hat.»

«Ganz recht, Konsul. Ich weiß, dass Tiberius Phraates im Austausch gegen seinen Thron das Versprechen abgenommen hat, Armenien in den Einflussbereich Roms zurückzugeben. Tiberius glaubt, damit einiges für die römische Diplomatie erreicht zu haben. Deshalb schickt er Lucius Vitellius, den neuen Statthalter von Syrien, mit seinen Legionen ins Partherreich zu einem Krieg, der wenigstens zwei, wenn nicht drei Jahre dauern wird – länger, als Tiberius vermutlich noch zu leben hat. Nachdem Macro und Herodes erst einmal die parthische Gesandtschaft auf den Weg gebracht hatten, brauchten sie sich nur noch zurückzulehnen und zuzuschauen, wie Tiberius auf die List hereinfiel.»

Corbulo war anzusehen, dass es ihm dämmerte. «Ah, ich verstehe: Macro rechnet damit, dass Tiberius noch vor dem Ende des Krieges stirbt – sei es eines natürlichen Todes oder indem jemand ein wenig nachhilft. Dann wird er dafür sorgen, dass Caligula Kaiser wird, und zum Lohn bekommt er Ägypten. Da die Legionen aus Syrien beschäftigt sind, kann er einen Pufferstaat schaffen, indem er Judäa mit Galiläa, Idumäa und all den anderen kleineren jüdischen Tetrarchien zu einem Groß-Judäa vereint, mit Herodes als König.»

Antonia nickte. «Und Herodes bereitet schon den Boden dafür. Letztes Jahr hat er auf dem Rückweg nach Rom in Alexandria Station gemacht, wo seine Frau den Alabarchen überredet hat, ihnen viel Geld zu leihen. Damit hat Herodes, statt seine Schulden bei mir zu tilgen, insgeheim von Claudius und Narcissus Getreide gekauft.»

«Aber davon hätten Mittelsmänner des Kaisers erfahren,

so geheim der Handel auch geschlossen wurde, und er wäre verfolgt worden», wandte Asiaticus berechtigterweise ein.

«Nur wenn das Getreide von den Lieferungen nach Rom selbst abgezweigt worden wäre, doch das wurde es nicht. Die Güter, von denen er es gekauft hat, hatten alle ihr Soll an Rom erfüllt. Herodes hat Getreide aufgekauft, das für eher unbedeutende Provinzen bestimmt war.»

«Das erklärt, weshalb wir in der Kyrenaika eine schlimme Getreideknappheit hatten», bemerkte Vespasian. «Sie war einer der Gründe für die Unruhen unter den Juden dort.»

«Ich bezweifle, dass Herodes sich um die Juden der Kyrenaika schert. Er wollte einen Getreidevorrat anlegen, den er zu gegebener Zeit dazu benutzen kann, sich sein neues Königreich zu sichern. Ein unabhängiger, vereinigter jüdischer Staat hätte eine riesige Bevölkerung, aus der man eine beträchtliche Armee ausheben könnte, und diese müsste ernährt werden. Herodes wird ein sehr mächtiger Mann sein, vielleicht mächtig genug, um zu verhindern, dass Gaius eine Armee durch Judäa schickt, um in Ägypten einzumarschieren.»

«Und Caligula wird nichts weiter gegen Macro unternehmen können, weil der einen Großteil der Getreideversorgung Roms in der Hand hätte und drohen würde, die Lieferungen zurückzuhalten.»

«So ist es», bestätigte Antonia. «Aber bevor er Ägypten sichern kann, braucht Macro Geld, und zwar viel, um sich die Treue der Legionen und der Auxiliarkohorten zu erkaufen, die dort stationiert sind. Geld ist das eine, woran es ihm mangelt.»

«Darum hat er sich neuerdings mit Poppaeus verbündet», ergänzte Vespasian und füllte seinen Becher nach. «Dessen

Familie besitzt Silberminen in Hispanien, die sicherlich genug abwerfen, schließlich wurde daraus auch die thrakische Rebellion finanziert.»

«Mehr als genug», bestätigte Antonia. Sie gab Pallas einen Wink, ihr Wein nachzuschenken. «Macro lässt ihm in Rom freie Hand, die zahlreichen Feinde zu verfolgen, die er sich in seiner Laufbahn gemacht hat. Dafür war Poppaeus im Gegenzug bereit, ihm das Geld zu leihen, das er braucht, um ein reicher Grundbesitzer in Ägypten zu werden, indem er …?»

«… Claudius' Landgüter kauft», sagten alle drei Männer gleichzeitig.

«Deren Ertrag gerade sprunghaft im Wert gestiegen ist, da die Flotte mit der letzten Getreidelieferung vernichtet wurde.»

«Aber dann ist gewiss auch der Preis der Landgüter gestiegen?», bemerkte Vespasian, erfreut, dass das Gespräch sich nun um ein Thema drehte, mit dem er sich wirklich auskannte: Geld.

«Natürlich, aber das ist für alle vier beteiligten Parteien gut. Poppaeus wird entzückt sein, weil Macro sich mehr Geld leihen muss, sodass er ein Vermögen an zusätzlichen Zinsen einnimmt. Macro wird mit seinen neuerworbenen Gütern gleich zu Anfang immensen Gewinn erwirtschaften, mit dem er sich die Treue derer erkaufen kann, die er braucht. Ihn muss es nicht kümmern, wie viel er jetzt zahlt, weil es nicht sein Geld ist, und wenn er sich erst einmal Ägypten gesichert hat, kann er den Kredit mit den Millionen tilgen, die er dann an Steuern einnimmt. Claudius wird umso größeren Profit aus der Investition schlagen, die er bereits getätigt hat. Und Herodes ist glücklich, denn zusätzlich zu dem Getreide von Claudius hat er noch mehr aufgekauft, seit er in Rom ist, und zwar mit Geld, das er sich von Poppaeus geliehen hat. Jetzt kann er einen Teil davon zu einem überhöhten Preis wieder verkaufen und so seine Liquiditätsprobleme verringern.»

«Was für eine glückliche Kabale», kommentierte Asiaticus bitter.

«Zwei Dinge verstehe ich nicht, Herrin», sagte Vespasian.

«Ich hoffe, ich kann sie erklären, auch wenn ich selbst das alles erst zu Anfang dieses Jahres durchschaut habe, nachdem ich von Herodes' Getreidekäufen und von Narcissus' Versuchen erfahren hatte, die Urkunden über den Grundbesitz nach Rom zu schaffen.»

«Ja, wie habt Ihr davon erfahren, meine Dame?», warf Asiaticus ein.

Antonia lächelte gütig. «Ich nehme an, es kann nichts schaden, wenn ich es Euch jetzt erzähle. Nachdem ich mitbekommen hatte, dass Claudius und Narcissus sich für Ägypten interessierten, beauftragte ich meinen Verwalter in Alexandria, Felix, der Angelegenheit für mich auf den Grund zu gehen. Es dauerte nicht lange, bis er herausfand, was sie dort im Schilde führten. Seitdem hat er ihre Landkäufe beobachtet. Als Felix feststellte, dass Claudius einen Teil seiner Ernte an Herodes verkauft und Narcissus' Mittelsmann danach die Besitzurkunden von sieben der Landgüter nach Siwa gebracht hatte, wurde ihm klar, dass etwas sehr Seltsames im Gange war, und so schiffte er sich umgehend ein. Er wollte mir persönlich Bericht erstatten, um nicht zu riskieren, dass ein Brief etwa in falsche Hände fiele.»

«Aber woher wusstet Ihr dann, dass ich die Dokumente hatte, Herrin?»

«Das wusste ich bis heute nicht mit Bestimmtheit. Ich wusste nur, dass Ihr in Siwa einem Mann namens Capella begegnet wart, der wenig später starb und Euch eine Truhe hinterließ. Ich konnte nicht sicher sein, was sie enthielt, da mein Mittelsmann Euer letztes Gespräch mit Capella nicht mit anhören konnte – Ihr hattet ihm befohlen, zu gehen und die Kolonne wieder zu formieren.»

«Corvinus!», rief Vespasian überrascht aus. «Er hat mich ausspioniert?»

«Nicht Euch persönlich, Vespasian, er trägt mir allgemein Informationen zu. Er ist mir verpflichtet, ganz ähnlich wie Ihr. Als er in Siwa hörte, wie Capella zu Euch sagte, der Inhalt der Truhe gehöre jemandem in den oberen Rängen des Kaiserhauses, dachte er, es würde mich interessieren. Deshalb schrieb er mir, sobald er wieder in Barke war. Er stammt aus einer sehr ehrgeizigen Familie und ist äußerst bemüht, sich im Dienste Roms hervorzutun. Sein Brief war höchst informativ, was die Gründe dafür betrifft, dass Ihr Hals über Kopf in die Wüste losgezogen seid.»

Vespasian errötete. Gab es irgendetwas, das Antonia nicht wusste?

«Aber macht Euch keine Sorgen», fügte Antonia lächelnd hinzu, «es war ein Glück, dass Ihr es getan habt, was immer Eure wahren Beweggründe waren. Was wolltet Ihr nun fragen?»

«Ach ja», sagte er, schüttelte den Kopf und versuchte, den Faden wiederzufinden. «Ich verstehe nicht, warum Claudius all seine Landgüter an Macro verkauft und ihm dadurch die

Mittel in die Hand gibt, Ägypten von dem Imperium abzuspalten, das er selbst vielleicht eines Tages beherrschen wird.»

«Ja, das hat mir auch einiges Kopfzerbrechen bereitet, bis ich die schlichte Wahrheit erkannte: Claudius weiß nichts von Macros Plänen, ebenso wenig wie Narcissus. Möglicherweise ahnen die beiden nicht einmal, dass Macro der Käufer ist. Der Handel wurde durch Poppaeus vermittelt, der Claudius nahesteht. Claudius und Narcissus geht es nur darum, den riesigen Kredit zu tilgen, den sie aufgenommen haben, um die Güter überhaupt zu erwerben. Aber sie verkaufen nur die Hälfte. Der Gewinn aus dem Verkauf dieser sieben wird sicherstellen, dass ihnen die Übrigen zur Gänze gehören.»

«Ich nehme an, es gibt keinen Preis für den, der errät, wer ihnen das Geld geliehen hat», sagte Vespasian mit schiefem Grinsen.

«Das ist das Elegante an dem Plan: Claudius übergibt die Besitzurkunden Poppaeus, der betrachtet im Gegenzug Claudius' Schulden als getilgt und überträgt einfach sowohl die Schulden als auch die Besitzurkunden auf Macro. Kein Geld wechselt den Besitzer, es gibt keine Aufzeichnungen über die Transaktion, und die drei Parteien kommen nie zusammen.»

«Und was hat Poppaeus von alldem, abgesehen davon, dass er von allen Seiten Geld einnimmt? Es ist ja nicht so, als bräuchte er mehr davon.»

«Darüber habe ich am längsten gerätselt», gestand Antonia. «Dann wurde es mir mit einem Schlag klar. Was hat Poppaeus zu gewinnen, wenn Macro Ägypten in seine Gewalt bringt und Rom erpresst? Nichts, es sei denn, er ist selbst daran beteiligt. Denkt einmal nach: Macro ist vor Angriffen aus dem Westen durch die Wüste geschützt, die syrischen Legionen sind in Parthien und Armenien beschäftigt, und ein Angriff vom Meer her ist eine äußerst risikoreiche Option. Wie würdet Ihr unter diesen Umständen Ägypten angreifen?»

«Das ist einfach», sagte Corbulo. «Ich würde mit sechs Legionen über die Via Egnatia durch Makedonien und Thrakien marschieren, nach Asia übersetzen und dann an der Küste hinunterziehen und auf dem Weg Herodes überwältigen.»

«Genau. Aber wer ist der Statthalter von Moesien, Makedonien und Achaia? Poppaeus. Er braucht nichts weiter zu tun, als seine zwei Legionen und seine zehn Auxiliarkohorten vom Danuvius abzuziehen, den Hellespont zu überqueren und ihn gegen jedwede Armee zu verteidigen. Die östlichen Provinzen wären ganz in Macros und Poppaeus' Händen. Der untere Danuvius wäre ohne Verteidigung, und die Stämme aus dem Norden würden das ausnutzen und in Moesien einfallen, was die Thraker wahrscheinlich zu einem weiteren Aufstand ermutigen würde. Eine Armee, die nach Osten geschickt würde, müsste also zuerst damit fertigwerden, ehe sie auch nur daran denken könnte, nach Asia überzusetzen – das könnte mehrere Jahre dauern. Und woher sollten diese Legionen überhaupt kommen? Von der Grenze am Rhenus, sodass Gallien den Germanen offen stünde? Vom oberen Danuvius, auf die Gefahr hin, Pannonien zu verlieren? Oder vielleicht aus Hispanien oder Illyrien, wo die einheimischen Stämme einzig durch ihre Anwesenheit friedlich gehalten werden? Seit Varus es fertiggebracht hat, im Teutoburger Wald drei Legionen zu verlieren, gibt es im ganzen Reich nur noch fünfundzwanzig.»

«Was ist mit Lucius Vitellius?», fragte Asiaticus.

«Der hätte, nachdem er den Partherkrieg zu Ende gebracht hätte, die Wahl zwischen zwei Übeln: entweder einen Bürgerkrieg an zwei Fronten zu führen, gegen Poppaeus im Norden und Herodes und Macro im Süden und mit dem neuen Partherkönig im Rücken. Dies hätte großen Nutzen von einem gespaltenen und geschwächten römischen Reich. Keine schöne Aussicht, da werdet Ihr mir gewiss alle beipflichten. Also würde er sich wahrscheinlich für die einzige Alternative entscheiden, nämlich den neuen Herrschern die Treue zu erklären und weiterhin die Ostgrenze zu bewachen.»

«Oder Selbstmord zu begehen», schlug Corbulo vor.

«Das läuft aufs selbe hinaus: Die Legionen werden nicht kämpfen wollen. Sie sind schon so lange dort draußen stationiert, dass ihnen die Region zur Heimat geworden ist. Was kümmert es sie, wer sie befehligt?»

«Das müssen wir um jeden Preis verhindern, meine Dame», sagte Asiaticus, der nun das volle Ausmaß der Gefahr erkannt hatte.

«Das werden wir», versicherte Antonia, «aber ich denke, zu unser aller Bestem sollten wir in Ruhe unsere Gedanken ordnen, ehe wir darüber beraten, was zu tun ist. Ich für meinen Teil muss den Raum verlassen, um einem Bedürfnis nachzugehen.»

VIIII

Magnus starrte konzentriert geradeaus. «Das heißt also, weil Ihr Eurem Schwanz in die Wüste gefolgt seid», sagte er mit zusammengebissenen Zähnen, «hat Antonia Euch erneut in ihre Welt gezogen, und wir dürfen wieder mal für sie die Drecksarbeit machen.» Er stieß einen erleichterten Seufzer aus, und sein Gesicht entspannte sich.

Vespasian wandte sich an seinen Freund, der neben ihm saß. «Besser?»

«Viel besser.»

«Bislang steht nicht fest, ob sie überhaupt will, dass ich irgendetwas tue. Sie selbst hat noch nicht einmal entschieden, was sie wegen Macro unternehmen wird.»

«Blödsinn, natürlich hat sie», widersprach Magnus und spannte sich erneut an. «Glaubt Ihr wirklich, Ihr und Corbulo würdet hier mit Antonia und dem ersten Konsul sitzen und ihre Ansichten zu einem politischen Problem zu hören bekommen, wenn sie nicht dächte, dass Ihr Teil der Lösung seid?» Er unterbrach sich mit einem befriedigten Stöhnen. «Natürlich nicht. Sie hat irgendwas Fieses mit uns vor, darauf gebe ich Euch mein Wort. Sonst hätte sie Euch einfach gesagt, Ihr sollt Capellas Truhe auf dem Tisch stehen lassen, hätte Euch nett gedankt und Euch nach Hause geschickt.»

Corbulo trat ein, ging mit einem kurzen Blick auf Magnus an ihm vorbei, raffte seine Tunika und hockte sich auf das Loch an Vespasians anderer Seite. Er erleichterte sich umgehend und lautstark.

«Das hier ist mehr, als ich eigentlich auf mich nehmen wollte, Vespasian», sagte Corbulo, nachdem er sich entleert hatte. «Ich bin hergekommen, um Zeuge einer Unterredung zu sein, nicht um mich in hohe Politik verwickeln zu lassen.»

«Nein, Corbulo, Ihr seid hergekommen, um eine Schuld zu begleichen. Überhaupt solltet Ihr mir dankbar sein, schließlich werden in ein paar Tagen die Prätoren gewählt, und Ihr steht jetzt mit dem ersten Konsul in Kontakt, dessen Meinung im Senat großes Gewicht haben wird. Vielleicht bekommt Ihr dieses Jahr einen Posten, womöglich schneidet Ihr bei der Wahl sogar besser ab als mein Bruder.»

«Darauf bin ich schon selbst gekommen, und natürlich sollte jemand aus meiner Familie einen Emporkömmling wie Sabinus immer übertrumpfen», erwiderte Corbulo unwirsch. «Aber eines bereitet mir Sorge: Wenn Antonia diesen Machenschaften ein Ende setzt, werden fünf bedeutende Männer ernsthaft verärgert sein.»

«Wie meint Ihr das?»

«Nun, Macro und Herodes verlieren die Chance auf wirkliche Macht, Claudius verliert eine Menge Geld, Poppaeus verliert eine Menge Geld und die Chance auf einige Macht, und Caligula verliert das Gesicht, weil er dumm genug war, das alles überhaupt erst so weit kommen zu lassen.»

Vespasian dachte kurz nach und kam zu dem Schluss, dass Corbulo recht hatte.

«Wenn sie alle herausfinden, dass Ihr Antonia auf diese

Machenschaften aufmerksam gemacht habt», fuhr Corbulo fort, «und dass ich Euch unterstützt habe, dann hätten wir ein paar ernst zu nehmende Feinde.»

«Was habe ich gesagt, Herr?», warf Magnus rechthaberisch ein. «Haltet Euch aus der Politik des Kaiserhauses raus.»

«Ach, halt den Mund und reich mir den Eimer.»

Vespasian zog einen Stock, an dessen Ende ein Schwamm befestigt war, aus dem Eimer mit klarem Wasser. Nachdem er die überschüssige Flüssigkeit abgeschüttelt hatte, hockte er sich hin und begann, sich abzuwischen. «Caligula wird es uns doch gewiss nicht verübeln? Schließlich tragen wir dazu bei, ihn vor einem schrecklichen Fehler zu bewahren.»

«Ja, ich weiß», räumte Corbulo ein, während Vespasian den Schwamm wieder in den Eimer tauchte und herumrührte, um ihn auszuspülen. «Und zum Wohle Roms muss es getan werden, das ist uns allen klar. Aber wird Caligula es auch erkennen?»

«Natürlich wird er.» Vespasian richtete seine Kleidung, und Magnus nahm nun den Schwamm.

«Oder wird er es als Einmischung in seine Pläne für die Zeit betrachten, wenn er Kaiser wird? Ein Kaiser muss unfehlbar erscheinen. Glaubt Ihr also, wir hätten eine Chance, während seiner Regierungszeit voranzukommen, wenn er weiß, dass wir einen der wahrscheinlich größten Fehler seines Lebens ans Licht gebracht haben?»

«Das ist eine wirklich gute Frage, Herr», bemerkte Magnus an Vespasian gerichtet, während er sich fertig abwischte. «Selbst wenn Ihr Caligula jetzt als Freund betrachtet – sobald er erst Kaiser ist, wäret Ihr für ihn vielleicht eine unliebsame Erinnerung an frühere Fehleinschätzungen.»

«Seht Ihr, Vespasian, selbst Euer Mann besitzt genug Verstand, das zu erkennen.»

Magnus hob den Eimer hoch und stellte ihn vor Corbulos Füßen so heftig auf den Boden, dass das nun trübe Wasser auf seine Pantoffeln schwappte. «Schwamm, Corbulo?», fragte er höflich und reichte ihm das Werkzeug schmutzig, wie es war.

«Wir sind uns also einig, dass wir Macros Plan vereiteln müssen», begann Antonia, als sie wieder alle in ihrem Privatraum versammelt waren. «Nun stehen wir vor der Frage, wie wir das bewerkstelligen können, ohne meinen Interessen mehr als unbedingt nötig zu schaden.»

Die drei Männer starrten sie an. Asiaticus brachte als Einziger den Mut auf, das auszusprechen, was alle dachten. «Ihr meint gewiss, ohne den Interessen Roms zu schaden, meine Dame?»

«Das läuft auf dasselbe hinaus, Konsul. Ich will offen zu Euch sein: In den vergangenen paar Jahren war ich die einzige Person, die verhindert hat, dass Rom aus einer einigermaßen stabilen Regierung erneut in den Bürgerkrieg abglitt. Seit Tiberius sich in seine eigene Welt auf Capreae zurückgezogen hat, ist mir die Aufgabe zugefallen, die verschiedenen Fraktionen im Senat gegeneinander auszuspielen und dafür zu sorgen, dass keine von ihnen zu mächtig wird. Es lag bei mir, gegen Seianus vorzugehen, weil Tiberius blind gegen seine Machenschaften war und der Senat es nicht wagte, sich ihm entgegenzustellen.»

Asiaticus wollte widersprechen.

«Verschont mich mit Euren Einwänden, Konsu. Ihr wart

dort im Apollontempel, als sich die Senatoren in dem Glauben versammelten, man werde sie auffordern, Seianus tribunizische Gewalt zuzusprechen. Sagt mir: Wenn Tiberius sie in seinem Brief dazu aufgefordert hätte, wie wäre die Abstimmung dann ausgegangen?»

Asiaticus schürzte die Lippen. «Die Entscheidung wäre einstimmig gefallen», gab er zu.

«Ja, weil jeder Senator dort zu große Angst gehabt hätte, öffentlich dagegen Stellung zu beziehen. Nur denjenigen, die ‹vergessen› hatten, zu erscheinen, und stattdessen auf ihre Landgüter gegangen waren, und jenen, die das Pech hatten, am Vorabend eine verdorbene Garnele gegessen zu haben, wäre die schwierige Entscheidung erspart geblieben.»

Corbulo war sehr zu Vespasians Belustigung sichtlich entrüstet wegen dieses Seitenhiebs, denn ebendiese Ausrede hatte er selbst benutzt, um der Versammlung fernzubleiben.

«Ich verstehe, was Ihr sagen wollt, meine Dame», räumte Asiaticus ein.

«Das ist nicht gegen Euch persönlich gerichtet, Konsul, ich stelle nur die Tatsachen fest. Und da die Dinge nun einmal so liegen, ist es von entscheidender Wichtigkeit, dass ich nach dem Tod meines Schwagers weiterhin eine führende Rolle in der Politik Roms spielen kann. Entweder durch einen meiner Enkel, Gaius oder Gemellus, oder durch meinen Sohn Claudius – eine Möglichkeit, die ich neuerdings in Betracht ziehe.» Sie schwieg kurz und weidete sich an den verblüfften Mienen ihrer Gäste. «Aber dazu komme ich später. Zuerst wollen wir überlegen, wie wir Macros Pläne umgehend vereiteln können, ohne dass er argwöhnt, dass ich dahinterstecke. Anderenfalls wird er sich verhalten wie ein in die Enge getriebenes Tier, und Tiberius und ich wären tot, ehe der Monat zu Ende wäre. Wenn ich mich in Claudius' und Narcissus' Pläne einmische, den Grundbesitz zu verkaufen, wird er Verdacht schöpfen. Auch wenn ich Gaius dazu bringe, sein Versprechen zurückzuziehen, wird Macro zweifellos mein Wirken dahinter erkennen. Also was ist zu tun?»

«Beseitigt ihn, wie Ihr Seianus beseitigt habt, meine Dame», schlug Asiaticus vor.

«In diese Richtung habe ich bereits erste Schritte unternommen. Leider wird es noch ein langer Weg sein, es sei denn, ich ließe ihn ermorden, und das wage ich nicht aus Angst vor einem Aufstand der Prätorianer. Wie Ihr wisst, sind sie ihm treu ergeben, und sie würden seine Ermordung als Anschlag auf ihre Stellung in Rom sehen.»

«Dann beseitigt Poppaeus, Herrin», sagte Corbulo mit rachsüchtigem Funkeln in den Augen. «Ohne ihn gibt es kein Geld.»

«Ja, aber wie? Wenn ich ihn des Verrats anklagen lasse, erfährt Macro, dass ich weiß, was er plant.»

«Dann lasst ihn ermorden», sagte Vespasian, der selbst kaum glauben konnte, was er da von sich gab. Vor ein paar Jahren hatte er noch Skrupel gehabt, Bestechungen anzunehmen, und nun schlug er einen Mord vor?

«Das hätte den gleichen Effekt wie der vorige Vorschlag», wehrte Antonia ab.

«Nicht wenn es so aussieht, als wäre er eines natürlichen Todes gestorben, Herrin.»

Antonia schaute ihn an, und langsam breitete sich ein Lächeln auf ihrem Gesicht aus. «Gut gedacht, Vespasian, das würde funktionieren. Wenn er einfach tot umfällt, muss Macro es eben als Pech hinnehmen und sich auf die Suche nach einem anderen reichen Geldgeber machen, der bereit ist, sich an einem Verrat zu beteiligen. Das könnte Monate dauern, wenn nicht Jahre. Das ist wirklich schlau.»

«Aber wie könnten wir das bewerkstelligen, und wer würde die Tat ausführen?», fragte Asiaticus, sichtlich nicht überzeugt. «Es ist ja nicht so, als könnten wir jemanden in sein Haus einschleusen, der ihn im Schlaf erstickt – es wären zu viele Leute in seinem Haushalt im Weg.»

«Ich werde es tun», bot Corbulo leise an. «Ich weiß, es ist keine ehrenhafte Art, einen Senatorenkollegen zu töten. Aber die Art, wie er mich töten lassen wollte, war noch unehrenhafter. Wenn dies meine einzige Chance ist, mich zu rächen, dann ergreife ich sie.»

Vespasian wusste, er würde Corbulo nie wieder in die Augen blicken können, wenn er sich selbst nicht an der Tat beteiligte, nachdem er einen schändlichen Mord an ihrem gemeinsamen Feind vorgeschlagen hatte. «Ich helfe Euch, Corbulo», sagte er niedergeschlagen.

Es setzte ihm zu, dass von all den hehren Idealen, von denen er beseelt gewesen war, als er vor fast zehn Jahren erstmals Rom erblickt hatte, nur noch dieser Rest geblieben war. In diesem Moment wurde ihm bewusst, dass er vor nichts zurückschrecken würde, um seine Vision von Rom am Leben zu erhalten – von einem Rom, das ehrenvoll regiert wurde, frei von den Bürgerkriegen, in denen die Republik untergegangen war. Und nun war er bereit, für diese Vision einen Mord zu begehen. Wie hätte seine Großmutter Tertulla gelacht, wenn sie ihn jetzt hätte sehen können.

«Ich danke Euch, meine Herren», sagte Antonia ernst.

«Ich weiß, wie sehr das gegen die Überzeugungen verstößt, in denen Ihr erzogen wurdet, aber ich würde Euch nicht darum bitten, wenn ich eine andere Möglichkeit sähe.»

Vespasian und Corbulo wechselten einen Blick und lächelten bitter. Ihnen beiden war klar, dass sie sich zu etwas bereit erklärt hatten, das sie sich selbst niemals würden verzeihen können.

Asiaticus räusperte sich. Was eben beschlossen worden war, bereitete ihm Unbehagen, aber er verstand, dass es die einzige Möglichkeit war. Darum lenkte er das Gespräch wieder auf die praktischen Fragen. «Also wie fangen wir es an, wenn wir davon ausgehen, dass es nahezu unmöglich wäre, es in seinem eigenen Haus zu tun?»

«Gift scheidet aus», stellte Antonia fest. «Es würde zu lange dauern, ihm kleine Dosen zuzuführen, um den Anschein zu erwecken, er würde an einer zehrenden Krankheit sterben. Ohnehin, wie könnte man sich regelmäßig Zugang zu seinem Essen verschaffen?»

Eine Weile lang blieb es still, da alle am Tisch darüber nachdachten, wie man jemanden so ermorden konnte, dass es wie ein natürlicher Tod aussah, wenn derjenige nicht in seinem Bett lag oder in seinem Studierzimmer saß oder dergleichen.

Schließlich brach Pallas von seinem Platz an der Tür das Schweigen. «Kann ich vielleicht behilflich sein, Herrin?»

Antonia blickte auf. «Zweifellos hast du eine deiner wertvollen Anmerkungen zu machen, Pallas. Es ist mir stets eine Freude, sie zu hören, also bitte, komm uns zu Hilfe.»

Der Verwalter trat ins Licht. «Zu gütig, Herrin. Ich habe nur eines zu sagen: Damit das Ergebnis überzeugend wirkt, muss zwar die Tat im Verborgenen ausgeführt, die Leiche jedoch in der Öffentlichkeit entdeckt werden. Wenn wir nun die Möglichkeit ausschließen, Poppaeus in seinem eigenen Haus zu töten, müssen wir einen anderen privaten Ort finden, an dem es geschehen kann. Welche anderen Orte in Rom sucht Poppaeus auf? Den Senat, die Thermen, die Gerichte, die Häuser seiner Freunde, wo er zum Essen eingeladen wird? All das sind keine privaten Orte. Eine Einladung von Euch würde er niemals annehmen, Herrin, und es wäre unziemlich und allzu unehrenhaft, die Tat im Hause des Konsuls auszuführen.»

Asiaticus nickte zustimmend. «Wir würden die Geduld der Götter auf die Probe stellen, wenn wir die Räume des obersten Magistrats in Rom mit schändlichem Mord besudelten.»

«In der Tat», pflichtete Pallas ihm bei. «Somit fällt mir nur eine Gelegenheit in der nahen Zukunft ein, bei der Poppaeus sich an einen privaten Ort begeben muss: wenn er ein geheimes Geschäft abschließt.»

«Wenn er in Claudius' Haus die Urkunden über den Grundbesitz gegen den Schuldschein eintauscht», rief Vespasian. «Natürlich! Aber das würde bedeuten, dass Claudius und Narcissus in den Plan eingeweiht werden müssten.»

«Ich denke, das wird kein Problem sein», sagte Antonia. «Letztlich hängt alles am Geld. Wenn wir warten, bis der Austausch stattgefunden hat, dann werden sowohl mein Sohn als auch sein schmieriger Freigelassener nur zu bereitwillig entweder mithelfen oder wenigstens wegschauen. Denn auf diese Weise stehen sie nicht nur mit getilgten Schulden da, sondern sind zudem noch immer im Besitz der sieben Landgüter. Das sollte Anreiz genug sein, und es ist zugleich meinen Zwecken dienlich: Es verschafft Claudius zusätzliche Einnahmen, die er brauchen wird, falls ich entscheiden sollte, dass es zum Wohle Roms ist, wenn er der nächste Kaiser wird.»

«Könnte es denn sein, dass Ihr so entscheidet, meine Dame?», erkundigte sich Asiaticus mit hochgezogenen Augenbrauen.

«Das hängt davon ab, wie sich mein kleiner Gaius in den nächsten paar Monaten verhält. Aber ich an Eurer Stelle, Asiaticus, würde die Freundschaft mit meinem schwachköpfigen Sohn weiter pflegen.»

«Oh, das ist durchaus meine Absicht», erwiderte der Konsul mit verschwörerischem Lächeln.

Antonia richtete ihre Aufmerksamkeit wieder auf ihren Verwalter. «Danke für diese hilfreiche Anmerkung, Pallas. Nun, nachdem du uns Klarheit darüber verschafft hast, wo die Tat ausgeführt werden sollte, hast du vielleicht auch eine Anmerkung über das Wie zu machen?»

«Ich fürchte, nein, Herrin», erwiderte Pallas bedauernd. «Allerdings habe ich eine Idee, wer uns in dieser delikaten Angelegenheit behilflich sein könnte – wenn man bedenkt, wie voriges Jahr einer der Ädile auf mysteriöse Weise ums Leben kam. Soll ich Magnus hereinbitten?»

Antonia wandte sich überrascht zu ihm um. «Ich finde, das ist eine ausgezeichnete Idee.»

Magnus' Blick huschte unruhig durch den Raum. «Ich weiß nicht recht, ob ich genau verstanden habe, was Ihr meint, Herrin.» Er rutschte unbehaglich auf dem harten Holzschemel herum, der am freien Ende des Esstisches aufgestellt worden war.

«Zier dich nicht so, Magnus», wies Antonia ihn zurecht. «Es ist eine einfache Frage, und ich bin sicher, dass du die Antwort weißt.»

«Nun, es gibt eine Möglichkeit. Nicht dass ich es je ausprobiert hätte, aber ich habe von einem Bekannten darüber gehört», gestand er. «Ich weiß nicht mehr, von wem. Eigentlich habe ich es nie gewusst, wenn Ihr versteht?», fügte er mit einem nervösen Blick zum Konsul hinzu.

«Es ist schon gut, Magnus», beruhigte Antonia ihn, «der Konsul ist hier, um von deinen Kenntnissen zu profitieren, nicht, um über dich zu urteilen.»

«Wenn du derselbe Magnus bist, der die Bruderschaft vom südlichen Quirinal anführt», fügte Asiaticus hinzu, «und wenn du dir Gedanken um den, sagen wir, ‹natürlichen› Tod des Ädils dieses Bezirks im vergangenen Jahr machst, dann sei unbesorgt. Senator Pollo hat den Stadtpräfekten restlos davon überzeugt, dass du nichts damit zu tun hattest und dass es ganz normal ist, wenn ein gesunder junger Mann tot auf der Straße gefunden wird, ohne irgendwelche Verletzungen oder dergleichen. Mich würde allerdings interessieren, wie das zugegangen ist, also bitte, kläre uns auf.»

Magnus war sichtlich erleichtert. «Also, das ist eigentlich ganz einfach: Man ertränkt den Mann, indem man ihn mit dem Kopf in eine Wassertonne steckt, wobei man aufpassen muss, dass beim Untertauchen keine Blutergüsse am Hals oder an der Brust entstehen. Am besten zieht man ihn vorher aus, damit seine Kleidung nicht zerreißt oder nass wird. Dann hängt man ihn kopfunter auf – dabei wickelt man eine Decke um die Fußknöchel, damit der Strick keine Spuren hinterlässt – und drückt seine Brust zusammen, um alles

Wasser herauszupumpen. Vorher muss man allerdings etwas warten, sonst kann der Mann wieder zum Leben erwachen. Am Ende nimmt man ihn ab, trocknet ihm das Haar, kleidet ihn wieder an, und schon hat man einen Toten ohne irgendwelche Spuren. Ach ja, und wenn man ihn aufhängt, dann am besten vor einem großen Feuer, um ihn warm zu halten. Zumindest wenn die Leiche bald gefunden werden soll.»

«Danke, Magnus», sagte Antonia. Sie blickte ihn mit einem Funkeln in den Augen an, von dem Vespasian wusste, dass es nicht nur Bewunderung für sein Wissen ausdrückte.

«Es gibt noch eine Möglichkeit», fuhr Magnus fort, der sich für das Thema zu erwärmen begann, «aber dazu muss man ihm einen Trichter in den –»

«Das genügt, Magnus. Ich denke, wir haben eine praktikable Lösung. Das wäre alles – vorerst.»

«Ja, Herrin», murmelte Magnus und verließ den Raum.

Vespasian erriet, dass er an diesem Abend keine Gelegenheit haben würde, sich mit den ekstatischen Sklavinnen zu vergnügen, die die Nonae Caprotinae feierten.

«Nun, meine Herren», sagte Antonia, nachdem die Tür sich wieder geschlossen hatte, «Poppaeus ist tot. Wie und wo soll nun dieser bedauerliche Umstand entdeckt werden?»

«Wenn Ihr gestattet, Herrin?», bot sich Pallas an.

«Ich hatte auf dich gehofft, Pallas», erwiderte Antonia lächelnd.

«Poppaeus pflegt sich beim Gehen auf einen Stock zu stützen und erachtet es als unter seiner Dignitas, in Rom irgendwohin zu gehen, ohne sich in einer Sänfte tragen zu lassen. Zweifellos wird er in einer solchen zu Claudius' Haus kommen. Wir müssen den Leichnam wieder darin platzieren und dafür sorgen, dass die Träger ihn zum Forum bringen. Ich schlage vor, dass der werte Konsul ihn dort abfängt, die Vorhänge zurückzieht und zu seiner Bestürzung entdeckt, dass der gute Mann leider das Zeitliche gesegnet hat.»

Asiaticus lachte. «Noch öffentlicher wäre die Entdeckung wohl kaum zu inszenieren. Das ist wirklich gut, und ich werde mit Freuden meine Rolle spielen.»

«Aber wie schaffen wir die Leiche wieder in die Sänfte, sodass die Träger glauben, ihr Herr sei noch am Leben und der Befehl, ihn zum Forum zu bringen, komme von ihm?», fragte Vespasian.

«Wir werden eben die Illusion erzeugen, dass er lebt.»

«Aber wie?»

«Überlasst das mir, Vespasian. Es ist nicht so schwer, wie Ihr vielleicht denkt», versicherte Pallas ihm. «Ihr müsst allerdings die Truhe hierlassen.»

«Nun, meine Herren, ich denke, damit wäre die Angelegenheit entschieden», sagte Antonia abschließend. «Ich danke Euch für Eure Zeit, Konsul. Dürfte ich Euch noch kurz unter vier Augen sprechen?»

«Selbstverständlich, Herrin.»

«Danke. Vespasian und Corbulo, morgen früh werden Pallas und ich meinen sabbernden Sohn und seinen widerlichen Freigelassenen besuchen, um die nötigen Vorkehrungen zu treffen und ihnen zu erklären, welche Konsequenzen es hätte, wenn sie sich nicht meinen Wünschen fügten. Ihr werdet um die zweite Stunde dort zu uns stoßen.»

«Mit Vergnügen, Herrin», erwiderte Vespasian nicht ganz wahrheitsgemäß.

Sie verließen den Raum, gefolgt von Corbulo, und traten in den Säulengang um das von Fackeln erhellte Peristyl hinaus. Vespasian war enttäuscht, dass er Caenis nicht einmal gesehen hatte, die sonst fast immer an der Seite ihrer Herrin war. Während er schweigend um den bepflanzten Innenhof herumging und darüber nachdachte, traf ihn plötzlich die unschöne Erkenntnis, dass Caenis als Antonias Sekretärin wahrscheinlich eine Kopie von Corvinus' Brief angefertigt hatte. Sie wusste von Flavia, ehe er eine Gelegenheit gehabt hatte, ihr die Angelegenheit zu erklären.

«Was habe ich Euch gesagt, Herr?», ließ sich Magnus vernehmen, der aus dem Schatten auftauchte. «Sie hatte wirklich was verdammt Fieses für uns geplant: kaltblütigen Mord, wie es scheint. Wer ist denn das Opfer – Poppaeus?»

«Ja», erwiderte Vespasian schroffer als beabsichtigt.

«Nun, das versüßt uns die Angelegenheit wohl ein wenig. Er ist ein abscheulicher kleiner Scheißkerl.»

«Aber du hast unrecht, sie hatte es nicht geplant. Sie wusste gar nicht, was zu tun wäre. Ich war es, der vorgeschlagen hat, ihn zu ermorden.»

Magnus lachte. «Natürlich habt Ihr das, Herr, aber ich wette, erst nachdem sie alle anderen Möglichkeiten ausgeschlossen hatte, weil sie entweder nicht praktikabel wären oder zu lange dauern würden.»

«Es war die einzige Option, die in Frage kam, Mann», fuhr Corbulo ihn an. «Ich habe mich bereit erklärt, es zu tun, und Vespasian hat angeboten, mir zu helfen. Sie hat uns nicht darum gebeten.»

«Natürlich nicht, weil es das Einzige war, was sie nicht vorschlagen konnte.»

«Wie kommst du darauf?», fragte Vespasian.

«Ist das denn nicht offensichtlich?», fragte Magnus ungeduldig zurück. «Antonia war in ihrem ganzen Leben noch nie ratlos. Das Problem war, dass sie nicht einfach im Beisein des ersten Konsuls sagen konnte: ‹Ich will, dass Poppaeus ermordet wird, und zwar so, dass es wie ein natürlicher Tod aussieht, und übrigens, Vespasian und Corbulo, würdet Ihr wohl Eure Ehre beiseitelassen und Euch wie der Kammereunuch eines Königs im Osten oder wie ein rachsüchtiges Weib benehmen?› Ihr beide hättet es abgelehnt, und zwar zu Recht, und sie hätte Euch deshalb keinen Vorwurf machen können.»

Vespasian und Corbulo wechselten einen Blick und erkannten, dass das wahrscheinlich nicht weit von der Wahrheit entfernt war.

Vespasian stöhnte. «Aber da der Vorschlag von uns kam, konnten wir anbieten, die Tat auszuführen. So hat Antonia bekommen, was sie wollte, ohne tatsächlich zwei Senatoren aufzufordern, einen dritten zu töten.»

«Sie ist eine geschickte Spielerin», bemerkte Magnus fröhlich.

«Du musst es ja wissen. Geh und spiel mit ihr und bring ihr meinetwegen ein paar Blutergüsse bei.»

«Das mag sie. Je gröber, umso besser.»

«Nun, dann bist du grober Klotz wohl gerade der Richtige. Wir sehen uns morgen, wir müssen einen Besuch abstatten. Komm bei Tagesanbruch zu Gaius' Haus.»

«Ja, ich nehme an, bis dahin bin ich hier fertig. Aber ich versäume die verdammten Nonae Caprotinae. Gute Nacht, Herr. Ziri bleibt bei mir, aber die Jungs begleiten Euch zurück.»

«Wie haltet Ihr es nur mit ihm aus, Vespasian?», fragte Corbulo, als Magnus umkehrte, um darauf zu warten, dass Antonia ihn zu sich rief.

«So, wie ich es auch mit Euch aushalte, Corbulo: Ich mag ihn.»

Die Nacht war kühl, klar und still. Ein Dreiviertelmond hing tief über der Stadt. Sein milchiges Licht lag schimmernd auf den Marmorwänden und Säulen der größeren Tempel und öffentlichen Gebäude und hob sie von den dunkleren Ziegelwänden und Terrakottadächern der bescheideneren Bauwerke ab. Da und dort stiegen Rauchsäulen von Bäckereien oder Schmieden senkrecht zum Himmel auf und verflüchtigten sich in der Höhe. Der friedliche Anblick stand in scharfem Gegensatz zum Lärm des unablässigen trunkenen Tumults unten in der Subura, wo die arme Stadtbevölkerung die letzten Stunden des Festes der Sklavinnen genoss. In den Lärm mischten sich das Knirschen eisenbereifter Räder und das Hufgeklapper der Pferde, die die Fuhrwerke nachts zu den Läden und Werkstätten der Stadt zogen.

Von Marius und Sextus geführt, gingen Vespasian und Corbulo rasch den Palatin hinunter. Sie sprachen wenig und vermieden es, einander in die Augen zu sehen. Wenn jemals der Zweck die Mittel geheiligt hatte, dann in diesem Fall, sinnierte Vespasian. Corbulo verabschiedete sich düster am Fuß des Caelius und stieg rasch den Hügel hinauf. Das Angebot, ihn zu begleiten, hatte er abgelehnt.

Als sie am westlichen Rand der Subura vorbeikamen, war das Chaos der Feiern immer deutlicher wahrzunehmen. Horden Betrunkener zogen lauthals singend durch die Straßen, fingen Streit an und hurten herum. Diejenigen, die exzessiver getrunken hatten, lagen leblos in ihrem eigenen Erbrochenen und Urin, wo sie gestürzt waren, und in jeder Türnische und jeder Gasse wurde öffentlich Unzucht getrieben.

«Heute Nacht vergnügt sich die Stadt wirklich», kommentierte Marius wehmütig, als sie an einem Sklavenmädchen vorbeigingen, das von beiden Enden bedient wurde. Zwei wüst aussehende Freigelassene tranken aus Weinschläuchen, während sie sich mit ihr vergnügten.

«Ja, aber wir haben es auch verdient», erwiderte Sextus, «bei all den neuen Härten und dem, was wir zur Zeit durchmachen.»

«Was für neue Härten?», fragte Vespasian.

«Na, die Getreideknappheit, Herr, wusstet Ihr etwa nichts davon?»

«Genau», bestätigte Marius. «Die Gratisrationen Getreide wurden vor einem Monat halbiert, und viele Leute kommen kaum noch über die Runden.»

«Aber das liegt nur daran, dass die erste Getreideflotte gesunken ist. Sobald die nächste kommt, wird sich die Lage wieder normalisieren», versicherte Vespasian.

«Da wäre ich mir nicht so sicher, Herr», widersprach Marius, während sie den Aufstieg auf den Quirinal begannen. «Die Knappheit hat schon eingesetzt, lange bevor wir vom Untergang der Flotte erfuhren. Mein Cousin arbeitet unten bei den Kornspeichern, und er hat sie noch nie so leer gesehen. Er sagte, die Lage hat sich seit dem Ende des vorigen Sommers verschlechtert. Da schien mit jeder Flotte etwas weniger Getreide zu kommen. Sie haben es geheim gehalten, aber er hat von Spekulanten reden hören.»

Sextus spuckte auf den Boden. «Es ist doch verdammt noch mal immer das Gleiche, nicht wahr? Die Armen leiden, während ein paar reiche Hundesöhne sich an ihrem Elend noch mehr bereichern. Verdammte Senatoren, bitte um Verzeihung, Herr.»

«Da werden wohl kaum Senatoren dahinterstecken», erwiderte Vespasian. Voller Unbehagen dachte er an das, was Corbulo ihm von Pomponius erzählt hatte. «Die dürfen von Gesetzes wegen keine Handelsgeschäfte treiben.»

«Schon, aber das hält sie nicht davon ab», wandte Marius ein.

«Da hast du in manchen Fällen sicher recht, Marius.»

«Und ob. Mein Cousin hat mir erzählt, eins der zwei Schiffe, die von der gesunkenen Flotte übrig geblieben sind, wurde in ein privates Lagerhaus entladen, und der Getreideädil findet nicht heraus, wo dieses Lagerhaus ist und wem es gehört, also kann das Getreide nicht beschlagnahmt werden.»

«Mein Bruder ist der Getreideädil. Ich werde ihn fragen, warum er es nicht finden kann.»

«Weil es gut versteckt ist, darum. Nur ein Senator würde das geheim halten wollen.»

«Aber ein Senator wäre nicht so töricht, sich an Getreidespekulationen zu beteiligen. Der Kaiser würde ihn schon aufgrund des bloßen Verdachts hinrichten lassen und sein Eigentum beschlagnahmen.»

«Der Kaiser? Was haben wir mit dem Kaiser zu schaffen? Der hat sich seit fast zehn Jahren nicht mehr in Rom blicken lassen. Hockt da auf seiner Insel – man hätte ihn ebenso gut in den Tiber werfen können, und ich bin nicht der Einzige, der das sagt.»

«Du solltest aufpassen, vor wem du so redest. Das ist Verrat.»

«Damit kenne ich mich nicht aus, Herr, aber eins ist sicher: Es gibt nicht mehr genug Getreide, um die Stadt noch einen weiteren Monat zu ernähren, und niemand soll davon erfahren. Und während der Kaiser sich einen Dreck um all das schert, versucht irgendjemand, einen gewaltigen Profit daraus zu schlagen.»

Sie hatten jetzt Gaius' Haus erreicht, und Vespasian entließ die beiden Brüder der Straße mit jeweils einem Denar für ihre Mühen. Der attraktive neue, dunkelhäutige Jüngling öffnete ihm verschlafen die Tür und kehrte dann auf sein Lager in der Vorhalle zurück.

Vespasian ging durch das stille Haus und ließ den ersten Tag nach seiner Rückkehr nach Rom noch einmal Revue passieren. Die Dinge waren nicht so verlaufen, wie er es sich gewünscht hätte. Er hatte Caenis nicht gesehen und konnte sich denken, warum. Und er war erneut in Antonias Machenschaften verwickelt und wurde wieder in eine Welt hineingezogen, in der Menschen ihr Handeln einzig an politischen Erfordernissen ausrichteten. Doch was ihm zusätzliches Unbehagen bereitete, war die Angelegenheit mit der Getreideknappheit. Er hatte das Gleiche schon in der Kyrenaika mit angesehen. Aber jetzt wusste er, dass Herodes Agrippa die Knappheit verursacht hatte, indem er Getreide, das für die Provinz bestimmt war, für seine eigenen Zwecke aufgekauft hatte. Nun schien das Gleiche hier in Rom zu geschehen.

Er betrat sein Zimmer, streifte Toga und Tunika ab, legte sich ins Bett und starrte an die weiß getünchte Decke seines kleinen Zimmers. Vielleicht steckte nicht mehr dahinter als der Untergang der Getreideflotte und der Eigennutz einzelner Männer, doch eines wusste er sicher: Wenn jemand die Regierung in Rom zu seinem persönlichen Vorteil destabilisieren wollte, so führte der Weg durch die Bäuche der Armen.

X

Am nächsten Morgen stand Vespasian kurz vor Tagesanbruch auf. Als er das Atrium betrat, traf er zu seiner Überraschung seinen Bruder Sabinus gemeinsam mit Gaius vor einem kleinen Feuer im Herd an, wo sie ein Frühstück aus Brot, Oliven, Knoblauch und stark verdünntem Wein genossen. Aenor wartete ihnen auf.

«Der junge Quästor kehrt also aus seiner Provinz zurück», sagte Sabinus gedehnt, «und bringt gleich eine Truhe voller Ärger mit.»

«Halt den Mund, Sabinus», fuhr Vespasian ihn an. Er reichte Aenor seine gefaltete Toga und setzte sich, während sein Onkel ihm einen Becher Wein einschenkte.

«Ich freue mich auch sehr, dich wiederzusehen, mein Bruder. Hattest du Spaß mit den Kamelen?»

«Ich habe Sabinus gerade erklärt, in welcher verzwickten Lage du dich befindest», sagte Gaius rasch und überflüssigerweise in dem Versuch, einen Streit abzuwenden. Die beiden Brüder waren nie gut miteinander ausgekommen. Zwar hatte Sabinus in den letzten Jahren mehr Respekt vor dem jüngeren Vespasian an den Tag gelegt, aber er genoss es noch immer, ihn zu reizen. «Komm und frühstücke mit uns und erzähle, was Antonia gesagt hat.»

«Mord?», rief Gaius aus, nachdem er Vespasians detaillierten Bericht von seiner Zusammenkunft mit Antonia angehört hatte. «Das ist kein schönes Wort.»

«Es ist die Waffe einer Frau, ich weiß, Onkel», räumte Vespasian verschämt ein, «aber wir sahen keine andere Möglichkeit.»

«Ich denke, du hast recht daran getan, es vorzuschlagen», sagte Sabinus zu Vespasians Überraschung. «Es ist die schnellste und sauberste Lösung, so weibisch es auch sein mag.»

Vespasian überhörte den Seitenhieb. «Und Corbulo und ich können uns endlich an Poppaeus rächen.»

«Das ist auch eine Genugtuung», pflichtete Sabinus ihm bei, «denn es bedeutet, dass wir ein Versprechen einlösen können, das ich in unser beider Namen Pomponius Labeo gegeben habe.»

«Welches Versprechen?»

«An dem Tag, an dem er sich die Adern öffnete, ließ er mich rufen. Er wusste, dass wir tief in seiner Schuld standen, weil er unsere Eltern auf seinem Landgut in Aventicum vor Seianus versteckt hatte. Als Gegenleistung hat er mir das Versprechen abgenommen, dass wir an Poppaeus Rache üben würden.»

«Dann bin ich ja froh, dass ich behilflich sein kann», versetzte Vespasian mit unverhohlenem Sarkasmus.

«Das kannst du allerdings, sogar in zweierlei Hinsicht. Du hast mir soeben geholfen zu erkennen, wie ich meine Rechnung mit Herodes begleichen kann.»

«Was für eine Rechnung hast du denn mit ihm offen?»

«Er hat mich in Judäa in unerträglicher Weise öffentlich

gedemütigt. Das kann ich nicht auf mir sitzenlassen. Nun bin ich dieses Jahr als Ädil dafür zuständig, die Getreideausgabe in der Stadt zu überwachen, und ich kann dir im Vertrauen sagen, dass der Preis steigt, weil die Kornspeicher der Stadt auf Notstandsniveau geleert sind.»

«Ja, davon habe ich gehört.»

«Was?» Sabinus war sichtlich erschrocken. «Das sollte ein Geheimnis bleiben.»

«Das ist es auch: Nur du, ich, Magnus' Brüder der Straße und ihre Freunde und Verwandten wissen davon.»

«Sehr komisch», schnaubte Sabinus.

«Was ist denn mit dem Getreide aus dem zweiten Schiff, warum kannst du das nicht finden und verteilen?»

«Woher weißt du davon?»

«Auch das ist ein wohlgehütetes Geheimnis.»

«Und welche anderen Vertraulichkeiten haben die Brüder noch mit dir geteilt? Wahrscheinlich, dass ich bestochen wurde, damit ich es nicht finde.»

«Das will ich nicht hoffen, mein lieber Junge, das wäre ein Kapitalverbrechen», rief Gaius aus und trank zur Beruhigung einen großen Schluck Wein.

«So töricht bin ich nicht, Onkel. Aber ohnehin wird die erste Getreideflotte aus Africa jeden Tag erwartet, und dann sollte sich die Lage allmählich wieder normalisieren. Allerdings müssen wir wegen der Knappheit fast ein Fünftel mehr zahlen als voriges Jahr, und der Preis steigt weiter. Es wird eine Weile dauern, bis er sich wieder stabilisiert. Also muss jeder mit harten Strafen rechnen, der dabei ertappt wird, Getreide zu horten, wie unser Freund Herodes es tut. Ich werde anonym an den Alabarchen schreiben und ihm mitteilen, dass Herodes das von ihm geliehene Geld für illegale Getreidespekulation benutzt hat. Ich werde ihm raten, den Präfekten Flaccus davon in Kenntnis zu setzen, ehe ich es tue und es so aussieht, als wäre er selbst an den Geschäften beteiligt. Flaccus ist Tiberius rückhaltlos treu, somit wird er den Anschuldigungen ohne Zweifel nachgehen. Er wird das gehortete Getreide finden, es Tiberius melden und ihm auch berichten, wem es gehört, und das wäre Herodes' Untergang.»

«Du solltest sehr vorsichtig sein, lieber Junge», riet Gaius gerade, als es an der Vordertür klopfte. «Herodes hat das Getreide von Claudius gekauft. Wenn das ans Licht kommt, steckt auch er in großen Schwierigkeiten. Und Antonia kann es nicht leiden, wenn andere Leute ihre Familienangehörigen in Schwierigkeiten bringen; das betrachtet sie als ihr persönliches Vorrecht.»

«Das ist das Gute an einem anonymen Schreiben: Sie wird nie erfahren, dass es von mir kommt, ebenso wenig wie Herodes», erwiderte Sabinus. Eben wurde Magnus eingelassen, der alles andere als ausgeruht aussah.

Vespasian erhob sich und gab Aenor einen Wink, ihm die Toga anzulegen. «Antonia hat Mittel und Wege, alles herauszufinden, Sabinus. Ein Wort von ihr, und du hast bei den Prätorenwahlen keine Chance. Ich an deiner Stelle würde den Rat unseres Onkels beherzigen und nach einer anderen Möglichkeit suchen, meine Rechnung mit Herodes zu begleichen.»

Sabinus runzelte finster die Stirn. «Ich werde darüber nachdenken.»

«Guten Morgen, meine Herren», sagte Magnus, der erkannte, dass die Unterredung beendet war.

«Guten Morgen, Magnus, wir sollten uns gleich auf den Weg machen», erwiderte Vespasian, während Aenor die letzte Falte seiner Toga feststeckte.

«Ziri wartet draußen, Herr.»

«Und ich muss meine Klienten begrüßen», sagte Gaius und stemmte sich hoch. «Ich wünsche dir in dieser unschönen Angelegenheit alles Gute, mein lieber Junge. Aenor, meine Toga.»

Vespasian nickte seinem Bruder kurz zu, dann wandte er sich ab und folgte Magnus zur Tür hinaus und zwischen den etwa vierzig Klienten hindurch, die sich versammelt hatten, um ihrem Patron die morgendliche Aufwartung zu machen.

Begleitet von Ziri, der am hinteren Rand der Menge gewartet hatte, machten sie sich auf den Weg den Quirinal hinunter. Es war ein herrlicher, frischer Sommermorgen, und in der Luft lag bereits ein Hauch von Wärme. Eine leichte Brise wehte vom Binnenland her, und Vespasian glaubte, darin über die Gerüche der Stadt hinweg den schwachen Duft von frischgemähtem Gras und Blumenwiesen auszumachen. Er dachte an seine Landgüter in Cosa und Aquae Cutiliae, und in diesem Moment hätte er alles dafür gegeben, auf einem davon zu sein statt unterwegs, um einen Mord zu planen.

Claudius' Haus entsprach nicht dem, was Vespasian von einem Angehörigen des Kaiserhauses erwartet hätte – wie missachtet derjenige auch war. Es stand fast direkt an der Stadtmauer an einer ruhigen Seitenstraße des Esquilin und sah eher wie das Haus eines Kaufmanns aus, dessen Geschäfte schlecht liefen. Von dem rissigen, bröckelnden Putz blätterte die Tünche ab, und an zahlreichen Stellen lag das

Mauerwerk aus Ziegeln frei. Allerdings war das Haus groß, und was ihm an Pracht fehlte, das glich es durch Privatsphäre aus. Es ist der ideale Ort, um ein Leben im Verborgenen zu führen, dachte Vespasian, während er in der Nähe auf Antonia und Corbulo wartete.

Kurz vor der zweiten Stunde bog Corbulo mit langen Schritten um die Ecke, begleitet von zwei Sklaven und sichtlich zufrieden mit sich selbst. «Guten Morgen, Vespasian», grüßte er, ohne Magnus und Ziri auch nur zur Kenntnis zu nehmen. «Etwas Gutes ist aus dieser leidigen Angelegenheit entstanden: Asiaticus hat mir heute Morgen eine Nachricht mit dem Versprechen geschickt, meine Bewerbung um das Amt des Prätors zu unterstützen. Wenn er im Senat für mich spricht, habe ich gute Chancen, bei der Wahl als einer der Ersten abzuschneiden, und somit könnte ich nach meinem Jahr im Amt auf einen Posten als Statthalter einer proprätorischen Provinz hoffen.»

«Das freut mich sehr für Euch, Corbulo», sagte Vespasian aufrichtig, «und auch für mich selbst.»

«Warum, hat Asiaticus auch Euch etwas versprochen?»

«Nein, aber in Anbetracht der Tatsache, dass Ihr durch mich in Kontakt mit ihm gekommen seid, würde ich sagen, damit steht Ihr wiederum in meiner Schuld. Wir sind wohl doch noch nicht quitt, wie?»

Corbulo runzelte die Stirn, aber ehe er etwas erwidern konnte, bog Antonias Sänfte in die Straße ein, begleitet von Pallas mit Capellas Truhe.

Die zwölf muskulösen nubischen Träger stellten die Sänfte an den Stufen zur Vordertür ab. Antonia zog den Vorhang zurück und stieg aus. Vespasians Herz tat einen Sprung, als Caenis hinter ihrer Herrin erschien. Sie warf ihm einen Blick zu und lächelte schüchtern. Ihre sonst so kristallklaren blauen Augen waren vor Kummer verschattet, aber dennoch stockte ihm der Atem, als sie für einen Moment auf ihm ruhten. Er öffnete den Mund, um ihr alles zu erklären, da wurde ihm schlagartig wieder bewusst, dass sie nicht allein waren. Also schloss er den Mund hastig wieder und versuchte stattdessen nervös, zu lächeln. Caenis deutete ein Nicken an, als verstünde sie, dass sie reden mussten. Dann wandte sie sich ab, um ihre Schreibutensilien aus der Sänfte zu holen.

«Guten Morgen, meine Herren», sagte Antonia und riss Vespasian damit aus seiner Gedankenwelt. Der Anflug von Belustigung auf ihrem Gesicht weckte in Vespasian den starken Verdacht, dass die heimliche Verständigung zwischen ihm und Caenis durchaus nicht so geheim geblieben war, wie sie beabsichtigt hatten. «Ich werde das Reden übernehmen. Ihr solltet schweigen, sofern ich Euch nicht auffordere, etwas zu sagen. Denkt daran, Ihr seid einzig dazu hier, die logistischen Details Eures … nun ja … Vorhabens zu klären.»

Pallas stieg die Stufen hinauf und klopfte an die Tür.

«Ich hatte k-keine Ahnung, M-M-Mutter», beteuerte Claudius und tupfte sich mit einem Taschentuch den Speichel ab, der ihm aus dem heruntergezogenen Mundwinkel lief, «was aus dem Grundbesitz werden sollte.» Der Blick seiner wachsamen grauen Augen huschte zu seinem Freigelassenen Narcissus hinüber, der neben ihm auf einer Bank unter einem Früchte tragenden Birnbaum in dem gepflegten Garten saß. «Und N-N-Narcissus gewiss auch nicht.»

Vespasian und Corbulo saßen zu beiden Seiten neben

Antonia und verfolgten mit Interesse, wie sie ihren Sohn befragte. Claudius hatte fast unkontrollierbar gezuckt und gestottert, als sie ihm die Besitzurkunden zeigte, und eingeräumt, er habe gewusst, dass Narcissus illegalerweise Ländereien in Ägypten für ihn erworben hatte. Narcissus war während des ganzen Gesprächs völlig ruhig geblieben, als wäre es eine Angelegenheit von geringer Bedeutung und somit unter seiner Würde, überhaupt darauf einzugehen. Vespasian warf einen verstohlenen Blick zu Caenis, doch sie hielt den Kopf gesenkt und konzentrierte sich darauf, das Gespräch auf die Wachstafeln auf ihrem Schoß zu protokollieren. Pallas stand mit unbewegter Miene hinter ihr.

«Ich soll also glauben, dass du sieben der größten weizenerzeugenden Landgüter in Ägypten an einen Unbekannten verkaufen wolltest, ohne dich im Entferntesten dafür zu interessieren, wer dieser Käufer war?» Antonia zeigte auf Capellas Truhe, die offen auf dem Tisch zwischen ihnen stand.

«Aber wir dachten ja, wir wüssten es, werte Dame. Wir dachten, es sei Poppaeus», erwiderte Narcissus und strich sich mit der feisten Hand über seinen geölten Bart. Die protzigen juwelenbesetzten Ringe an allen Fingern funkelten in der höher steigenden Sonne.

«Ich habe diese Frage nicht an dich gerichtet, Freigelassener», fuhr Antonia ihn an. «Es war schon eine Ungeheuerlichkeit, dass du in meinem Beisein ohne Erlaubnis Platz genommen hast. Mach es nun nicht noch schlimmer, indem du unaufgefordert redest. Und für dich heiße ich ‹Herrin›.»

«Gewiss, Herrin», erwiderte Narcissus, neigte ein wenig den Kopf und breitete die Hände zu einer Demutsgeste aus.

«Du wusstest also nicht, dass der eigentliche Käufer Macro war?»

«M-M-Macro!» Claudius machte ein entsetztes Gesicht. Narcissus' volle Lippen zuckten. «Nein, M-M-M-Mutter. P-Poppaeus sagte, er werde die Schulden für sämtliche Güter als getilgt betrachten, wenn ich ihm s-sieben verkaufte.»

«Und er hat dir nicht gesagt, was er damit vorhatte?»

«Nein, M-M-M-Mutter.»

«Verschone mich mit deinem ‹M-M-Mutter›, Claudius. Wenn es dir so schwerfällt, das Wort auszusprechen, dann versuche es gar nicht erst, so können wir eine Menge Zeit sparen.»

«Ja, M-M-... ja. Wir, äh ... das heißt, ich hatte angenommen, er wolle sie selbst b-behalten.» Claudius schaute wiederum zu Narcissus, der seine gepflegten Fingernägel betrachtete. Mit einem kaum wahrnehmbaren Nicken gab der Freigelassene ihm zu verstehen, dass er die richtige Antwort gegeben hatte.

«Nun, das beabsichtigt er nicht. Er will sie an Macro weiterverkaufen. Zu deinem Glück glaube ich dir deine Geschichte. Ich weiß, dass nicht einmal *du* dumm genug wärst, solchen potenziellen Reichtum in die Hände eines skrupellosen Mannes zu geben, der darauf aus ist, das Reich zu zerstören, das du vielleicht eines Tages regieren wirst.»

«I-i-ich!», rief Claudius in übertriebener Überraschung aus. Vespasian bemerkte das schwache Lächeln, das kurz Narcissus' Mundwinkel umspielte.

«Ja, du, Claudius. Versuche nicht, vor mir den Arglosen zu spielen – du beleidigst uns beide. Nun, wenn du willst, dass ich dich ernsthaft als potenziellen Erben in Betracht ziehe, musst du mir helfen, dieses Geschäft zu vereiteln, ohne dass Macro argwöhnt, dass ich die Hand im Spiel hatte. Und du darfst niemandem davon erzählen, nicht einmal deinem geldgierigen kleinen Freund Herodes Agrippa.»

Narcissus hielt sich ein seidenes Taschentuch vor den Mund, räusperte sich geziert und schaute Antonia mit hochgezogenen Augenbrauen an.

«Was ist?», fragte sie ungeduldig.

«Meinen Dank, Herrin», schnurrte Narcissus in zutiefst unterwürfigem Ton. «Wir – das heißt, mein Herr und ich – werden selbstverständlich alles tun, was Ihr verlangt, und Ihr könnt Euch auf unsere Diskretion verlassen. Wenn ich mir eine Bemerkung erlauben dürfte: Einfach das Geschäft zu vereiteln oder gar Poppaeus aus dem Weg zu schaffen wäre nicht subtil genug, um Macro hinters Licht zu führen.»

«Glaubst du, daran hätte ich noch nicht gedacht?»

Narcissus hob die Hände und zog die Schultern hoch, legte den Kopf zurück und schloss die Augen halb. «Nein, Herrin, nein, natürlich nicht. Aber dürfte ich einen Unfall als Todesursache vorschlagen?»

«Nein, das dürftest du nicht, du unverschämter kleiner Mann. Wir werden einen natürlichen Tod inszenieren, und zwar in diesem Haus.»

Narcissus' Augen weiteten sich, als er die Tragweite ihrer Worte erfasste. «Und dieser Tod würde inszeniert werden, nachdem das Geschäft abgeschlossen ist, Herrin?»

«Ja, Claudius wird seiner Schulden ledig sein und dennoch die Besitzurkunden über seine Landgüter behalten.»

«Darf ich Euch zu solcher Raffinesse beglückwünschen?»

«Nein, das darfst du nicht. Es war Vespasians Idee.»

Vespasian wusste selbst nicht mehr, ob das stimmte. Er spürte Narcissus' Blick und schaute zu ihm hinüber. Die Augen des Freigelassenen verrieten Bewunderung und Anerkennung, er deutete ein Lächeln an und neigte ein wenig den Kopf. Vespasians Gedanken kehrten zu dem Bankscheck zurück. Sobald die Tat getan war, würde er ihn bei den Cloelius-Brüdern einlösen, um sich zu holen, was ihm zustand.

«Ich lasse euch jetzt allein, damit ihr die Einzelheiten besprechen könnt», sagte Antonia, erhob sich und warf ihrem Sohn einen strengen Blick zu. «Wenn du deine Rolle gut spielst, Claudius, dann werde ich vielleicht eine höhere Meinung von dir haben. Komm, Caenis.»

Die Männer standen auf, und Antonia ging. Caenis folgte ihr mit einem zögernden Blick zu Vespasian. Er sah ihr nach, während sie den Garten verließ, und fragte sich, wann er sich mit ihr würde aussprechen können.

«Ich fasse also unseren Plan noch einmal zusammen, meine Herren.» Pallas stellte Capellas Truhe im Atrium ab, nachdem sie um das ganze Haus und den Stallhof herumgegangen waren, wo Magnus sich ihnen angeschlossen hatte. «Bei ihrer Ankunft werden Poppaeus und sein Sekretär Kosmas in den Garten geführt, wo das Geschäft abgeschlossen wird. Anschließend wird Claudius Poppaeus um ein Gespräch unter vier Augen bitten; Narcissus wird indessen Kosmas in seine Schreibstube führen. Auf dem Weg dorthin wird er uns im Atrium sehen, wo wir so tun, als warteten wir darauf, von Claudius empfangen zu werden. In der Zwischenzeit wird Poppaeus' Sänfte nach hinten zum Stallhof beordert, wo sie so nah wie möglich an den Stufen zum Haus abgestellt wird. Die Träger bekommen in der Küche etwas zu essen und zu trinken und werden dort aufgehalten, bis Magnus hereinstürzt, um ihnen Bescheid zu geben, dass ihr Herr vor dem –»

Ein lautes Klopfen an der Tür unterbrach seine Ausführungen. Ehe Narcissus es verhindern konnte, hatte der Türhüter bereits geöffnet, und herein kam ein hochgewachsener, eleganter Mann mittleren Alters in pechschwarzem Gewand, das ihm bis zu den Fußknöcheln reichte, und mit einem purpurnen Mantel mit Goldstickerei am Saum. Ein Freigelassener begleitete ihn.

«H-H-Herodes, mein lieber Freund», rief Claudius und hinkte auf den Neuankömmling zu, um ihn zu begrüßen. Seine schwachen Knie stießen aneinander, während die Füße vorwärtsschlurften, sodass er eher torkelte als ging und der Eindruck entstand, er würde jeden Moment bäuchlings zu Boden stürzen, wenn er an Schwung verlor.

Herodes fasste Claudius' Unterarm mit festem Griff. «Ich hoffe, ich störe nicht», sagte er und warf einen interessierten Blick über Claudius' Schulter auf die Anwesenden. «Komm, Eutyches, Claudius ist offenbar beschäftigt. Wir sollten zu einem späteren Zeitpunkt wiederkommen.»

Der Freigelassene machte kehrt und ging wieder hinaus.

«N-n-n-nein, Herodes, d-diese H-H-H-Herren wollten g-gerade gehen.»

«Warum stottert Ihr denn vor mir, alter Freund? Das sieht Euch gar nicht ähnlich.»

Pallas sah Vespasian an und wies mit einer Kopfbewegung zur Tür.

«Wir lassen Euch jetzt mit Eurem neuen Gast allein, edler Claudius», sagte Vespasian, der den Wink verstand, und wandte sich zum Gehen.

«Aber gewiss nicht, ehe Ihr uns bekannt gemacht habt, Claudius?», protestierte Herodes und beäugte Pallas argwöhnisch. «Pallas kenne ich, er ist der Verwalter Eurer Mutter. Senator Corbulo, einen guten Tag Euch.» Corbulo nickte ihm zu. «Aber ich hatte noch nicht das Vergnügen, die Bekanntschaft dieses jungen Herrn zu machen.» Er lächelte Vespasian salbungsvoll zu.

«Aber n-natürlich», stammelte Claudius, und sein langes Gesicht lief rot an.

Vespasian stand betreten schweigend da, während Claudius stotternd seinen vollen Namen herausbrachte und dabei mit einer Falte seiner Toga den reichlichen Speichelfluss aus beiden Mundwinkeln einzudämmen versuchte.

«Ihr macht Euren Gastgeber sehr nervös, Vespasian», bemerkte Herodes und ergriff seinen Unterarm. «Ich frage mich, warum wohl?» Noch einmal schaute er argwöhnisch zu Pallas, dann wandte er sich wieder Vespasian zu. «Ich bin in Judäa Eurem Bruder begegnet und hatte hier in Rom ein paarmal geschäftlich mit ihm zu tun. Bitte richtet ihm meine Grüße aus.»

«Das werde ich», erwiderte Vespasian, neugierig, warum Sabinus Geschäfte mit einem Mann machte, der ihn beleidigt hatte.

«Aber bitte, lasst Euch nicht länger von mir aufhalten.»

«Ich freue mich, einmal mehr Zeit mit Euch zu verbringen, Herodes», sagte Vespasian höflich, wenn auch nicht ganz wahrheitsgemäß.

«Gewiss, ich ebenfalls», gab Herodes ebenso höflich zurück. «Eutyches, komm wieder herein, du Narr. Es gibt Arbeit für dich.»

«K-k-k-kommt, Herodes, Narciss-ss-cissus wird meine Gäste hinausgeleiten, lasst uns in den G-G-Garten gehen. Guten T-Tag, meine Herren.» Claudius packte Herodes am Ellenbogen und führte ihn in verdächtiger Eile hinaus, während Herodes' Freigelassener wieder ins Haus hastete.

«Mein Herr glaubt, besonders geschickt in Täuschungen zu sein, doch leider ist er das nicht», kommentierte Narcissus. «Ich werde mein Möglichstes tun, damit Herodes denkt, eine harmlose juristische Angelegenheit oder dergleichen habe Euch hergeführt. Leider ist er geübt darin, Intrigen zu wittern. Er könnte durchaus zum Problem werden.»

«Dann sollten wir diese Angelegenheit so schnell wie möglich hinter uns bringen», schlug Corbulo vor.

«Euer Urteilsvermögen ist untadelig, Senator», schmeichelte Narcissus, «und gereicht Euch zur Zierde. Poppaeus ist begierig, den Handel abzuschließen. Ich bin sicher, er wird einverstanden sein, morgen zur zweiten Stunde zu diesem Zweck herzukommen; wegen des Festes des Apollon tagt der Senat nicht.»

«Wir werden bei Tagesanbruch hier sein, sofern wir nichts anderes von dir hören, Narcissus», sagte Pallas und hob die Truhe auf. «Ich werde Asiaticus Bescheid geben, damit er sich von der dritten Stunde an auf dem Forum bereithält, um die Sänfte abzufangen.»

«Ausgezeichnet, mein Freund. Und ich werde ein Seil und ein Fass voller Wasser beschaffen. Mögen die Götter unserer Unternehmung hold sein.»

Der Türhüter ließ sie hinaus auf die Straße.

Als die Tür sich hinter ihnen schloss, verblüffte Pallas sie alle. «So eine Scheiße!»

Sie hatten sich am Fuß des Caelius von Corbulo getrennt und stiegen jetzt den Palatin hinauf. Hunderte Menschen zogen unter Lobgesängen auf Apollon langsam den Hügel empor, wobei sie Sonnensymbole in Form polierter Bronzescheiben in die Höhe hielten. Da es unmöglich war, sich einen Weg durch das Gedränge zu bahnen, mussten sie langsam mitgehen, in dem gemächlichen Tempo, das die drei weißen Ochsen an der Spitze der Prozession vorgaben.

«Es gibt ein Opfer für Apollon, Ziri», erklärte Magnus seinem Sklaven.

«Apollon? Was das?», fragte Ziri und schaute sich nervös in der Menge um.

«Er ist der Gott von vielen Dingen: Wahrheit, Schafhirten, Kolonisierung, Bogenschießen, alles Mögliche …» Magnus hielt inne. Ziris verständnislose Miene zeigte, dass sein Latein für diese Erklärung nicht ausreichte. «Egal. Nach dem Opfer gibt es Gladiatorenspiele im Amphitheater des Taurus auf dem Campus Martius. Wir werden hingehen, es gibt sicher ein paar gute Kämpfe.» Magnus blickte zu Vespasian hinüber. «Seid Ihr dabei, Herr?»

«Nein danke. Wenn ich mit Antonia gesprochen habe, gehe ich in die Thermen», erwiderte Vespasian, während sie sich von der Prozession lösten und auf die Straße zu Antonias Haus abbogen. «Wir waren seit Kreta nicht mehr in einem Bad», fügte er mit einem vielsagenden Blick hinzu.

«Na ja, dann kommt es auf einen Tag mehr auch nicht

an, oder? Außerdem will ich sehen, wie Ziri darauf reagiert, wenn alle so richtig … nun, Ihr wisst schon.»

Vespasian runzelte die Stirn. «Meinst du, er ist dafür bereit?»

«Ich weiß nicht recht, ob öffentliches Masturbieren beim Tod eines jeden Gladiators etwas ist, worauf die Römer übermäßig stolz sein sollten», bemerkte Pallas.

Magnus grinste. «Aber es verleiht dem Ganzen Würze, oder nicht? Erst recht, wenn man eine hübsche junge Hure hat, die einem behilflich ist.»

«Masturbieren? Was das?», fragte Ziri.

«Ich fürchte, das wirst du gleich erfahren, Ziri», erwiderte Vespasian. Sie hatten jetzt Antonias Tür erreicht.

Vespasian entließ Magnus und Ziri mit dem Befehl, eine Stunde vor Tagesanbruch zu Gaius' Haus zu kommen, dann folgte er Pallas ins Haus.

Nach kurzem Warten erschien Antonia, begleitet von Caenis, die einen Kapuzenmantel trug. «Ist alles organisiert?», erkundigte sich Antonia bei Pallas.

«Ja, Herrin. Aber Herodes Agrippa und sein Freigelassener Eutyches haben uns dort gesehen.»

Antonias Miene erstarrte. «Herodes! Wenn einer den Zeitpunkt von Poppaeus' Tod nicht für Zufall halten wird, dann er. Ich brauche ein wenig Zeit, um darüber nachzudenken, wie wir mit dieser Komplikation umgehen. Wer ist dieser Freigelassene?»

«Herodes musste ihn vor ein paar Jahren freilassen, damit er für ihn einen Schuldschein unterzeichnen konnte. Sonst weiß ich nicht viel über ihn, nur dass Herodes ihn stets wie einen Schwachkopf behandelt hat, seit er ihn als Knaben kaufte.»

«Ist er loyal?»

«Das bezweifle ich. Wer kann loyal gegenüber einem Mann sein, der keine Loyalität gegen irgendjemand anderen als sich selbst kennt?»

«Vielleicht könnten wir versuchen, mit ihm zu reden. Möglicherweise ist er bereit, ein paar kleine Geheimnisse zu verraten.»

Vespasian erinnerte sich mit plötzlicher Klarheit daran, wie Sabinus überlegt hatte, eines von Herodes' Geheimnissen zu enthüllen. «Herrin, könntet Ihr nicht drohen, Herodes als Getreidespekulanten zu entlarven? Ihr könntet das erreichen, ohne Claudius in Gefahr zu bringen, weil der es ihm verkauft hat.»

«Wie das?»

«Mit der Hilfe meines Bruders. Als Getreideädil ist er befugt, in Zeiten der Knappheit Herodes' Vorräte in Ägypten zu beschlagnahmen. Ich bin sicher, Sabinus würde nicht weiter nachforschen, von wem Herodes das Getreide gekauft hat.»

Antonia wandte sich Vespasian zu und lächelte. «Damit stünde Herodes vor der Wahl, ob er sehr viel Geld verliert oder Stillschweigen über einen etwaigen Verdacht bewahrt, den er bezüglich Macros vereiteltem Grundstückskauf haben könnte. Sehr gut. Ihr lernt dazu, Vespasian. Ich werde sofort anfangen, daran zu arbeiten. In der Zwischenzeit würde Caenis gern zu dem Opfer am Apollontempel gehen. Ich weiß, es ist äußerst ungewöhnlich, ein Mitglied des Senats zu bitten, meine Sklavin zu begleiten, aber ich dachte, in diesem Fall wärt Ihr vielleicht willens, eine Ausnahme zu machen.»

Vespasian schaute Caenis an, die ihm schüchtern zulächelte. «Es wird mir ein Vergnügen sein, Herrin.»

«Gut. Pallas, komm mit mir. Wir haben zu arbeiten. Schicke Sabinus eine Nachricht, er soll herkommen, sobald er bei den Getreidespeichern fertig ist.» Sie fasste Caenis aufmunternd am Arm, dann wandte sie sich ab und ging hinaus.

Vespasian machte einen Schritt auf Caenis zu. «Caenis, ich …»

Sie wich zurück. «Nicht hier, mein Liebster, lass uns gehen.»

«Meine Herrin hat es mir erklärt», sagte Caenis mit zusammengebissenen Zähnen und schlug sich mit beiden Fäusten heftig auf die Oberschenkel. «Ich weiß jetzt, dass wir niemals heiraten können, aber ich hatte noch nie von diesem Gesetz gehört, bis meine Herrin mir davon erzählte, kurz bevor sie mir Corvinus' Brief zu kopieren gab. Zu dem Zeitpunkt verstand ich nicht, warum sie mir das sagte, es kam wie aus dem Nichts und hat mich tief verletzt. Ich hatte davon geträumt, dich zu heiraten, mein Liebster. Dann erfuhr ich, dass das nicht möglich ist, und gleich darauf verstand ich, warum Antonia es mir gesagt hatte: um mich auf die Nachricht vorzubereiten, dass du hinter einer anderen Frau her warst.»

«Es ist meine Pflicht, Söhne zu bekommen», erwiderte Vespasian halbherzig.

«Pflicht! Ich weiß, dass es deine Pflicht ist», brauste Caenis auf, so laut, dass Leute auf der Straße sich zu ihnen umdrehten. «Aber was ist mit mir? Mit uns? Wo bleibt in alldem unsere Liebe?»

«Immer an erster Stelle, Caenis, daran wird sich nie etwas

ändern», beteuerte Vespasian mit gedämpfter Stimme, sich der Erheiterung bewusst, die dieser vermeintliche Zank unter Liebenden in ihrer Umgebung auslöste.

«Das heißt, während du mit dieser anderen Frau eine Familie gründest, erwartest du von mir, mich im Hintergrund zu halten und darauf zu harren, dass du mir hin und wieder Brosamen deiner Zuwendung hinwirfst, wenn du dich einmal von deinen Pflichten gegenüber deiner Familie und Rom frei machen kannst? Und in der Zwischenzeit verzehre ich mich vor Eifersucht, weil mein Liebster, mein bester Freund, von einer anderen, die er angeblich weniger liebt als mich, etwas bekommt, das ich ihm von Gesetzes wegen nicht schenken darf, obwohl ich es ihm doch so verzweifelt gern schenken würde: Kinder.» Caenis hielt inne und stellte sich direkt vor ihn. «Wie soll ich das können, mein Liebster? Wie kannst du so viel von mir erwarten?», fragte sie mit leiser, zittriger Stimme.

«Aber Flavia ist verschwunden, ich werde sie nicht wiederfinden.»

«Du wirst eine andere finden. Es ist nur eine Frage der Zeit.»

Vespasian blickte in ihre flehenden Augen, in denen Tränen standen, und widerstreitende Gefühle krampften seine Eingeweide zusammen. Caenis hatte recht, genau das hatte er von ihr erwartet, er hatte es nur nie so betrachtet. In all seinen Zukunftsplänen für sein Privatleben war er einfach davon ausgegangen, dass Caenis seiner zukünftigen Frau Platz machen würde und dass beide Frauen sich in diese Abmachung fügen würden. Jetzt erkannte er: Er hatte sich selbst etwas vorgemacht. Ob bewusst oder nicht, hatte er Caenis'

Gefühle immer nur in Bezug auf ihren gesellschaftlichen Stand gesehen – den einer Sklavin mit der Aussicht darauf, bald freigelassen zu werden. Jetzt sah er sie zum ersten Mal als seinesgleichen. Jetzt waren sie nichts weiter als ein Mann und eine Frau, die einander innig liebten.

«Wir sind in einer ausweglosen Situation, nicht wahr, meine Liebste?», flüsterte er und nahm die Menschenscharen, die sich zu beiden Seiten an ihnen vorbeidrängten, gar nicht mehr wahr. Er sah nur noch Caenis.

Sie umfasste seine Hände. «Ja, Vespasian, das sind wir. Es sei denn, ich verzichte auf die Kinder von dir, nach denen mein Körper schreit, oder du gibst deinen Rang und die Laufbahn auf, die deine Dignitas von dir verlangt.»

«Und was machen wir jetzt?»

Sie lächelte schwach und schlug die Augen nieder. «Vorerst würde ich sagen, lass uns zu dem Opfer gehen.»

Die Menge vor dem Apollontempel war so riesig wie an jenem folgenschweren Tag vor fast vier Jahren, als Seianus gestürzt worden war. Vespasian und Caenis gingen ganz nach vorn; seine Senatorentoga genügte, um ihnen einen Weg durch die Menge zu bahnen. Beide dachten sie daran zurück, welche Rolle sie bei dem dramatischen Ereignis und dessen Vorbereitung gespielt hatten. Sie unterhielten sich, als handelte es sich um einen harmlosen gemeinsamen Vergnügungsausflug, und schoben ihren inneren Aufruhr beiseite. Ihnen war bewusst, dass sie damit nur die Entscheidung aufschoben, die sie bald würden treffen müssen, doch einstweilen waren sie froh, sich in unbefangene Zweisamkeit flüchten zu können.

Als sie vor den Stufen zum Tempel ankamen, schaute Vespasian Caenis an. Er hatte sie noch nie so sehr geliebt. Sie spürte seinen Blick und nahm ihn verstohlen bei der Hand, sodass ein Schauder seinen ganzen Körper durchlief.

«Wir gedenken des Apollon, der aus der Ferne schießt.» Die melodische Stimme des Priesters, der die Zeremonie leitete, drang in ihre private Welt ein.

Hinter dem Priester warteten vor den geschlossenen Türen des Tempels geduldig die drei weißen Stiere, mit goldenen Bändern geschmückt und von Jünglingen mit golden geschminkten Gesichtern gehalten, zwischen den Säulen des Vorbaus. Zwei weitere Priester standen zu beiden Seiten von ihm, eine Falte ihrer Toga über den Kopf gezogen. Auf der obersten Stufe waren in gleichmäßigen Abständen drei große kupferne Becken aufgestellt. Musiker flankierten die Zeremonie.

«Vater Apollon, ich bete zu dir, allsehender Schutzgott, sei Rom gnädig und behüte es. Wache allzeit über es und warne seinen Kaiser, wenn Untertanen oder Fremde sich gegen ihn verschwören, wenn sich Verrat zusammenbraut, halte ihn wachsam und stets bereit. Beschütze und bewahre uns immerdar.»

Zimbeln ertönten, und die Türen des Tempels wurden geöffnet, sodass die Statue des Gottes sichtbar wurde. Sie war mit Blumengirlanden geschmückt und von goldenem Fackelschein beleuchtet, der sich auf polierten Bronzescheiben spiegelte.

Caenis senkte bei dem Anblick den Kopf und murmelte ein Gebet, während die Stiere nach vorn an die drei Kupferbecken geführt wurden. Drei Gehilfen traten aus dem

Tempel; einer trug einen goldenen Krug, ein anderer einen flachen goldenen Teller und der dritte ein Tablett mit drei Opfermessern. Jeder der drei hatte einen schweren Holzhammer am Gürtel befestigt.

Der oberste Priester nahm drei kleine, flache Salzkuchen von dem Teller und zerbröselte sie über den Köpfen der drei Tiere. Der zweite Priester folgte ihm und goss ein Trankopfer über die Krumen. Der dritte nahm die Messer und verteilte sie an seine Kollegen. Die Helfer nahmen jeweils neben einem der Stiere Aufstellung; sie lösten die Holzhämmer von ihren Gürteln und hielten sie bereit.

«Wende dich jetzt zu uns, mächtiger Bogenschütze, wir beten, dass Du, Apollon, uns nun endlich zu Hilfe kommen mögest. Vater, halte Deine Hände über uns und unseren Kaiser. Wenn Du billigst, was wir tun, dann flöße uns Kraft ein und ihm, der für den Erfolg unserer Stadt von größter Wichtigkeit ist. Vater Apollon, nimm gnädig diese Gabe an.»

Die drei Hämmer krachten zugleich gegen die breiten Stirnen der Stiere und betäubten sie, jedoch ohne dass die Tiere zusammenbrachen. Dann schnellten gleichzeitig drei blanke Messer durch die Luft und drangen in die Kehlen der benommenen Opfertiere. Unter immer stärker werdenden Blutschwallen schnitten sie durch das weiche Fleisch und durchtrennten Adern und Luftröhren. Die Herzen der Stiere schlugen weiter, und das pulsierende Blut füllte rasch die Schalen unter ihnen, die bald überliefen, sodass es in drei Strömen die Stufen hinunterfloss. Die zwei äußeren Bäche näherten sich immer mehr der Mitte, da die Marmorstufen dort vom langen Gebrauch stärker abgenutzt waren, und ein vereinter Strom floss weiter abwärts auf Vespasian und Caenis zu.

Als das erste der drei mächtigen Tiere auf dem Steinboden zusammenbrach, war das Blut vor Vespasians und Caenis' Füßen angelangt. Der Fluss teilte sich in zwei und folgte den Furchen um den unregelmäßigen Pflasterstein, auf dem sie standen. Beide beobachteten, wie die zwei Arme sich hinter ihnen wieder vereinigten, sodass sie sich wie auf einer kleinen Insel in einem Strom aus Blut befanden.

Caenis blickte zu Vespasian auf. «Ich habe zu Apollon gebetet, er möge mir ein Zeichen geben, um meine Entscheidung zu lenken, und er hat es getan», sagte sie und deutete auf den Boden. «Das Blut seines Opfers hat uns umschlossen und mir so gezeigt, dass wir dazu bestimmt sind, zusammenzubleiben. Ich kann mich nicht dem Willen Apollons widersetzen. Du musst tun, was deine Pflicht verlangt. Ich werde immer dir gehören, was auch geschieht.»

Vespasian empfand den unwiderstehlichen Drang, sie zu küssen, doch der Anstand verbot es einem Senator, dergleichen in der Öffentlichkeit zu tun.

Caenis spürte sein Verlangen und flüsterte ihm ins Ohr: «Meine Herrin hat gesagt, ich soll bei Tagesanbruch zurück sein. Nimm mich mit in dein Bett, mein Liebster.»

XI

Vespasian erwachte am nächsten Morgen lange vor Tagesanbruch von einem beharrlichen Klopfen an seiner Schlafzimmertür.

«Ja?», rief er verschlafen.

«Es ist Zeit, Herr», erwiderte jemand mit einer jugendlichen Stimme und starkem germanischem Akzent.

Vespasian knurrte und legte einen Arm um Caenis' warmen Körper. Sie regte sich, als er ihren Nacken liebkoste.

«Ist es schon Morgen, mein Liebster?», fragte sie und drehte sich zu ihm um.

«Ich fürchte, ja.» Er küsste sie zärtlich, und sie schmiegte sich an ihn.

Die Erleichterung, die er über Caenis' Entscheidung empfand, war überwältigend. Er hatte in den Abgrund eines Lebens ohne sie geblickt, und die Aussicht hatte ihn entsetzt.

Er konnte nicht einfach von ihr erwarten, sich in seine Pläne zu fügen. Diese plötzliche Erkenntnis hatte ihn getroffen wie ein Schlag. Doch noch erschreckender war es gewesen, sich seiner eigenen Prioritäten bewusst zu werden. Hätte er sich zwischen seiner Liebe zu Caenis und seiner Pflicht gegenüber Rom und dem Ansehen seiner Familie entscheiden müssen – einer Pflicht, der kein Mann sich ehrenhaft entziehen konnte –, dann hätte er nicht anders gekonnt, als Caenis aufzugeben, so furchtbar das für sie beide gewesen wäre. Jetzt lag er da, starrte ins Dunkel und dankte Apollon, dass er die Wahl nicht hatte treffen müssen. Er würde dem Gott ein Dankopfer bringen, sobald dieser Tag überstanden war.

Nach ein paar weiteren gestohlenen Augenblicken überwanden sie sich schließlich, das Bett zu verlassen, kleideten sich an und gingen ins Atrium, wo Magnus sich mit Gaius unterhielt. Ziri stand an der Tür und starrte mit offenem Mund Gaius' homoerotische Kunstwerke an, die den ganzen Raum beherrschten.

«Guten Morgen, mein lieber Junge, und dir auch, Caenis», begrüßte Gaius sie. «Ich hoffe, ihr habt auch noch irgendwann ein wenig geschlafen.»

Vespasian grinste, während Caenis errötete. «Danke, Onkel. Morgen, Magnus.»

«Morgen, Herr. Morgen, Caenis. Wir sollten uns gleich auf den Weg machen, wenn wir erst noch zu Antonia müssen.»

Ein Klopfen an der Tür unterbrach sie, und Sabinus trat ein. «Onkel, ich brauche deine Hilfe», begann er grußlos. «Ich gehe jetzt zu Antonia, und es wäre gut, wenn du mich begleitest.»

«Wozu das?»

«Es gibt da etwas, wovon ich dir noch nicht erzählt habe.»

«Nur zu.»

Sabinus warf einen nervösen Blick zu Caenis.

«Ich werde nichts weitererzählen, was ich in diesem Haus zu hören bekomme, Sabinus. Ihr könnt mir vertrauen.»

Vespasians Bruder setzte sich und nahm sich einen Becher Wein. «Antonia hat mich gestern zu sich gerufen und mich für heute um ein Treffen mit ihr und Herodes Agrippa gebeten, um ihm zu drohen, sein Getreide in Ägypten zu beschlagnahmen. Selbstverständlich konnte ich nicht ablehnen.»

«Ich dachte, du würdest dich über die Gelegenheit freuen, dich an Herodes zu rächen», bemerkte Vespasian, der nicht verstand, warum Sabinus so aufgebracht war.

«Hast du sie etwa auf die Idee gebracht?»

«Ja, es schien sicherer, als an den Alabarchen zu schreiben.»

«Aber ich wollte doch anonym schreiben. Herodes hätte nie erfahren, dass ich es war. Wenn ich ihm drohe, wird er öffentlich machen, was ich getan habe, und dann werde ich eines Kapitalverbrechens angeklagt.»

«Was hat er denn gegen dich in der Hand, lieber Junge?», fragte Gaius.

«An dem Tag, als ich mit Pomponius sprach, bat er mich, einen Getreidevorrat zu verkaufen, mit dem er spekuliert hatte, und das Geld seinen Erben zu geben. Er sagte, wenn irgendetwas sicherer wäre als sein Tod, dann, dass der Getreidepreis dieses Jahr steigen würde. Er erzählte mir sogar, wer das Risiko eingehen würde, es zu kaufen – aber ich habe es nicht getan.»

«Oh nein, du Schwachkopf!», rief Vespasian aus. «Du hast selbst in Getreide spekuliert, du hast es gekauft, nicht wahr?»

«Nun, es schien eine einfache Möglichkeit, zu Geld zu kommen. Ich war gerade erst mit einer ansehnlichen Menge

Bargeld aus dem Osten zurückgekehrt. Genug, um mir Stimmen für die Wahl zum Ädil im vorigen Jahr zu erkaufen und ein paar Spiele auszurichten, um für die bevorstehende Prätorenwahl mein Ansehen zu steigern. Doch danach wäre mir kaum noch etwas geblieben.»

«Also hast du alles in Pomponius' Getreide gesteckt.»

«Seine Erben haben ihr Geld bekommen, und ich hatte die Gelegenheit, etwas aus dem Handel zu machen. Es sollte nur für ein Jahr sein, während der Preis weiter stieg. Wie hätte ich verdammt noch mal wissen sollen, dass ich ausgerechnet Getreideädil werden würde? Nach meiner Ernennung habe ich es so schnell wie möglich verkauft, aber ich habe dennoch einen ansehnlichen Profit gemacht.»

«Ein Getreideädil, der vom Getreidehandel profitiert. Das ist in der Tat ein Kapitalverbrechen», bestätigte Gaius.

«Wem hast du es verkauft?», fragte Vespasian, dem vor der Antwort graute. «Oder ist das eine dumme Frage?»

Sabinus ließ die Schultern hängen. «Herodes Agrippa. Wie sonst sollte er davon wissen?»

Gaius' feiste Wangen zitterten vor Besorgnis. «Warum in aller Welt hast du es ausgerechnet ihm verkauft?»

«Weil Pomponius ihn vorgeschlagen hatte und ich ihn kannte. Es war das Nächstliegende, ganz gleich, wie ich zu ihm stand.»

«Wer weiß sonst noch davon?»

«Nur die Brüder Cloelius auf dem Forum. Sie haben das Geld transferiert und die Kaufurkunde ausgestellt, die ich noch habe, aber sie haben auch eine Kopie und Herodes ebenfalls. Er hat mich damit erpresst. Eins der zwei Getreideschiffe, die den Sturm überstanden haben, hatte einen Teil seines Vorrats aus Ägypten an Bord, den er von Claudius gekauft hatte. Er hat das Getreide hergebracht, um es mit riesigem Gewinn auf dem Schwarzmarkt zu verkaufen. Ich weiß, wo in Ostia es sich befindet, aber wenn ich es beschlagnahme – was ich eigentlich müsste –, würde er die Kaufurkunde über Pomponius' Getreide öffentlich machen.»

«Damit wäre er selbst doch ebenfalls der Getreidespekulation überführt.»

«Ja, aber er ist nicht der Getreideädil. Für mich wäre es zweifellos das Todesurteil.»

Gaius rieb sich den Nacken und sog die Luft zwischen den Zähnen ein. «Ich fürchte, mit dieser Einschätzung liegst du leider richtig. Du willst also, dass ich mit Antonia rede und einen Ausweg für dich finde.»

Sabinus nickte niedergeschlagen.

«Dann sollten wir uns auf den Weg machen.»

«Ja», pflichtete Vespasian ihm bei und warf seinem Bruder einen missbilligenden Blick zu. «Bringen wir diesen Tag hinter uns.»

Claudius befand sich in äußerster Erregung, als Narcissus Vespasian, Corbulo und Pallas in sein Studierzimmer führte. Dass sie eine halbe Stunde zu spät kamen, weil Antonia Pallas aufgehalten hatte, nachdem sie von Sabinus' Anliegen erfahren hatte, trug nicht gerade zu seiner Beruhigung bei.

«H-H-Herodes war s-s-sehr argwöhnisch. Ich denke nicht, dass er mir g-g-geglaubt hat.»

«Was habt Ihr ihm denn erzählt?», erkundigte sich Pallas und stellte Capellas Truhe auf dem Tisch ab.

«Dass Ihr in Antonias Auftrag in einer juristischen Angelegenheit hier wart», erwiderte Narcissus, um ihnen allen eine gestammelte Erklärung zu ersparen. «Er hat die Begründung für meinen Geschmack viel zu leicht akzeptiert. Ihm war zweifellos klar, dass es eine Lüge war. Er erkennt Lügen mühelos, da er selbst solch ein unverbesserlicher Lügner ist. Ich denke, wir sollten unseren Plan verwerfen.»

«Das geht nicht», widersprach Vespasian. «Poppaeus wird bald hier sein und erwarten, den Handel abzuschließen. Wenn er unverrichteter Dinge wieder gehen muss, wird er Verdacht schöpfen, und wenn er mit den Besitzurkunden das Haus verlässt, können wir ihn nicht mehr daran hindern, sie Macro zu übergeben.»

«Ich k-k-könnte einfach ausgehen und so tun, als hätte ich es verg-g-gessen», schlug Claudius vor.

Vespasian, Corbulo und Pallas wechselten Blicke, dann schauten sie Narcissus an, der die Augen niederschlug, peinlich berührt von der albernen Idee seines Herrn.

Claudius sprach weiter, ohne sich bewusst zu sein, wie lächerlich er sich machte. «Und dann k-könnte ich ihm schreiben und mich entschuldigen und vorschlagen, d-dass wir uns nächsten Monat wieder treffen, wenn Herodes das G-Ganze vergessen hat.» Er blickte triumphierend in die Runde, als hätte er soeben eine umwerfend brillante und raffinierte Lösung zu einem äußerst schwierigen Problem präsentiert.

Einen Moment lang herrschte betretenes Schweigen.

«Das ist bedenkenswert, Herr», sagte Narcissus schließlich in solch hochachtungsvollem Ton, dass Vespasian ihm fast geglaubt hätte.

«Aber unnötig, edler Claudius», versicherte Pallas ihm. «Eure Mutter unternimmt jetzt gerade die nötigen Schritte, um – wie soll ich sagen? – Herodes für die nähere Zukunft zu isolieren.»

«Wie das?»

«Das soll im Augenblick nicht unsere Sorge sein, sondern die von Herodes. Jetzt schlage ich vor, dass wir zur Umsetzung unseres Plans schreiten. Narcissus, mein Freund, du führst Magnus und Ziri in den bewussten Raum, und wir warten wie geplant im Triclinium, während der edle Claudius seine Klienten begrüßt.»

Eine Stunde später saßen sie schweigend in dem geräumigen Triclinium. Die Platten mit Brot, Oliven, Schinken und gekochten Eiern auf dem Tisch in der Mitte des Speiseraums waren unberührt.

«Allmählich zerrt das hier an meinen Nerven», sagte Corbulo und stand auf, um durch das hölzerne Türgitter in den Garten hinauszuschauen. «Claudius müsste inzwischen mit seinen Klienten fertig sein.»

Vespasian trat neben ihn und blickte zu der Stelle hinüber, wo zwei Stühle zu beiden Seiten eines hölzernen Tisches für das Treffen mit Poppaeus bereitstanden. Ein Sklave eilte in den Garten, stellte einen Krug und zwei silberne Becher auf den Tisch und verschwand dann in Richtung des Tors, das zum Stallhof an der Rückseite des Hauses führte.

Noch während der Sklave das Tor hinter sich schloss, betrat Narcissus mit Capellas Truhe den Garten und stellte sie auf dem Tisch ab. Claudius folgte ihm mit mehreren Schriftrollen im Arm. Er setzte sich, entrollte ein Dokument und begann zu lesen. Sein ständiges nervöses Zucken und die zitternden Hände bestätigten Narcissus' Behauptung, sein Herr sei in Täuschungen nicht sonderlich geschickt.

«Dieser Schwachkopf wird alles verderben», zischte Corbulo, während Narcissus wieder ins Haus ging.

«Hoffen wir, dass Narcissus das Reden übernimmt», erwiderte Vespasian, der Corbulo insgeheim beipflichten musste. Dann wich das Blut aus seinem Gesicht, als ihm klarwurde, dass sie alle eine Möglichkeit übersehen hatten. «Scheiße! Was, wenn Poppaeus seinen Sekretär gar nicht mitbringt?» Er fuhr herum und sah Pallas an.

«Die Illusion kann trotzdem aufrechterhalten werden, wenn alle genau tun, was ich sage.»

Vespasians Nerven waren zum Zerreißen gespannt, doch er klammerte sich an die Überzeugung, dass Pallas und Narcissus wussten, was sie taten. Er selbst musste sich nur darauf konzentrieren, Corbulo dabei zu helfen, Poppaeus zu töten. Er versuchte, an nichts anderes zu denken.

Schritte aus dem Atrium weckten seine Aufmerksamkeit, und er spähte wieder durch das Gitter.

«Mein Herr erwartet Euch hier draußen, Prokonsul», ertönte Narcissus' unterwürfige Stimme, und gleich darauf führte der Freigelassene Poppaeus und einen großen, drahtigen Mann mit scharfen Gesichtszügen und strähnigem, fettigem Haar in den Garten.

Vespasian hatte Poppaeus seit über neun Jahren nicht mehr aus der Nähe gesehen und war überrascht, wie sehr der kleine Mann gealtert war. Sein Rücken war gebeugt, und er stützte sich auf seinen Stock, sodass er noch winziger erschien. Seine dünne, schlaffe Gesichtshaut hing in Falten, der Kopf war kahl. Dies war nicht mehr der Feldherr, der auf dem Wall in Thrakien in einem Hagel von Pfeilen und Schleudergeschossen solche Tapferkeit an den Tag gelegt hatte; dies war ein gebrechlicher alter Mann.

«Mein lieber Pop-p-p-»

«Poppaeus, C-C-Claudius!», fuhr Poppaeus ihn an und ging mühsam auf den Tisch zu. «Lasst uns die Sache schnell hinter uns bringen. Das Reden überlasst Ihr wohl besser mir.»

«N-n-natürlich.» Claudius' Augen wurden für einen Moment schmal, und zum ersten Mal sah Vespasian kurz seinen Hass auf die Leute aufblitzen, die sich über ihn lustig machten.

«Kosmas, den Schuldschein», befahl Poppaeus und nahm unaufgefordert mit dem Rücken zum Türgitter Platz, nur fünf Schritt entfernt.

Der drahtige Sekretär nahm eine Ledertasche von der Schulter und gab sie seinem Herrn, während Narcissus die zwei Schlüssel hervorzog, um Capellas Truhe zu öffnen.

«Dies ist der Schuldschein über die vierzehneinhalb Millionen Denar, die Ihr von mir geliehen habt», sagte Poppaeus, entnahm der Tasche ein gerolltes Schriftstück und reichte es Claudius. «Zeigt mir nun die Besitzurkunden.»

Narcissus schob ihm die Truhe hin, und Poppaeus begann, die sieben Dokumente darin einzeln in Augenschein zu nehmen.

Pallas trat zu Vespasian und Corbulo an das Türgitter. «Sobald die Unterschriften geleistet sind, gehen wir ins Atrium», flüsterte er.

Poppaeus las das letzte Schriftstück, dann legte er es zurück in die Truhe. «Das hat alles seine Richtigkeit.»

Narcissus gab die zwei Schlüssel Kosmas, der die Truhe wieder verschloss. Er steckte die Schlüssel in seine Tasche, dann nahm er einen Calamus und ein Tintenfass heraus.

«Eure Unterschrift, P-Poppaeus», verlangte Claudius und reichte Narcissus den Schuldschein.

Vespasians Herz schlug heftig.

Narcissus entrollte das Schriftstück auf dem Tisch. Kosmas tauchte den Calamus in die Tinte und hielt ihn seinem Herrn hin. Poppaeus unterzeichnete mit der Sorgfalt eines Mannes, dessen Augenlicht nachließ, dann gab er den Schuldschein und den Calamus an Claudius weiter, der mit überraschend ruhiger Hand unterzeichnete. Anschließend unterschrieben die beiden Sekretäre als Zeugen, um das Dokument rechtskräftig zu machen.

«Folgt mir», forderte Pallas Vespasian und Corbulo auf und ging voran ins Atrium.

«Damit wäre unser Geschäft abgeschlossen», hörte Vespasian Poppaeus sagen. «Ich wünsche Euch einen guten Tag.»

«Da ist noch eine andere Angelegenheit, die ich gern mit Euch besprechen würde. Es geht um die bevorstehenden Wahlen», erwiderte Claudius ungewohnt flüssig. «Es wird nicht mehr Zeit in Anspruch nehmen als ein Becher Wein.»

Es blieb kurz still. Vespasian hörte, wie Wein eingeschenkt und der Krug wieder auf den Tisch gestellt wurde.

«Allein», sagte Claudius mit Nachdruck.

«Meinetwegen, aber macht es kurz. Kosmas, nimm die Truhe mit und warte draußen auf mich.»

«Wollen wir vielleicht einen Becher Wein in meiner Schreibstube trinken, mein lieber Kosmas?», schlug Narcissus in schmeichelndem Ton vor.

Pallas, Vespasian und Corbulo standen wartend am anderen Ende des Impluviums, während Narcissus Kosmas, der die Truhe fest umklammerte, aus dem Garten führte. «Meine Herren», sagte er im Vorbeigehen, «mein Herr wird Euch nicht lange warten lassen, er hat nur noch etwas mit dem Prokonsul Poppaeus zu besprechen.»

«Es wird uns eine Ehre sein, den Prokonsul zu begrüßen, wenn er geht», erwiderte Pallas.

Narcissus brachte Kosmas hinaus, ohne die wartende Gruppe noch eines Blickes zu würdigen.

Als die Schritte sich entfernten, setzte Pallas sich in Bewegung. Vespasian folgte mit Corbulo. Sein Mund war trocken, und sein Magen krampfte sich zusammen. Vom anderen Ende des Atriums hörten sie, wie die Tür zu Narcissus' Schreibstube geöffnet und wieder geschlossen wurde.

«Was immer geschieht, lasst nicht zu, dass er schreit, und fasst ihn nicht so grob an, dass es Spuren hinterlässt», flüsterte Pallas, als sie in den Garten hinaustraten.

Corbulo sprang vor und hatte bereits eine Hand auf Poppaeus' Mund gepresst und ihn mit der anderen unter der Achsel gefasst, ehe der alte Mann die Bedrohung von hinten überhaupt wahrgenommen hatte. Vespasian bückte sich, um seine Fußknöchel zu packen, und sie hoben ihn von seinem Stuhl, wobei sie den Tisch anstießen. Pallas konnte gerade noch verhindern, dass der Weinkrug hinunterfiel.

«Hier entlang», sagte Claudius, erhob sich rasch und hinkte voran zu einer Tür am hinteren Ende des Gartens.

Sie trugen ihren zappelnden Gefangenen hindurch, und Pallas schloss die Tür hinter ihnen. In einer Ecke des Raumes standen Magnus und Ziri neben einem Fass voller Wasser.

Vor einem lodernden Feuer, das die einzige Lichtquelle im Raum war, hing an einem Haken in der Decke ein Flaschenzug mit einem Seil. Die Luft war stickig, die Fenster mit Läden verschlossen, sodass ihnen augenblicklich der Schweiß ausbrach.

«Was hat dieser ungeheuerliche Überfall zu bedeuten, Claudius?», fragte Poppaeus, als er unsanft auf dem Boden abgelegt wurde.

«So ergeht es Leuten, die sich über mich lustig machen.»

«Dann habt Ihr eine lange Liste abzuarbeiten», stieß Poppaeus verächtlich hervor, kam mühsam auf die Beine und schaute sich um. «Corbulo!», rief er aus, sobald seine schwachen Augen sich an das Dämmerlicht gewöhnt hatten. Dann blieb sein Blick an Vespasian hängen. «Und Euch kenne ich auch. Ihr seid Asinius' Schützling, der nach dem Blutbad in dessen Zelt verschwunden ist. Vespasian, nicht wahr?»

«Ja, Poppaeus.»

«Hier geht es um mehr als nur darum, Grundbesitz von einem Schwachkopf –» Eine heftige Ohrfeige brachte ihn zum Schweigen.

«Ihr dürft keine Spuren hinterlassen, Herr», rief Pallas und packte Claudius am Handgelenk, um zu verhindern, dass er auch noch mit dem Handrücken zuschlug.

«Ich lasse mich nicht einen Schwachkopf nennen», wütete Claudius und versuchte, seine Hand loszureißen.

Poppaeus wischte sich einen Tropfen Blut von der Lippe, ohne Claudius' Ausbruch zu beachten. «Was kann ich Euch anbieten, meine Herren? Oder ist dies eine persönliche Angelegenheit und geht über Dinge hinaus, die mit Geld beizulegen sind?»

«Sie geht weit darüber hinaus, Poppaeus», erwiderte Corbulo. «Ihr habt versucht, uns und zwei Kohorten Eurer Rekruten in schändlichster Weise töten zu lassen.»

Poppaeus lächelte. Ein Schweißtropfen rann über seine gerötete Wange. «So hat mich das nun also eingeholt? Ich nehme an, es würde keinen Unterschied machen, wenn ich Euch sage, dass es nichts Persönliches war und dass wir für das größere Wohl gehandelt haben?»

«Wie kann das für das größere Wohl gewesen sein?», platzte Vespasian heraus.

«Weil Rom eine starke, klar geregelte Regierung braucht, junger Mann. Wenn man akzeptiert, dass wir nicht wieder zur reinen Republik zurückkehren können, ohne zu riskieren, dass in jeder Generation ein neuer Bürgerkrieg ausbricht, dann brauchen wir einen Kaiser. Aber seht nur, was wir jetzt haben. Rom muss sich von diesem fernen, wahnsinnigen Kaiser und seiner lächerlichen Familie befreien. Wer wird der nächste Kaiser nach Tiberius? Er?», fragte Poppaeus, ohne Claudius dabei auch nur eines Blickes zu würdigen.

«Früher habt Ihr meinen Anspruch unterstützt», wandte Claudius ein.

«Nur weil Ihr der Erbe wart, den man am leichtesten hätte beseitigen und durch Seianus ersetzen können.»

«Aber jetzt, da er tot ist, unterstützt Ihr Caligula, damit Macro seine Frau dazu benutzen kann, sich Ägypten zu erkaufen, den Osten unter seine Herrschaft zu bringen und das Reich in zwei Teile zu spalten – und das soll eine starke, klar geregelte Regierung sein?», fragte Vespasian.

Poppaeus starrte ihn Augenblicke lang an. «Ich kann nur annehmen, dass ein Geist, der weit größer ist als der Eure, unsere Pläne durchschaut hat», sagte er dann. «Mich dünkt, Antonia steckt hinter dieser Sache. Wenn es sich so verhält, dann bin ich tot, ganz gleich, wie sehr ich mich bemühe, Euch davon zu überzeugen, dass ich im Recht war. Wenn ich nun also ermordet werden soll, so werde ich mich ehrenhaft verhalten, sei es auch nur, um Euch zu beschämen. Allerdings würde mich interessieren, wie Ihr meinen Leichnam von hier fortzuschaffen gedenkt, wo es doch so viele Zeugen gibt.»

«Sagt mir zuerst, warum es gut für Rom wäre, das Reich zu spalten.»

«Glaubt Ihr wirklich, es würde gespalten bleiben? Selbstverständlich nicht. Wer Ägypten beherrscht, der beherrscht Rom. Caligula und Ennia wären binnen Monaten tot gewesen, und Macro wäre Kaiser geworden, mit meiner Tochter Poppaea Sabina als seiner Kaiserin, lediglich um den Preis einer Ehefrau.»

«Und so wäre eine neue Dynastie gegründet worden», bemerkte Claudius höhnisch.

Poppaeus schüttelte den Kopf. «Nein, das war das Schöne an dem Plan. Wäre Seianus Kaiser geworden, dann wäre das ein Problem gewesen, aber bei Macro verhält es sich anders: Er hat keine Kinder, und meine Tochter kann keine mehr bekommen, nachdem es bei der Geburt der kleinen Poppaea Komplikationen gab. Es hätte keinen männlichen Erben gegeben, also hätte Macro den fähigsten Mann für die Aufgabe auswählen und ihn adoptieren müssen. Das hätte einen Präzedenzfall geschaffen, von dem ich hoffte, er werde zum Wohle Roms in Zukunft nachgeahmt. Darum habe ich eingewilligt, ihm zu helfen, obwohl er mein Feind war. Ja, ich gebe zu, ich wollte für meine Familie die Ehre, eine Kaiserin hervorgebracht zu haben, aber noch mehr wollte ich uns aus dieser Situation befreien, die faktisch ein Erbkönigtum ist. Wir haben uns vor fünfhundert Jahren von den Königen befreit, jetzt haben wir sie wieder, und es funktioniert nicht. Doch wenn Antonia entschlossen ist, ihre Familie ihrer offensichtlichen Unfähigkeit zum Trotz an der Macht zu halten, dann will ich keinen Anteil daran haben, also bringen wir die Sache hinter uns.» Poppaeus legte seine Toga ab und kniete sich auf den Boden. «Gebt mir das Schwert, und ich werde sterben, wie es einem Römer geziemt.»

«So wird es nicht geschehen», sagte Vespasian leise. Die Ansichten seines alten Feindes hatten ihn tief berührt. Wenn Rom in Ehren von einem Kaiser regiert werden sollte, war es dann nicht das Beste, einen geeigneten Mann auszuwählen, statt sich den Launen einer Blutlinie zu fügen? Dieselben Ansichten hatte er gegenüber Sabinus, Corbulo und Pallas geäußert, damals in Tiberius' unfertigem Schlafzimmer auf Capreae, als sie darauf gewartet hatten, dass der wahnsinnige alte Kaiser Antonias Brief mit den Vorwürfen gegen Seianus las.

«Wie dann?», fragte Poppaeus und blickte auf.

«Wir werden Euch ertränken, Herr», teilte Pallas ihm mit.

«Ich verstehe. Ich hatte mich schon gefragt, wozu das Fass da ist. Ihr wollt, dass es wie ein natürlicher Tod aussieht. Nun, ich nehme an, das dient Antonias Zwecken besser. So sei es.» Er erhob sich wieder und ging zu dem Fass hinüber. Magnus und Ziri machten ihm Platz. «Ich würde es begrüßen, wenn Ihr mir gestattet, es selbst zu tun. Ich denke, auf diese Weise würden wir alle uns deutlich besser fühlen. Wenn ich zum Ende hin Hilfe brauchen sollte, so drückt nur leicht mit einer Hand. Ihr werdet keine Gewalt anwenden müssen, meine Kräfte haben mich verlassen.» Er steckte den Kopf ins Wasser und hielt sich zu beiden Seiten am Rand des Fasses fest. Die Muskeln unter der faltigen, blassen Haut an seinen Unterarmen traten vor Anstrengung hervor, während er seinen Kopf untergetaucht hielt. Doch als Wasser in seine Lunge drang, ließ ein plötzlicher Reflex seinen Körper krampfen, und er zog den Kopf wieder heraus. Keuchend und prustend zwang Poppaeus sich, ihn erneut unterzutauchen. Corbulo warf Vespasian einen bedauernden Blick zu und ging zu dem Fass hinüber. Ein weiterer Krampf erfasste den Sterbenden, dessen Kopf wiederum aus dem Wasser auftauchte. Die Augen waren hervorgetreten, der Mund mit gebleckten Zähnen zu einem lautlosen Schrei verzerrt, seine krampfende Lunge würgte Wasser hervor. Mit einer gewaltigen Willensanstrengung tauchte er wieder unter; Corbulo legte die rechte Hand auf seinen Kopf. Poppaeus begann, mit den Füßen zu zappeln und mit den Armen zu fuchteln, doch er blieb untergetaucht. Die Bewegungen seiner Gliedmaßen wurden immer kraftloser, bis sie schließlich erschlafften und nur noch hin und wieder kurz zuckten – die letzten, nicht mehr bewussten Regungen.

Poppaeus war tot.

Schweigend starrten alle auf den leblosen Körper, der über dem Rand des Fasses hing. Corbulo zog seine Hand zurück.

«Verdammt, das war tapfer», murmelte Magnus schließlich und brach den Bann.

«Er war ein ab-ab-scheulicher Verräter, der plante, widerrechtlich die Macht an sich zu reißen», verkündete Claudius. «Er v-v-verdient keinen Respekt.»

Vespasian, Corbulo und Pallas sahen den stotternden,

sabbernden potenziellen Erben der julisch-claudischen Dynastie an.

Claudius' Augen wurden schmal, als hätte er ihre Gedanken gelesen. «M-macht weiter», befahl er. «Narcissus kann Kosmas nicht allzu lange aufhalten.»

Magnus ging auf den Leichnam zu. «Komm, Ziri, hilf mir, ihm die Tunika auszuziehen und ihn aufzuhängen.»

Poppaeus' nackter Körper baumelte kopfunter an dem Seil vor dem lodernden Feuer. Wasser sammelte sich in der Höhlung seines Gaumens und lief in kleinen Rinnsalen zwischen den schlaffen Lippen hindurch über sein Gesicht, rann in die Nase und tropfte vom kahlen Kopf in eine große Pfütze darunter.

«So, das war lange genug. Haltet ihn fest, Herr», sagte Magnus zu Vespasian.

Der kniete sich hin und legte widerwillig die Hände auf Poppaeus' feuchten, mageren Rücken.

«Halte ihm den Mund auf, Ziri», befahl Magnus, während er die Hände an beide Seiten des Brustkorbs legte und begann, ihn mit kraftvollen, regelmäßigen Bewegungen zusammenzudrücken. Plötzlich schoss ein Schwall Wasser aus Poppaeus' Mund und spritzte Magnus auf die Tunika. Er pumpte weiter, bis der Fluss schwächer wurde und schließlich ganz versiegte. «Das sollte genügen. Jetzt nehmen wir ihn ab und legen ihn auf den Bauch.»

Vorsichtig ließen sie den Körper mit dem Gesicht nach unten auf den Boden hinunter und lösten das Seil und die Leinenhandtücher, mit denen sie seine Fußknöchel vor Abschürfungen geschützt hatten. Magnus drückte noch ein paarmal auf den Rücken, um restliches Wasser aus der Luftröhre zu entfernen.

«Jetzt trocknen wir ihn ab und kleiden ihn wieder an», sagte Pallas, nachdem Magnus sich überzeugt hatte, dass alles Wasser heraus war.

Die Tunika wieder überzustreifen und zu gürten war einfach, aber keiner hatte die Schwierigkeit bedacht, einem Toten die Toga zu drapieren. Magnus und Ziri hielten den leblosen Körper aufrecht, und endlich gelang es Vespasian und Corbulo, die Toga zu Pallas' Zufriedenheit zu richten, während Claudius hinkend auf und ab ging und alle unnötigerweise daran erinnerte, dass die Zeit drängte.

«Nehmt seine Arme über die Schultern und folgt mir», befahl Pallas Magnus und Ziri, während er die Tür öffnete.

«Ich habe noch nie so was Verrücktes gesehen», sagte Ziri zu Magnus, während sie den Toten aufhoben, «nicht mal gestern im Circus, als ihr alle –»

«Ja, ja, schon gut, Ziri», unterbrach Magnus ihn und manövrierte die Leiche durch die Tür.

Vespasian und Corbulo vergewisserten sich mit einem raschen Blick, dass nichts von Poppaeus' Sachen im Raum zurückgeblieben war, dann folgten sie den anderen hinaus in den Garten.

«Ich w-w-warte hier auf Euch», erklärte Claudius. «Auf das, was als Nächstes kommt, f-freue ich mich schon.»

«Mir scheint, der verkrüppelte Hundesohn genießt das», beklagte sich Corbulo, während er und Vespasian durch das Gartentor in den Stallhof schlüpften, der von der hoch aufragenden Servianischen Mauer am anderen Ende überschattet wurde.

Poppaeus' geschlossene Sänfte stand vor den Stufen. Pallas zog die Vorhänge zurück und deutete auf die aufgehäuften Kissen an einem Ende. «Legt ihn so herum, mit dem Kopf auf den Kissen.»

Magnus und Ziri hoben den Körper in die Sänfte. Dann legte Pallas ihn so zurecht, dass es den Anschein hatte, als lehnte Poppaeus sich auf den rechten Ellenbogen. Vespasian und Corbulo halfen ihm, den Torso mit Kissen zu stützen, damit er in Position blieb.

«Richtet seine Kleidung», sagte Pallas, nachdem er mit der Körperhaltung zufrieden war. «Es geht gleich los.»

Bis Poppaeus' Toga natürlich wirkte, war Pallas bereits mit Capellas Truhe zurückgekehrt.

«Wie hast du Kosmas dazu gebracht, die herzugeben?», fragte Vespasian erstaunt.

Der sonst so ernste Pallas lächelte. «Das habe ich nicht. Es ist eine getreue Kopie, die ich anfertigen ließ, nachdem Ihr mir das Original überlassen hattet. Die Schlösser sind identisch, und darin befinden sich sieben gefälschte Urkunden über Grundbesitz.» Er stellte die Truhe neben Poppaeus, zog die Vorhänge zu und verschloss sie mit Bändern. «Magnus, geh und hole die Träger aus der Küche. Schüchtere sie ein und treibe sie zur Eile an, damit keiner sich die Zeit nimmt, in die Sänfte zu schauen. Dann folge ihnen ums Haus herum zum Vordereingang und stelle dich vor den einzigen Träger, der die Stufen vor der Haustür sehen kann. Auf mein Zeichen ziehst du die Vorhänge der Sänfte ein wenig zur Seite. Ziri, öffne das Tor.»

Magnus und Ziri eilten davon. Pallas führte Vespasian und Corbulo zurück in den Garten, wo Claudius wartete.

«Jetzt vollenden wir die Täuschung, wie wir es gestern besprochen haben. Denkt daran, wir gehen durch das Atrium und unterhalten uns laut über die Wahlen, als wäre Poppaeus mitten unter uns», erinnerte Pallas sie, während sie den Garten durchquerten. «Wenn wir uns der Tür nähern, wird Narcissus Kosmas aus seiner Schreibstube führen, sodass er uns von hinten sieht. Es ist sehr wichtig, dass jeder von uns mehrmals Poppaeus' Namen nennt und dass wir viel lachen. Aber bemüht Euch, dass es natürlich klingt.»

Als sie an dem Tisch vorbeigingen, hob Pallas Poppaeus' Gehstock auf und lehnte ihn an den Stuhl, in dem sein Besitzer gesessen hatte.

«Aber m-mein lieber Poppaeus», rief Claudius laut, als sie das Atrium betraten, «ich sehe keinen Grund, weshalb ich den jungen Lucianus unterstützen sollte, er ist ein T-T-Tölpel.»

Pallas brach in Gelächter aus, und Vespasian folgte seinem Beispiel. Corbulos aristokratische Zurückhaltung ließ einen solchen Ausbruch nicht zu, und so schwieg er.

«Oh, gut gesagt, Poppaeus», sagte Pallas, noch immer lachend. «Ihr habt ja so recht.»

«Werdet Ihr meinen Bruder bei der diesjährigen Prätorenwahl unterstützen, Poppaeus?», fragte Vespasian, der sich allmählich in die Täuschung hineinsteigerte.

«Sein Bruder ist auch ein Tölpel, findet Ihr nicht, P-P-Poppaeus?»

Wieder lachten alle schallend, während sie am Impluvium vorbeigingen.

«Es wäre mir eine Ehre, wenn Ihr mich dieses Jahr unterstützen würdet, Poppaeus», platzte Corbulo heraus, gerade als Vespasian hörte, wie die Tür zu Narcissus' Schreibstube geöffnet wurde.

«Das habe ich nicht verstanden, Poppaeus», sagte Pallas. «Was habt Ihr gesagt?» Er lachte wiederum laut, um zu überspielen, dass die Antwort ausblieb. «Ihr seid wahrlich der weiseste Mann in Rom, Poppaeus, es war mir eine Ehre, Euch zu begegnen.»

Sie durchquerten die Vorhalle und traten unter neuerlichem Gelächter durch die offene Eingangstür auf die Straße hinaus. Vespasian schaute sich um und sah, dass Kosmas sich beeilte, sie einzuholen, die echte Truhe im Arm.

«P-P-Poppaeus, es war mir ein Vergnügen, mit Euch G-Geschäfte zu machen», sagte Claudius, während sie in einem dichten Pulk die Stufen zu der wartenden Sänfte hinunterstiegen. Magnus stand so, dass er dem hinteren Träger auf der dem Haus zugewandten Seite die Sicht versperrte. «Wir sehen uns gleich auf dem Forum.»

«Gestattet, dass ich Euch hineinhelfe, Poppaeus», sagte Pallas und nickte Magnus zu, der daraufhin den Vorhang ein wenig öffnete. Pallas ergriff ihn mit der linken Hand und strich mit der rechten an der Innenseite entlang, als streifte ein Kopf den Stoff. In diesem Moment hastete Kosmas die Stufen herunter, dicht gefolgt von Narcissus.

«Euer Gehstock, Poppaeus? Selbstverständlich schicke ich Kosmas zurück, um ihn zu holen. Kosmas, dein Herr hat seinen Gehstock im Garten vergessen», sagte Pallas, ließ den Vorhang los und drehte sich zu dem Sekretär um. «Komm, lass mich dir helfen, während du gehst und ihn holst.» Er nahm die Truhe unter einen Arm und öffnete den Vorhang erneut, sodass der Sekretär Poppaeus' Beine sehen konnte.

Während er die Truhe daneben abstellte, ging Narcissus um die Sänfte herum zur anderen Seite.

«Schnell, Kosmas», fuhr Vespasian ihn an, «Poppaeus ist in Eile, er hat eine dringende Verabredung auf dem Forum.»

«Davon wusste ich gar nichts», erwiderte Kosmas sichtlich verwirrt.

Pallas steckte den Kopf in die Sänfte. «Natürlich, Poppaeus, ich werde es ihm ausrichten», sagte er, als er wieder zum Vorschein kam. «Zum Forum Romanum, an die Rostra, so schnell wie möglich», befahl er den Trägern, ehe er sich an Kosmas wandte. «Er sagt, du sollst mit seinem Stock dorthin nachkommen.»

Kosmas zuckte die Schultern und eilte wieder hinein. Die Sänfte wurde angehoben und setzte sich rasch in Bewegung, sodass Narcissus sichtbar wurde, der mit dem Rücken zum Haus auf der anderen Seite stand. Vespasian und Corbulo rissen verblüfft die Augen auf, als er sich zu ihnen umdrehte; er hielt Capellas Truhe in den Händen.

«Schnell, bring sie nach hinten», sagte Narcissus und übergab Magnus die Truhe. «Wir wollen doch nicht, dass unser Freund Kosmas sie sieht, wenn er wieder herauskommt.»

Magnus war gerade um die Ecke gebogen, als Kosmas mit Poppaeus' Gehstock wieder aus dem Haus eilte.

«Herr», rief Narcissus und griff sich an die Stirn, «Euer Buch!»

«Aber natürlich, danke, Narcissus, was täte ich nur ohne dich?», erwiderte Claudius ebenso theatralisch. «Kosmas, warte hier einen Moment, während ich die ersten vier Bände meiner Geschichte der Etrusker suche, die ich deinem Herrn leihen wollte.»

Der unselige Sekretär schaute die leere Straße entlang und dann zu Claudius, der bereits mit Narcissus wieder hineinging. Mit hängenden Schultern erklomm Kosmas erneut die Stufen.

Vespasian musste sich das Grinsen verbeißen, während er beobachtete, wie der Sekretär zum Narren gehalten wurde. «Er wird nur beschwören können, dass Poppaeus eilig aufgebrochen ist und ihn umhergescheucht hat, um alles zu holen, was er vergessen hatte», bemerkte er.

«Das war der Sinn der Sache», erwiderte Pallas. «Aber damit endet seine Rolle nicht. Claudius und Narcissus werden ihn noch ein wenig länger aufhalten, und dann folgen wir ihm hinunter zum Forum und beobachten, wie er reagiert, wenn entdeckt wird, dass Poppaeus tot ist.»

«Müssen die Träger nicht gesehen haben, wie Narcissus die Truhe von der anderen Seite wieder aus der Sänfte nahm?», fragte Corbulo, noch immer ein wenig verwirrt durch die schnelle Abfolge der Ereignisse.

«Nur der hintere Mann auf der anderen Seite hätte es sehen können, aber Narcissus hat sie genommen, als die Träger sich gerade bückten, um die Sänfte anzuheben. Außerdem stand er mit dem Rücken zu dem betreffenden Träger. Ohnehin wird niemand nach der Truhe fragen, da ja die falsche zusammen mit dem toten Poppaeus in der Sänfte gefunden wird.»

Sie verstummten, als Kosmas mit Narcissus zurückkehrte.

«Mein lieber Kosmas», schmeichelte Narcissus und legte dem drahtigen Sekretär seinen feisten Arm um die Schultern, «es war mir ein Vergnügen, dich wiederzusehen. Wir Sekretäre sollten uns öfter treffen.»

«Ja, danke, Narcissus, das sollten wir. Bis bald.»

Kosmas neigte den Kopf vor Vespasian, Corbulo und Pallas und eilte dann die Straße hinunter, den Gehstock seines Herrn in der Hand und vier Lederröhren mit Buchrollen in der Tasche.

«Wir folgen ihm, Narcissus», sagte Pallas, als der Sekretär gerade um die nächste Biegung verschwand, «und vergewissern uns, dass Asiaticus seine Rolle spielt.»

«Wir sehen uns morgen, Pallas. Meine Herren, auf Wiedersehen.»

Als Vespasian sich zum Gehen wandte, fühlte er Narcissus' Hand auf seiner Schulter. «Übrigens, Vespasian», flüsterte Narcissus ihm ins Ohr, «falls Ihr daran denkt, auf dem Forum den Brüdern Cloelius einen Besuch abzustatten, so würdet Ihr Eure Zeit vergeuden – ich habe den Scheck bei ihnen gesperrt.»

Vespasian fuhr herum und funkelte ihn an.

Narcissus grinste freudlos. «Euer Gesichtsausdruck verrät mir, dass ich gut daran getan habe. Doch da ich jetzt in zweierlei Hinsicht in Eurer Schuld stehe, habe ich es versäumt, ihn auch bei Thales in Alexandria zu sperren. Sollte es Euch jemals gelingen, die Erlaubnis für einen Besuch dort zu erlangen, was ich bezweifle, dann gehört das Geld Euch. Ich wollte es Euch nur nicht zu leicht machen, Euch das Geld meines Herrn anzueignen, Ihr versteht?»

XII

Vespasian schwieg, während sie Kosmas den Esquilin hinunter zum Forum folgten. Sie behielten den Sekretär stets im Blick, der allmählich zu der Sänfte aufholte. Vespasian dachte darüber nach, mit welcher Würde Poppaeus gestorben war, und über die Motive, wegen derer er Antonias Feind geworden war. Er konnte sich des Gefühls nicht erwehren, dass Poppaeus recht gehabt hatte: Die julisch-claudische Dynastie war zum Herrschen gänzlich ungeeignet. Durch Jahre voller Intrigen und Giftmorde ihrer strahlendsten Talente beraubt, war die männliche Linie jetzt zu einem kümmerlichen Rest zusammengeschrumpft: Tiberius, ein sexuell verderbter, wahnsinniger alter Mann; Claudius, ein stotternder, machthungriger Mann ohne Begabungen; Vespasians Freund Caligula, ein inzestuöser Lüstling; und Gemellus, ein unbedeutender Jüngling, an dem nichts Interessantes war bis auf die Spekulationen darüber, welcher seiner Verwandten ihn letztlich ermorden würde. Und dann war da noch Antonia, die brillante politische Strategin. Die Skrupellosigkeit, mit der sie gegen jegliche Bedrohung für den Status ihrer Familie vorging, hatte er einst im Idealismus seiner Jugend fälschlich für einen von hehren Prinzipien geleiteten Kampf für die legitime Regierung Roms gehalten. Doch jetzt, da er älter geworden war und viele seiner Illusionen verloren hatte, begann er zu erkennen, was Antonia tatsächlich war: eine skrupellose Rädelsführerin, die vor nichts zurückschreckte, um ihre Macht zu bewahren. Als unerfahrener Jüngling hatte er eine Wahl getroffen, und jetzt war er in Antonias Welt gefangen, einer der niedersten Angehörigen ihrer Bande. Seine Großmutter hatte damals vor all den Jahren so recht gehabt, als sie ihn gewarnt hatte: «Die Seite, die Rom zu dienen scheint, ist vielleicht nicht immer die ehrenhafteste.» Doch das musste gewiss bald anders werden. Nachdem so viele Angehörige der Familie ermordet worden waren, musste die Blutlinie des julisch-claudischen Hauses doch gewiss bald aussterben? Vielleicht würde dann das neue Zeitalter beginnen, das der Phönix angekündigt hatte: ein Zeitalter, in dem Rom ehrenhaft regiert wurde, von Männern, die wegen ihrer Verdienste zum Herrscher aufstiegen und nicht aufgrund ihres verdorbenen Blutes. Wenn er selbst allerdings dazu bestimmt war, in diesem neuen Zeitalter der Ehre eine Rolle zu spielen, wie konnte er das jetzt noch, nachdem er sich des schändlichen, unehrenhaften Mordes schuldig gemacht hatte?

«Wo ist die Sänfte?», fragte Magnus schwer atmend, als er und Ziri Vespasian und die anderen auf der Via Sacra einholten.

«Etwa hundert Schritt voraus», erwiderte Pallas und zeigte auf die Stelle, wo das Dach der Sänfte gerade eben über die Köpfe der Menge hinweg zu sehen war. «Kosmas ist dicht vor uns, aber er holt auf. Ihr beiden solltet lieber versuchen, ihn aufzuhalten, bis die Sänfte das Forum erreicht hat.»

«Aber er hat mich schon gesehen.»

«Nur flüchtig, und Ziri gar nicht.»

«Stimmt.»

Ein gewaltiges Gebrüll hinter ihnen veranlasste Vespasian, sich nach dem Circus Maximus umzuschauen.

«Wir verpassen die verdammten Rennen», stöhnte Magnus. «Komm, Ziri, jetzt müssen wir uns durchboxen.»

Ziri schaute seinen Herrn verständnislos an.

«Das hast du schnell raus, es ist ganz leicht. Du musst nur die Ellenbogen einsetzen», erklärte Magnus, während er vorwärts in die Menge pflügte.

Sie näherten sich dem Forum. Die Menge wurde dichter, da die Leute, die keine Plätze im Circus bekommen hatten, herbeiströmten, um Akrobaten, Jongleure und andere Schausteller zu sehen, die zu Apollons Ehren ihre Künste zeigten.

Allmählich holten sie die Sänfte ein, bis sie in der Nähe der Rostra nur noch zehn Schritt vor ihnen war. Zu seiner Rechten beobachtete Vespasian die hochgewachsene Gestalt von Kosmas, der versuchte, sich an Magnus und Ziri vorbeizudrängen. Plötzlich wich die Menge zurück, und Vespasian sah dicht vor sich die Beilklingen an den *Fasces* der zwölf Liktoren, die sich geradewegs auf die Sänfte zubewegten.

«Asiaticus ist da», stellte er fest, während die Liktoren die Sänfte umstellten.

«Gut, wir werden von hier aus zusehen», erwiderte Pallas. Der größte Teil der Menge ging an den Amtsträgern vorbei, ohne sich dafür zu interessieren, was der erste Konsul an einem Festtag tat.

«Prokonsul Poppaeus», rief Asiaticus, um den Lärm zu übertönen, «welch glücklicher Zufall, dass wir uns hier begegnen.» Er trat an die Sänfte heran und wartete auf eine Antwort. «Poppaeus?», wiederholte er nach einer kleinen Weile. Als er wiederum keine Antwort erhielt, band er die Vorhänge auf und schaute hinein. «Poppaeus?»

«Lasst mich durch, das ist die Sänfte meines Herrn», rief Kosmas und drängte sich an den Liktoren vorbei.

Asiaticus griff mit einer Hand hinein und zog sie hastig wieder zurück. «Beim Jupiter! Der Prokonsul ist tot!» Er öffnete die Vorhänge ganz, und Poppaeus' liegender Körper kam zum Vorschein, so, wie sie ihn hingebettet hatten. Sein Kopf war zur Seite gefallen, sodass er auf der gefälschten Truhe lag. Die wenigen Leute, die die Szene beobachteten, hielten erschrocken den Atem an; jetzt gesellten sich weitere Schaulustige dazu. Die Sänftenträger starrten entsetzt auf ihren toten Herrn.

Kosmas stürzte auf ihn zu. «Herr? Herr?»

«Dein Herr ist offenbar tot», teilte Asiaticus ihm mit.

«Unmöglich. Als wir uns vor nicht einmal einer halben Stunde trennten, war er noch am Leben.»

«Nun, jetzt ist er tot. Sieh selbst.»

Kosmas hob Poppaeus' Kinn an und ließ es dann erschrocken wieder los. «Aber ich schwöre, er war am Leben, als wir Claudius' Haus verließen. Ich habe gesehen, wie er in die Sänfte stieg. Er hat mich zurückgeschickt, um seinen Gehstock zu holen.» Wie zum Beweis seiner Aussage hielt er den Stock hoch. «Er muss auf dem Weg hierher gestorben sein.»

Vespasian und Corbulo blickten zu Pallas, der sich ein zufriedenes Lächeln gestattete.

«Wer bist du?», fragte Asiaticus.

«Mein Name ist Kosmas, ich bin Poppaeus' Sekretär.»

«Und was ist das dort?», fragte Asiaticus weiter und zeigte auf die Truhe.

«Darin befinden sich einige Dokumente meines Herrn.»

«Lass mich sie sehen.»

Kosmas nahm die Schlüssel ab, die er um den Hals trug, und öffnete die Truhe.

Asiaticus griff ein paar der Schriftrollen heraus, betrachtete sie flüchtig und roch daran. «Hier drin ist nichts, das ihn getötet haben könnte.»

Kosmas schaute in die Truhe und nickte zustimmend.

«Du solltest jetzt schnell zu seinem Haus laufen und seine Bediensteten herholen, damit sie seinen Leichnam in Ehren nach Hause tragen. Es wäre unziemlich für solch einen bedeutenden Mann, in einer Sänfte nach Hause geschafft zu werden.»

Kosmas schaute den Konsul an, dann Poppaeus und wieder den Konsul, unsicher, wie er sich verhalten sollte.

«Los doch, Mann», schrie Asiaticus ihn an, «zaudere nicht länger. Ich bleibe hier bei dem Toten.»

«Ja, Konsul, danke.»

«Diese Truhe nimmst du besser mit.»

«Ja, Konsul.» Kosmas klappte hastig den Deckel zu und verschloss ihn.

«Jetzt lauf!»

Vespasian grinste, als der unglückliche Sekretär die Truhe nahm, den Gehstock darauflegte und davoneilte. «Er wird nie wieder seinen Augen trauen.»

«Leider wird ihm dazu auch nicht mehr viel Zeit bleiben», erwiderte Pallas und deutete mit einer Kopfbewegung zu jemandem am anderen Rand der Menge.

Vespasian folgte seinem Blick und sah, wie das jüngere Ebenbild von Pallas seinem älteren Bruder zunickte und auf das Messer an seinem Gürtel klopfte. Felix löste sich von der Menge und folgte Kosmas vom Forum.

«Ich finde, der Konsul hat seine Rolle ausgezeichnet gespielt», kommentierte Pallas, während sie das Forum verließen, auf dem sich jetzt die Kunde von Poppaeus' Tod wie ein Lauffeuer verbreitete. «Und es waren genug Leute in der Nähe, die gehört haben, wie Kosmas schwor, Poppaeus sei noch am Leben gewesen, als er Claudius' Haus verließ. Meine Herrin wird entzückt sein.»

«Kosmas tut mir allerdings leid», sagte Vespasian. «Es ist ein Jammer, dass er sterben musste.»

Corbulo stutzte. «Kosmas ist tot? Seit wann?»

«Seit ungefähr jetzt, nehme ich an», teilte Pallas ihm mit. «Mein Bruder wird die Leiche verschwinden lassen, und dann werden alle glauben, ein unredlicher Sekretär habe die Situation ausgenutzt und sich mit den Besitzurkunden für die Ländereien seines Herrn davongemacht. Selbst wenn Macro argwöhnen sollte, dass etwas an der Geschichte nicht stimmt, könnte er das Gegenteil nicht beweisen. Denn dann müsste er eingestehen, dass er von dem Grundbesitz in Ägypten wusste, und das kann er sich nicht leisten.»

«Somit ist Claudius also um vierzehneinhalb Million Denar reicher», bemerkte Vespasian säuerlich.

«Lieber er als Macro, würde ich sagen.»

«Findest du das auch, Pallas? Was Poppaeus darüber gesagt hat, wie es mit der Thronfolge weiterginge, wenn Macro Kaiser würde, hatte durchaus etwas für sich.»

«Ja», pflichtete Corbulo ihm bei, «es hat mich an das erinnert, was Ihr auf Capreae gesagt habt. Je mehr ich darüber nachdenke, umso sinnvoller erscheint es mir. Rom kann nicht ewig weiter die Herrschaft von Wahnsinnigen erdulden, nur weil sie irgendwie von Iulius Caesar abstammen.»

«Ich fürchte, das ist Idealismus», erklärte Pallas. «Die Aristokraten mögen gute Gründe haben, die julisch-claudische Familie zu hassen, da viele von ihnen starben, als diese Dynastie an die Macht kam, und noch mehr sterben werden, wenn sie weiter an der Macht bleibt. Die Legionen und das Volk jedoch werden nicht aufhören, das Herrscherhaus zu unterstützen. Sie wollen stabile Verhältnisse, und Stabilität bedeutet für sie, dass eine Sippe herrscht. So wissen sie, von wem sie Freigiebigkeit zu erwarten haben, wer die Getreiderationen ausgibt und die Spiele in der Arena ausrichtet. Diese Leute werden nicht anfangen, über ein besseres System nachzudenken, ehe sich unter einer Reihe unfähiger Kaiser ihre Lebensbedingungen verschlechtern.»

«Das ist eine deprimierende Sichtweise.»

«Nicht für einen, der im Dienste des Herrscherhauses steht.»

Und gerade das ist das Problem, dachte Vespasian, während sie den Aufstieg auf den Palatin begannen und vom Circus Maximus das Gebrüll der Massen herüberscholl: Es gab so viele Leute, die ein gewisses Maß an Macht hatten – wie Pallas, Asiaticus, Narcissus, die Prätorianer, Vespasians Onkel und die meisten Mitglieder des Senats – und deren Schicksal durch das Patronatssystem untrennbar mit dem julisch-claudischen Haus verbunden war. Der bloße Gedanke an einen Wandel ängstigte sie, weil letztendlich jeder auf sein eigenes Wohl und das seiner Familie bedacht war. Alle idealistischen Überlegungen bezüglich der Regierung Roms waren leeres Gerede, wenn die Leute fürchteten, sie hätten durch einen Regimewechsel nichts zu gewinnen und alles zu verlieren. Das war nun einmal die menschliche Natur, daran ließ sich nichts ändern.

Mit dieser Erkenntnis stapfte Vespasian den Hang zu Antonias Haus hinauf, während er über das Unvermeidliche sinnierte: ein prinzipienloses Leben, in dem er für sich selbst das Bestmögliche erreichen würde, indem er den Leuten diente, die wirkliche Macht besaßen. Es war nicht das, wovon er geträumt hatte, als er erstmals nach Rom gekommen war. Immerhin, so sagte er sich mit einem Anflug von Bitterkeit, schien er sich dafür zu eignen – schließlich war er bereits so tief gesunken, zu morden.

Antonia hatte eine Nachricht mit der Bitte hinterlassen, sie möchten warten, da sie noch etwas zu erledigen habe. Pallas führte Vespasian und Corbulo in den Garten, wo zu Vespasians Überraschung Gaius und Sabinus an einem Tisch saßen und Wein tranken. Keiner von ihnen sah glücklich aus, und beide schwitzten in der Mittagssonne. Vier weitere Becher wurden auf den Tisch gestellt.

«Ich lasse die Herren hier allein und sehe nach, ob meine Herrin mich braucht», sagte Pallas. «Ich nehme an, sie beschäftigt sich gerade mit jener besonders dringlichen Angelegenheit. Wenn Ihr mehr Wein möchtet, braucht Ihr nur zu rufen.» Er ging auf die schwarz lackierte Tür von Antonias Privatraum am anderen Ende des Gartens zu.

«Herodes Agrippa?», erkundigte sich Vespasian, während er und Corbulo Platz nahmen.

«Ja», bestätigte Sabinus wenig begeistert. «Er ist kurz vor euch eingetroffen.»

«Hat Antonia sich bereit erklärt, dir zu helfen?», fragte Vespasian weiter, goss Wein in zwei der Becher und reichte einen davon Corbulo.

«Ja, aber sie war nicht erfreut. Nun muss sie eine andere Möglichkeit finden, das Problem mit Herodes zu lösen. Sie kann ihm nicht drohen, dass sein Getreidevorrat konfisziert wird, weil er sonst im Gegenzug mich verraten würde. Er weiß, dass ich hier bin, sie hat es absichtlich so eingerichtet, dass er mich beim Hereinkommen sah.»

«Was habt Ihr getan?», fragte Corbulo und nippte an seinem Wein.

«Nichts, was Euch angeht, Corbulo», entgegnete Sabinus. Gerade führte ein Sklave zwei Angehörige des Ritterstandes in den Garten, beleibte, kahlköpfige Männer mittleren Alters. Alle Farbe wich aus Sabinus' Gesicht, und er stand auf. «Primus und Tertius», brachte er heraus, ging den Neuankömmlingen entgegen und bot ihnen seinen Arm. «Was führt Euch her?»

«Eine unwillkommene, aber unmöglich auszuschlagende Einladung der werten Antonia, Senator Sabinus», erwiderte der etwas Ältere der beiden und ergriff seinen Unterarm. «Nach den Dokumenten zu urteilen, die wir mitbringen sollten, dürftet Ihr eigentlich nicht sonderlich überrascht sein, uns zu sehen.» Er legte eine lederne Tasche auf dem Tisch ab und nickte Gaius und Corbulo knapp und geschäftsmäßig zu. «Guten Tag Euch beiden, Senator Pollo und Senator Corbulo.»

«Primus, Tertius», erwiderten beide und erhoben sich ebenfalls, während Sabinus den jüngeren Mann begrüßte.

«Meine Herren, dies ist mein Bruder Vespasian», sagte Sabinus, als alle wieder Platz nahmen. «Primus und Tertius Cloelius von dem Bankunternehmen auf dem Forum.»

Die Unterhaltung verlief steif und stockend, während die Männer in der kräftiger werdenden Sonne darauf warteten, dass die schwarze Tür sich öffnete. Die Bankiers wehrten jeden Anlauf zu harmlosem Geplauder ab und brachten stattdessen die Zeit damit zu, Abrechnungen auf Schriftrollen zu studieren und mit Hilfe eines Abakus zu überprüfen, den Primus in seiner Tasche mitgebracht hatte. Sogar den angebotenen Wein lehnten sie ab. Vespasian ertappte sie mehrmals dabei, wie sie ihm verstohlene Blicke zuwarfen, und er fragte sich, ob sein Name wohl gefallen war, als Narcissus den Scheck gesperrt hatte. Das schnelle Klicken der Holzkugeln am Abakus begann, ihm auf die Nerven zu gehen.

Endlich öffnete sich die Tür. Antonia kam mit einem höchst zufrieden aussehenden Herodes an ihrer Seite und gefolgt von Pallas auf sie zu. «Meine Herren, ich danke Euch für Eure Geduld. Wenn Ihr nichts dagegen habt, werden wir unsere Geschäfte hier zum Abschluss bringen», sagte sie, setzte sich und bedeutete Herodes, ebenfalls Platz zu nehmen. «Ich brauche frische Luft. Primus und Tertius, schön, dass Ihr kommen konntet. Ich hoffe, Secundus ist wohlauf.»

«Er ist in geschäftlichen Angelegenheiten unterwegs, Herrin», erwiderte Primus.

«Gut, dann ist er also wohlauf. Habt Ihr alles mitgebracht, worum ich gebeten habe?»

Primus kramte in seiner Tasche, förderte drei eingerollte Schriftstücke zutage und legte sie auf den Tisch.

Antonia nahm eines der Dokumente und überflog es rasch. «Herodes, dies ist ein Bankscheck über eine halbe Million Denar.»

Herodes betrachtete ihn genüsslich.

«Und das hier», fuhr Antonia fort, nahm das zweite Schriftstück und hielt es Herodes hin, «ist die Kopie der Brüder Cloelius von dem Kaufvertrag über das Getreide, das Ihr von Sabinus erworben habt, und ihre Kopie der Besitzurkunde, unterzeichnet von Euch und Sabinus. Die Brüder haben offenbar den dringenden Wunsch, mir diese Dokumente zu übergeben, da ihnen bewusst ist, dass es in höchstem Maße gesetzeswidrig von ihnen war, eine Provision für ein Geschäft mit Getreidespekulation zu kassieren.»

«Eine Fehleinschätzung unsererseits», bestätigte Primus.

«Die ich sehr gern für Euch ins Reine bringen werde.» Antonia legte das Schriftstück wieder auf den Tisch und wandte sich an Sabinus. «Eure Kopien bitte, Sabinus.»

Sabinus reichte ihr die Dokumente.

Antonia lächelte Herodes freundlich an. «Nun, Herodes, sind Eure Kopien das Einzige, was Sabinus noch mit diesem Getreide in Verbindung bringt.» Sie gab den Brüdern Cloelius den Bankscheck zurück, und nachdem beide ihn unterzeichnet hatten, bot sie ihn Herodes an. «Das Getreide ist weit weniger wert als dieser Scheck. Ich schlage einen Tausch vor, der in Eurem eigenen Interesse wäre.»

Corbulo blieb vor Entrüstung der Mund offen stehen,

doch bevor er seine Meinung äußern konnte, brachte Antonia ihn mit einer unwirschen Geste ihrer linken Hand zum Schweigen.

Herodes nahm den Bankscheck. «Ich werde meinen Freigelassenen Eutyches mit meiner Kopie des Kaufvertrags und der Besitzurkunde herschicken, sobald ich zu Hause bin. Das Getreide gehört jetzt Euch.»

«Und ebenso Eure Loyalität, Herodes, wenn Ihr wollt, dass Judäa wieder ein Klientelkönigreich mit Euch als König wird. Das zu bewirken liegt in meiner Macht, nicht in Macros.»

«Das ist mir jetzt klargeworden. Auf dem Weg hierher bin ich über das Forum gekommen; anscheinend ist Poppaeus ausgerechnet an dem Tag gestorben, an dem er ein gewisses Geschäft mit Eurem Sohn abschließen wollte.» Er blickte in die Runde. «Ich weiß nicht, wie Ihr das bewerkstelligt habt, aber ich gehe davon aus, dass der Handel nicht stattgefunden hat und Macro somit nicht in der Lage ist, mir das zu bieten, was ich will.»

«Ich habe nichts getan, Herodes. Behaltet Eure haltlosen Verdächtigungen, ich könnte etwas damit zu tun haben, lieber für Euch.» Antonia nahm die dritte Schriftrolle. «Jedenfalls ist Macro nicht in der Position, Eure Schuld mir gegenüber zu tilgen. Wenn ich sie einforderte, wärt Ihr gezwungen, erneut in die Wüste zu fliehen. Glaubt mir, dieses Mal würdet Ihr nicht zurückkehren.»

«Es ist doch immer wieder ein Vergnügen, mit Euch zu verhandeln, werte Dame.»

«Ihr meint wohl, es ist ein Vergnügen, von mir Geld anzunehmen.»

Herodes neigte den Kopf und lächelte. «Das kann ich nicht leugnen.»

«Jetzt verschwindet aus meinem Haus.»

«Mit Vergnügen.» Herodes stand auf und verbeugte sich formvollendet. «Einen guten Tag, die Herren.»

Als er sich zum Gehen wandte, hielt Antonia den Schuldschein hoch. «Vergesst nicht, Herodes, ich habe immer noch dies hier.»

«Werte Dame, meine Lippen sind versiegelt», sagte Herodes über die Schulter, während er aus dem Garten ging und dabei mit seinem Bankscheck winkte.

Antonia wandte sich an die beiden Bankiers. «Primus und Tertius, ich weiß, ich kann mich darauf verlassen, dass Ihr diese Angelegenheit diskret behandelt.»

«Wir handeln mit Zahlen, nicht mit Gerede, Herrin», erwiderte Primus und erhob sich, während sein Bruder die Unterlagen und den Abakus in seiner Tasche verstaute.

«Das ist weise – eine weitaus verlässlichere Ware, erst recht, wenn in dem Gerede womöglich Eure Namen zur Sprache kommen könnten. Nun zu der anderen Angelegenheit?»

Primus zog eine weitere Schriftrolle, die vierte, aus den Falten seiner Toga und reichte sie Antonia. «Auch hierum hattet Ihr uns gebeten, Herrin: unsere Kopie der Besitzurkunde des verstorbenen Herrn aus dem anderen Handel, der Euch interessierte. Euch muss bewusst sein, dass dies höchst unüblich ist.»

«Das ist die Berechnung von zehn Prozent Provision für ein illegales Getreidegeschäft auch, Primus, und die wird ja nun dank meiner Diskretion unter uns bleiben.»

«Unseren ergebensten Dank, Herrin. Unter diesen Umständen werden wir darauf verzichten, Euch unsere Dienste in Rechnung zu stellen.»

Antonia entrollte das Dokument, warf einen Blick darauf und lächelte zufrieden. «Das wäre mir ganz recht, Primus. Ich weiß, wie abenteuerlich Eure Arithmetik ist, wenn es darum geht, Eure Honorare zu berechnen.»

«Wir haben keinen Sinn für Abenteuer, Herrin, wir sind Bankiers.» Mit einem knappen Kopfnicken entfernten sich die Brüder Cloelius.

«Das war dank Euch überaus kostspielig, Sabinus», sagte Antonia, nachdem ihre Schritte verklungen waren, «aber durchaus keine Katastrophe.»

Sabinus errötete und senkte beschämt den Kopf.

«Als Getreideädil Geschäfte mit Getreide zu machen!», platzte es schließlich aus Corbulo heraus, dessen Gesicht vor aristokratischem Zorn puterrot angelaufen war. «Das müsste ich eigentlich anzeigen.»

«Natürlich müsstet Ihr das, aber Ihr werdet es nicht tun, nicht wahr, mein lieber Corbulo?», erwiderte Antonia beschwichtigend. «Das würde zu nichts führen.»

«Aber er will bei der Prätorenwahl antreten, dabei verstößt seine Tat gegen sämtliche althergebrachten Grundsätze, die das Verhalten von Senatoren bestimmen.»

«Und was Ihr heute Morgen getan habt, verstößt nicht dagegen?», versetzte Antonia scharf. «Hört auf, Euch wie ein Gründervater der Republik aufzuführen. Sabinus hat einen kostspieligen Fehler begangen, aber ich habe die Sache wieder in Ordnung gebracht, und zwar so, dass wir außer Gefahr sind und Herodes großen Schaden erleidet. Ich traue ihm nicht und kann mich nicht darauf verlassen, dass er nicht mit Macro redet, also werde ich dafür sorgen, dass er keine Gelegenheit dazu bekommt. Pallas, führe Eutyches zu uns, sobald er eintrifft.»

«Und das kannst du beschwören?», fragte Antonia Eutyches, der vor ihr stand. Sie legte die zwei eingerollten Dokumente, die er im Auftrag seines Herrn gebracht hatte, auf den Tisch neben einen Haufen Goldmünzen.

«Ja, Herrin», erwiderte Herodes' Freigelassener, «mein Herr sagte zu Eurem Enkel Caligula: ‹Ich wünschte, der alte Mann würde sich beeilen und endlich sterben, damit Ihr Kaiser werden könnt.› Ich lenkte Herodes' Wagen, in dem sie beide saßen, und konnte es deutlich hören.»

«Und was hat mein Enkel darauf erwidert?»

Eutyches warf einen begehrlichen Blick auf die Goldmünzen, dann schaute er wieder Antonia an. «Was denkt Ihr denn, das er erwidert hat, Herrin?»

«Ich sehe, wir verstehen uns. Sehr schön. Ich bin sicher, er sagte: ‹Herodes, das ist Verrat. Möge Tiberius ewig leben. Wenn Ihr noch einmal so etwas sagt, werde ich Euch anzeigen.›»

«Genau das hat er gesagt, das kann ich beschwören.»

«Mein kleiner Enkel war schon immer zu nachsichtig.»

«Eine edle Schwäche, Herrin», bemerkte Gaius bedauernd.

«Hoffen wir, dass sie ihn nicht irgendwann in Schwierigkeiten bringt», fügte Vespasian hinzu und nickte seinem Onkel einverständig zu.

«Danke, Eutyches, du bekommst das Geld, wenn diese

Angelegenheit geregelt ist. Bis dahin bleibst du unser Gast. Pallas, führe ihn in die vorgesehenen Räumlichkeiten.»

Vespasian sah zu, wie der nichtsahnende Freigelassene zu Antonias privatem unterirdischem Verlies geführt wurde, und fragte sich, wie lange der Mann wohl eingekerkert bleiben würde.

Antonia sammelte das Geld wieder in einen Beutel. «Ich fühle mich verpflichtet, den Fehler meines Enkels zu korrigieren und den Vorfall anzuzeigen. Macro hat Rom verlassen, um gemeinsam mit dem Kaiser in Antium der Vermählung des jungen Gaius beizuwohnen, also sollten wir jetzt handeln, solange er fort ist. Senator Pollo, ich lasse die Angelegenheit schriftlich niederlegen und würde es begrüßen, wenn Ihr es bei der nächsten Sitzung des Senats verlesen könntet.»

«Selbstverständlich, Herrin.»

Plötzliches heftiges Geschrei aus dem Atrium unterbrach sie.

«Geh mir aus dem Weg, ich muss zu ihr. Ich weiß, dass sie dadrin ist.» Eine kleine Frau Ende zwanzig mit ausladenden Hüften, zerrissener Kleidung und zerrauftem Haar kam in den Garten gerannt, gefolgt von Felix, der vergeblich versuchte, sie zurückzuhalten. «Antonia!», kreischte sie. «Ich weiß, was Ihr getan habt!»

«Meine liebe Poppaea Sabina», sagte Antonia und erhob sich. «So beruhigt Euch doch.»

«Mich beruhigen? Wie könnte ich ruhig sein, wenn ich der Mörderin meines Vaters gegenüberstehe?»

«Ich habe gerade erst vom Tod Eures Vaters erfahren, diese Senatoren haben mir soeben von der Tragödie berichtet.»

«Tragödie?», schrie Poppaea und durchbohrte die Männer

am Tisch nacheinander mit Blicken. «Ihr habt ihn getötet, und wahrscheinlich haben diese Männer Euch geholfen. Ich weiß, Senator Pollo und seine Neffen haben Euch immer gegen meinen Vater unterstützt, er hat es mir erzählt. Ihr habt ihn umgebracht, Antonia, weil er Eure verhasste Familie vom Thron stürzen wollte. Ihr habt ihn umgebracht, um Euch selbst zu schützen. Ich weiß nicht, wie. Wenn er eines natürlichen Todes gestorben sein soll, warum war dann seine Lippe geschwollen und aufgeplatzt? Heute Morgen, als ich ihn zuletzt gesehen habe, war sie es noch nicht. Der Ruf meiner Familie ist untadelig, und wenn ich Gerechtigkeit fordere, werde ich Gehör finden.» Sie spuckte auf den Boden, drehte sich um, drängte sich an Felix vorbei und schritt würdevoll aus dem Garten.

«Es tut mir leid, Herrin, sie …»

«Schon gut, Felix, sie war entschlossen, mich zu sprechen. Ist die andere Angelegenheit gut verlaufen?»

«Ja, Herrin, die Leiche und die Truhe liegen im Tiber; der Kopf wurde vernichtet.»

«Gut. Folge Poppaea nach draußen und sorge dafür, dass sie keinen Schaden anrichtet. Und schicke Asiaticus eine Nachricht, er möge schnellstmöglich herkommen.» Antonia wandte sich wieder ihren Gästen am Tisch zu. «Mir scheint, jetzt gilt es, den Ruf zweier Personen zu beschmutzen, wenn wir verhindern wollen, dass Poppaea im Senat Sympathien für ihre Sichtweise gewinnt. Gaius, wartet mit dem Bericht über Herodes, bis Asiaticus, Corbulo und Vespasian getan haben, worum ich sie bitten werde.» Antonia nahm das vierte Dokument, das Primus ihr gegeben hatte, und reichte es Sabinus. «Und wenn Euer Onkel fertig ist, Sabinus, dann verlest Ihr bitte dies hier. Ich denke, das könnt Ihr gefahrlos tun, nun, da Herodes keine Handhabe mehr hat, um Euch zu erpressen.» Sie klopfte auf Herodes' Kopien des Kaufvertrags und der Besitzurkunde über das Getreide, die Eutyches gebracht hatte. «Ich wollte es zum zukünftigen Gebrauch aufheben, aber mir scheint, in Anbetracht von Poppaeas Besuch wäre jetzt ein guter Zeitpunkt, um es öffentlich zu machen. Ich denke, es könnte außerdem Eure Chancen bei der Prätorenwahl steigern.»

Sabinus las es schnell und grinste. «Es wird mir ein Vergnügen sein.»

«Und deshalb, *Patres Conscripti*», schloss Konsul Asiaticus vor dem gedrängt vollen Haus, «schlage ich vor, dass der Senat seinem Diener Gaius Poppaeus Sabinus ein Dankesvotum ausspricht für die vielen Jahre selbstlosen Dienstes, die er uns und unserem Kaiser geschenkt hat. Darüber hinaus schlage ich vor, dass wir ihm eine Bronzestatue widmen, die aus öffentlichen Mitteln bezahlt und auf dem Forum errichtet werden soll.»

Unter lauten Beifallsrufen von beiden Seiten des Hauses nahm Asiaticus wieder Platz. Vespasian stimmte in den Beifall ein. Insgeheim dachte er, dass Antonia erfreut darüber wäre, wie der Konsul die Debatte genau nach ihren Wünschen eingeleitet hatte.

«Erster Konsul», rief Corbulo über den Lärm hinweg und erhob sich, «ich bitte um das Wort.»

«Der Senat wird Senator Corbulo anhören», rief Asiaticus und gebot mit Gesten Ruhe.

Vespasian lächelte in sich hinein, während Corbulo das Wort ergriff, bemüht, sich seinen Abscheu gegen den ersten

Teil dessen, was er auf Antonias Anweisung zu sagen hatte, nicht anmerken zu lassen.

«Patres Conscripti, ich habe drei Jahre lang in Moesien und Thrakien unter Poppaeus gedient, und es wäre mir eine Ehre, den Antrag des Konsuls zu unterstützen. Wie Ihr alle war ich zutiefst bestürzt, als Poppaeus auf dem Forum tot aufgefunden wurde, doch ich erachte es für passend, dass ein Mann wie er mitten im Herzen unseres Reiches gestorben ist. Allerdings hat Poppaeus, wie wir alle wissen, seinen Soldaten gestattet, ihm als ‹Imperator› zu huldigen. Deshalb denke ich, eine Statue auf dem Forum so nah bei denen unseres erhabenen Kaisers und seines Vorgängers wäre eine unliebsame Erinnerung an jene eine Verfehlung – manche mögen von Verrat sprechen – dieses Mannes, den wir heute rühmen.»

Corbulo nahm unter zustimmendem Raunen wieder Platz.

Asiaticus ergriff erneut das Wort: «Senator Corbulo hat gut daran getan, das Haus an jenen unseligen Vorfall zu erinnern. Wir würden nicht wollen, dass der Kaiser denkt, sein treuer Senat würde in irgendeiner Weise Poppaeus' Fehler gutheißen, den er zweifellos im Taumel des Sieges über die Feinde Roms begangen hat. Die Tatsache, dass der Kaiser in seiner Gnade so lange darüber hinweggesehen hat, sollte uns ein Zeichen sein: Auch wenn eine Statue unpassend erscheint, wäre doch ein Dankesvotum angemessen für solch einen Mann, der sich in seinem Leben nur einen einzigen Fehler hat zuschulden kommen lassen.»

Vespasian erhob sich nervös. Es war das erste Mal, dass er im Senat sprach. «Erster Konsul, ich bitte um das Wort.»

«Das Haus wird die erste Rede von Senator Titus Flavius Vespasianus anhören», verkündete Asiaticus.

Vespasian spürte die Blicke von mehr als fünfhundert Senatoren auf sich ruhen, während er in die Mitte der Rednerfläche ging. Er unterdrückte sein Unbehagen darüber, zum ersten Mal in der Öffentlichkeit zu sprechen, und räusperte sich. «Patres Conscripti, viele von Euch werden sich fragen, was ich, einer der jüngsten Angehörigen dieses altehrwürdigen Hauses, zu dieser Debatte beitragen könnte. Auch ich war mit Poppaeus in Thrakien, und aus Loyalität gegenüber dem Senat von Rom und unserem Kaiser kann ich nicht länger über das schweigen, was ich mit angesehen habe. Senator Corbulo hat recht daran getan, uns an die Huldigung als ‹Imperator› zu erinnern, aber er hat nicht die ganze Geschichte erzählt. Bei der Siegesfeier nach der letzten Schlacht war er nicht zugegen, da er mit zwei Kohorten in die Berge geschickt worden war, um die Festung der geschlagenen Thraker zu sichern und etwaige Überlebende zur Strecke zu bringen. Deshalb hat er nicht gesehen, wie Poppaeus es genoss, als ‹Imperator› gefeiert zu werden, und die Rufe noch ermutigte, statt sie zum Verstummen zu bringen, wie jeder von uns es aus Treue zum Kaiser getan hätte.»

Vespasian hielt inne, da die Senatoren lautstark um die Wette ihre Treue zum Kaiser bekundeten.

«Doch so schändlich dieses Vergehen gegen unseren Kaiser auch war, es war doch nicht das schlimmste Verbrechen, das Poppaeus an jenem Tag beging.»

Die Treuebekundungen verstummten, und die Senatoren warteten schweigend darauf, zu erfahren, was schlimmer sein könnte als ein Verbrechen gegen den Kaiser. «Ich war dabei, als Euer Gesandter, der Prokonsul Marcus Asinius Agrippa, Poppaeus die Nachricht von der Ehre überbrachte, die dieses Haus ihm zugesprochen und die unser Kaiser mit Freuden bestätigt hatte, den *Ornamenta Triumphalia*. Ich war Zeuge, wie Asinius Poppaeus im Namen des Senats und des Kaisers befahl, unverzüglich das Kommando an Pomponius Labeo zu übergeben und nach Rom zurückzukehren. Statt sich für diese außerordentliche Ehre dankbar zu zeigen, weigerte Poppaeus sich und beging so ein Verbrechen nicht nur gegen den Kaiser, sondern auch gegen dieses Haus. Erst als Asinius den Befehl nach der Schlacht vor den versammelten Legionen wiederholte, sah Poppaeus sich genötigt, sein Kommando niederzulegen.» Entrüstete Aufschreie zwangen Vespasian, erneut innezuhalten.

Asiaticus sprang auf und gebot mit lauten Rufen Ruhe. «Senator Vespasian», schrie er über den Lärm hinweg, «könnt Ihr das beschwören?»

«Das kann ich, aber mehr noch, Konsul, ich kann Euch einen Beweis liefern. Senator Corbulo, wo habt Ihr Poppaeus an jenem Abend vorgefunden, als die Thraker angriffen?»

Corbulo stand auf. «In Asinius' Zelt.»

«Wer war sonst noch dort?»

«Asinius, Ihr, König Rhoimetalkes und Primus Pilus Faustus.»

«Leider, Konsul, ist Asinius tot, ebenso wie Faustus, König Rhoimetalkes jedoch lebt. Schreibt ihm und fragt ihn, was genau zwischen Asinius und Poppaeus gesprochen wurde, ehe Corbulo eintraf; er wird alles bestätigen, was ich gesagt habe.»

Während Vespasian zu seinem Faltschemel zurückkehrte, sprang der erste von zahlreichen Senatoren auf, die es drängte, ihren Abscheu gegen eine solche Verachtung senatorischer Autorität zum Ausdruck zu bringen.

Nach einer Reihe von Reden, die Poppaeus' Verhalten anprangerten und von denen jede entrüsteter und scheinheiliger war als die vorangegangene, brachte Asiaticus die Angelegenheit zu einem Abschluss.

«Patres Conscripti, ich ziehe meinen Antrag zurück und schlage stattdessen vor, anlässlich von Poppaeus' Tod festzustellen, dass er Rom gedient hat, ohne sich besonders hervorzutun. Wir sollten an den Kaiser schreiben und ihn fragen, ob er angesichts von Poppaeus' Verhalten wünscht, dass wir ihm posthum die Ornamenta Triumphalia aberkennen.» Das wurde mit einhelligem Beifall quittiert. «Ich sehe keinen Grund, in dieser Frage zur Abstimmung zu schreiten.»

«Konsul», rief Gaius, «wenn wir an den Kaiser schreiben, habe ich noch eine andere Angelegenheit, die ihm zur Kenntnis gebracht werden sollte.»

«Den Tod des Kaisers zu wünschen, das ist wirklich ein äußerst schwerwiegender Vorwurf», erklärte Asiaticus vor der Versammlung, nachdem Eutyches' Aussage verlesen worden war. «Wir sollten diesen Freigelassenen zum Kaiser bringen, damit er ihn persönlich befragen kann. Wisst Ihr, wo er sich aufhält, Senator Pollo?»

«Allerdings, Konsul. Die werte Antonia hat ihn eingesperrt, da er versuchte, sie zu erpressen, weil ihr Enkel Herodes lediglich für seine Worte zurechtgewiesen hat, statt den Verrat anzuzeigen.»

«Gut, ich werde sie bitten, ihn weiter festzuhalten, bis der Stadtpräfekt die Vorbereitungen für die Überführung getroffen hat. Wir sollten jetzt darüber beraten, wie mit Herodes Agrippa zu verfahren ist.»

Sabinus stand auf und hielt das Schriftstück hoch, das Antonia ihm gegeben hatte. «Konsul, ich habe hier Informationen bezüglich der beiden Angelegenheiten, die wir heute Morgen besprochen haben.»

«Ihr habt das Wort.»

«Zu meiner Freude kann ich berichten, dass die werte Antonia aus ihrer eigenen Kasse eine Lieferung Getreide aufgekauft und sie den öffentlichen Kornspeichern gespendet hat, um die Knappheit zu lindern.» Sabinus legte eine Pause ein, damit die Senatoren ihre Anerkennung und Dankbarkeit für diese selbstlose Tat zum Ausdruck bringen konnten. «Als ich diese Spende verbuchte, bemerkte ich unter den neueingetroffenen Getreidelieferungen dies hier.» Er entrollte das Schriftstück mit dramatischer Geste. «Es ist eine Besitzurkunde über eine Getreidelieferung aus Ägypten im Wert von mehr als einer Viertelmillion Denar. Sie kam mit der Flotte aus Ägypten, die in dem Sturm gesunken ist. Dieses Getreide befand sich in einem der zwei Schiffe, die Rom erreicht haben, doch ich als diesjähriger Getreideädil kann es nicht verteilen, weil es nicht Rom gehört. Es lagert in einem privaten Speicher in Ostia und steigt laufend im Wert, da die Getreidepreise in die Höhe schnellen. Diese Besitzurkunde beweist, dass das Getreide, nachdem es in Ostia ausgeladen worden war, in den Besitz von Gaius Poppaeus Sabinus überging, um einen Kredit zu tilgen, den er Herodes Agrippa gewährt hatte.»

Auf diese Enthüllung folgte ein Aufschrei.

Asiaticus brüllte in rechtschaffener Entrüstung über den Lärm der Versammlung hinweg: «Soll das heißen, Herodes Agrippa hat die gegenwärtige Notlage unserer Stadt zu seinem eigenen Gewinn ausgenutzt, um seine Schulden tilgen zu können?»

«Es scheint so, Konsul.»

«Zeigt mir das.»

Sabinus durchquerte den ganzen Saal, um Asiaticus das Dokument zu überreichen.

Nach einem flüchtigen Blick rollte der Konsul es zusammen und steckte es in den Faltenbausch seiner Toga. «Danke, Senator Sabinus.» Er hielt in dem Meer erwartungsvoller Gesichter nach dem Stadtpräfekten Ausschau. «Lasst Herodes Agrippa in Ketten vor den Senat führen.»

Teil III

Rom,
März A. D. 37

XIII

Wie lange wird es dauern, es wieder aufzubauen?», erkundigte sich Vespasian bei Sabinus, während sie zusahen, wie ein Trupp öffentlicher Sklaven eine Lieferung Ziegel vor der geschwärzten Ruine von Sabinus' Haus ablud. Überall um sie herum arbeiteten Dutzende anderer Trupps zwischen den Brandruinen auf dem Aventin, um den einst so schönen und reichen Hügel mit Blick auf den Circus Maximus wieder instand zu setzen. Schwere Wolken und ein unablässiger Nieselregen verliehen dem Bild der Zerstörung zusätzlich eine deprimierende Düsterkeit. Kaum ein Gebäude war von dem Feuer verschont geblieben, das vor sechs Monaten in dem Bezirk gewütet und Sabinus' Jahr als Prätor vergällt hatte. Nachdem er Herodes Agrippa denunziert hatte, war der jüdische König an die Wand einer feuchten Zelle gekettet worden. Sabinus hatte die Wahl gewonnen – und somit Corbulo übertrumpft, sehr zu dessen Verdruss –, sodass er nun einen Posten als Statthalter einer senatorischen Provinz antreten konnte.

«Laut dem Vorarbeiter sollte es etwa drei Monate dauern, aber da zurzeit fast jedes Haus auf dem Aventin wieder aufgebaut wird, kann er es nicht mit Gewissheit sagen. Es hängt von der Verfügbarkeit von Baumaterialien und Sklaven ab und ob du als zuständiger Ädil deine Arbeit gut machst und dafür sorgst, dass die Straßen passierbar sind. Wie auch immer, jetzt, da die Seewege wieder offen sind, werde ich in ein paar Tagen zu meiner Provinz aufbrechen, also musst du für mich die Arbeiten überwachen.»

«Wenigstens brauchst du dir um Geld keine Sorgen zu machen, dafür hat der Kaiser gesorgt.»

Sabinus verzog das Gesicht. «Zweihundert Millionen Sesterzen, das klingt nach viel, und ich kann nicht leugnen, dass es sehr großzügig von Tiberius war, nun, da es endlich eingetroffen ist. Aber das wird nicht die Kosten für sämtliche Gebäude auf dem Hügel decken. Ich muss noch irgendwie anders Geld auftreiben, wenn das Haus nach dem ursprünglichen Standard wieder aufgebaut werden soll; mit etwas Bescheidenerem gibt sich Clementina nicht zufrieden.» Er schüttelte bedauernd den Kopf. «Hätte ich es nur nicht gekauft, sondern bloß gemietet, dann wäre das jetzt nicht mein Problem.»

Vespasian sah seinen Bruder an und entschied, dies sei nicht der günstigste Zeitpunkt, darauf hinzuweisen, dass er Sabinus davon abgeraten hatte, das Haus mit Hilfe des von Paetus angebotenen Kredits zu kaufen.

Sabinus bemerkte seinen Blick. «Ich nehme an, du wolltest gerade sagen: ‹Hab ich's dir nicht gesagt›, du kleiner Scheißer. Schön, du hattest recht: Hätte ich nicht über meine Verhältnisse gelebt, dann würde ich jetzt nicht in solchen Schwierigkeiten stecken. Ab sofort werden keine Kredite mehr aufgenommen.»

«Hast du ihn eigentlich schon zurückgezahlt?»

Sabinus wurde verlegen. «Nein, ich nehme es mir immer

vor, aber dann kommt doch wieder etwas dazwischen wie ein weiteres Kind oder das hier.»

«Du solltest es aber wirklich tun. Du hast versprochen, das Geld binnen zwei Jahren zurückzuzahlen.»

«Hast du eigentlich dein Versprechen an Paetus gehalten, ein Auge auf seinen Sohn Lucius zu haben?», entgegnete Sabinus.

Jetzt war es an Vespasian, betreten dreinzuschauen. «Nein, das habe ich nicht. Ich muss mich mehr für ihn interessieren.»

«Er dürfte inzwischen siebzehn sein und anfangen, seinen Weg zu gehen. Mir scheint, wir beide haben unsere Verpflichtungen gegenüber Paetus vernachlässigt, mein Bruder, also halte mir keine Vorträge. Ich werde das Geld zurückzahlen, sobald ich es habe.»

«Und ich werde mich um den jungen Lucius kümmern. Nun, immerhin hattest du als Prätor im vergangenen Jahr einige Einnahmen, und in deiner Provinz wirst du sicher noch viel größere Einkünfte haben. Bithynien ist sehr reich, das ist nicht der schlechteste Ort für einen Statthalter.»

«Der beste ist es auch nicht. Aber du hast recht, nächstes Jahr um diese Zeit werde ich über einigen Wohlstand verfügen.»

«Herr! Herr!»

Vespasian und Sabinus drehten sich um und sahen Magnus den Hügel heraufrennen.

«Habt Ihr die Neuigkeit schon erfahren?», fragte Magnus atemlos und drängte sich an ein paar Sklaven vorbei, die einen schweren Holzbalken trugen. «Die ganze Stadt redet davon.»

«Nun, sofern du nicht die Neuigkeit meinst, dass mein Bruder das Verbot vorübergehend aufgehoben hat, innerhalb der Stadt tagsüber mit Fuhrwerken zu fahren, damit Baumaterial zum Aventin geliefert werden kann, hat es sich noch nicht bis in dieses ausgebrannte Viertel herumgesprochen», erwiderte Sabinus.

«Euer Schwager Clemens ist vor einer Stunde mit einer Nachricht von Capreae eingetroffen: Tiberius ist tot.»

«Tot? Wann ist er gestorben?», fragte Vespasian.

«Gestern. Auf sämtlichen Foren drängt sich das Volk und verlangt, dass sein Leichnam nach Rom gebracht wird, damit man ihn in den Tiber werfen kann.»

«Hat er Claudius zu seinem Nachfolger ernannt?»

«Das Testament wurde noch nicht eröffnet, aber anscheinend trägt Caligula den Ring des Kaisers an der Hand und hat sich selbst zum Kaiser erklärt. Er hat Macro geschickt, damit er zum Senat spricht und Tiberius' Testament verliest. Laut Clemens müsste er ein paar Stunden nach ihm eintreffen.»

Vespasian blickte seinen Bruder erschrocken an. «Scheiße! Das wird Antonia nicht gefallen. Wir sollten zu ihr gehen und in Erfahrung bringen, was sie jetzt vorhat.»

«Sie kann nichts tun. Wenn Caligula den Ring des Kaisers hat und Macro mit der Prätorianergarde ihn unterstützt, dann ist er Kaiser, ganz einfach. Im Augenblick ist es das Beste, auf unsere eigenen Interessen zu achten und in den Senat zu gehen, damit wir nicht als die beiden einzigen Senatoren auffallen, die nicht anwesend sind, um Caligula als Kaiser anzuerkennen.»

Clemens stand am Fuß der Treppe zum Senatsgebäude, als Vespasian, Sabinus und Magnus eintrafen. Dutzende Senatoren strömten von allen Seiten herbei und drängten sich durch die rasende Menge, ebenso wie die beiden Brüder darauf bedacht, ihre Treue zum neuen Herrscher zu zeigen.

«Ich hatte gehofft, euch hier anzutreffen», sagte Clemens, ergriff die Unterarme der beiden Brüder zur Begrüßung und nickte Magnus zu, ehe er sie ein wenig beiseitenahm. Sein verkniffenes, schmales Gesicht wirkte noch blasser als gewöhnlich.

«Du scheinst besorgt, Clemens», bemerkte Sabinus.

«Natürlich bin ich besorgt. Jeder, der bei klarem Verstand ist, sollte besorgt sein. Soeben hat ein Wahnsinniger das Reich gestohlen.»

«Wie meinst du das, ‹gestohlen›?»

«Caligula hat Tiberius mit Macros Hilfe ermordet. Sie haben ihn erstickt, dessen bin ich gewiss. Als ich den Leichnam sah, kurz nachdem sie aus Tiberius' Gemach gekommen waren, um seinen Tod zu verkünden, war sein Gesicht verfärbt, und die Zunge war geschwollen und ragte aus dem Mund. Zugegeben, er stand ohnehin an der Schwelle des Todes, aber er hatte eben noch sein Testament geändert.»

«Zu wessen Gunsten? Claudius'?»

«Woher soll ich das wissen? Es wurde noch nicht verlesen. Ich weiß nur, dass Tiberius mich zu sich gerufen und mir befohlen hat, nach seinem Sekretär zu schicken, er solle sein Testament mitbringen. Nachdem die Änderungen vorgenommen waren, kam der Sekretär damit heraus. Macro nahm es und las es gemeinsam mit Caligula. Dann gingen sie zu Tiberius hinein, und ehe wir uns versahen, war Tiberius tot,

Caligula hatte seinen Ring, und die germanische Leibgarde huldigte ihm als Kaiser. Der Sekretär beschuldigte Macro und Caligula des Mordes, deshalb war Caligulas erste Amtshandlung als Kaiser, dem Mann die Zunge herausschneiden und ihn kreuzigen zu lassen.»

Sabinus zuckte die Achseln. «Caligula ist also Kaiser. Es war immer klar, dass es dazu kommen würde, sofern Tiberius ihn am Leben ließe, ganz gleich, was Antonia versucht haben mag, um es zu verhindern. Wenigstens kennen wir ihn und können uns auf eine persönliche Bekanntschaft mit ihm berufen, auch wenn sie einige Zeit zurückliegt. Das könnte sich für uns durchaus als vorteilhaft erweisen. Und was dich betrifft, Clemens – du bist immerhin der Tribun seiner persönlichen Leibgarde.»

«Wenn er bei Verstand wäre, dann hättest du vielleicht recht, doch das ist er nicht. Ihr beide habt ihn in den letzten sechs Jahren nicht erlebt, ich hingegen war die ganze Zeit bei ihm auf dieser Insel der Wahnsinnigen. Ich habe gesehen, wie er die gleiche sexuelle Verderbtheit entwickelt hat wie Tiberius, allerdings mit einer Manneskraft, die der alte Kaiser nicht mehr besaß. Er ist nie befriedigt, ganz gleich, wie viele Leute er gevögelt hat oder von wem er gevögelt wurde. Tiberius hat ihn noch ermutigt – ich hörte ihn im Scherz sagen, er nähre eine Viper am Busen Roms. Er zeigte ihm, wie man unbegrenzte Macht für grenzenlose Selbstbefriedigung ausnutzen kann, und Caligula war ein guter Schüler. Doch eines hat ihn immer zurückgehalten, und das war das Wissen, dass er letztlich Tiberius' Sklave war und aus einer Laune heraus hingerichtet werden könnte wie so viele andere, deren Schicksal er mit angesehen hat. Deshalb hat es nie einen besseren Sklaven gegeben. Jetzt, da Tiberius nicht mehr ist, ist er selbst der Herr, und ich verspreche euch, es wird nie einen schlimmeren Herrn geben.»

«Dann müssen wir eben dafür sorgen, dass der Herr niemals auf uns aufmerksam wird», sagte Vespasian. Nach allem, was er von Caligula wusste, hatte Clemens wohl leider recht.

«Dazu ist es zu spät. Er möchte euch gerne wiedersehen. Er lässt euch ausrichten, auch wenn er euch seit sechs Jahren nicht gesehen hat, betrachtet er euch beide noch immer als seine Freunde, und jetzt, da er Kaiser ist und nach Rom zurückkehren kann, freut er sich auf das gemeinsame Vergnügen – wie er sich ausdrückte –, das er euch versprochen hat.»

«Ich weiß nicht recht, ob mir das gefällt, nachdem ich gesehen habe, was Caligula unter Vergnügen versteht», kommentierte Sabinus. «Es scheint, als würde er dabei seine Schwestern einbeziehen.»

«Nicht nur seine Schwestern. Ich mache mir mehr Sorgen darum, dass er entschlossen scheint, auch *meine* Schwester mit einzubeziehen. Meine Frau Iulia habe ich bereits mit den Kindern auf mein Landgut bei Pisaurum geschickt, um sie vor ihm in Sicherheit zu bringen. Er erzählt mir seit Monaten, ihm sei der Gedanke unerträglich, dass einer solchen Schönheit wie Clementina die Gelegenheit entgehen sollte, in den Genuss seiner nicht unbeträchtlichen Männlichkeit zu kommen – und ich bin ihr Bruder!»

Sabinus blickte verständlicherweise besorgt drein. «Ich sollte sie und die Kinder besser aus Rom fortbringen. Ich werde gleich morgen früh nach Bithynien aufbrechen, noch ehe Caligula eintrifft.»

«Brich jetzt schon auf, mein Freund. Wenn du in den Senat gehst, wird deine Anwesenheit bemerkt. Dann wüsste Caligula, dass du die Stadt verlassen hast, ohne auf ihn zu warten und ihn zu begrüßen. Ich werde ihm sagen, du seist bereits vor ein paar Tagen abgereist, ehe du die Neuigkeit erfahren konntest. Es besteht eine Chance, dass er das glaubt, jetzt, da der Hafen von Brundisium wieder offen ist.»

Sabinus ergriff seinen Arm fest. «Das ist sehr freundlich von dir, Clemens.»

«Bleibe so lange wie möglich dort draußen, fang einen Krieg an oder sonst etwas. Caligula wird nur noch schlimmer werden, glaube mir.»

«Ich glaube es.» Sabinus wandte sich an Vespasian. «Falls ich Onkel Gaius im Haus nicht mehr antreffen sollte, richte ihm meine Abschiedsgrüße aus und meinen Dank für seine Gastfreundschaft in den letzten sechs Monaten seit dem Brand.»

«Das werde ich, und ich werde dir alles nachschicken, was du brauchst, Sabinus», erwiderte Vespasian. «Geh jetzt.»

«Ich gebe Euch vier meiner Jungs als Eskorte bis nach Brundisium mit», bot Magnus an. «Sie werden in einer Stunde am Haus sein.»

«Danke, Magnus, und dir auch, Bruder», sagte Sabinus und wandte sich rasch zum Gehen. «Viel Glück mit unserem Freund.»

«Mir wird schon nichts passieren», rief Vespasian Sabinus nach, der bereits davonging.

«Dir wird nichts passieren», stimmte Clemens ihm zu, «solange du es Caligula besorgst, wann immer er es befiehlt, so, wie ich es muss. Ich bin manchmal ganz erschöpft davon.»

«Was? Du, Clemens? Du machst Witze.»

«Leider nein, und ich kann dir sagen, das ist noch eine der am wenigsten unangenehmen Pflichten, denen ich nachkommen muss. Aber dein Problem ist, dass Clementina nicht die einzige Frau ist, die Caligula unbedingt in sein Bett holen will. Jetzt, da er Kaiser ist, wird er sich zweifellos nicht mehr an Antonias Befehl gebunden fühlen, Caenis in Ruhe zu lassen.»

Der Pöbel draußen auf dem Forum Romanum war außer Rand und Band und feierte den Tod des verhassten alten Kaisers und den Aufstieg der neuen Hoffnung Caligula. Im gedrängt vollen Senatsgebäude hingegen war es nahezu still, als Quintus Naevius Cordus Sutorius Macro eintrat, in Militäruniform, eine Dokumentenröhre in der Hand. Er war ungeheuerlicherweise von vier bewaffneten Prätorianern flankiert, die ebenfalls Uniformen trugen statt der Togen, die sie gewöhnlich zum Dienst innerhalb der Stadt anlegten. Den meisten Senatoren war deutlich anzusehen, was sie angesichts einer solchen Zurschaustellung prätorianischer Macht über den schwächelnden Senat empfanden.

«Er will betonen, dass diesmal die Prätorianer den Kaiser gewählt haben», flüsterte Gaius Vespasian über das Raunen der unzufriedenen Kollegen zu, «und dass wir ihre Wahl ratifizieren müssen, weil sie sie sonst mit Waffengewalt durchsetzen würden.»

Gnaeus Acerronius Proculus, der erste Konsul, blieb auf seinem kurulischen Stuhl sitzen, während der kleine Trupp geräuschvoll in die Mitte des Saales marschierte. «Der Senat fordert Quintus Naevius Cordus Sutorius Macro auf, ihm über das Befinden unseres geliebten Kaisers Tiberius Bericht zu erstatten. Ist das Gerücht wahr?», ergriff Proculus zuerst in dem Versuch das Wort, die Autorität des Senats wiederherzustellen.

«Natürlich ist es wahr, wie Ihr sehr wohl wisst, Konsul», knurrte Macro, «und ich bin hier, um Euch zu sagen –»

«Patres Conscripti», fiel Proculus ihm ins Wort, «der Prätorianerpräfekt hat uns eine zutiefst traurige Nachricht überbracht: die Bestätigung, dass unser Kaiser tot ist.» Er brach in theatralisches Wehklagen aus.

Der ganze Senat folgte seinem Beispiel. Klagerufe und schmerzliche Schreie erfüllten den Saal und übertönten Macros Versuche, sich Gehör zu verschaffen, sodass er schließlich nur noch ohnmächtig warten konnte, bis ihm das Wort erteilt wurde.

Vespasian und Gaius stimmten in die Trauerbekundungen ein und genossen von ganzem Herzen den Ausdruck auf Macros Gesicht. «Ich weiß nicht, ob das so klug war», schrie Vespasian Gaius ins Ohr, «aber es war gut inszeniert und höchst amüsant.»

«Sofern man es amüsant nennen kann, einen Löwen zu reizen», entgegnete Gaius. «Aber wenn es ihm darum ging, dem Senat wieder etwas von der Autorität zurückzugeben, die die Prätorianer ihm genommen haben, so war es ein guter Anfang.»

Während die Trauerbekundungen andauerten, fing ein dunkles Augenpaar auf der anderen Seite des Saales Vespasians Blick auf, und mit Erschrecken erkannte er, dass Corvinus wieder in Rom war und seinen Sitz im Senat eingenommen hatte.

«Ich beantrage eine zehntägige Trauerzeit, mit sofortigem

Beginn», rief Proculus schließlich über den Lärm hinweg. «Sämtliche Prozesse werden ausgesetzt, Urteile werden nicht vollstreckt, und jegliche öffentlichen Geschäfte ruhen, einschließlich derer dieses Hauses. Nach dieser Zeit werden wir Tiberius' Testament ratifizieren und Gaius Caesar Germanicus sämtliche Ehren votieren, die seinem Rang gebühren. Das Haus schreitet zur Abstimmung.»

«Das Haus hört jetzt mir zu!», brüllte Macro.

«Das Haus schreitet zur Abstimmung, Präfekt. Oder wollt Ihr etwa, dass bekannt wird, dass Ihr das Haus daran gehindert habt, eine angemessene Trauerzeit für einen Kaiser zu beschließen?»

«Ich scheiße auf die Trauerzeit, Konsul, Ihr werdet mir jetzt zuhören. Kaiser Gaius hat mich geschickt, damit ich Euch Tiberius' Testament übergebe und Euch auffordere, es für nichtig zu erklären.»

Proculus wurde unsicher. «Aber er wird darin doch gewiss zu Tiberius' Erben erklärt?»

«Er wird zum Miterben erklärt, neben Tiberius Gemellus. So kann es nicht bleiben, das wäre die Vorlage für einen Bürgerkrieg.»

«Mit welcher Begründung könnten wir das Testament eines Kaisers ändern?»

«Mit der Begründung, dass er nicht mehr klar bei Sinnen war, als er es niederlegte. Und wenn Euch das nicht genügt, hört Ihr dies?» Macro machte eine Handbewegung zur Tür; der Lärm, der von draußen hereindrang, klang jetzt bedrohlich. «Das ist das Volk, das einen einzigen Mann zum Herrscher will, nicht einen Mann und einen Knaben. Meine Leute haben in der Menge verbreitet, was in dem Testament verfügt ist, und dem Volk gefällt es nicht. Ich kann Euch versprechen, dass keiner von Euch hier lebend rauskommt, bevor Ihr es ändert. Und wenn Ihr schon einmal dabei seid, schlage ich vor, Ihr sprecht dem Kaiser sämtliche Titel und Ehren zu, von denen Ihr denkt, sie könnten ihm gefallen. Anschließend könnt Ihr verdammt noch mal abstimmen, so viel Ihr wollt.» Macro warf dem Konsul die Röhre mit dem Dokument zu, machte auf dem Absatz kehrt und marschierte mit seiner Eskorte hinaus.

Proculus ließ die Schultern hängen. Sein Versuch, die Autorität des Senats als legitime Macht in Rom zu behaupten, war kläglich gescheitert. Er wusste, dass keiner seiner Kollegen den Zorn des Pöbels riskieren würde. Müde stand er auf. «Ich schlage vor, dass dieses Haus Tiberius' Testament für nichtig und Gaius Caesar Germanicus zu seinem einzigen Erben und somit zum Kaiser erklärt.»

Tränen strömten über Caligulas Gesicht. Seine Stimme klang hoch vor Rührung und gepresst vor Trauer. «In seiner Bescheidenheit lehnte er den Titel ‹Vater des Vaterlandes› ab; er lehnte es ab, als Gott verehrt zu werden, und fand stattdessen den Lohn für seine selbstlosen Dienste in der Liebe, die das Volk ihm als gerechtem und gütigem Herrscher entgegenbrachte.»

«Ich kann mich der Frage nicht erwehren, ob er wirklich von Tiberius spricht», raunte Gaius verstohlen.

«Wenn ja, so ist es eine nette Abwechslung», erwiderte Vespasian. «Es ist fast das erste Mal, dass er ihn überhaupt erwähnt.»

Sie standen schon seit fast zwei Stunden da und ließen

Caligulas Lobreden über seinen Vater Germanicus und seinen Großonkel Augustus über sich ergehen, mit denen er das Volk von Rom an seine Abstammung erinnerte und dadurch in den Köpfen verankerte, dass er der rechtmäßige Kaiser war. Jetzt schien er endlich bei dem eigentlichen Thema seiner Lobrede angekommen zu sein, auch wenn Vespasian an den Gesichtern der anderen Senatoren, die mit ihnen auf den Stufen im Theater des Pompeius auf dem Campus Martius standen, ablesen konnte, dass nicht nur sein Onkel die Worte des neuen Kaisers nicht recht mit der Person seines Vorgängers in Einklang bringen konnte.

Von dem hohen Podium herab setzte Caligula seine rührselige Ansprache fort, umgeben von Schauspielern, die die Totenmasken von Tiberius' Vorfahren trugen. Neben dem Podium stand der noch nicht entzündete Scheiterhaufen mit der Totenbahre. Der Leichnam war im Schutz der Nacht in die Stadt geschmuggelt worden, teils, um ihn vor dem Pöbel zu schützen, hauptsächlich jedoch, um die Aufmerksamkeit nicht vom politischen Ziel des Tages abzulenken: dass die Bürger Roms Caligula als ihren neuen Kaiser anerkannten.

Auf dem Campus Martius drängte sich das Volk. Die Menschen wollten nicht den offensichtlichen Unfug anhören, den Caligula von sich gab, sondern den strahlenden jungen Kaiser selbst sehen, der prächtig in Purpur mit Goldstickerei gekleidet und mit einem Kranz aus vergoldetem Lorbeer gekrönt war. Als er früher am Tag in die Stadt eingezogen war, hatten sie ihn als ihren Erlöser empfangen, ihn überschwänglich begrüßt und ihren Stern genannt, ihren Liebling, den geliebten Sohn des großen Germanicus, der gekommen war, um Rom in das neue goldene Zeitalter zu führen. Diese Phrase hallte in Vespasians Kopf wider, während er die Ereignisse mit wachsendem Unbehagen verfolgte. Gleichzeitig glomm in ihm die vage Hoffnung, diese Verehrung würde Caligula vielleicht dazu antreiben, mit Mäßigkeit und Besonnenheit zu herrschen, seine Laster nur im Privaten auszuleben und sich in der Öffentlichkeit gütig und leutselig zu zeigen.

Nach einer weiteren Viertelstunde haltlosen Gefasels über Tiberius' Tugend, seine Abgeklärtheit und seinen Gerechtigkeitssinn – mit einem kurzen Ausflug in die Wahrheit in Form eines Lobes für seine Gelehrsamkeit – schloss Caligula endlich mit einem Dankgebet an die Götter, die Tiberius solch ein langes Leben geschenkt hatten. Er endete mit einem Ausdruck des Bedauerns – das niemand in der riesigen Menge teilte –, dass seine Zeit nun gekommen sei, dem Fährmann gegenüberzutreten. Als seine letzten Worte verhallten, wurde der Scheiterhaufen entzündet. Die Totenkläger stimmten ihre Klagen an und zerrissen sich die Kleidung mit einer Inbrunst, die den Pöbel belustigte, der nur wenige Tage zuvor verlangt hatte, der Leichnam des verhassten Kaisers solle ganz unzeremoniell in den Tiber geworfen werden.

Schnell verzehrten die Flammen das trockene Holz, von Schläuchen voller Öl im Inneren des Scheiterhaufens zusätzlich angefacht, sodass die Luft darüber vor Hitze flimmerte und Rauchfähnchen in die frische Frühlingsluft aufstiegen. Priester und Auguren suchten den Himmel nach Vogelflug ab in der Hoffnung, einen Adler bei etwas Glückverheißendem zu erspähen. Das würden sie dann nach eingehender Rücksprache mit dem jungen Kaiser so deuten, wie es der

Politik der Machtübernahme am besten zustattenkam. Doch kein Adler war zu sehen, und sie konnten auch keinen erfinden, da das Ereignis von einer solch riesigen Zuschauermenge verfolgt wurde.

Als die Totenbahre Feuer fing und der Leichnam zu zischen begann, stieg Caligula von dem Podest und schritt flankiert von den Konsuln und Prätoren und angeführt von zwölf Liktoren zum Theater des Pompeius durch die Menge. Die feierte ihren neuen Helden nun mit noch größerer Begeisterung, da der Leib ihres alten Kaisers vom Feuer verzehrt wurde. Caligula sonnte sich in der Verehrung des Volkes und teilte Almosen und Eintrittstäfelchen zu den Spielen aus, die er nach der Trauerzeit veranstalten würde.

«Wir sollten hineingehen», murmelte Gaius und schickte sich an, den anderen Senatoren in das Theater zu folgen, wo ihr neuer Kaiser zu ihnen sprechen würde.

«Was die Titel und Ehren betrifft, die Ihr mir zugesprochen habt, so werde ich sie alle annehmen bis auf ‹Vater des Vaterlandes› – diesen Titel könnt Ihr mir zu einem späteren Zeitpunkt verleihen. Und meinen Amtsantritt als erster Konsul werde ich auf Juni verschieben. Indessen werdet Ihr meiner Großmutter Antonia den Titel ‹Augusta› zusprechen und meinen drei Schwestern sämtliche Privilegien der vestalischen Jungfrauen.»

Die Senatoren, die schon fast heiser von dem Jubel waren, mit dem sie Caligula bei seinem Eintritt in das Theater empfangen hatten, bekundeten lautstark ihre Einwilligung in diese Befehle.

«Denkst du, Letzteres war ironisch gemeint, Onkel?»,

raunte Vespasian seinem Onkel zu. Gaius hütete sich wohlweislich, über den Scherz zu schmunzeln.

Während Caligula weitersprach, musterte Vespasian verstohlen die Gesichter der Senatoren. Die meisten hatten einen düsteren, ergebenen Ausdruck angenommen, während sie die Forderungen ihres neuen Kaisers anhörten, ohne etwas dagegen einwenden zu können. Als sein Blick das Ende einer Reihe erreichte, begegnete er wieder jenem dunklen Augenpaar und spürte den Hass, der darin loderte.

«Und schließlich», verkündete Caligula, «werde ich sämtliche Verräterprozesse aussetzen. Es ist undenkbar, dass irgendjemand auch nur einen Gedanken des Verrats gegen einen Kaiser hegen könnte, der von seinem Volk so geliebt wird. Deshalb werde ich alle belastenden Dokumente gegen Mitglieder dieses Hauses verbrennen, die Tiberius zusammengetragen hat. Das werde ich tun, damit ich nicht in der Lage sein werde, jemanden von euch gerichtlich zu verfolgen. Ganz gleich, welchen Groll ich vielleicht hegen könnte, weil Ihr für den Tod meiner Mutter und meiner Brüder gestimmt habt.»

Daraufhin erhob sich noch lauterer Jubel als zuvor. Die Senatoren waren erleichtert, dass ihnen ihre Mittäterschaft vergeben wurde. Viele von ihnen hatten Angehörige von Germanicus denunziert, um sich die Gunst von Tiberius und Seianus zu sichern, die beide aus unterschiedlichen Gründen darauf hingearbeitet hatten, einen großen Teil von Caligulas Familie auszulöschen.

Caligula ließ sie eine ganze Weile lang seiner Großmut applaudieren, ehe er Ruhe gebot und fortfuhr: «Doch da Ihr mich eines Bruders beraubt habt, der im Juni gemeinsam mit mir das Amt des Konsuls antreten könnte, muss ich mich anderweitig nach einem Kollegen umsehen, und mir scheint, der geeignetste Mann dafür ist mein Onkel Claudius.»

Darauf folgte verblüfftes Schweigen. Alle Anwesenden waren entsetzt von der Vorstellung, dass der stotternde und sabbernde Claudius all die altehrwürdigen Rituale des Senats vollziehen sollte.

«Ich verstehe Eure Verwirrung, Patres Conscripti», beteuerte Caligula mit kaum verhohlener Belustigung. «Claudius ist nur ein Angehöriger des Ritterstandes und kein Senator.» Sein Blick verhärtete sich. «Deshalb werde ich ihn unverzüglich dazu ernennen. Die Konsuln, Prätoren, Ädile und Quästoren haben die Ehre, mich zum Haus des Augustus begleiten zu dürfen, wo ich meinen Wohnsitz nehmen werde. Das wäre alles.» Er wandte sich ab und ging rasch zum Ausgang, sodass sich die obersten Magistrate in unziemlicher Hast in Bewegung setzen mussten, um ihn einzuholen.

Als der junge Kaiser sich der Stelle näherte, wo Vespasian stand und darauf wartete, sich bei den übrigen Magistraten einzureihen, fiel der Blick seiner dunkel geränderten, tiefliegenden Augen auf ihn. Mit strahlendem Lächeln winkte Caligula ihn zu sich an die Spitze der Prozession.

«Mein Freund», sagte Caligula, während Vespasian neben ihm in Schritt fiel, «ich habe mich so darauf gefreut, Euch wiederzusehen. Was für ein Vergnügen wir jetzt haben werden.»

«Es ist mir eine Ehre, Princeps», erwiderte Vespasian, der die missbilligenden Blicke der höherrangigen Magistrate im Rücken spürte.

«Ja, das ist es wohl. Ich muss mich noch daran gewöhnen, dass meine Freunde sich durch meine Gunst geehrt fühlen.»

Vespasian, der Caligula seit fast sechs Jahren nicht aus der Nähe gesehen hatte, bemerkte überrascht, dass das Haar auf seinem Scheitel bereits schütter wurde. Caligula ertappte ihn dabei, wie sein Blick daran hängen blieb, und augenblicklich verschwand alle Heiterkeit aus seinem Gesicht.

«Das ist das letzte Mal, dass Ihr auf meinen *üppigen* Haarschopf gestarrt habt», warnte er Vespasian mit kalter Stimme. Dann plötzlich wurde der eisige Blick wieder von einem herzlichen Strahlen abgelöst. «Heute Abend werdet Ihr mit mir speisen. Ich habe auch meine Großmutter eingeladen, Ihr könnt mir helfen, mit ihr fertigzuwerden. Ich nehme an, sie wird versuchen, mir Ratschläge zu geben und mir vorzuschreiben, was ich zu tun habe. Ich denke, das wäre äußerst unklug von ihr, meint Ihr nicht auch?»

«Wenn Ihr findet, dass es unklug wäre, dann stimme ich Euch zu, Princeps», erwiderte Vespasian zurückhaltend.

«Ach, lasst doch das alberne ‹Princeps›, wenn wir unter uns sind, Vespasian, wir sind Freunde. Jetzt begleitet mich zum Palatin und erzählt mir von der reizenden Caenis.»

Vespasian schluckte krampfhaft.

«Über fünfhundert Millionen Denar, ist das zu fassen?», rief Caligula, als die kaiserliche Gesellschaft den Gipfel des Palatin erreichte, während unten die jubelnden Massen zurückblieben. «Liegen da nur so in der Schatzkammer herum. Der alte Geizhals ist einfach auf dem Geld sitzen geblieben.»

«Es ist immer gut, eine Reserve zu haben», bemerkte Vespasian, noch immer immens erleichtert, dass Caligula eine solch kurze Aufmerksamkeitsspanne hatte und das Thema Caenis nach wenigen kurzen Sätzen wieder hatte fallenlassen. «Zum Beispiel war er so in der Lage, das viele Geld für den Wiederaufbau des Aventin zu spenden.»

Caligula runzelte die Stirn. «Ja, welch eine Verschwendung, es Leuten zu geben, die es sich leisten können, ihre Häuser niederbrennen zu lassen. Ich werde eine Möglichkeit finden, es mir von ihnen zurückzuholen, macht Euch darum keine Sorgen. Aber denkt nur, was ich mit all dem Geld anfangen könnte. Wir werden jeden Tag Spiele veranstalten, und ich werde bauen, Vespasian, bauen.» Er deutete auf das herrschaftliche Haus des Augustus, auf das sie zugingen, und das des Tiberius daneben. «Ich werde diese beiden kümmerlichen kleinen Behausungen zu einem einzigen riesigen Palast umbauen, wie er einem Kaiser und seinen Schwestern gebührt, und ich werde ihn mit den edelsten Möbeln, Kunstwerken und Sklaven aus dem ganzen Reich füllen. Und Eroberungen, Vespasian, ich werde glorreiche Eroberungen machen und Triumphe feiern, wie Ihr sie noch nie erlebt habt. Der Senat wird mir meine Macht und meinen Ruhm neiden und hinter meinem Rücken tuscheln und Ränke schmieden, aber öffentlich wird man mir mit Titeln schmeicheln, und ich werde die Senatoren für ihre Unterwürfigkeit verhöhnen und erniedrigen. Sie werden mich hassen, wie sie Tiberius gehasst haben, doch anders als er werde ich die Stadt mit der Beute aus hundert Eroberungszügen bereichern und den Circus mit Tausenden Gefangenen füllen, die zum Vergnügen des Volkes abgeschlachtet werden, und das Volk wird mich lieben und beschützen.»

Vespasian warf Caligula einen Seitenblick zu, während sie die Stufen zum Haus des Augustus hinaufstiegen, und sah, dass seine Augen groß waren vor Begeisterung und Ehrgeiz.

Rom standen kostspielige Zeiten bevor. Was würde Caligula wohl tun, wenn das Geld ausging?

«Meine Herren, danke, dass Ihr mich nach Hause begleitet habt», sagte Caligula vom oberen Treppenabsatz zu seinem Gefolge. «Ich werde jetzt ruhen und meine Kräfte sammeln für die Strapazen, die mir bevorstehen. Ihr dürft Euch entfernen.»

Die Senatoren schrien um die Wette «Ave Caesar», während Caligula die rechte Hand hob, an deren Zeigefinger der kaiserliche Ring in der Sonne funkelte, den Kopf in den Nacken legte und den Beifall aufsog. Vespasian stimmte ein und heuchelte ebensolche Begeisterung wie alle anderen. Dabei beobachtete er voller Unbehagen, wie sehr Caligula es genoss, so gefeiert zu werden, und wie unwillig er war, dem Jubel ein Ende zu machen. Trieb er bereits seinen Spaß mit den bedeutendsten Männern Roms, indem er ausprobierte, wie lange ihr Beifall wohl anhalten würde? Endlich ließ er den Arm sinken, machte auf dem Absatz kehrt und betrat das Haus. Vespasian stand wie angewurzelt da, blickte Caligula nach und fragte sich, ob auch er entlassen war oder ob er noch immer zum Essen erwartet wurde.

Er wollte gerade gehen, als Caligula den Kopf wieder zur Tür heraussteckte. «Kommt schon!», befahl er scharf. «Ihr seid mein Freund, Ihr bleibt bei mir.»

Vespasian eilte zur Tür. Insgeheim fragte er sich, welche Vorteile es haben mochte, der Freund des Kaisers zu sein – sofern es überhaupt welche hatte.

XIIII

Vespasian war überwältigt von den riesigen Räumen im Haus des Augustus. Allein im Atrium hätte das ganze Haus seiner Familie in Aquae Cutiliae Platz gehabt. Es war noch viel größer als die Häuser von Antonia und ihrer Tochter Livilla auf dem Palatin – die beiden größten Wohnhäuser, die er bislang kannte. Dieses hatte man in der Absicht erbaut, ranghohen Besuchern die überwältigende Macht des Mannes vor Augen zu führen, der zum Ersten unter Gleichen in der herrschenden Klasse Roms aufgestiegen war. Doch es hatte nichts Protziges an sich. Es war eine architektonische Studie der Macht, keine prahlerische Zurschaustellung von Reichtum. Die Säulen, welche die hohe Decke des Atriums trugen, bestanden aus edelstem weißem Marmor, und die kunstvollen Bodenmosaike bildeten Szenen aus der *Aeneis* ab, so realistisch, dass die Gestalten sich fast zu bewegen schienen. Die Möbel, Verzierungen und Statuen waren dezent gehalten; jedes Stück für sich ein Meisterwerk, aber nicht übertrieben oder aufdringlich. Ihr Wert zeigte sich deutlicher in der makellosen handwerklichen Ausführung als in äußerlichem Schmuck wie Vergoldungen, kostbaren Steinen oder edlen Stoffen. Es war ein Zeugnis sowohl des Geschmacks als auch des politischen Scharfsinns des Mannes, der dieses Haus hatte bauen lassen. Er hatte nicht die Schatzkammern Roms geplündert, um im Überfluss zu leben wie die Herrscher des Ostens, während ein großer Teil seines Volkes kaum das Nötigste zum Leben hatte. Er hatte dieses Haus errichtet, um seinen Besuchern, die um Roms Freundschaft und Gunst ersuchten, die gewaltige Macht der vereinigten Bürger Roms zu demonstrieren. Er hatte es als Abbild Roms erbaut: praktisch, stark, überragend und vor allem frei von Anmaßung.

«Armselig, nicht wahr?», klagte Caligula, als Vespasian ihn einholte. «Augustus verstand es nicht, seinen Reichtum zur Schau zu tragen. Ich werde viele Änderungen vornehmen, um das ganze Bauwerk prächtiger zu machen.»

«Ich finde es wunderschön, Caligula, ich würde gar nichts daran ändern.»

«Was wisst Ihr schon von Schönheit?», versetzte Caligula verächtlich. «Ein Junge vom Land mit sabinischem Akzent? Im Übrigen habt Ihr in dieser Frage nicht mitzureden, ich bin der Kaiser, und Ihr seid nur mein Untertan.»

«Gewiss, Princeps.»

«Gaius, mein Liebster», sagte Antonia, die von der anderen Seite her das riesige Atrium betrat. «Ich habe schon auf dich gewartet. Komm her und lass mich meinen neuen Kaiser anschauen, den ich seit sechs Jahren nicht gesehen habe.»

Caligula blieb stehen. «Komm du her, Großmutter. Ich lasse mir von niemandem mehr etwas sagen, nicht einmal von dir.»

Antonia ging mit starrem Lächeln auf ihren Enkel zu, nahm sein Gesicht in beide Hände und blickte in seine tiefliegenden Augen auf. «Gelobt sei Juno, du siehst gut aus. Ich habe lange für diesen Augenblick gebetet, und nun ist er endlich gekommen: Mein kleiner Gaius ist Kaiser.»

«Ich werde dich für deine Gebete belohnen, Großmutter, auch wenn sie in Wahrheit unnötig waren – das hier war von jeher meine Bestimmung. Ich habe dem Senat bereits befohlen, dir den Titel ‹Augusta› zuzusprechen.»

«Es ist großmütig von dir, Gaius, mich so zu ehren.» Sie streckte unwillkürlich die Hand aus, um ihm das Haar zu zausen, wie sie es so oft getan hatte, als er als Kind in ihrer Obhut gelebt hatte. Hastig zog sie die Hand wieder zurück, als sie sah, wie schütter sein Haar geworden war.

«Das ist deine Schuld, weil du es ständig gezaust hast», fuhr Caligula sie an. «Nimm dich in Acht, Frau – nur weil ich dir eben eine Ehre habe zuteilwerden lassen, heißt das nicht, dass ich nicht im nächsten Moment deinen Tod fordern kann. Ich kann jetzt mit den Leuten umspringen, wie es mir gefällt.» Er stürmte davon und ließ Antonia stehen, die Vespasian einen besorgten Blick zuwarf.

«Es ist schlimmer, als ich befürchtet hatte», sagte sie leise. «Er wird unser aller Tod sein.»

Caligula kreischte vor haltlosem, schrillem Lachen. «Sind sie nicht unbezahlbar?», brachte er schließlich heraus. «Ich habe sie vor vier Jahren aus Alexandria kommen lassen, sie haben mich ein Vermögen gekostet, aber sie sind jeden Denar wert.»

Vespasian schaute höflich den Kapriolen einer Gruppe nackter, zwergwüchsiger Akrobaten zu und hoffte, was sie gerade zeigten, möge das Finale ihrer Aufführung sein. Die fünfzehn Männer hatten eine Pyramide gebildet, fünf Mann hoch, an der die vier Frauen jetzt hochkletterten. Dabei benutzten sie die erigierten Penisse ihrer Kollegen als Handgriffe und Fußstützen. Das Ganze wurde von frenetischem Getrommel und heulenden Gesängen eines halben Dutzends ekstatischer Trommlerinnen begleitet, die kaum größer waren als ihre Instrumente.

«Tiberius hat sie geliebt», schwärmte Caligula, «besonders wenn sie alle anfingen, es miteinander zu treiben. Manchmal können sie einfach nicht an sich halten.»

«Das kann ich mir vorstellen», sagte Vespasian so begeistert, wie er es vermochte, während er insgeheim hoffte, heute Abend möchten sie die nötige Beherrschung aufbringen. Doch angesichts der besonderen Aufmerksamkeit, die die Frauen jedem ihrer Handgriffe widmeten, machte er sich darauf gefasst, dass seine Erwartungen enttäuscht würden – ebenso, wie Caligulas Verhalten gegenüber Antonia während des gesamten Abendessens ihn enttäuscht hatte. Caligula hatte keine Gelegenheit ausgelassen, ihr zu widersprechen oder ihre Meinung verächtlich abzutun. Es war offensichtlich gewesen, dass er es aus schierem Eigensinn tat und nicht, weil er fand, sie sei im Unrecht. Antonia hatte die Kränkungen mit scheinbarer Gleichgültigkeit erduldet, sogar als er auf ihren Rat, sich von seinen Schwestern fernzuhalten, genüsslich in allen Einzelheiten geschildert hatte, was er mit ihnen zu tun gedachte, wenn sie wieder in Rom wären. Vespasian hatte den heiklen Balanceakt versucht, einerseits seinen machttrunkenen Kaiser nicht zu verärgern und andererseits in Antonias Augen nicht zu kriecherisch vor ihm zu erscheinen. Wenn Caligula gerade abgelenkt war, hatte Antonia ihm mit ein paar mitfühlenden Blicken zu verstehen gegeben, dass sie seine Zwangslage voll und ganz verstand.

Caligulas jugendliche Begeisterung für die Aufführung der Zwerge, die nunmehr eine halbe Stunde dauerte, brachte seine beiden Gäste in schier unerträgliche Verlegenheit, zumal er Antonias Abscheu so offensichtlich genoss.

«Gaius, ich weiß nicht recht, ob dies eine passende Unterhaltung für eine Essensgesellschaft ist», bemerkte Antonia, als sie sich nicht länger zurückhalten konnte. Sie schälte gerade einen Apfel und ignorierte demonstrativ den Aufstieg der Akrobatinnen.

«Ach, komm schon, Großmutter, es ist nur ein Spaß. Das hier ist noch zahm im Vergleich zu manchen Darbietungen bei Tiberius auf Capreae.»

«Wir sind hier nicht auf Capreae, mein lieber Gaius, wir sind in Rom, und hier muss man gewisse Maßstäbe einhalten.»

«Was für Maßstäbe? Die Maßstäbe der Aristokraten? Sich mit verschwitzten Boxern zu vergnügen, nachdem sie sich blutig geschlagen haben, um es sich so richtig besorgen zu lassen, wenn die Gäste gegangen sind? Das sind deine Maßstäbe, und wenn dir das gefällt, so verurteile ich dich nicht dafür. Mir gefallen meine Zwerge, sie bringen mich zum Lachen. Ich rate dir, mir deswegen keine Vorhaltungen zu machen, denn ich bin wenigstens ehrlich und verheimliche es nicht. Wahrscheinlich bin ich der einzige ehrliche Mensch senatorischer oder ritterlicher Abstammung in dieser ganzen scheinheiligen, janusköpfigen Stadt.»

Antonia legte den halbgeschälten Apfel auf ihren Teller und erhob sich. Dass sich ihr Enkel in Vespasians Beisein über ihre sexuellen Vorlieben ausließ, war offenbar zu viel für sie. «Ich mache dir keine Vorhaltungen, Gaius, ich ziehe es lediglich vor, nicht daran teilzunehmen. Jetzt bin ich müde, wie es das Vorrecht einer alten und enttäuschten Frau ist, deshalb wünsche ich euch beiden eine gute Nacht. Es war ein interessanter Abend, vielen Dank.» Sie ging davon, ohne sich umzuschauen.

«Ich lasse Vespasian seinen Gefolgsmann Magnus vorbeischicken, um dich aufzuheitern, Großmutter», rief Caligula ihr nach, während sie das Triclinium verließ. Mit einem triumphierenden Lachen wandte er sich wieder Vespasian zu. Der versuchte, sich die Bestürzung und den Schrecken darüber nicht anmerken zu lassen, dass Caligula ihn in die schlimmste Kränkung seiner Wohltäterin hineingezogen hatte. «Ich denke, damit sollte geklärt sein, woran sie bei mir ist, meint Ihr nicht auch?»

«Ich finde, Ihr habt sie meisterhaft in die Schranken gewiesen», erwiderte Vespasian rückhaltlos unterwürfig, nun, da Antonia fort war, auch wenn er sich zugleich selbst dafür hasste. «Und Ihr habt recht: Ihr seid der einzige ehrliche Mensch in Rom.»

Caligula lächelte Vespasian wissend zu. «Weil ich der Einzige bin, der es sich leisten kann. Die Senatoren haben so lange in der Illusion gelebt, die Augustus geschaffen hat, dass der Senat und der Princeps sich die Macht teilen. In Wirklichkeit haben sie nur sklavisch vorgeschlagen und abgesegnet, was sie für seinen und später für Tiberius' Willen hielten, in der Hoffnung, dadurch in der Gunst des Kaisers aufzusteigen. Sie haben vergessen, was Ehrlichkeit ist; ebenso gut könnte man eine Herde Schafe in die Curia setzen. Nun, ich werde die Schafe Ehrlichkeit lehren.»

Vespasian spielte mit dem Gedanken, eine ehrliche Antwort zu geben, entschied sich jedoch dagegen. «Ich bin überzeugt, dass Ihr ein großartiger Lehrer sein werdet.»

«Ihr habt recht, alter Freund, das werde ich», bekräftigte Caligula, dann richtete er seine Aufmerksamkeit wieder auf die Zwergenpyramide, wo die weibliche Hauptdarstellerin jetzt buchstäblich die Spitze bestiegen hatte, während ihre Kolleginnen eifrig ihre Handgriffe bearbeiteten.

«Princeps, ich möchte Euch um einen Gefallen bitten», sagte Vespasian in der Hoffnung, der bevorstehende Höhepunkt – in mehrfacher Hinsicht – von Caligulas Lieblingsaufführung würde ihn in die geeignete Stimmung versetzen, Bitten zu gewähren.

«Vespasian, mein guter Freund, nur heraus damit.»

«Ich müsste mich um eine Familienangelegenheit in Ägypten kümmern. Würdet Ihr mir die Erlaubnis erteilen, dorthin zu reisen?»

«Sodass ich meinen Gefährten vier oder fünf Monate lang entbehren müsste? Was sollte ich ohne Euch anfangen? Schickt jemand anderen, der die Angelegenheit für Euch erledigt. Aber keinen Senator, die Gefahr ist noch nicht gebannt. Anscheinend wurde der Phönix wiedergeboren, ist aber noch nicht gen Osten geflogen.»

«Ich muss persönlich dorthin. Allerdings kann ich ohnehin nicht vor Ende des Jahres fort, wenn meine Amtszeit als Ädil abläuft», erwiderte Vespasian. Im Stillen überlegte er, was der Flug des Phönix gen Osten damit zu tun hatte, ob Senatoren ohne Gefahr nach Ägypten reisen konnten.

«Nun, wir werden sehen, vielleicht bin ich Eurer bis dahin überdrüssig, und der Phönix ist fort. Callistus!» Caligulas kleiner, drahtiger Verwalter, den Vespasian von seinem Besuch in Misenum wiedererkannte, eilte herbei. «Wenn meine Zwerge fertig sind, rufe Clemens und besorge uns schmutzige Tuniken und Kapuzenmäntel.» Caligula wandte sich wieder dem unausweichlichen, tumulthaften Finale zu. «Ich will in die Stadt gehen, trinken und huren. Wir könnten Magnus mitnehmen, damit er uns interessante Orte zeigt. Ich will hören, wie das gemeine Volk, das ehrliche Volk, über mich redet.»

«Es wird nicht das Beste sein, was du je hier getrunken hast, Magnus», sagte der beleibte Wirt der Taverne und stellte schwungvoll einen gefüllten Weinkrug auf den schmierigen, weinfleckigen Tisch, «aber auch nicht das Schlechteste.»

«Ich bin sicher, es wird die Eingeweide zerfressen wie immer, Balbus», erwiderte Magnus grinsend, während er die angeschlagenen Becher seiner drei Begleiter füllte.

«Wer sind deine Kumpane? Mir scheint, ich habe sie noch nie gesehen, auch wenn ich ihre Gesichter kaum erkennen kann.»

«Kollegen von außerhalb der Stadt. Sie sind gekommen, um den neuen Kaiser zu sehen.»

Balbus küsste seinen Daumennagel. «Möge Jupiter seine Hände über unseren strahlenden Stern halten, er ist die neue Hoffnung Roms. Ich habe ihn heute gesehen, und er sieht aus wie ein junger Gott.»

«Vielleicht ist er das ja tatsächlich», ließ sich Caligula unter seiner Kapuze vernehmen.

«Gut möglich, Augustus war einer … ist es noch. Nun, ihr seid willkommen, Jungs, aber wir ziehen es vor, dass die Leute hier drin ihre Kapuzen absetzen, wenn's euch recht ist.»

Vespasian und Clemens schlugen ihre Kapuzen zurück, Caligula jedoch machte keine Anstalten. Stattdessen nahm er einen goldenen Aureus aus seinem Geldbeutel und gab ihn Balbus. «Das sollte vorerst reichen, um uns mit Wein und Frauen zu versorgen.»

Balbus biss in die Münze. Als er erkannte, dass sie echt war, leuchteten seine Augen. «Alles, was ihr wollt, Jungs. Für den Preis könnt ihr sogar mich haben, und es würde mich nicht mal kümmern, dass ich eure Gesichter und eure liebevollen Blicke nicht sehen könnte.»

Die Kunde von dem Gold verbreitete sich im Handumdrehen in der großen, niedrigen Gaststube, in der der Rauch eines Herdfeuers hinter dem mit Amphoren bestückten Tresen schwer in der Luft hing. Augenblicke später hatte jeder der vier eine dralle, nach altem Schweiß riechende Hure auf dem Schoß. Weitere hielten sich nahebei in der Hoffnung, als Nächste an der Reihe zu sein, falls eine der Glücklichen, die am schnellsten zur Stelle gewesen waren, zurückgewiesen würde. Überall in dem schummrigen Raum erhob sich Raunen, und Männer an anderen Tischen, ihrer Begleiterinnen beraubt, warfen düstere Blicke, während sie sich über den vom Wein klebrigen Steinboden dem Tisch mit dem Geld näherten.

«Ich weiß nicht recht, ob es so eine gute Idee war, hier drin mit Gold zu winken, Gaius», bemerkte Magnus, der Mühe hatte, zwischen den begeisterten Zuwendungen seiner neuen Gefährtin noch Zeit für einen Schluck Wein zu finden.

Sie alle hatten strikte Anweisung, Caligula beim Vornamen anzureden.

Caligula veränderte die Sitzhaltung, sodass seine Partnerin ihm unter die Tunika fassen konnte. «Wenn man es hat, soll man es auch zeigen, Magnus.»

«Und du hast es ganz gewiss, mein Liebster», sagte die Frau und strich mit der Hand an seinem Schenkel aufwärts. «In mehr als einer Hinsicht», fügte sie verblüfft und andächtig hinzu. «Venus steh mir bei! Schwestern, fühlt mal den hier – so was ist mir noch nie begegnet.»

Caligula saß da und genoss die Aufmerksamkeit, die seine gewaltige Erektion bei den Frauen erregte. Sie streichelten abwechselnd sein fast einen Fuß langes Glied, umfassten seine eindrucksvolle Stärke und brachen über seine Größe in Verzückung aus.

«Das würde Jupiter selbst zur Ehre gereichen», rief Vespasians Hure aus, als sie an der Reihe war. «Ich kann die Finger gar nicht darum schließen.»

Vespasian nutzte die Gelegenheit, die Frau behutsam von seinem Schoß zu schieben und sich im Raum umzuschauen. Viele der verärgerten Gäste standen von ihren Plätzen auf, schlossen sich zu einem Pulk zusammen und schauten zu ihrem Tisch herüber. Ihre Mienen verrieten finstere Absichten. «Ich bezweifle, dass wir hier noch lange willkommen sind», raunte er Clemens zu, der neben ihm saß, und wies mit einer Kopfbewegung auf die Bedrohung.

Auch Clemens sah sich nun um, dann beugte er sich hinüber, um Caligula ins Ohr zu flüstern, während er den Gladius, den er unter seinem Mantel versteckt trug, in der Scheide lockerte.

Caligula schob all die Frauenhände von sich, die ihn begehrlich betasteten, und stand auf, das Gesicht noch immer in der Kapuze verborgen. «Balbus», rief er, ohne sich die Mühe zu machen, seine Tunika hinunterzuziehen, «Wein und Essen für alle.» Er griff in seinen Geldbeutel und förderte noch ein paar Goldmünzen zutage. «Wir wollen auf das Wohl unseres neuen Kaisers trinken.»

Lautstarker Beifall erhob sich, als ein strahlender Balbus die Münzen nahm und seinen Sklaven einen Wink gab. Diese griffen Amphoren aus ihren Halterungen hinter dem Tresen und machten sich daran, Weinkrüge zu füllen und auf den Tresen zu stellen, dazu kamen Platten mit Brot und gekochtem Schweinefleisch. Bis auf einen harten Kern der feindseligen Gruppe machten sich alle darüber her, durch die spendierten Speisen und Getränke bis auf weiteres besänftigt.

«Schenke mir ein, Magnus», verlangte Caligula und strich zwei der Frauen, die jetzt zu seinen Füßen knieten, über das Haar. Nachdem sein Becher wieder gefüllt war, drängte Caligula sich zwischen den Frauen hindurch und sprach mit lauter Stimme in den Raum hinein: «Der Sohn des Germanicus und Nachfahr des göttlichen Augustus ist als Kaiser nach Rom zurückgekehrt. Preiset ihn!»

Caligula stürzte seinen Wein in einem Zug hinunter, während überall in der Gaststube Rufe laut wurden: «Caligula! Unser strahlender Stern!»

Vespasian stand auf und stimmte in den Jubel ein, doch hinter seiner gespielten Begeisterung verbarg sich innere Anspannung. Wenn Caligula weiter vom Pöbel geliebt wurde, dann konnte er tun, was immer ihm gefiel, und Vespasian wusste nur zu gut, was ihm gefiel.

«Siehst du, mein Freund», sagte Caligula und wandte sich ihm zu, glühenden Stolz in den Augen, die unter der Kapuze nur gerade eben zu sehen waren. «Ehrliche Menschen lieben mich.»

Dank Caligulas Gold war der Wein in Strömen geflossen, und nun fühlte Vespasian sich schläfrig. Die Taverne war inzwischen zum Bersten voll, da sich die Kunde vom Gratisausschank im Viertel herumgesprochen hatte. Handgemenge waren ausgebrochen, weil Streitereien um Kleinigkeiten, durch den überreichlichen Alkoholgenuss befeuert, sich zu erbitterten Auseinandersetzungen steigerten, als ginge es um Angelegenheiten von höchster Wichtigkeit. Mehrmals waren Messer gezogen und blutige Opfer anschließend auf die Straße hinausgeworfen worden, wo sie sich selbst überlassen blieben.

Caligula hatte die ganze Zeit über stetig getrunken, doch der Alkohol schien ihm nichts anzuhaben, und er hatte zahlreiche Frauen befriedigt, die nacheinander auf seinem Schoß geritten waren. Seine Manneskraft war beeindruckend, und Vespasian, der sich selbst ein paarmal hatte befriedigen lassen, konnte nur darüber staunen, wie lange Caligula durchhielt.

Clemens war wachsam geblieben, hatte wenig getrunken und die Annäherungsversuche der Frauen abgewehrt. Magnus hingegen hatte getrunken und gehurt, bis er eingeschlafen war. Jetzt lag er schnarchend mit dem Kopf auf einer Platte mit kaltem Schweinefleisch, vom Wein geröteter Speichel lief ihm aus dem Mundwinkel, und der Inhalt eines umgekippten Bechers tropfte ihm in den Schoß.

«Wir sollten gehen», verkündete Caligula, als eine weitere

Hure schwer atmend von seinem Schoß stieg. «Ich bin das hier leid.»

Erleichtert, dass der Abend beendet war, beugte Vespasian sich über den Tisch und rüttelte den schlummernden Magnus wach.

«Gehen wir nach Hause?», fragte Magnus verschlafen, während er eine Scheibe Schweinefleisch löste, die an seiner Wange festgeklebt war, und davon abbiss.

«Nein, ich bin nur dieser Taverne überdrüssig», erwiderte Caligula. «Führe mich woandershin.»

Magnus erhob sich müde. «Dorthin, wo es etwas mehr Abwechslung gibt, wenn Ihr versteht, was ich meine?»

«Abwechslung? Ja, genau das brauche ich jetzt.» Caligula bahnte sich einen Weg durch die Menge.

«He, Jungs, unser Goldesel will gehen», lallte ein übel betrunkener, wüst aussehender Mann. «Lasst uns dafür sorgen, dass er uns sein Geld hierlässt.» Seine zwei Gefährten stürzten sich auf Caligula, packten ihn an den Armen und streiften seine Kapuze ab, während der Betrunkene nach dem Geldbeutel griff.

Polierter Stahl blitzte auf, als Clemens sein Schwert blankzog und es dem Angreifer, der ihm am nächsten stand, zwischen die Rippen stieß. Mit einem Aufschrei und krampfartigem Zucken ließ der Mann Caligulas Arm los und brach zusammen, während Clemens die Waffe zurückriss und Blut aus der Wunde quoll. Vespasian und Magnus zogen ihre Messer aus den Scheiden, die sie hinten am Gürtel trugen, und stürzten sich auf die beiden anderen Männer, wobei sie Tische umstießen und Krüge zu Bruch gingen. Frauen schrien auf, und überall im Raum glänzten Messer im Lampenschein, da Männer sich anschickten, entweder ihren Wohltäter zu verteidigen oder sich an dem versuchten Raub zu beteiligen.

Vespasian warf sich gegen den Betrunkenen, der stürzte, jedoch ohne Caligulas Geldbeutel loszulassen. Magnus, plötzlich hellwach, packte den dritten Mann an den Haaren und zog ihm sein Messer über die Kehle. Blut spritzte Caligula ins Gesicht und auf den Mantel, während Clemens schützend den Arm um ihn legte und ihn rückwärts in die relative Sicherheit eines Pulks verängstigter Frauen zog, die sich um ihren Tisch drängten. Dabei richtete er sein Schwert auf das Handgemenge, das jetzt vor ihnen ausgebrochen war.

Mit einem Satz war Vespasian bei dem Betrunkenen am Boden, wobei ihn fast ein durch die Luft geschleuderter Weinkrug getroffen hätte, und trat ihm mit seiner harten Sandale zwischen die Beine. Der Körper des Mannes zuckte krampfhaft vor Qual, er fuchtelte heftig mit den Armen und schleuderte dabei den Geldbeutel quer durch den Raum. Vespasian sah zu, wie er über das Chaos hinweg zum Tresen flog, und wollte hinlaufen. Dabei stieß er jedoch mit Magnus zusammen, welcher mit einem neuen Gegner rang, der ihn zu erwürgen versuchte. Alle drei fielen krachend auf einen Tisch, der zusammenbrach, und stürzten zu Boden, wobei Vespasian zuoberst zu liegen kam. Er erholte sich als Erster wieder, packte den Mann am Ohr, riss seinen Kopf hoch und schmetterte ihn so heftig auf die Steinfliesen, dass der Schädel brach. Im selben Moment wurde die Tür der Taverne aufgestoßen, und ein Trupp mit Knüppeln bewaffneter Vigiles stürzte sich ins Getümmel.

Die Nachtwache, die hauptsächlich aus freigelassenen Sklaven bestand, hatte keinen Grund, den Bürgern Roms übermäßig zugetan zu sein, und so bekämpften die Männer die Gewalt, die in der Taverne ausgebrochen war, mit noch größerer Gewalt. Ohne danach zu fragen, wer im Recht war und wer im Unrecht, schwangen sie ihre Knüppel und schlugen unterschiedslos auf Köpfe, Rücken und ausgestreckte Arme ein, brachen Knochen, schlugen Zähne aus und hinterließen Platzwunden. Vespasian und Magnus konnten sich gerade noch rechtzeitig vom Boden aufrappeln und sich ans andere Ende des Raumes zurückziehen, wo Clemens über den blutbesudelten, jetzt hysterisch lachenden Caligula wachte. Schulter an Schulter stellten sie sich vor ihren Kaiser und warteten, die Waffen gezückt.

Nach und nach schlugen die Vigiles die letzten Kämpfe nieder, wobei sie nur einen Mann aus den eigenen Reihen verloren, und trieben alle Missetäter, die noch bei Bewusstsein waren, an einer Seite des Raumes zusammen. Ihr Optio, ein stämmiger, kahlköpfiger Mann, dessen Unterarme aussahen wie bemooste Äste, bemerkte plötzlich im Schatten hinter der Schar der Gefangenen Vespasian und seine Begleiter.

«Und ihr da», knurrte er und ging auf sie zu, «legt eure Waffen nieder.» Dann sah er Clemens' Schwert und wich zurück. In der Stadt Schwerter zu tragen war das Vorrecht der Cohortes urbanae und der Prätorianergarde, und das auch nur im Dienst. Deshalb zog er den naheliegenden Schluss, dass er es hier mit einem gefährlichen Verbrecher zu tun hatte.

«Ich an eurer Stelle würde uns gehen lassen, Optio», erwiderte Clemens warnend. Er stand noch immer zwischen Caligula und dem Befehlshaber der Vigiles.

«Jungs, zu mir», rief der seinen Männern zu, «die hier müssen wir härter anfassen.»

Die Vigiles drängten die entwaffneten Gefangenen zum Tresen hin und bauten sich vor Vespasian, Magnus und Clemens auf.

«Du hast deinem Kaiser gut gedient, Optio», sagte Caligula plötzlich und drängte sich an Clemens vorbei.

«Was weißt du schon davon, du mickrige Ratte?»

«Ich weiß es, weil *ich* dein Kaiser bin, und wenn du weiter so mit mir redest, wirst du mir in der Arena dienen.» Caligula trat ins Licht, den blutbesudelten Kopf hoch erhoben. Für einen Moment wurde es ganz still im Raum, dann schnappten alle nach Luft, da die meisten den Mann erkannten, den zu sehen sie erst an diesem Morgen in der Stadt zusammengeströmt waren. Selbst in seinem blutverschmierten Zustand war er unverkennbar.

«Princeps», stieß der Optio hervor und senkte den Kopf. «Vergebt mir.»

«Unser Stern!», rief jemand.

Andere griffen den Ruf auf, und Caligula hob die Arme und sonnte sich für eine Weile in ihrer Verehrung. Dann zeigte er auf den Mann, der ihn zuerst angegriffen hatte und nun noch immer am Boden lag, beide Hände auf den Unterleib gepresst. «Die Hoden dieses Mannes scheinen ihm Probleme zu bereiten», rief er über den Lärm hinweg. «Erlöse ihn davon, Optio.»

Der Lärm verstummte. Der Optio schaute auf den Verletzten hinunter, dann wieder zu Caligula, und ihm dämmerte, dass die Aufforderung ernst gemeint war. Da er selbst um sein Leben fürchten musste – schließlich hatte er seinen Kaiser beleidigt –, blieb ihm keine Wahl. Er zog sein Messer und bückte sich.

Ein schriller Schrei bezeugte, dass er den Auftrag ausgeführt hatte. Caligula lächelte. «Danke, Optio, ich habe dir vergeben. Alle anderen darfst du freilassen. Sie lieben mich und werden mir folgen, wie eine Schafherde ihrem Hirten im Vertrauen darauf folgt, dass er ihnen nichts zuleide tut.»

«Princeps, das hier gehört Euch», sagte Balbus und hielt ihm den Geldbeutel hin.

«Behalte es, Balbus, aber gib den Frauen ein paar Münzen.» Caligula ging auf die Tür zu, gefolgt von Vespasian, Clemens und Magnus. Die Menge teilte sich, um sie durchzulassen.

«Danke, Herr», rief eine der Huren, «wir werden uns an Eure Großzügigkeit erinnern und an die Lust, die Ihr uns verschafft habt. Es war, wie von einem Gott befriedigt zu werden.»

«Von einem Gott befriedigt zu werden?», wiederholte Caligula nachdenklich, während sie auf die Straße hinaustraten. «Vielleicht wurden sie das. Vielleicht bin ich einer. Schließlich herrscht der Hirte über die Schafe nicht, weil er ein überlegenes Schaf ist, sondern weil er ein überlegenes Wesen ist. Folglich muss auch ich, wenn ich der Hirte der römischen Schafherde im Senat bin, ein überlegenes Wesen sein.»

Vespasian gefiel es nicht, wie Caligulas Verstand arbeitete. «Das mag logisch sein, Princeps, aber bedenkt: Um zu überleben, muss der Hirte regelmäßig eines seiner Schafe essen.»

Caligula wandte sich ihm zu, und als Vespasian seinen Gesichtsausdruck sah, bereute er seine Argumentation augenblicklich.

«Ganz recht, mein Freund, der Hirte muss zum Wohle seiner Herde gut genährt und gesund bleiben, deshalb wählt er die Schafe aus, die seinen Hunger am besten stillen.»

XV

Vespasian schaute sich in dem frisch ausgestalteten Atrium von Sabinus' wieder aufgebautem Haus um, während die letzten Handwerker ihre Werkzeuge einsammelten. Er fand, dass sie gute Arbeit geleistet hatten angesichts der begrenzten Mittel, die sein Bruder den Sommer über aus seiner Provinz nach Rom hatte schicken können. Auch wenn das Haus nicht besonders luxuriös ausgestattet war, nahm er doch an, dass Clementina sich nicht ernsthaft beklagen würde, wenn sie hier einzogen.

Vespasian hatte Freude daran gefunden, die Arbeiten zu beaufsichtigen. Zusammen mit seinen Verpflichtungen als der Ädil, der für die Straßen Roms verantwortlich war, hatte es ihn von der Lasterhaftigkeit und Verschwendung abgelenkt, von denen die ersten sieben Monate von Caligulas Herrschaft geprägt waren.

Angestrengt darauf bedacht, sich die Liebe des Pöbels zu sichern, hatte Caligula bei seinen Feiern an nichts gespart. Wie von ihm vorhergesagt, hatten auch der Senat und die Priesterschaft mit Huldigungen für ihren neuen Kaiser nicht gegeizt. Während der ersten neunzig Tage seiner Herrschaft floss vor den Altären das Blut von Schafen, Stieren, Geflügel, Pferden und Schweinen in Strömen; einhundertsechzigtausend Tiere wurden öffentlich jedem erdenklichen Gott zum Dank dafür geopfert, dass nun das goldene Zeitalter anbrach. Für das gemeine Volk hatte es in der Tat den Anschein: Sie speisten reichlich vom Fleisch der Opfertiere, sie bekamen schier endlose Spiele im Circus Maximus und den anderen, kleineren Arenen der Stadt zu sehen. Und sie hatten Geld zur Verfügung, denn Caligula hatte jedem drei goldene Aurei geschenkt – mehr als den Jahressold eines Legionärs. Um seine Position zusätzlich abzusichern, hatte er jedem Legionär und jedem Angehörigen einer Auxiliartruppe im Reich ebenfalls drei Aurei ausgezahlt, ebenso wie den Vigiles; jeweils fünf für die Männer der Cohortes urbanae und je zehn für die Prätorianer.

Da all dieses Geld in Umlauf kam, machten die Ladenbesitzer, Gastwirte und Kaufleute gute Geschäfte. Denn ihre Mitbürger, darauf bedacht, es ihrem geliebten Kaiser gleichzutun, gaben es freizügig aus in der irrigen Annahme, die Quelle werde nie versiegen.

Um die Einwände des Senats gegen diese gewaltigen Ausgaben zum Verstummen zu bringen, hatte Caligula diejenigen Senatoren zurückgerufen, die unter seinem Vorgänger in die Verbannung geschickt worden waren. Jene, die noch der Verurteilung harrten, hatte er begnadigt, sodass nun ein erheblicher Teil der Senatoren in seiner Schuld stand. Anschließend beleidigte er sie, indem er sich weigerte, die Ehren anzunehmen, die sie ihm aus Dankbarkeit zugesprochen hatten. Stattdessen befahl er, sie sollten nie wieder versuchen, ihn zu ehren. So demonstrierte er, dass er kein Geschöpf des Senats war und nicht durch dessen Gunst herrschte.

Um dieselbe Botschaft auch an die verbliebenen Angehörigen seiner Familie zu senden, ließ er Herodes Agrippa gegen Antonias ausdrücklichen Wunsch frei und machte ihn zum König der jüdischen Tetrarchien Batanäa und Trachonitis östlich des Jordan. Zudem schenkte er ihm eine Kette aus massivem Gold anstelle der eisernen Kette, mit der er an die Wand seiner Zelle gefesselt gewesen war.

Während Caligula so die Aristokratie gegen sich aufbrachte, steigerte er als Gegengewicht seine Beliebtheit beim gemeinen Volk noch weiter, molk die Liebe, die es ihm entgegenbrachte, indem er persönlich die Gebeine seiner Mutter und seiner beiden Brüder aus ihren Inselgräbern holte und sie im Mausoleum des Augustus beisetzte. Die Zeremonie war so gefühlsgeladen, dass niemand in der riesigen Menge ungerührt blieb. Tränen liefen den Leuten über die Gesichter, während sie zusahen, wie ihr Liebling in düsterer Würde die Familie betrauerte, die ihm von den zwei verhasstesten Personen so grausam entrissen worden war: Tiberius und Seianus. Die Senatoren sahen diese theatralische Inszenierung mit versteinerten Mienen in dem Bewusstsein an, dass sie wegen ihrer Mitschuld an der Ermordung der kaiserlichen Familie wieder einmal an den Rand gedrängt worden waren. Um Antonia zusätzlich zu beleidigen, verbot ihr Caligula, an der Zeremonie teilzunehmen.

Da all die Verehrung, die er bei seinen Auftritten im Circus oder im Forum von der Menge erfuhr, ihn noch nicht befriedigte, ließ Caligula sich neuerdings in einer offenen Sänfte durch die Stadt tragen. Dabei warf er Münzen nach beiden Seiten, während er der Menge auf ihr Verlangen seinen riesigen Penis zeigte. Gerüchte darüber hatten sich rasch in Rom verbreitet, nachdem er ihn in Balbus' Taverne erstmals öffentlich zur Schau gestellt hatte.

Vespasian musste in seiner Eigenschaft als römischer Magistrat mittleren Ranges und Freund des Kaisers vielen dieser Ausschweifungen beiwohnen. Er war bei einem Bankett mit Hunderten Senatoren, Angehörigen des Ritterstandes und deren Frauen gewesen, wo jeder Mann eine neue Toga und jede Frau eine neue *Palla* bekommen und die Gustatio aus Früchten aus massivem Gold bestanden hatte, von denen jeder Gast ein Stück hatte mitnehmen dürfen. Er hatte voller Abscheu die unterwürfigen Dankesbekundungen der Gäste mit angesehen, sich jedoch selbst daran beteiligt. Er hatte den ganzen Tag im Circus gesessen, während vierhundert Bären und vierhundert andere wilde Tiere in einem selbst für römische Verhältnisse übertriebenen Spektakel abgeschlachtet worden waren. Da Caligula jeden von Rang und Namen, der verfrüht ging oder gar nicht erst erschien, hart bestrafte, war Vespasian nichts anderes übrig geblieben, als das Schauspiel über sich ergehen zu lassen. Zu seinem eigenen Schutz heuchelte er Begeisterung, während die Menge ihrem Wohltäter zujubelte. Der befehligte in der kaiserlichen Loge das Blutbad, umgeben von den Priestern des Augustus, während seine Schwestern und die geschicktesten Kurtisanen Roms ihn mit den Händen befriedigten.

Vespasian hatte mehr als genug von alldem, doch er konnte nichts tun. Ebenso wie alle anderen in Rom saß er in der Falle und musste an diesen Vergnügungen teilnehmen, die ihm von einem anscheinend wahnsinnig gewordenen Kaiser aufgezwungen wurden, welcher die Schwerter einer treuen, gutbezahlten Prätorianergarde auf seiner Seite hatte.

Eine sanfte Stimme hinter ihm riss ihn aus seinen düsteren Gedanken. «Ich dachte mir, dass ich dich hier finde.»

Er drehte sich um und sah Caenis in der Tür stehen. Ihre Augen waren gerötet und voller Tränen.

«Caenis, was ist passiert?», fragte er und ging auf sie zu.

«Meine Herrin hat mich nach dir geschickt, du musst sofort kommen.»

«Selbstverständlich. Was ist denn?»

«Sie will sich verabschieden.»

«Verabschieden? Wohin geht sie?»

Caenis brach in Tränen aus und warf sich ihm schluchzend an den Hals. «Sie will dem Fährmann gegenübertreten.»

«Es hat bereits eine ganze Reihe von Leuten – weit angesehenere Leute, als Ihr es seid, Vespasian – versucht, mich davon abzubringen», sagte Antonia, «also vergeudet nicht meine oder Eure Zeit. Mein Entschluss steht.»

«Aber warum, Herrin?» Vespasian saß Antonia an dem Schreibpult aus Eichenholz in ihrem Privatraum gegenüber. Die sinkende Sonne schien durch das Erkerfenster herein, ein Lichtstrahl traf auf ihr Gesicht, und er sah die Sorgenfalten um Augen und Mund. Zum ersten Mal erschien sie ihm sehr alt.

«Weil ich nicht dabeistehen und ohnmächtig mit ansehen werde, wie dieser Narr von meinem Enkel das Imperium in den Bankrott stürzt und die Macht meiner Familie verspielt. Er missachtet meinen Rat und demütigt mich öffentlich. Ich durfte nicht einmal an der Beisetzung meines anderen Enkelsohns teilnehmen. Ich habe keinen Einfluss mehr. Das Geld wird bereits knapp, und wenn er sich weiterhin die Liebe des Pöbels erkaufen will, wird er neue Quellen erschließen müssen. Es wird wieder Verräterprozesse geben, in denen die Reichen und ehemals Mächtigen ihren Besitz verlieren, damit Brot und Spiele für die Armen gesichert sind. Der Senat wird sich selbst zerfleischen, da Einzelne sich gegenseitig in dem Bemühen denunzieren, am Leben zu bleiben, bis die Übriggebliebenen erkennen, dass auch sie sterben werden, wenn sich nicht etwas ändert. Und genau darauf legt Gaius es natürlich an. Binnen drei oder vier Jahren wird er ermordet werden, und was dann? Die Prätorianer werden ihren eigenen Kaiser wählen, aber wen?»

«Vielleicht Claudius oder Tiberius Gemellus.»

«Tiberius Gemellus wird tot sein, noch ehe dieses Jahr zu Ende geht, dafür wird Gaius sorgen. Doch das wird kein Verlust sein; in ihm steckt zu viel von seiner Mutter Livilla. Und Claudius – nun, wer weiß? Ich habe ihm dieses Haus und so viel wie möglich von meinem Grundbesitz vermacht. Den größeren Teil meines Vermögens hinterlasse ich Gaius, der es verprassen wird. Vielleicht wird das Geld Claudius helfen, sofern er am Leben bleibt. Das ist einer der Gründe, weshalb ich mir das Leben nehme. Claudius hat in seiner Zeit als Konsul alle überrascht; er kannte sämtliche Abläufe, die Gebete und Formeln und hat kaum gestottert oder sonst irgendwie für Peinlichkeiten gesorgt. Die Leute betrachten ihn in einem neuen Licht. Solange ich am Leben bin und ihn unterstütze, wird Gaius ihn als Bedrohung ansehen, und er würde ihn mit großer Gewissheit umbringen lassen. Wenn ich hingegen tot bin, besteht die Chance, dass er ihn weiterhin als Gegenstand des Spotts ansieht und ihn am Leben lässt, nur um seinen Spaß mit ihm zu treiben.

Meine Freigelassenen werden natürlich ihre Treue auf Claudius übertragen. So wird Caenis einen Patron haben, keinen Herrn, denn ich schenke ihr in meinem Testament die Freiheit.»

Vespasians Augen weiteten sich. Endlich war der Moment gekommen, den er seit elf Jahren herbeigesehnt hatte, doch nun geschah es unter solch düsteren Umständen.

«Das ist einer der Gründe, weshalb ich Euch hergerufen habe, Vespasian. Caenis ist wie eine Tochter für mich, und ich muss wissen, dass sie in Sicherheit ist. Ihr müsst um meinetwillen für sie sorgen.»

«Selbstverständlich, Herrin, aber wie kann ich das, wenn sie unter Claudius' Dach lebt?»

«Das wird sie nicht. Claudius ist nicht stark genug, um sich Caligula zu widersetzen, wenn er die Prätorianer nach ihr schicken sollte. Wenn Caligula Euch nach ihr fragt, sagt ihm, sie sei mit Felix nach Ägypten gegangen, um ihm zu helfen, meine dortigen Angelegenheiten zu regeln. Ich habe ihr angeboten, ebendas zu tun. Aber sie wollte hierbleiben, deshalb habe ich ihr ein Haus auf dem Quirinal gekauft, ganz in der Nähe von dem Eures Onkels. Bringt sie heute Abend dorthin, wenn ich nicht mehr bin. Solange sie das Haus nicht verlässt, wird sie dort einigermaßen sicher sein; nur Ihr, Pallas und ich wissen davon.»

«Das werde ich tun, Herrin, und ich danke Euch. Ihr seid sehr großzügig.»

Antonia lächelte. «Es ist ein Geschenk an Caenis, nicht

an Euch, auch wenn ich annehme, dass Ihr davon profitieren werdet. Für Euch habe ich etwas anderes, doch zuvor habe ich eine Bitte.»

«Was immer Ihr wünscht, Herrin.»

Antonia kicherte voller Bitterkeit, wobei ihre Sorgenfalten sich vertieften. «Das würde ich an Eurer Stelle nie wieder sagen, Vespasian. Womöglich findet Ihr Euch einmal nicht in der Lage, Euer Wort zu halten.»

Vespasian errötete.

Aus dem Kichern wurde ein Lachen. «Und Ihr müsst lernen, Euch zu beherrschen, damit Euch Eure Gefühle nicht so deutlich anzusehen sind. Doch genug der Ratschläge, die Zeit ist knapp.

Gaius hat sein Wort gegenüber Macro gehalten und ihm Ägypten versprochen, aber nicht vor nächstem Jahr, wenn er sich in Rom völlig sicher fühlt. Das kommt nicht überraschend, denn anscheinend findet er zwischen all seinen anderen sexuellen Aktivitäten noch immer Zeit für Ennia. Doch obwohl seine neue Frau im Januar im Kindbett gestorben ist, macht er keine Anstalten, Ennia wie versprochen zu seiner Kaiserin zu machen. Ich glaube, er hat neuerdings Angst vor Macro. Er hat erkannt, dass Macro, der ihn zum Kaiser gemacht hat, ihm den Purpur ebenso leicht wieder entreißen könnte. Ihr müsst diese Angst ausnutzen. Schürt sie, wann immer Ihr eine Gelegenheit findet. Ich habe Clemens gebeten, das Gleiche zu tun. Er war Gaius stets treu, und ich denke, Gaius wird vielleicht bald erkennen, dass er mit seinem Freund Clemens als Prätorianerpräfekt weitaus sicherer wäre als mit seinem potenziellen Rivalen Macro. Wenn das geschehen sollte, dann bräuchte man nur noch Clemens davon zu überzeugen, dass Gaius nicht zum Herrschen taugt und die Prätorianer ihn töten sollten.»

«Ihr bittet mich, mit darauf hinzuwirken, dass Euer eigener Enkel getötet wird?»

«Jemand muss es tun, ehe er vollends den Verstand verliert und Rom ins Verderben stürzt. Wenn es so weit ist, muss Claudius zum Kaiser gemacht werden. Ich habe Pallas aufgetragen, dafür zu sorgen, dass er nicht in Schwierigkeiten gerät, sich nicht in die Politik einmischt und weiterhin den Schwachkopf spielt.»

«Und wenn es nicht gelingt, was dann?»

«Dann wird es einen neuen Bürgerkrieg geben.» Antonia öffnete eine Schublade, nahm ein Schwert in einer Scheide heraus und betrachtete es liebevoll. «Das hier hat einst meinem Vater Marcus Antonius gehört. Ehe er sich in Alexandria damit das Leben nahm, schrieb er einen Brief an Augustus mit der Bitte, es mir zurückzugeben, damit ich es später an meinen zukünftigen Sohn weitergebe. Augustus erfüllte seinem einstigen Schwager und Freund dessen letzten Wunsch und brachte es zu mir nach Rom. Als Germanicus das Mannesalter erreichte, gab ich es ihm, und er benutzte es, um die Germanenstämme zu unterwerfen und die Parther zurückzuschlagen. Nachdem auch er gestorben war, wollte seine Frau Agrippina es ihrem ältesten Sohn Nero Caesar geben. Ich ließ es nicht zu, sondern erklärte, ich würde entscheiden, welcher meiner Enkel seiner am würdigsten wäre. Es sollte derjenige sein, von dem ich glaubte, dass er am besten zum Kaiser taugte. Eine Weile lang dachte ich daran, es Gaius zu geben. Doch dann, als seine Brüder ermordet wurden, begann ich, seine wahre

Natur zu erkennen. Deshalb hielt ich es zurück, und jetzt bin ich froh darüber; er beschmutzt das Andenken seines Urgroßvaters.

In Kürze werde ich dieses Schwert dazu benutzen, mir die Adern zu öffnen. Wenn ich tot bin, wird Caenis es Euch bringen. Es soll Euch gehören. Denkt daran, dass es von zwei der bedeutendsten Männer unserer Zeit getragen wurde. Gebraucht es klug, und vielleicht werdet Ihr einmal in ihre Fußstapfen treten.»

«Ich danke Euch, Herrin.»

«Jetzt geht und wartet im Atrium auf Caenis, während sie mir hilft, aus dieser Welt zu scheiden. Dann wird Pallas Euch beide zu ihrem neuen Haus führen. Nehmt Magnus mit, damit er weiß, wo es ist. Von da an liegt es an Euch und ihm, ob sie in Sicherheit oder in Angst lebt. Lebt wohl, Vespasian, und tragt das Schwert meines Vaters in einer Weise, die seiner würdig wäre.»

Vespasian warf einen letzten Blick auf die mächtigste Frau Roms, voller Ehrfurcht darüber, wie sie danach trachtete, noch über das Grab hinaus ihren Einfluss geltend zu machen. Doch all ihrem politischen Geschick zum Trotz war es ihr im Leben nicht gelungen, dafür zu sorgen, dass ein natürlicher Tod sie in dieses Grab brachte. Die Macht, nach der sie für ihre Familie gestrebt hatte, war nun in der einen Person gebündelt, auf die sie keinen Einfluss hatte: ihrem Enkel Caligula. Ihr plötzliches Scheiden aus dem Leben – auch wenn es nicht plötzlicher war als jeder andere Tod, wie Vespasian sich sagte – war ihre einzige Chance, ihm diese Macht wieder zu entreißen und sie in die Hände des Sohnes zu legen, den sie immer verachtet hatte: Claudius. Es war eine bittere Ironie, und Vespasian konnte in ihren traurig blickenden grünen Augen lesen, dass Antonia dies nicht entging.

«Lebt wohl, Herrin, und danke für die Gunst, die Ihr mir erwiesen habt.» Mit einem Kopfnicken wandte er sich ab und verließ den Raum.

Es dunkelte schon, und Vespasian wartete seit mehr als einer Stunde, als endlich Caenis, Pallas und Felix erschienen. Tränen liefen ihnen über die Wangen, während sie durch das Atrium auf ihn zugingen. Selbst die Luft schien schwer vor Trauer; alle Tätigkeit im Haus war zum Stillstand gekommen, während die Herrin in ihrem Bad verblutet war.

«Sie ist von uns gegangen», schluchzte Caenis und überreichte Vespasian mit beiden Händen das Schwert des Marcus Antonius. «Das gehört jetzt dir, mein Liebster.»

Vespasian nahm das Schwert am mit rotem Leder umwickelten Griff und zog es aus der Scheide. Das Gewicht war ideal, die Waffe perfekt ausbalanciert. Die Klinge aus poliertem Stahl, auf der der Name des ursprünglichen Besitzers eingraviert war, schimmerte bläulich; die ovale Scheibe, welche die Klinge vom Griff trennte, war aus schlichter Bronze und trug die Kampfspuren längst vergangener Tage. Auch der Knauf bestand aus unverzierter Bronze, und die hölzerne Scheide war mit schlichtem, hellbraunem Bocksleder überzogen und mit vier Bronzeringen in gleichmäßigen Abständen verstärkt. Trotz seiner Trauer darüber, dass diese Waffe eben erst Antonia dazu gedient hatte, sich die Adern zu öffnen, lächelte Vespasian. Dieses Schwert war keine Paradewaffe, sondern hatte einem wahren Krieger gehört, und er konnte verstehen, warum Antonia es benutzt hatte, um sich das Leben zu nehmen.

Mit leisem Scharren schob er die Klinge zurück in die Scheide. «Wie ist sie gestorben?»

«Würdevoll», erwiderte Pallas, «und ohne Angst. Sie hat ihr Testament und die Freilassungsdokumente für Caenis und Felix unterzeichnet und dann ein paar Briefe diktiert. Anschließend ging sie in ihr Schlafzimmer, um sich bereit zu machen, dann stieg sie in das warme Bad und ... und tat es, ohne zu zögern. Sie lehnte sich mit geschlossenen Augen zurück, während sie verblutete, und ehe sie zu schwach zum Sprechen war, verfluchte sie noch Caligula vor allen Göttern und den Geistern ihrer Ahnen und rief sie an, ihn zu vernichten und Roms Leiden zu lindern.»

«Wenn die Götter auf irgendjemanden hören würden, dann auf sie.» Er wandte sich Caenis zu und hob ihr Kinn an. Noch immer glänzten Tränen in ihren Augenwinkeln. «Jetzt weine nicht mehr, Antonia Caenis, du bist endlich frei.»

Caenis lächelte unter Tränen. «Ja, ich werde für immer ihren Namen tragen, um ihrer zu gedenken. Sie war wie eine Mutter für mich.»

Vespasian zog sie an sich und küsste sie auf das duftende Haar. Als er Schritte hörte, blickte er auf und sah zu seiner Überraschung Magnus hereinkommen. «Was machst du denn hier?», fragte er, dann begriff er. «Oh, ich verstehe.»

«Nun ja», murmelte Magnus verlegen.

«Wir sollten jetzt gehen, Vespasian», sagte Pallas, da er um der Würde seiner verstorbenen Herrin willen nicht wollte, dass über den Grund für Magnus' Anwesenheit weitere Worte verloren wurden.

«Ja, das sollten wir», stimmte Vespasian zu, dem ebenfalls daran gelegen war, schnell das Thema zu wechseln. Er wandte sich zum Ausgang.

«Vespasian, eines noch, ehe Ihr geht», hielt Felix ihn zurück.

Vespasian schaute sich nach ihm um. «Meinen Glückwunsch zu deiner Freilassung, Marcus Antonius Felix.»

Felix lächelte, als er bei seinem neuen Namen angesprochen wurde. «Ich danke Euch, Vespasian. Meine Herrin hat mich angewiesen, umgehend nach Ägypten zurückzukehren, um ihre dortigen Angelegenheiten abzuwickeln. Das wird etwa ein Jahr in Anspruch nehmen. Sie hat mir auch gesagt, dass Ihr Euch um die Erlaubnis zu einer Reise dorthin bemüht. Wenn Ihr Erfolg habt und ich Euch irgendwie behilflich sein kann, lasst es mich bitte wissen. Ihr könnt mich jederzeit über den Alabarchen erreichen, er weiß, wo ich zu finden bin.»

Vespasian nickte zum Dank, dann legte er schützend den Arm um Caenis und ging zur Tür.

Caenis' neues Haus war klein und unauffällig, an einer ruhigen Straße nur dreihundert Schritt von Gaius' Domizil entfernt gelegen. Während sie sich der Eingangstür näherten, dachte Vespasian, dass Antonia eine gute Wahl getroffen hatte – hier würde Caenis vor Caligula sicher sein.

«Ich verabschiede mich jetzt», sagte Pallas und betätigte den Glockenzug. «Ich muss mich um die Bestattung meiner Herrin kümmern.»

Caenis küsste ihn auf die Wange. «Danke, Pallas.»

«Der größte Teil deiner Habe ist bereits hier, den Rest schicke ich morgen nach.»

«Ich gehe mit dir», sagte Magnus grinsend. «Hier wäre ich vermutlich nur im Weg. Ich sorge dafür, dass immer einer meiner Jungs die Straße im Auge behält, um sicherzugehen, dass hier keine unliebsamen Gestalten herumschnüffeln, wenn Ihr versteht?»

Während Magnus und Pallas sich entfernten, wurde die Tür geöffnet, und vor ihnen stand der größte Nubier, den Vespasian je gesehen hatte. «Antonia war offenbar sehr daran gelegen, dass deine Tür gut gehütet wird», bemerkte er, bückte sich und hob Caenis auf die Arme. «Dies ist wohl die beste Gelegenheit, dich über die Schwelle zu tragen.»

Caenis kicherte, dann nahm sie sein Gesicht in beide Hände und küsste ihn lange und leidenschaftlich. Der Nubier trat höflich zurück, und sie küssten sich weiter, während Vespasian sie durch die Vorhalle ins Atrium trug. Ein Räuspern unterbrach sie. Vespasian blickte auf und stellte Caenis hastig ab.

«Guten Abend, Herrin», sagte ein hochgewachsener, älterer Ägypter und verbeugte sich tief. «Mein Name ist Menes, ich bin Euer Verwalter. Und dies», er deutete auf die fünfzehn Sklaven, die hinter ihm aufgereiht standen, «ist Euer Personal.»

Heftig errötend starrten Vespasian und Caenis auf die Reihe der Sklaven, dann schauten sie sich an und brachen in Gelächter aus.

Vespasian beobachtete die graue Rauchsäule, die vom gut eine Meile entfernten Campus Martius aufstieg, während er zusammen mit sämtlichen gewählten Magistraten und den meisten ranghohen Senatoren im Audienzsaal im Haus des

Augustus wartete. Caligula ließ sie bereits seit mehr als einer Stunde ausharren – mit Absicht, wie Vespasian annahm. Neben ihm trat Gaius unbehaglich von einem Fuß auf den anderen und versuchte, seinen Ärger beim Anblick des Rauchs zu verbergen. Sie alle hatten früh am Morgen die Aufforderung erhalten, sich zur dritten Stunde beim Kaiser einzufinden, und allen war klar, dass Antonias Beisetzung nicht zufällig zur selben Zeit begann. Indem er die ranghöchsten Männer Roms daran hinderte, zu der Zeremonie zu erscheinen, schmälerte Caligula die Würde des Anlasses erheblich und beleidigte so seine Großmutter ein letztes Mal. Nicht einmal ihr Sohn Claudius war von seiner Gehässigkeit verschont geblieben.

Die Senatoren begannen, sich angeregt über alle möglichen Themen zu unterhalten, die nichts mit Antonia zu tun hatten. Durch die offenen Fenster, von denen aus man die Stadt überblicken konnte, sahen sie das Zeichen, dass ihr Scheiterhaufen entzündet worden war. Niemand wollte sich seinen Unmut darüber anmerken lassen, dass er nicht durch seine Anwesenheit der Trauer um die mächtigste Frau Roms zusätzliches Gewicht verleihen konnte, aus Angst, ihr Herrscher könnte sie heimlich beobachten und belauschen.

Plötzlich wurden die rot und schwarz lackierten getäfelten Türflügel am anderen Ende des Raumes geöffnet, und sofort verstummten die Gespräche. Caligula trat ein, flankiert von Macro und einem Prätorianertribun, den Vespasian nicht kannte.

Mit übertrieben geheuchelter Überraschung blieb Caligula abrupt stehen und blickte an den Versammelten vorbei durch eines der Fenster hinaus. «Mir scheint, auf dem Campus Martius ist ein Feuer ausgebrochen», rief er in gespieltem Schrecken. «Hat jemand die Vigiles gerufen, damit sie es löschen?»

Die Senatoren schüttelten sich pflichtschuldig vor Lachen, angeführt von Macro und dem Tribun.

Caligula entdeckte in der Gruppe Claudius, der tapfer mit den Übrigen lachte, und fügte dem Schaden noch den Spott hinzu. «Onkel, du bist der Schnellste unter uns, lauf sofort los und verständige die Vigiles, und dann erstatte mir Meldung, wenn das Feuer gelöscht ist.»

«Sofort, P-P-Princeps», erwiderte Claudius und setzte sich mit hastigen, ruckartig torkelnden Schritten in Bewegung.

Caligula lachte lauthals, und alle taten es ihm gleich, während sein Onkel hinausstürzte. «Bis dieser Krüppel den Palatin hinuntergestolpert ist, wird das Feuer sich schon selbst verzehrt haben», rief er lachend aus.

Das heuchlerische Gelächter steigerte sich, als wäre dies das Witzigste, was jemals irgendjemand gesagt hatte. Caligulas Gesicht war puterrot angelaufen, und die Adern an Hals und Schläfen traten hervor. Er genoss den Spaß wirklich und konnte sich eine schiere Ewigkeit kaum halten vor Lachen, während die Bemühungen der Senatoren, mit ihm mitzuhalten, immer hohler klangen. Endlich ermüdete er zur allgemeinen Erleichterung und richtete sich auf.

«Meine Herren, ich habe eine Ankündigung bezüglich meiner geliebten Schwestern zu machen.» Er hielt inne und strahlte seine Zuhörer an. Offenbar genoss er, was er zu sagen hatte. Doch plötzlich zuckte sein Kopf heftig, und er griff sich mit beiden Händen an die Schläfen. Macro eilte zu ihm, um ihn zu stützen, während die Versammelten den Atem anhielten. «Lasst mich», fauchte Caligula, der sich wieder fasste, und stieß Macro von sich. «Also, wo war ich? Ach ja, meine Schwestern. Von nun an werden sie mit eingeschlossen, wenn ein Treueeid …» Mit einem Aufschrei brach er zusammen und umkrallte mit den Fingern seinen Kopf, als versuchte er, etwas herauszuzerren.

Die Senatoren starrten ihn atemlos an. Macro kniete sofort neben ihm nieder. «Chaerea, ruft den Arzt», schrie er den Prätorianertribun an, nachdem er einen kurzen Blick auf seinen Herrn geworfen hatte. «Und Ihr alle verschwindet, sofort!»

Beim Anblick des körperlich so angeschlagenen Kaisers überlief ein Schauder der Angst die Senatoren, und sie ergriffen die Flucht.

«Es scheint fast, als hätten die Götter Antonia erhört», raunte Vespasian Gaius ins Ohr, während sie zur Tür hinausdrängten.

Ob die Götter nun Antonias Fluch erhört hatten oder nicht, eines war jedenfalls sicher: Sie waren die größten Nutznießer von Caligulas Krankheit, denn in den folgenden Tagen brachten die Bürger Roms ihnen zigtausend Opfer dar, damit sie den jungen Kaiser wieder genesen ließen. Die Armen taten es aus aufrichtiger Liebe wegen der großzügigen Gaben, die er unter ihnen verteilt, und der reichlichen Spiele, die er zu ihrer Unterhaltung veranstaltet hatte. Die Senatoren und die Angehörigen des Ritterstandes hingegen taten es aus Angst, dass alle, die nicht bei Opfern und Gebeten gesehen wurden, grausam bestraft werden würden, falls Caligula genesen sollte. So wetteiferten sie miteinander darum, wer die großzügigsten Opfer darbrachte: die edelsten Stiere, Rennpferde und Widder, und die weniger Besonnenen unter ihnen gelobten, als Gladiatoren zu kämpfen, wenn der Kaiser wieder gesund würde. In dem tollkühnen Versuch, alle anderen zu übertrumpfen, versprach ein Ritter sogar Jupiter sein eigenes Leben im Tausch gegen Caligulas.

Vespasian verbrachte einen großen Teil der Nachmittage und Abende mit Caenis, und sie genossen es, in ihrer neuen trauten Zweisamkeit Mann und Frau zu spielen. Vormittags nahm er an den Zusammenkünften des Senats teil, an den Gebeten und Opfern und trug wie alle anderen nach außen hin den inbrünstigen Wunsch zur Schau, Caligula möge genesen. Insgeheim hoffte er wie alle anderen, der Kaiser möge sterben, damit diese grausige Episode in der Geschichte Roms ein Ende hätte. Mit anderen Angelegenheiten konnte der Senat sich nicht befassen aus Furcht, das könnte als Gleichgültigkeit gegen das Wohlergehen des Kaisers ausgelegt werden. Nach diesem täglichen Ritual zogen sämtliche Senatoren gemeinsam mit den Angehörigen des Ritterstandes hinauf zum Palatin, vorbei an Scharen von Bürgern in düsterer Stimmung, um sich vor dem Haus des Augustus zu versammeln und dort die Neuigkeiten des Tages über das Befinden des Kaisers zu erfahren. Jeden Tag verkündete der Prätorianertribun Chaerea mit seiner unselig hohen und quäkenden Stimme, der Zustand des Kaisers habe sich nicht verändert, er sei nach wie vor nur zeitweise bei Bewusstsein.

Die Stadt war wie erstarrt: Gerichte, Theater und Märkte

waren geschlossen, Geschäfte ausgesetzt, und Feste wurden nicht begangen. Nur das Blut strömte weiter vor Roms zahlreichen Altären.

«Allmählich wird das hier absurd», sagte Vespasian leise zu Gaius, während die Senatoren und Ritter sich den dreißigsten Tag in Folge vor der Curia versammelten, um wieder einmal den Palatin hinaufzusteigen. Ein stetiger leichter Novemberregen fiel. «Was soll nur werden, wenn seine Krankheit noch einen Monat andauert? Die Stadt wird zusammenbrechen.»

«Es ist überall dasselbe, mein lieber Junge, alles ist zum Stillstand gekommen. Viele Leute verlieren eine Menge Geld, aber sie nehmen es lieber hin, als sich nachsagen zu lassen, sie würden Profit machen, während Caligula an der Schwelle des Todes steht.»

«Ich wünschte nur, der Tod möge endlich die Tür öffnen.»

«Sag das nicht zu laut», zischte Gaius, «erst recht nicht im Beisein dieser skrupellosen Speichellecker.»

«Zu denen wir selbst gehören.»

«Scheinheiligkeit, mein lieber Junge, kann ein lebensrettendes Laster sein.»

Vespasian knurrte.

«Ich dachte mir, dass ich Euch hier antreffen würde», rief Magnus und schlängelte sich durch die Menge zu ihnen, in die schlichte weiße Toga des Bürgers gekleidet.

Vespasian lächelte und ergriff den Unterarm seines Freundes. «Willst du dich unserem täglichen Ritual anschließen?»

«Blödsinn. Es gibt ein Treffen der Anführer der Bruderschaften vom Quirinal und Viminal. Wir putzen uns raus, um bedrohlicher zu wirken. Unsere Geschäfte gehen weiter, auch wenn Ihr und alle anderen die Arbeit niedergelegt habt.»

«Das freut mich zu hören. Schutzgelderpressung sollte für niemanden unterbrochen werden, nicht einmal für einen Kaiser.»

«Jetzt seid Ihr aber ungerecht, Herr, wir müssen schließlich alle sehen, wo wir bleiben. Nebenbei, seid Ihr nicht dieses Jahr als Ädil für die Straßen verantwortlich?»

«Das weißt du genau.»

Magnus zeigte auf seine Füße, die mit Schlamm, Unrat und halbverfaulten Pflanzenresten verklebt waren. «Das nenne ich eine verdammte Schande. Manche Teile der Stadt versinken knöcheltief in der Scheiße – das wirft kein gutes Licht auf Euch.»

Vespasian hob hilflos die Schultern. «Ich kann nichts dagegen unternehmen. Meine Vorarbeiter weigern sich, die öffentlichen Sklaven beim Säubern der Straßen zu beaufsichtigen; alle behaupten, sie seien zu sehr damit beschäftigt, Jupiter und Juno zu opfern und für den Kaiser zu beten.»

«Nun, wenn sie schon dabei sind, könnten sie vielleicht auch dem Gott der Arschlöcher opfern und darum beten, dass Mensch und Vieh aufhören zu scheißen.»

«Pssst», zischte Gaius mit gequälter Miene, legte eine Hand auf den Mund und entfernte sich ein wenig von dem lästerlichen Gerede.

Vespasian grinste. «Bist du eigens hergekommen, um mir Ratschläge zu den religiösen Praktiken meiner Mitarbeiter zu erteilen?»

«Nein, die Sache ist etwas ernster», erwiderte Magnus, schaute sich um und senkte die Stimme. «Jemand hat heute

Morgen ungefähr eine Stunde lang in der Nähe von Caenis' Haus rumgeschnüffelt und sich dann davongemacht. Einer meiner Jungs, der das Haus beobachtete, ist ihm zum Aventin gefolgt. Er verschwand in einem hübschen neuen Haus an derselben Straße, wo auch Sabinus wohnt.»

«Und?»

«Und als er ein wenig nachforschte, fand er heraus, dass es Eurem guten Freund Corvinus gehört.»

Vespasian durchlief ein eisiger Schauder. «Wie hat er von ihr erfahren?»

«Welche Rolle spielt das? Wahrscheinlich hat er Euch beobachten lassen. Aber da ich ja weiß, dass er Euch und den Euren nicht so zugetan ist, habe ich die Wache in der Straße verdoppelt.»

«Danke, Magnus.»

«Ich würde mir keine allzu großen Sorgen machen. Er weiß nur, dass Ihr in das Haus gegangen seid, er kann nicht wissen, wer darin wohnt. Ich denke, sie ist dort einigermaßen sicher, solange sie nicht ausgeht.»

«Das tut sie nicht, außer um meinen Onkel zu besuchen, der nur ein paar hundert Schritt entfernt wohnt.»

«Ich schlage vor, dass sie einen Sklaven zu meinen Jungs schickt, wenn sie das vorhat. Dann können sie sie in einer geschlossenen Sänfte eskortieren.»

«Danke, ich werde es ihr ausrichten.»

«Nun denn, es sieht aus, als ob Ihr jetzt losgeht. Ich mache mich dann mal auf den Weg. Ich habe Einträglicheres zu tun, als mir Sorgen um Kranke zu machen, wenn Ihr versteht, was ich meine.»

«Worum ging es?», erkundigte sich Gaius, der sich wieder

zu Vespasian gesellte, während die Gesellschaft langsam das Forum verließ.

«Nichts, Onkel», murmelte Vespasian, in Gedanken versunken. «Magnus kümmert sich schon darum.»

Die Prozession aus mehr als zweitausend der angesehensten Männer Roms traf vor dem Haus des Augustus ein. Cassius Chaerea wartete bereits unter dem Vorbau, um zu ihnen zu sprechen. Sein Lächeln verriet Vespasian, dass der Tod seine Tür fest gegen Caligula verschlossen hatte.

«Es gibt endlich gute Neuigkeiten», verkündete Chaerea mit seiner Falsettstimme. «Vor einer Stunde ist der Kaiser auf wundersame Weise genesen. Ich komme soeben aus seinem Gemach, wo er jetzt im Bett sitzt und speist. Die Krise ist überstanden!»

Lauter Jubel brach aus und nahm kein Ende, bis die vom Regen feuchte Menge sich fast heiser geschrien hatte. Der Lärm und die Kunde von seiner Ursache verbreiteten sich vom Palatin aus in ganz Rom, und noch ehe Chaerea weitersprechen konnte, hallte bereits fröhlicher Jubel aus der Stadt den Hügel herauf.

«Der Kaiser dankt Euch allen für Eure Gebete und Opfer und bittet Euch …»

Die Türflügel hinter ihm öffneten sich, und die Menge schnappte nach Luft, als Caligula heraustrat, unsicher auf den Beinen, aber ohne Stütze. Seit einem Monat unrasiert und deutlich abgemagert, die Augen noch tiefer als sonst in den Höhlen liegend, wirkte er noch krank, doch die Haltung seines Kopfes ließ Kraft erkennen. Er reckte die Arme in die Luft, während die Menge ihn lauthals mit «Ave Caesar!» begrüßte.

Schließlich gebot er mit Gesten Ruhe. «Es ist nicht eure Schuld», verkündete er mit überraschend lauter Stimme, «dass ihr mich nur als euren Kaiser grüßt. Ihr wisst nicht, was im vergangenen Monat mit mir geschehen ist.» Er deutete auf seinen ausgemergelten Körper. «Dieser Leib, dieser schwache menschliche Leib, wäre in den Qualen der Transformation fast gestorben. Doch auch wenn er gestorben wäre, dann wäre ich noch immer hier. Aber nicht so, wie ihr mich jetzt seht, denn, meine Herde, ich bin nicht nur euer Kaiser, ich bin nun auch euer Gott geworden. Huldigt mir!»

Angesichts dieser verblüffenden Eröffnung und dieses ungeheuerlichen Befehls zogen ein paar der geistesgegenwärtigeren Senatoren sich sofort eine Falte ihrer Toga über den Kopf wie zu einer religiösen Zeremonie. Der Rest der Versammlung folgte rasch ihrem Beispiel, und Caligula brach in Gelächter aus, als er die Menge überblickte, die jetzt von Kopf bis Fuß in Wolle gehüllt war.

«Ihr seid wahrhaftig meine Schafe; was wird das für eine Schur. Wie ich hörte, hatte einer von euch die Güte, meinem Bruder Jupiter sein Leben im Tausch gegen meines anzubieten. Wer war dieses edle Schaf?»

«Das war ich, Princeps», ertönte eine Stimme hinter Vespasian, und als er sich umschaute, sah er einen gutgebauten jungen Ritter, der selbstzufrieden in die Runde lächelte, erfreut, vom Kaiser so beachtet zu werden.

«Wie ist dein Name, mein gutes Schaf?»

«Publius Afranius Potitus, Princeps.»

«Und was machst du noch hier, Potitus? Lass Jupiter nicht warten. Wir Götter verlangen, dass Versprechen an uns pünktlich eingelöst werden.»

Bestürzung zeichnete sich auf Potitus' Gesicht ab, als seine Hoffnung auf Belohnung der grässlichen Erkenntnis wich, dass Caligula es ernst meinte. Er schaute sich hilfesuchend unter seinen Gefährten um, aber was hätten sie gegen einen Befehl ihres neuen Gottes sagen können? Sie wichen von ihm zurück, sodass er allein in ihrer Mitte stand. Er ließ die Schultern hängen und wandte sich wortlos um.

«Was für ein gutes Schaf er war», sagte Caligula und grinste beifällig, während Potitus davontrottete, seinem sinnlosen Tod entgegen. «Nun, da ich wieder unter euch bin, sollen die Geschäfte in der Stadt wieder aufgenommen werden, und die plebejischen Spiele, die vor fünf Tagen hätten beginnen sollen, werden umgehend eröffnet. All jene unter euch, die gelobt haben, im Fall meiner Genesung als Gladiatoren zu kämpfen, werden morgen die Gelegenheit haben, ihren Schwur in der Arena zu erfüllen.»

«Rettet ihn, Caesar! Rettet ihn, Caesar!», rief die zwanzigtausendköpfige Menge im steinernen Amphitheater des Statilius Taurus auf dem Campus Martius im Chor. Durchdringender Uringestank lag in der Luft, da die Leute aus Angst, ihre Sitzplätze zu verlieren, sich an Ort und Stelle erleichterten, sodass der Urin an den Steinstufen hinunterlief und von den Tuniken der tiefer sitzenden Zuschauer aufgesogen wurde.

Der siegreiche *Retiarius,* der am Ende eines Kampfes zwischen sechs Männern – jeder gegen jeden – als Letzter noch auf den Beinen war, drückte die Spitzen seines Dreizacks an die Kehle des *Secutors,* des letzten unterlegenen Gegners. Der blickte in einem Netz verfangen zum Kaiser auf.

Vespasian warf einen Blick zu Caligula hinüber, der neben Drusilla in der kaiserlichen Loge neben den Plätzen der Senatoren saß, und fragte sich, ob er dem Wunsch der Menge entsprechen würde. Bei jeder anderen Gelegenheit während des viertägigen Spektakels hatte er es getan, doch da hatte die Menge stets den Tod des Gladiators gefordert.

Caligula zog seine Finger aus dem Anus eines Jünglings, der zwischen ihm und seiner Schwester kniete, und streckte die Hand nach vorn aus, den Daumen in die Faust geschlossen zum Zeichen der Gnade, den Kopf zur Seite geneigt. Die Menge brach in Beifall aus, der jedoch gleich darauf in Protest umschlug, als sein Daumen plötzlich nach oben schnellte wie ein Schwert, das aus der Scheide gezogen wurde: das Zeichen für Tod.

Der *Summa Rudis*, der Schiedsrichter, ließ seinen langen Stab sinken, den er quer vor die Brust des Retiarius gehalten hatte. Dieser trat zurück, um dem Besiegten einen würdevollen Gladiatorentod zu ermöglichen, indem er vor seinem Bezwinger kniete, statt wie ein verwundeter Hirsch im blutigen Sand der Arena zu liegen.

Die Menge verlangte noch immer lautstark danach, den Gladiator zu verschonen, der tapfer gekämpft hatte. Der Lärm steigerte sich, als der Secutor, von dem Netz befreit, sich am Schenkel seines Gegners festhielt, um den tödlichen Stich zu empfangen. Der Retiarius warf den Dreizack fort, zog sein langes, schmales Messer und setzte es mit der Spitze nach unten an die Halsgrube des Secutors, dicht über dem Schlüsselbein. Mit einem Nicken seines ganz in einen glatten Bronzehelm mit zwei kleinen Augenlöchern eingeschlossenen Kopfes gab der Todgeweihte sein Einverständnis. Gerade als die beiden Männer sich anspannten und auf das rituelle Töten gefasst machten, traf der Stab des Summa Rudis den Retiarius erneut gegen die Brust, um ihm Einhalt zu gebieten.

Die Menge verstummte schlagartig. Alle Blicke richteten sich auf Caligula, der hysterisch lachend dasaß, den Daumen jetzt auf die Finger der geballten Faust gedrückt: das Zeichen der Gnade. «Ich habe euch alle zum Narren gehalten!», rief er lachend. «Dachtet ihr wirklich, ich, dem euer aller Wohlergehen am Herzen liegt, würde euch euren Wunsch nicht gewähren? Aber natürlich tue ich das.»

Die Menge brach in Gelächter aus über den Scherz, den ihr Kaiser sich mit ihr erlaubt hatte. Der Retiarius zog sein Messer zurück, und der Secutor atmete schwer vor Erleichterung.

Vespasian warf noch einmal einen Blick in die Richtung des Kaisers und sah, wie sein Gesicht sich plötzlich zu einer Maske des Zorns verzerrte. Caligula sprang auf und schrie um Ruhe.

«Aber ihr habt gegen mich aufbegehrt», kreischte er, «als würdet ihr mich nicht lieben. Mich! Gegen euren Gott und Kaiser habt ihr aufbegehrt. Wie könnt ihr es wagen! Ich wünschte, ihr hättet alle miteinander eine einzige Kehle, dann würde ich sie durchschneiden. Ihr müsst lernen, dass ihr mich von nun an zu verehren und zu lieben habt. Ich werde in jedem Tempel meine Statue aufstellen lassen, um euch daran zu erinnern. Nicht nur hier in Rom, sondern im gesamten Reich.» Er schwieg kurz und schaute sich kummervoll um. «Ich kann geben, aber ich kann auch nehmen. Ich werde euch den Wunsch nicht länger gewähren.» Er reckte noch einmal die Faust in die Luft, den Daumen nun wieder ausgestreckt.

Die Menge schwieg, während die beiden Gladiatoren erneut für das Töten in Position gingen. Als das Messer abwärts ins Herz gestoßen wurde und das Blut spritzte, gab es keinen Jubel und keine vielfachen Ergüsse, nur stille Ernüchterung. Der Retiarius grüßte zur kaiserlichen Loge und ging dann zum Tor, den Dreizack und das Netz erhoben. Niemand applaudierte zu seinem Sieg.

Caligula winkte Macro, der hinter ihm saß, näher zu sich heran. Er flüsterte dem Präfekten etwas ins Ohr und zeigte dabei auf einen Bereich in der Zuschauermenge. Es folgte ein kurzer, hitziger Wortwechsel, dann verließ Macro sichtlich verärgert seinen Platz, um mit Chaerea zu sprechen, der am Eingang zur kaiserlichen Loge stand. Caligula versenkte verdrossen seine Finger wieder in dem Lustknaben und richtete seine Aufmerksamkeit erneut auf die Arena, während Drusilla dem Jüngling zärtlich wie einem Schoßtier das Haar streichelte. Chaerea verließ die Loge.

Unten in der Arena ging indessen ein kahlköpfiger, schwarz gewandeter Mann in der Maske des Fährmanns Charon zwischen den Gefallenen umher und vergewisserte sich, dass sie tot waren, indem er ihnen ein glühendes Eisen an die Genitalien drückte. Danach nahm er ihnen die Helme ab und zertrümmerte mit einem schweren Hammer die Schädel, damit die Geister entweichen konnten. Wenn dieses Ritual vollzogen war, wurden die Leichen zur Bestattung hinausgeschleift, und der Sand wurde geglättet und an den blutigen Stellen ausgetauscht.

Die Stimmung der Zuschauer hob sich wieder, als sie

sich auf den angekündigten nächsten Teil des Spektakels zu freuen begannen: Vier der Ritter, die unbedacht gelobt hatten, im Falle von Caligulas Genesung in der Arena anzutreten, sollten auf Leben und Tod gegeneinander kämpfen. Interessiertes Raunen lief durch das Amphitheater, als die Tore sich öffneten und nicht vier Gladiatoren erschienen, sondern stattdessen das Gebrüll wilder Tiere erscholl. Ein Dutzend hungrig aussehende Löwen sprangen herein, von Sklaven mit brennenden Fackeln angetrieben. Die Tore wurden wieder geschlossen, die Löwen waren nun allein in der Arena. Das Publikum wusste, dass die Löwen nicht untereinander kämpfen würden, und wenn Verurteilte oder Bestiarii gegen sie antraten, waren diese stets als Erste in der Arena. Deshalb begannen die Leute, sich zu fragen, wen oder was die Löwen töten sollten.

Das Klappern genagelter Sandalen auf den Steinstufen zweier Zugänge zu den Sitzbereichen lieferte bald die Antwort. Eine halbe Centurie Prätorianer stürmte mit gezogenen Schwertern herein, sodass in der Umgebung Panik ausbrach. Binnen weniger Herzschläge hatten sie zwanzig Zuschauer in der vordersten Reihe des Bereichs umzingelt, auf den Caligula gezeigt hatte. Die Leute dahinter ergriffen hastig die Flucht, um dem Schicksal zu entgehen, von dem sie ahnten, dass es den Unglücklichen drohte. Geschrei brach aus, und viele wurden in dem Chaos zu Tode getrampelt. Das Brüllen der Löwen übertönte die Schreie, als die ersten zwei der um ihr Leben flehenden Opfer in die Arena geworfen wurden. Die Männer waren noch nicht auf dem Boden aufgeschlagen, als schon riesige Pranken ihr Fleisch zerfetzten, sie mit seitlichen Hieben durch die Luft schleuderten wie Puppen, hinein in offene Mäuler mit gebleckten Zähnen, die sich bald von ihrem Blut rot färbten.

Die Prätorianer warfen rasch auch ihre übrigen Gefangenen den Löwen vor. Die meisten wurden sofort angefallen, Kehlen wurden zerfetzt, Gliedmaßen abgerissen, Bäuche aufgeschlitzt, doch etwa einem halben Dutzend gelang es, vor dem Blutbad davonzulaufen – nur dass es nirgends eine Zuflucht gab. Zu Vespasians Erstaunen begannen die Teile der Menge, die von den Prätorianern verschont geblieben waren, zu lachen und zu jubeln, als die Fliehenden durch die ovale Arena rannten, verfolgt von Löwen, denen es mehr um die Spannung der Jagd ging als darum, sich an den zerfleischten Kadavern satt zu fressen. Wieder schaute er zu Caligula hinüber, der mit einem Lächeln voller grimmiger Befriedigung dasaß und die Finger einer Hand immer wieder in den Lustknaben schob, während er mit der anderen heftig masturbierte. Als das letzte Opfer zerfleischt wurde, brüllten die Zuschauer vor Begeisterung – sie liebten ihn wieder.

Vespasian ließ den Rest des Tages über sich ergehen. Ein vorzeitiges Verschwinden hätte Caligula schon vor seiner Krankheit verärgert; nun, da er anscheinend vollends den Verstand verloren hatte, konnte es leicht tödlich enden. Schließlich sickerte das letzte Leben in den blutgetränkten Sand, und Caligula erhob sich zum Gehen, während der Pöbel ihm huldigte. Vespasian eilte mit den übrigen Senatoren hinaus, von denen keiner dem anderen in die Augen zu blicken wagte aus Angst, sich zu dem äußern zu müssen, was sie mit angesehen hatten.

Er trat auf die Straße hinaus und machte sich forschen Schrittes auf den Heimweg.

«Da ist er!», hörte er Caligula ganz aus der Nähe rufen. «Macro, lasst ihn zu mir bringen.»

Vespasian drehte sich um und sah, wie Chaerea und zwei Prätorianer sich einen Weg durch das Getümmel bahnten. Übelkeit stieg in ihm hoch, als ihm klarwurde, dass sie auf ihn zukamen. Es wäre sinnlos gewesen, davonzulaufen, also ließ er sich von den Prätorianern zu Caligula eskortieren, der den Tränen nahe war.

«Ich dachte, Ihr wäret mein Freund», schluchzte er und schüttelte den Kopf, als könnte er nicht glauben, wie sich die Dinge entwickelt hatten. Drusilla hatte tröstend den Arm um ihn gelegt.

«Das bin ich, Princeps», erwiderte Vespasian und fragte sich, was er getan hatte.

Caligula zeigte auf den Boden. «Wie erklärt Ihr dann dies?»

Vespasian schaute nach unten. Die Straße war mit Unrat übersät, da sie während Caligulas Krankheit einen Monat lang nicht gereinigt worden war.

«Dies ist meine Stadt», klagte Caligula mit weinerlicher Stimme, «und mein Freund ist dafür verantwortlich, die Straßen sauber zu halten. Ach, Drusilla, er hat mich enttäuscht.»

Drusilla tupfte eine Träne aus dem Augenwinkel ihres Bruders und leckte sie von ihrem Finger.

«Es tut mir leid, Princeps, es war nur, während Ihr …»

«Ach, dann ist es also meine Schuld?»

«Nein, nein, es ist allein die meine.»

«Ihr solltet ihn dafür belangen», sagte Macro boshaft. «Seine Pflichten derart zu vernachlässigen grenzt an Verrat.»

«Maßt Euch nicht an, mir zu sagen, was ich tun soll, Präfekt. Chaerea, befehlt Euren Männern, etwas von diesem Unrat in die Toga des Ädils zu füllen.»

Vespasian stand reglos da, während der übel riechende Morast händeweise in den Faltenbausch seiner Toga geschaufelt wurde. «Ich werde das gleich morgen bereinigen lassen, Princeps.»

«Nein, das werdet Ihr nicht, Ihr seid der Aufgabe offensichtlich nicht gewachsen. Ich werde sie jemand anderem übertragen.» Er funkelte Vespasian an, dann lächelte er plötzlich. «Außerdem, mein Freund, habe ich einen anderen Auftrag für Euch.» In einem unvermittelten Gedankensprung wandte er sich an Macro. «Wo war mein Cousin Gemellus heute? Warum hat er nicht mit uns meine Transformation gefeiert?»

«Ich hörte, er habe einen bösen Husten, Princeps.»

«Ach ja, einen Husten? Oder vielleicht wünscht er einfach, ich wäre nicht mehr hier, und will mich nicht in meinem Glanz sehen. Was denkt Ihr, Vespasian?»

«Es muss ein Husten sein, niemand könnte Euch den Tod wünschen.»

«Hmm, da habt Ihr wohl recht. Dennoch finde ich, wir sollten ihn von seinem Husten kurieren, meint Ihr nicht auch?»

Vespasian erinnerte sich an Antonias letzten Rat und bemühte sich nach Kräften, sich nicht anmerken zu lassen, was er dachte. Widerspruch konnte tödlich sein, doch wenn er zustimmte, wäre das tödlich für Gemellus. «Vielleicht wird er mit der Zeit vorübergehen, Princeps.»

Caligula starrte Vespasian verständnislos an. «Zeit? Zeit?

Nein, die Zeit vergeht zu langsam. Chaerea, geht und kuriert meinen Cousin von seinem Husten. Endgültig.»

«Ob das so klug ist, Princeps?», fragte Macro. «Gemellus ist bei der Jugend sehr beliebt.»

«Dann wird seine Bestattungsfeier gut besucht sein», versetzte Caligula unwirsch. «Das ist heute schon das zweite Mal, dass Ihr mich in Frage stellt, Macro. Ein drittes Mal sollte es nicht geben. Nun geht mir aus den Augen.»

Macro wollte etwas einwenden, doch er besann sich eines Besseren, neigte den Kopf und entfernte sich.

«Was macht Ihr noch hier, Chaerea?», schrie Caligula. «Habe ich Euch nicht einen Befehl erteilt?»

Chaerea salutierte zackig, wandte sich mit unbewegter Miene ab und führte seine Männer davon.

Caligula schloss die Augen, tat einen tiefen Atemzug und küsste Drusilla auf den Mund. «Ist sie nicht wunderschön, Vespasian? Ich werde auf dem Forum ein Theater bauen, um sie richtig zur Schau stellen zu können. Möchtest du nicht gern ausgestellt werden, meine Süße?»

«Wenn es dir Freude macht, liebster Gaius», säuselte Drusilla und zeichnete mit dem Finger seine Lippen nach.

Caligula blickte liebevoll auf sie hinunter und streichelte ihren Hals. «Denk nur, Drusilla, ich könnte diesen hübschen Hals durchschneiden lassen, wann immer es mir beliebt.»

Drusilla seufzte verzückt. «Wann immer es dir beliebt, liebster Gaius.»

Caligula leckte ihren Hals, dann legte er Vespasian freundschaftlich einen Arm um die Schultern und ging mit ihm davon, sehr zu dessen Erleichterung. «Ich habe ein Problem, mein Freund, es ist, als würde es mich ständig jucken, aber ich weiß, wenn ich kratze, wird es nur schlimmer. Doch ich muss mich davon befreien.»

«Ihr könnt gewiss alles tun, was Ihr wollt», erwiderte Vespasian und veränderte die Haltung seines Arms, um die Last des Unrats im Faltenbausch seiner Toga zu tragen.

«Das kann ich, aber manchmal gibt es Konsequenzen, die sich selbst meiner Kontrolle entziehen.»

«Was für Konsequenzen?»

«Ich bin Macros Frau leid, und ich bin auch ihn leid, er hat angefangen, mir Ratschläge zu erteilen. Vor meiner Transformation hat er doch tatsächlich zu mir gesagt, es gezieme einem Kaiser nicht, laut über eine Komik in einem Theaterstück zu lachen. Es war Plautus – wie könnte jemand über Plautus nicht lachen?»

«Unmöglich.»

«Eben. Und heute hat er mich nun in Frage gestellt, also muss er fort.»

«Aber die Konsequenz wäre, dass Ihr die Prätorianer gegen Euch aufbringen würdet.»

«Ach, mein Freund, wie gut Ihr mich versteht, genau so ist es. Wenn ich sie nur alle töten könnte. Was würdet Ihr mir raten?»

Vespasian überlegte ein wenig und fragte sich, ob es für ihn ebenso tödlich wäre, Caligula Ratschläge zu erteilen, wie für Macro. «Wenn er nicht der Prätorianerpräfekt wäre, dann würde sich die Prätorianergarde durch seinen Tod nicht bedroht fühlen.»

Caligula wandte sich ihm mit gequälter Miene zu, als hätte er es mit einem begriffsstutzigen Kind zu tun. «Aber er *ist* der Prätorianerpräfekt, Schwachkopf, und wenn ich versuchte, ihn abzusetzen, hätte das dieselbe Konsequenz.»

«Ihr braucht ihn ja nicht abzusetzen. Er hat bereits selbst darum gebeten, seines Postens enthoben zu werden, und Ihr in Eurer Weisheit habt ihm die Bitte gewährt.»

«Habe ich das? Oh, sehr gut. Wann?»

«Sobald im Frühjahr die Seewege wieder frei sind.»

Caligula runzelte die Stirn. «Hört auf, in Rätseln zu sprechen.»

«Princeps, Ihr habt Macro höchst umsichtigerweise die Provinz Ägypten versprochen. Sobald er in Ostia einen Fuß an Bord des Schiffes setzt, wird er Präfekt von Ägypten sein, nicht mehr Präfekt der Prätorianergarde.»

Caligula strahlte, als er begriff, und schlug Vespasian auf die Schulter. «Und dann könnte ich ihn töten lassen, ohne die Konsequenzen fürchten zu müssen.»

«Das könntet Ihr, aber wäre es nicht noch besser, wenn Ihr ihm befehlen würdet, sich selbst zu töten? Auf diese Weise könnte niemand von Mord sprechen.»

«Ach, wie glücklich ich mich doch schätzen kann, einen Freund wie Euch zu haben, Vespasian. Ihr werdet mir doch berichten, was er für ein Gesicht gemacht hat, nachdem Ihr ihm die Botschaft überbracht habt?»

XVI

Die kleine Flamme erwachte flackernd zum Leben und beleuchtete fünf Bronzestatuetten auf dem *Lararium*, die Caenis' Hausgötter darstellten. Der Lichtschein spiegelte sich auf den polierten Oberflächen und verlieh den Figuren etwas Überirdisches, passend zu den Gottheiten, für die sie standen. Vespasian zog eine Falte seiner Toga über den Kopf, während Caenis die Öllampe auf den Altar stellte und ihren Platz an seiner Seite einnahm. Hinter ihnen waren die Haussklaven im schwachen Schein eines kleinen Feuers in der Feuerstelle neben dem Lararium versammelt, der einzigen anderen Lichtquelle im Atrium.

Vespasian goss Wein für ein Trankopfer auf den Altar und streute eine Handvoll Salz in die Lache, dann breitete er die Arme aus, die Handflächen nach oben gewandt. «Ich rufe die *Lares domestici* an – oder bei welchem Namen auch immer ihr genannt werden wollt –, zu gewähren, dass ich und mein Haushalt das, was wir bereits haben, weiterhin bei guter Gesundheit genießen, und jedwede Gefahren, so es welche geben sollte, von uns und von diesem Tag abzuwenden. Wenn ihr in der Angelegenheit, von der wir hier sprechen, einen günstigen Ausgang gewährt und uns in unserer derzeitigen Verfassung oder einer besseren bewahrt – und möget ihr all dies tun –, dann gelobe ich, dass ihr nach Sonnenuntergang im Namen dieses Hauses die Zeichen unserer Dankbarkeit empfangen sollt. Nichts weiter erbitte ich.»

Dann wandte Caenis sich dem Feuer zu und vollzog den weiblichen Teil des Morgenrituals, indem sie zu Vesta betete, der Göttin des häuslichen Herdes, und süß duftenden Weihrauch in die Flammen streute. Vespasian sah ihr zu, wie er es seit sechs Monaten jeden Morgen tat, und wie immer empfand er Wehmut dabei, sie die Pflichten der Ehefrau erfüllen zu sehen, die sie ihm doch nie würde sein können.

Nachdem die Morgengebete beendet waren, gingen die Haussklaven an ihre jeweiligen Arbeiten. Blasses Licht drang durch die Fenster zum Peristyl herein und kündigte einen weiteren kalten frühen Apriltag an.

Vespasian zog die Falte seiner Toga vom Kopf und richtete sie um seine Schultern. «Unsere Hausgötter haben wieder einmal einen arbeitsreichen Tag vor sich», bemerkte er mit schiefem Grinsen. «Caligula wird heute das Theater einweihen, das er auf dem Forum hat bauen lassen, um Drusilla vor dem Pöbel zur Schau zu stellen. Ich und noch ein paar seiner ‹Freunde› sollen zugegen sein. Er sagte, er werde uns vielleicht auffordern, mit Hand anzulegen. Nach dem großen Bett mit purpurnen Laken in der Mitte der Bühne zu urteilen, vermute ich, wir werden mehr als nur die Hand anlegen müssen.»

«Dann geh nicht hin, mein Liebster.»

Vespasian sah sie mit hochgezogenen Augenbrauen an. «Du weißt, dass man ihm nichts abschlagen darf, also mach nicht solche wenig hilfreichen Vorschläge.»

Caenis lächelte traurig. «Es tut mir leid, ich sollte es

besser wissen. Dass man ihm nichts abschlagen darf, ist ja gerade der Grund, weshalb ich abgesehen von ein paar Besuchen bei deinem Onkel kaum jemals einen Fuß aus dem Haus gesetzt habe, seit du mich über die Schwelle getragen hast.»

Vespasian schaute tief in ihre traurigen Augen, wunderschön betont durch eine Halskette mit zylindrischen Perlen aus klarem blauem Glas, die im blassen Licht sanft an ihrem Hals schimmerten. Er verstand, wie bedrückend es für sie war, wie eine Gefangene zu leben. Aber auch wenn Caligula sie in Ägypten wähnte und Magnus' Brüder weder Corvinus' Mann wiedergesehen noch sonst etwas Verdächtiges beobachtet hatten, hielt er es noch immer für das Beste, wenn sie das Haus nicht verließ. Er küsste sie.

Ein lautes Klopfen an der Tür unterbrach die Liebenden. Der riesenhafte Nubier öffnete, und Aenor kam nervös durch die Vorhalle ins Atrium und blieb wartend stehen, bis er angesprochen wurde.

«Was wünscht mein Onkel, Aenor?»

«Er bittet Euch, sofort in sein Haus zu kommen, Herr», antwortete der junge germanische Sklave mit seinem kehligen Akzent.

«Hat er einen Grund genannt?»

«Er sagte, ich soll Euch ausrichten, dass eine bedeutende Person Euch dort erwartet.»

«Wer?»

Aenor verzog das Gesicht vor Anstrengung, sich an den genauen Titel zu erinnern, den er weitergeben sollte. «Der Präfekt der Prätorianergarde.»

Voller böser Vorahnung betrat Vespasian das Haus seines Onkels, vor dem die Schar der Klienten in der morgendlichen Kälte, in der ihr Atem Dampfwolken bildete, darauf wartete, ihren Patron zu begrüßen. Er hatte Caenis' Angst, er solle verhaftet werden, mit dem logischen Argument beschwichtigt, dass es unter der Dignitas des Präfekten wäre, die Verhaftung eines rangniederen Senators persönlich vorzunehmen. Dennoch konnte er sich seiner Beklommenheit nicht erwehren, als er durch die Vorhalle in das Atrium ging.

«Ah, da bist du ja, mein lieber Junge», empfing ihn Gaius in munterem Ton, der keinerlei Besorgnis verriet. Er saß mit Clemens an der Feuerstelle, und beide aßen verschrumpelte Winteräpfel. «Hast du schon gefrühstückt?»

«Ja, danke, Onkel. Guten Morgen, Clemens.»

«Guten Morgen, Vespasian. Der Kaiser hat mich geschickt.»

Vespasian schaute sich verwirrt um. «Wo ist Macro?»

Gaius brach in Gelächter aus. «Was habe ich gesagt, Clemens? Er verbringt zu viel Zeit in seinem wonnevollen Nest. Er hat es noch nicht gehört.»

«Was gehört?», fragte Vespasian gereizt.

«Es tut mir leid, lieber Junge, ich habe mir einen Spaß erlaubt, indem ich dich in dem Glauben herkommen ließ, dass Macro dich erwartet. Der Kaiser hat Macro gestern Abend förmlich seines Amtes enthoben, und er soll heute mit dem Schiff nach Ägypten aufbrechen, um dort seinen Posten als Präfekt anzutreten.»

Vespasian warf einen Blick zu Clemens und verstand. Ein Lächeln breitete sich auf seinem Gesicht aus. «Und du bist der neue Prätorianerpräfekt?»

«Einer der beiden», bestätigte Clemens. «Der Kaiser hat beschlossen, zu Augustus' Prinzip zurückzukehren, dass es immer zwei Präfekten gibt. Ich teile mir das Amt mit Lucius Arruntius Stella.»

«Offenbar ist unser Kaiser doch nicht so von Sinnen, wie es oft den Anschein hat», sagte Gaius, der seine Heiterkeit wieder gezügelt hatte. «Er hat zwei Präfekten ernannt, die einander hassen. Das dürfte die Prätorianergarde schwächen, nicht wahr, Clemens?»

«Jedenfalls wird es sie spalten.»

«Und es wird die Wahrscheinlichkeit verdoppeln, dass ein Prätorianerpräfekt sich gegen ihn stellt», bemerkte Vespasian. «Nicht dass ich dich der Treulosigkeit verdächtigen würde, Clemens – noch nicht.»

Clemens blickte besorgt drein. «Diesen Sommer kehrt Clementina mit Sabinus nach Rom zurück. Wer weiß, welchen Grund zur Treulosigkeit ich womöglich bald haben werde, wenn Caligula sich in den Kopf setzen sollte, sie zu begehren?»

«Dann sollte Sabinus sie draußen in Aquae Cutiliae lassen, wo sie in Sicherheit ist, so wie deine Frau in Pisaurum.»

«Nicht mehr. Caligula hat mir befohlen, sie wieder herzuholen und zum Essen in den Palast mitzubringen. Dort waren seine neue Frau Lolia Paulina und zwölf weitere Damen anwesend, alles Ehefrauen seiner Gäste. Er erschien als Apollon verkleidet, ging herum und betastete alle, dann wählte er zwei aus – zum Glück nicht Iulia – und nahm sie mit in sein Bett, während die Ehemänner weiteressen mussten, als wäre nichts geschehen. Nachdem er mit ihnen zurückgekehrt war, fing er an, vor den unglücklichen Ehemännern die jeweiligen

Stärken und Schwächen in den Liebesdiensten ihrer Frauen zu erörtern und zu vergleichen. Es war unerträglich. Die beiden Frauen mussten dort zu Tisch liegen, als drehte sich die Unterhaltung um die natürlichste Sache der Welt. Dann befahl er Lolia, sich nackt auszuziehen, damit er ein paar Details seiner Ausführungen praktisch demonstrieren konnte.»

«Davon hatte ich noch nicht gehört», sagte Gaius mit entsetzter Miene.

«Das konntet Ihr nicht, es war erst letzte Nacht beim Bankett zur Feier von Macros neuem Posten. Was schon eine Ironie in sich ist, wenn man bedenkt, zu welchem Zweck Caligula mich hergeschickt hat.»

Vespasian stöhnte. «Ach, ich hatte gehofft, er hätte es vergessen.»

«Wenn du dein Angebot meinst, Macro den Befehl zum Selbstmord zu überbringen, wenn er heute an Bord des Schiffes geht – nein, das hat er nicht vergessen.»

«Ich habe es nicht angeboten, ich habe es nur als die beste Möglichkeit erwähnt, Macro loszuwerden.»

«Wie dem auch sei, jedenfalls will der Kaiser, dass du ebendas tust. Ich muss dich mit einer Turma meiner Kavallerie eskortieren, um sicherzustellen, dass Macro den Befehl ausführt.»

«Du neigst dazu, dich in unschöne Situationen zu manövrieren, mein lieber Junge.»

«Diese Bemerkung ist nicht hilfreich, Onkel», entgegnete Vespasian knapp.

«Nein, aber zutreffend.»

«Hast du den schriftlichen Befehl?», fragte Vespasian an Clemens gewandt, ohne auf Gaius' Erwiderung einzugehen.

«Nein. Wir sollen zu dem Theater kommen, das er für Drusilla gebaut hat. Er sagte, er wolle uns nach der Darbietung, wie er es nannte, dort sprechen. Das verheißt nichts Gutes.»

«Nein, bestimmt nicht.» Vespasian erhob sich seufzend. «Nun, wenn ich es schon tun muss, dann auch richtig. Ich muss nur noch schnell etwas aus meinem Zimmer holen, ehe wir aufbrechen, Clemens.»

Caligulas neues Theater war nicht so groß gebaut, wie er es gern gehabt hätte, doch das war praktischen Gründen geschuldet: Das halbkreisförmige Bauwerk füllte die Fläche zwischen der Rostra und dem Saturntempel aus, und die Bühne reichte so dicht an die Stufen zum Concordiatempel heran, dass sie fast den Zugang versperrte. Immerhin fasste das Bauwerk mehr als zweitausend Zuschauer, welche die Vorstellung in vollen Zügen genossen – sehr zur Verwunderung und Abscheu von Vespasian und den anderen Senatoren, die gezwungenermaßen zugegen waren. Um den Senat zu erniedrigen, hatte Caligula keine Plätze für sie reserviert, sodass sie zwischen dem Pöbel der Stadt sitzen mussten. Sie hatten gejubelt, als Caligula, verkleidet als Herkules mit goldenem Löwenfell und einer goldenen Keule, seine Schwester langsam ausgezogen hatte. Sie hatten noch lauter gejubelt, als er sie in eine Reihe gymnastischer Posen gebracht hatte, die alle darauf angelegt waren, ihre Weiblichkeit zur Schau zu stellen. Und dann hatten sie wiederum lauter gejubelt, als er angefangen hatte, mit ihr auf dem riesigen Bett mit den purpurnen Laken diverse sexuelle Handlungen zu vollziehen, während sie gekreischt hatte wie eine Harpyie.

«Holt mir meine Gladiatoren», rief Caligula und zog sich aus Drusilla zurück, die vor ihm auf dem Bett kniete und sich dann schwer atmend bäuchlings fallen ließ.

Vespasian war erleichtert, als eingeölte, nackte Gladiatoren die Bühne betraten, ein Äthiopier und drei Kelten, alle mit exzellent durchtrainierten Körpern. Ihm hatte vor der Aufforderung gegraut, sich selbst an den Obszönitäten zu beteiligen, die sich vor ihm abspielten, und nun schien ihm gesichert, dass seine Dienste nicht benötigt würden.

«Es wird schlimmer, als du denkst», flüsterte Clemens ihm ins Ohr, als Drusilla sich den um sie gescharten Neuankömmlingen mit einer Dringlichkeit und Begierde zuwandte, die aus zügelloser und schamloser Wollust entsprangen.

«Wie kann es noch schlimmer werden?»

«Du wirst schon sehen. Ich habe Bogenschützen um das Theater herum in Stellung gebracht, um sicherzugehen, dass Caligula nichts zustößt. Er hatte Bedenken, im Finale einen der Gladiatoren mit einem Schwert so nah an sich heranzulassen.»

Vespasian traute seinen Augen kaum, während er in wachsendem Entsetzen zusah, wie die Geschwister mit drei der Gladiatoren eine derart lüsterne Szene schufen, dass Caligulas Beschäftigung mit dem Lustknaben im Circus im Vergleich nahezu akzeptabel erschien. Das Gewirr der Leiber begann, sich in wachsender Inbrunst zu winden, und der Lärm des Publikums steigerte sich in entsprechendem Maß, bis ein solcher Gipfel der Ekstase erreicht war, dass sie ihre Umgebung gar nicht mehr wahrnahmen. An diesem Punkt betrat ein Prätorianer die Bühne und händigte dem unbeteiligten vierten Gladiator ein Schwert aus, dann gab er jemandem im hinteren Bereich des Theaters ein Zeichen. Als Vespasian sich umschaute, sah er, dass jetzt Bogenschützen in Abständen hinter den Zuschauern standen. Alle hatten ihre Bogen ausgezogen und zielten auf den nunmehr bewaffneten Gladiator, während dieser sich von hinten dem Äthiopier näherte, der Caligula bediente. Bei der Aussicht auf Blutvergießen schwoll das Gebrüll der Menge zu ohrenbetäubendem Getöse an. Unten auf der Bühne hob Caligula die Fäuste an die Schultern und wedelte mit den Armen, um das Flattern eines Hahns zu imitieren, dann sank er auf den Rücken seiner Schwester. Der Äthiopier, der Caligula an den Hüften hielt, warf den Kopf zurück und stieß einen Aufschrei der Befriedigung aus, der im Lärm der Menge unterging. Es war der letzte Laut, den er je von sich gab. Mit einem blitzschnellen Schwertschlag enthauptete ihn der vierte Gladiator, sodass sein Kopf in die Menge flog und das Blut aus dem Torso in einem mächtigen Strahl hoch in die Luft schoss und auf Caligula und Drusilla hinabregnete. Als das Blut versiegt war, griff Caligula hinter sich und stieß den enthaupteten Körper von sich, dass er zu Boden stürzte. Der Vollstrecker hob sein Schwert zu einem Gladiatorengruß vor der Menge und wurde augenblicklich von einem Dutzend wohlgezielter Pfeile durchbohrt, die ihn nach hinten schleuderten, als wäre er an einem unsichtbaren Seil zurückgerissen worden. Unbehelligt von dieser Entwicklung, starrten Caligula und Drusilla einander verliebt in die Augen, während sie sich gegenseitig mit Blut beschmierten. Die zwei überlebenden Gladiatoren standen vorsichtig auf und schauten ängstlich zu den Bogenschützen hinüber, die neue Pfeile aufgelegt hatten und jetzt auf sie zielten.

«Das war dumm von ihm», schrie Clemens Vespasian ins Ohr. «Man hatte ihm eingeschärft, das Schwert fallen zu lassen, sobald er dem anderen Mann den Kopf abgeschlagen hätte. Wenn er darauf gehört hätte, wäre er jetzt nicht tot. Den anderen beiden wird nichts geschehen, solange sie dem Schwert nicht zu nahe kommen.»

Vespasian wusste nichts zu erwidern und starrte nur sprachlos abwechselnd auf den Kaiser und seine Schwester, die einander mit Blut einrieben, und auf den Pöbel, der angefangen hatte, mit dem Kopf des enthaupteten Gladiators Fangen zu spielen. Wo blieb da die Ehre? Was war aus der Dignitas geworden? War dies der Tenor des neuen Zeitalters, Schmutz und Erniedrigung, bis der Phönix in fünfhundert Jahren wiederkehrte? Und doch war dies das Rom, für das er sich eingesetzt hatte, indem er Antonia unterstützt hatte. Dies war das Rom, das sie unabsichtlich bewahrt hatte, indem sie dafür sorgte, dass ihre Familie an der Macht blieb. Er hatte die Anfänge auf Capreae am Hof von Tiberius gesehen. Er hatte die ‹Fischlein› des verderbten Kaisers gesehen – Zwerge und Kinder, die hemmungslos im Wasser kopuliert hatten – und hatte gehört, wie Caligula sie als spaßig bezeichnet hatte. Er war Zeuge von Caligulas Benehmen gegenüber seinen Schwestern geworden und hatte gewusst, dass sie regelmäßig Inzest trieben; er hatte mit angesehen, wie Caligula sich an seiner Zwergentruppe ergötzt und in einer öffentlichen Taverne eine Hure nach der anderen befriedigt hatte. Er hatte gehofft, das wären die Gipfel seiner Exzesse. Aber nein, soeben war all das in den Schatten gestellt worden. In diesem Moment fürchtete Vespasian, womöglich sei selbst damit der Höhepunkt noch nicht erreicht.

Endlich tauchten die Geschwister aus ihrer privaten Welt wieder auf. Caligula erhob sich und sorgte mit Gesten für Ruhe. «Wer hat den Kopf?»

Ein junger Mann in fadenscheiniger Tunika und abgetragenem Mantel hielt die grausige Trophäe an einem Ohr hoch. «Ich habe ihn, Caesar.»

«Dann gewinnst du das Spiel und eintausend Aurei, wenn du ihn mir bringst.»

Sofort fielen die Platznachbarn des jungen Mannes über ihn her, und es entstand ein Gerangel um den Siegespreis, denn eine solche Summe hätte jeden von ihnen für den Rest seines Lebens aus der Armut befreit. Caligula lachte, während die Kämpfe schnell um sich griffen, da immer mehr Leute versuchten, der Trophäe habhaft zu werden. Er machte auf dem Absatz kehrt und bot seiner Schwester die Hand. Nackt und blutig schritten die beiden Geschwister von der Bühne, mit hocherhobenen Köpfen und gemächlichen Schrittes wie ein frischvermähltes Paar aus einem altehrwürdigen Patriziergeschlecht auf dem Weg zum Hochzeitsschmaus. Hinter ihnen blieben das eskalierende Chaos und die Leichen zurück.

«Wir sollten jetzt zu ihm gehen», sagte Clemens. «Er hat darauf bestanden, dass wir direkt nach dem ... dem ...» Er brach ab und machte eine vage Handbewegung zur Bühne, als könnte er nicht das passende Wort für das finden, was sich soeben vor ihren Augen abgespielt hatte.

Vespasian verstand seine Verlegenheit nur zu gut.

«War sie nicht wunderbar?», schwärmte Caligula und leckte Blut von Drusillas Gesicht, als Vespasian und Clemens zu ihm geführt wurden. Sie standen in der Mitte eines Pavillons aus weichem, purpurnem Stoff, durch den gedämpftes Sonnenlicht drang. «Und war meine Manneskraft nicht größer als die des bloßen Halbgottes Herkules?»

Bei Caligulas Anblick fiel es Vespasian schwer, irgendwelche Ähnlichkeiten zwischen dem dürren Kaiser und dem sagenhaft starken Heroen zu finden. Er versuchte, alle Gedanken an das Gesehene von sich zu schieben, und konzentrierte sich darauf, eine neutrale Miene aufzusetzen.

«Ihr habt mit Euren Fähigkeiten alle anderen Götter in den Schatten gestellt, Princeps», log er geradeheraus in ehrfürchtigem Ton. «Wir bloßen Sterblichen können von einer Ausdauer und Manneskraft, wie Ihr sie besitzt, nur träumen.»

«Ja», bestätigte Caligula mit einem mitleidigen Blick, «Eure Frauen müssen sehr unzufrieden sein. Es ist kein Wunder, dass Caenis so lange in Ägypten bleibt. Wann kommt sie eigentlich zurück?»

«Ich weiß es nicht, Princeps. Wenn ich recht verstanden habe, benötigt Ihr meine Dienste?», erwiderte Vespasian, um von dem Thema abzulenken.

Caligula legte den Kopf schief und schien für einen Moment verwirrt. Er fuhr sich mit der Hand durch das verklebte Haar. «Eure Dienste? Ich benötige immer Dienste.» Er schnippte mit den Fingern, woraufhin Callistus ein eingerolltes Schriftstück brachte, das er unter zahlreichen Verbeugungen seinem Herrn überreichte. «Macro und diese Schlampe von seiner Frau, Ennia, werden heute Mittag nach Ostia aufbrechen. Ich will, dass Ihr und Clemens sie am Hafen abfangt, um ihnen dies zu übergeben. Es sollte selbsterklärend sein.» Er reichte Vespasian das gerollte

Schriftstück und blickte ihn nachdenklich an. «Ich finde, Ihr solltet nächstes Jahr Prätor werden. Ich mag es, wenn meine Freunde erfolgreich sind.»

«Wenn Ihr mich dessen für würdig erachtet, dann danke ich Euch, Princeps», erwiderte Vespasian und verbarg sein Unbehagen bei der Vorstellung, noch für ein ganzes Jahr in Rom und damit in der Nähe des hemmungslos launenhaften Caligula bleiben zu müssen.

Caligula schlug ihm auf den Rücken und ging mit ihm zum Ausgang des Pavillons. «Aber natürlich seid Ihr würdig, Euer Gott und Kaiser befindet es.»

Sobald sie auf das sonnenbeschienene Forum hinaustraten, empfing sie die Menge, die sich am Eingang versammelt hatte, mit tosendem Gebrüll. Caligula – noch immer nackt und blutverschmiert – nahm den Beifall mit ausgebreiteten Armen entgegen, dann ergriff er Vespasians Hand und hielt sie hoch. «Dieser Mann wird mir und Rom einen großen Dienst erweisen», verkündete er. Die Menge beruhigte sich, um seine Worte besser hören zu können. «Sein Name ist Titus Flavius Vespasianus, und auch wenn er ein Senator ist, steht er doch in meiner Gunst.»

Vespasian verzog das Gesicht zu einem verkrampften Lächeln, und es gelang ihm, in würdevoller Haltung dazustehen, während die Menge jubelte.

«Das genügt», rief Caligula. Nachdem der Lärm verebbt war, wandte er sich an Vespasian und schien plötzlich überrascht. «Was tut Ihr noch hier? Los doch, führt den Auftrag aus.»

«Ja, Princeps.»

«Wie wäre es mit einem nachmittäglichen Rennen, Caesar?», rief eine Stimme aus der Menge, während Vespasian und Clemens sich zum Gehen wandten.

«Was für eine ausgezeichnete Idee», erwiderte Caligula begeistert. «Ich werde die Renngesellschaften sofort zum Circus beordern. Das Rennen beginnt in zwei Stunden, und wir werden zum ersten Mal mein neues Pferd Incitatus laufen sehen. Also wettet nur ja im ersten Rennen auf die Grünen.»

Vespasian warf einen Blick zu Clemens, während sie sich durch die Scharen kämpften, die über das Forum strömten, um sich die besten Plätze im Circus Maximus zu sichern. «Jetzt wird er noch mehr Geld für ein Rennen vergeuden, einfach so aus einer Laune heraus. Nach allem, was wir heute mit angesehen haben – wie steht es um deine Treue?»

«Sie ist stark strapaziert», gestand Clemens.

Zankende Möwen segelten über ihren Köpfen in der warmen Brise, die vom Meer her wehte. Leinen und Segel summten im Wind, und die Planken der zahlreichen unterschiedlichen Handelsschiffe, die an den belebten steinernen Kais und hölzernen Anlegestegen in der sanften Dünung schaukelten, ächzten und knarrten.

Vespasian und Clemens saßen im Schatten einer flatternden Markise auf Fässern und stärkten sich mit Dörrobst und Trockenfleisch. Beide schwiegen, in Gedanken versunken. Ein paar Schritt entfernt inspizierte ein rundlicher Kaufmann seine jüngst eingetroffene Lieferung ägyptischer Schalen und Trinkgefäße aus emailliertem Glas. Sie war mit dem großen Handelsschiff gekommen, welches später am Tag mit Macro an Bord zurück nach Ägypten segeln sollte. Offenbar war der Kaufmann unzufrieden mit dem Zustand, in dem sich ein Teil seiner Ware befand, denn er ließ eine Schimpftirade gegen den Schiffsführer los. Der wehrte sie mit reichlich Schulterzucken und Gesten ab, bis der Hafenädil dazukam, um die Angelegenheit zu entscheiden. Hinter der Gruppe der Streitenden wurde das Schiff zügig weiter mit Vorräten und der für Ägypten bestimmten Fracht beladen, damit es bald wieder ablegen konnte. Zeit war Geld, das galt besonders für die Handelsschifffahrt, in der die Gewinnspannen gering waren. Für einen längeren Aufenthalt in Ostia mit seiner hohen Hafensteuer hätte der Schiffseigner dem Schiffsführer bei seiner Rückkehr nach Alexandria sicher nicht gedankt.

«Es wundert mich, dass überhaupt irgendetwas aus Glas den Transport aus Ägypten überstehen kann, ganz gleich, in wie viel Stroh es verpackt ist», bemerkte Clemens und brach damit das lange Schweigen. Er trank einen tiefen Zug aus dem Ziegenhautschlauch mit stark verdünntem Wein, dann reichte er ihn Vespasian.

«Es sieht allerdings sehr empfindlich aus», pflichtete Vespasian ihm bei. Er betrachtete den angeschlagenen Krug mit einem Dionysosbild aus farbenprächtigem Email an der Seite, den der Kaufmann dem Ädil zeigte, um seine Klage zu untermauern.

Ihre Plauderei und die Mahlzeit wurden unterbrochen, als der Decurio der Turma berittener Prätorianer dazukam, die sie nach Ostia begleitet hatte.

«Macros Wagen ist eben durch das Stadttor hereingekommen, Präfekt», meldete der junge Mann, nachdem er salutiert hatte.

«Danke, Decurio.» Clemens stand auf. «Sobald er hier eintrifft, sollen Eure Männer diesen Kai absperren.»

Der Decurio salutierte noch einmal, machte auf dem Absatz kehrt und ging zu seiner Turma zurück, die außer Sicht hinter den Lagerhäusern am Ende des Kais in Stellung war.

Vespasian erhob sich ebenfalls und richtete seine Toga. Als er Caligulas Befehl aus dem Faltenbausch zog, klimperte darin der Inhalt des Beutels, den er vorhin aus seinem Zimmer geholt hatte. «Ich hoffe, Caligula erlaubt sich nicht einen üblen Scherz mit uns und dies hier enthält den Befehl an Macro, die Überbringer zu töten», bemerkte er grinsend.

Clemens bedachte ihn mit einem finsteren Blick. «Das ist nicht komisch.»

«Nein, tut mir leid», entschuldigte sich Vespasian. Ihm wurde bewusst, dass dies genau die Art von Scherz wäre, die Caligula überwältigend komisch fände.

Macros Reisewagen rumpelte vom anderen Ende her auf den Kai. Voraus gingen keine Liktoren, da er nur dem Ritterstand angehörte. Stattdessen schritten dort zehn Mitglieder seines Standes in Würdigung des Umstands, dass eines der einflussreichsten Ämter im Reich einzig ihresgleichen offenstand und nicht dem Senat. Die Ritter bahnten dem Wagen einen Weg über den belebten Kai, wobei sie ein paar der unseligen Hafensklaven – von denen manche Lasten trugen – so rücksichtslos abdrängten, dass diese das Gleichgewicht verloren und in das stinkende Wasser stürzten. Entrüstete Schreie der Eigentümer der verlorenen Waren ernteten nur gleichgültige Blicke, während die Gesellschaft sich weiter zu dem wartenden Handelsschiff vorarbeitete. Hinter ihnen erschien die Turma der Prätorianer und schnitt ihnen den Rückzug ab.

Clemens lächelte kalt und trat vor, als sich die Tür des Wagens öffnete und die bullige Gestalt von Quintus Naevius Cordus Sutorius Macro erschien, gefolgt von seiner üppigen Frau Ennia.

«Clemens, wie nett von Euch, eigens herzukommen, um mich zu verabschieden», sagte Macro, da er seinen Nachfolger erblickte. «Solltet Ihr jemals das Bedürfnis verspüren – wie soll ich sagen –, Euch anderswo zu verpflichten, so wären Männer wie Ihr mir im Osten stets willkommen.» Er streckte ihm den Arm entgegen; Clemens ergriff ihn nicht.

«In den Osten zu gehen würde an meiner Verpflichtung gegenüber Rom nichts ändern – wie sollte es?»

«Die Zeiten ändern sich, Clemens, alles ändert sich», erwiderte Macro, noch immer mit ausgestrecktem Arm, und blickte Clemens bedeutungsvoll in die Augen.

«Das stimmt allerdings, Präfekt», pflichtete Vespasian ihm bei. Er trat hinter der Gruppe mit dem Ädil hervor, die jetzt ihren Streit unterbrochen hatte, um das Gespräch mit anzuhören.

«Ihr! Was tut Ihr hier?», fragte Macro gedehnt.

Vespasian hielt ihm das Schriftstück entgegen. «Ich bin gekommen, um Euch einen Befehl von Eurem Kaiser zu überbringen, und außerdem habe ich ein Geschenk für Euch.»

Macro starrte auf das Dokument, und Verunsicherung zeichnete sich auf seinem Gesicht ab. Er begegnete Vespasians Blick. «Warum erachtet der Kaiser es für nötig, mir neue Befehle zu erteilen?»

«Das werdet Ihr schon selbst lesen müssen, Macro.»

Macro nahm das Schriftstück, brach das kaiserliche Siegel

und entrollte das Dokument. Nachdem er kurz gelesen hatte, erbleichte er. «Ich verstehe», sagte er, ohne aufzublicken. «Und was, wenn ich diesen Befehl verweigere?»

«Dann lasse ich Euch von einer Turma meiner Kavallerie zurück nach Rom eskortieren, damit Ihr dem Kaiser persönlich erklären könnt, wie Ihr dazu kommt, Euch ihm zu widersetzen», sagte Clemens und zeigte auf die wartenden Soldaten.

Macro drehte sich um und erkannte, dass ihm der Fluchtweg abgeschnitten war. Er lächelte bitter. «Es scheint, als hättet Ihr die Oberhand. Ich werde Euch nicht das Vergnügen gönnen, zuzusehen, wie ich mich selbst erniedrige, indem ich ins Wasser springe und wegschwimme. Ich werde tun, was der Kaiser befiehlt.» Er wandte sich an seine Frau, die in respektvollem Abstand bei dem Wagen wartete. «Ennia, dein vormaliger Liebhaber hat uns befohlen, uns das Leben zu nehmen.»

«Das kommt nicht überraschend für mich, mein Gemahl.» Sie ging auf Macro zu. «Schon als er seinen Schwur an mich brach, war mir klar, dass er auch sein Versprechen dir gegenüber nicht einlösen würde. Es war nie vorgesehen, dass du Ägypten erreichst.»

Vespasian sah zum ersten Mal die Frau aus der Nähe, von der Caligula geschworen hatte, sie zu seiner Kaiserin zu machen. Sie war tatsächlich wunderschön. Griechisch von Geburt, die Tochter von Tiberius' Astrologen Thrasyllos, hatte sie die blasse Haut und die klaren blauen Augen des älteren Teils ihres Volkes. Ihr blondes Haar, teilweise von einer safrangelben Palla bedeckt, war im römischen Stil frisiert: in kunstvollen Flechten hoch auf dem Kopf aufgetürmt und mit juwelenbesetzten Nadeln festgesteckt. Ihr Gesicht verriet keine Verzweiflung, nur eine lebensüberdrüssige Erschöpfung.

Sie ergriff die Hand ihres Gemahls. «Ich habe dich im Stich gelassen, Quintus», sagte sie. «Ich konnte ihn nicht lange genug betören und in meinem Bett halten, verzeih mir.»

«Es gibt nichts zu verzeihen, Ennia. Du hast alles getan, was eine treue Ehefrau tun konnte.»

«Und du hättest mir diese Treue mit einem Verrat gelohnt.»

Macro war sichtlich bestürzt. «Das wusstest du?»

«Natürlich wusste ich es. Es war doch offensichtlich, dass du dein höchstes Ziel niemals erreichen könntest, solange ich lebe.»

«Aber warum …?»

«Weil ich dich liebe, Quintus, und dir helfen wollte. Welches Verbrechens hat er uns beschuldigt?»

«Dich des Ehebruchs mit ihm; mich der Kuppelei.»

Ennia schnaubte. «Etwas Besseres ist ihm nicht eingefallen, nach allem, was du geplant hattest – Ehebruch mit ihm? Welche Ironie.»

Macro wandte sich wieder an Vespasian. «Ihr sagtet, Ihr hättet auch ein Geschenk für mich, Senator. Ich kann mir schwerlich vorstellen, was es mir nutzen sollte, nun, da mein Leben zu Ende ist.»

Vespasian nahm einen Lederbeutel aus dem Faltenbausch seiner Toga, öffnete ihn und zog zwei Dolche heraus. «Die gehören beide Euch, Macro. Den einen habt Ihr mir vor zwölf Jahren auf der Pons Aemilius ins Bein gerammt, und den anderen habt Ihr im Haus der werten Antonia fallen lassen. Ihr sagtet, ich solle ihn behalten, und verspracht, mir einen dritten zu geben, um den Satz zu vervollständigen. Da Ihr dieses Versprechen nun offensichtlich nicht mehr einlösen könnt, verzichte ich darauf und gebe Euch stattdessen diese beiden zurück.» Er überreichte die Dolche Macro, der aufrichtig belustigt lächelte.

«Es scheint, als bräuchte ich sie nötiger als Ihr. Ich weiß Eure Fürsorge zu schätzen, Vespasian, das war sehr aufmerksam von Euch.» Plötzlich verschwand jede Spur von Humor aus seinem Gesicht, und seine Augen bohrten sich in Vespasians. «Ich will Euch sagen, warum Ihr den dritten nie bekommen habt; es war nur aus einem einzigen Grund: Caligula. Er wusste, dass ich Euren Tod wollte. Aber als Teil der Vereinbarung, der zufolge er mit meinem Zutun Kaiser wurde und ich im Gegenzug Präfekt von Ägypten, musste ich schwören, Euch am Leben zu lassen, einfach nur, weil er Euch mag.»

«Warum?»

«Das habe ich ihn auch gefragt, und er sagte, Eure Freundschaft reiche bis in jene Nacht zurück, in der Ihr Caenis aus Livillas Haus befreitet. Die beiden Wachen im Tunnel wurden getötet, ohne dass er es mit ansehen konnte. Doch um an den Schlüssel zu Caenis' Handfessel zu kommen, habt Ihr sie aufgefordert, laut zu schreien, sodass der Wachmann von der Treppe hereinkam. Sobald er durch die Tür trat, habt Ihr ihm Euer Schwert in den Hals gestoßen. Ihr wart der Erste, den Caligula außerhalb der Arena einen Menschen töten sah, und dafür hat er Euch immer geachtet.»

Vespasian brauchte einen Moment, um das zu verarbeiten und sich die Szene in Erinnerung zu rufen. «Es stimmt, aber warum ist das für ihn so bedeutsam?»

«Weil Euch deswegen nichts zugestoßen ist und ihm klarwurde, dass man ungestraft töten kann. Das war für ihn ein Glücksmoment.»

Vespasians Augen weiteten sich vor Entsetzen beim Gedanken daran, wie viel Blut Caligula seither vergossen hatte. «Ich habe ihn also auf diesen Weg geführt?»

Macro schüttelte den Kopf und lächelte schwach, doch sein Blick blieb ernst. «Er hätte den Weg auch ohne Euch gefunden. Es bedeutet nur, dass Ihr der Glückliche seid, dem von seiner Hand nie etwas zustoßen wird. Ich habe ihm geschworen, auf meine Rache zu verzichten, und diesen Schwur habe ich gehalten. Jetzt belohnt er mich, indem er mir zum Hohn ausgerechnet Euch schickt, mir den Befehl zu meinem Tod zu überbringen. Ich nehme an, er findet das komisch.»

«Vielleicht, aber vielleicht bin ich auch nur hier, weil es meine Idee war. Ich wusste, was Ihr in Ägypten plantet, die werte Antonia war dahintergekommen. Auch wenn sie Poppaeus aus dem Weg geräumt hat, ging ich davon aus, Ihr würdet eine andere Geldquelle finden, mit deren Hilfe Ihr Kaiser des Ostens werden könntet.»

«Poppaeus ist eines natürlichen Todes gestorben, das ist allgemein bekannt.»

«Nein, Macro, er wurde ermordet. Ich muss es wissen, ich war selbst an der Tat beteiligt.»

Macro blickte Vespasian abschätzend an. «Ihr seid gefährlicher, als ich dachte. Vielleicht hätte ich meinen Schwur brechen und Euch doch töten lassen sollen. Aber Ihr habt recht, ich habe tatsächlich eine andere Geldquelle gefunden. Doch die nutzt mir jetzt nichts mehr, da mein Leben zu Ende ist.»

«Wenn Ihr es allein tun wollt, schlage ich vor, Ihr geht in die Kajüte des Schiffsführers», sagte Vespasian, um das Gespräch zum Abschluss zu bringen.

«Wenigstens dafür danke ich Euch.» Macro gab Ennia einen der Dolche. «Komm, meine Liebe, mir bleibt noch die Ewigkeit, um dich um Vergebung zu bitten.»

«Es gibt nichts zu vergeben, Quintus», erwiderte Ennia und nahm Macros Arm. Gemeinsam gingen sie die Laufplanke hinauf, ihrem Tod entgegen.

Vespasian blickte ihnen hinterher. Nachdem er die vehementen Proteste des Schiffsführers über den Verlust zweier zahlender Fahrgäste abgewehrt hatte, wandte er sich den Rittern zu, die Macro eskortiert hatten. «Wenn sie den Befehl des Kaisers ausgeführt haben, bringt die Leichen fort und kümmert Euch um die Bestattung, aber tut es gleich hier, nicht in Rom.»

«Wir sollten uns vergewissern, dass sie es wirklich getan haben», sagte Clemens leise, während die Ritter düster nickend ihre Zustimmung bekundeten.

«Ja, das sollten wir wohl», erwiderte Vespasian, der seltsamerweise keinerlei Bedürfnis verspürte, Macro tot zu sehen. Die Art, wie Macro und Ennia ihr Schicksal angenommen hatten – mit einer Würde, die jedem Römer zur Ehre gereicht hätte –, hatte in beeindruckt. Obwohl Macro sich an Vespasians Tod geweidet hätte, widerstrebte es ihm selbst, die Totenruhe seines alten Feindes zu stören.

Sie gingen zur Kajüte des Schiffsführers am Heck des Schiffes und spähten den Niedergang hinunter. Unten lagen im schwachen Licht Macro und Ennia zusammengesunken auf dem Boden, jeder den linken Arm um den anderen gelegt und in der rechten Hand noch die Dolche, die sie sich gegenseitig ins Herz gestoßen hatten.

«Das war eine der wenigen vernünftigen Entscheidungen, die Caligula je getroffen hat», bemerkte Clemens, während er das im Tod umschlungene Paar betrachtete.

«Ja», pflichtete Vespasian ihm bei und wandte sich zum Gehen. «Wir sollten jetzt nach Rom zurückkehren und sehen, welchen Wahnsinn er als Nächstes geplant hat.»

Wie sich herausstellte, hatte dieser Wahnsinn aus Caligulas Sicht eine ganz praktische Funktion. Er verspürte das Bedürfnis, täglich mit seinem Bruder Jupiter Zwiesprache zu halten, wollte sich dabei jedoch nicht jedes Mal besudeln, indem er unter niedere Sterbliche ging. Also beschloss er, ein riesiges hölzernes Viadukt bauen zu lassen, fünfhundert Schritt lang, das seinen Palast auf dem Palatin mit dem Jupitertempel auf dem Kapitol verbinden sollte. Auf diese Weise, so erklärte er, könnte er den Weg zurücklegen, wie es einem Gott gezieme: hoch über den Köpfen der Massen, die zu regieren er auf die Erde herabgestiegen war.

In den folgenden Monaten beobachteten die Leute staunend, wie die Monstrosität zwischen den beiden Hügeln wuchs, einen Strich durch die Silhouette Roms zog und den Handel und die Geschäfte störte, da die Ressourcen der Stadt in die neueste Laune des Kaisers flossen. Caligula nahm gar nicht wahr, welche Unannehmlichkeiten andere seinetwegen zu erdulden hatten, und setzte sein Programm der Vergnügungspflicht für alle fort. Jeden Tag gab es entweder Wagenrennen oder Gladiatorenspiele, Tierhetzen, Theateraufführungen oder – natürlich – Zurschaustellungen von Drusilla, die immer ausschweifender wurden, nicht nur, was die Anzahl der Teilnehmer betraf, sondern auch im Hinblick auf die Dauer, den Erfindungsreichtum und das Ausmaß der Gewalt.

Vespasian für seinen Teil war es gelungen, seit Macros Tod nicht besonders in Erscheinung zu treten. Da er jetzt kein Magistratenamt mehr bekleidete, brauchte er sich nicht an der Organisation von Caligulas Extravaganzen zu beteiligen, sondern musste nur noch als Zuschauer erscheinen und Begeisterung heucheln, während er zusah, wie die ohnehin bereits strapazierten Kassen der Stadt rasch weiter geleert wurden. Sein Leben drehte sich um Caenis und die Sitzungen des Senats, der sklavisch Caligulas sämtlichen Forderungen zustimmte. Nur ganz selten traf er den Kaiser im Privaten. Abgesehen von gelegentlichen Essenseinladungen in den Palast, vor denen ihm inzwischen graute, da Caligula neuerdings gern zur Unterhaltung seiner Gäste zwischen den Gängen Verbrecher hinrichten ließ, konnte er ein ruhiges, wenig beachtetes Leben führen.

An dem Morgen, als das Viadukt fertiggestellt wurde, versammelte sich die ganze Stadt, um zuzusehen, wie Caligula in göttlicher Würde darüberschritt, als Jupiter gekleidet und mit einem Donnerkeil in der Hand.

Vespasian beobachtete mit Gaius und den anderen Senatoren von den Stufen des Senatsgebäudes aus, wie Caligula am Ende des Weges den heiligsten Tempel Roms betrat, um mit seinem Götterkollegen Zwiesprache zu halten. Nach kurzer Zeit trat er wieder heraus und ließ der riesigen Menge durch Herolde verkünden, Jupiter habe eingeräumt, dass er ihm nun ebenbürtig sei.

«Des Weiteren», las der nächststehende Herold Caligulas

Worte von einer Schriftrolle ab, *«erkläre ich meine Schwester Drusilla für göttlich und werde euch im Theater auf dem Forum den Beweis für ihre göttliche Natur zeigen.»*

Diese Ankündigung löste in dem Teil der Menge, der dem Theater am nächsten war, einen wahren Ansturm auf die besten Plätze aus.

«Wenn ich noch einmal mit ansehen muss, wie er Drusilla rammelt, gehe ich freiwillig ins Exil», kommentierte Vespasian leise an Gaius gewandt.

«Ich glaube, für heute sind wir entschuldigt», erwiderte Gaius ebenso leise. «Caligula hat ein weiteres Anliegen, das wir so schnell wie möglich absegnen sollen. Jetzt, da sein Viadukt fertig ist, hat er sich eine neue Geldverschwendung einfallen lassen, also werden wir diesmal nicht in den Genuss von Drusillas Lustschreien kommen.»

«Die hören wir wahrscheinlich auch noch drinnen», bemerkte Vespasian und wandte sich zum Eingang.

«Da hast du gewiss recht, mein lieber Junge», erwiderte Gaius. «Sie ist so ausdauernd, nicht wahr?»

Vespasians Befürchtung bestätigte sich: Die feierlichen Gebete und das Einholen der Auspizien vor der Eröffnung der Versammlung wurden von Drusillas Stimme begleitet, die zu einem Crescendo der Lust anschwoll, während der erste Konsul, Marcus Aquila Iulianus, den Tag für eine Senatssitzung für günstig erklärte.

«Bei dem Antrag, über den das Haus heute zu entscheiden hat», begann er, nachdem alle Platz genommen hatten, «handelt es sich um die Finanzierung für den Bau zweier zweihundertunddreißig Fuß langer Prunkschiffe auf dem

See Nemorensis für ihn und seine göttliche Schwester zur Entspannung und damit sie leichter mit den Seenymphen Zwiesprache halten können.»

Das wurde mit bedächtigem Kopfnicken und zustimmendem Gemurmel quittiert, als wäre es ein völlig vernünftiges Anliegen, in engeren Kontakt mit Wassernymphen treten zu wollen. Während die Debatte ihren Lauf nahm, untermalt von Drusillas wiehernder Stimme aus dem Theater, die zwischenzeitlich vom Geschrei des Publikums übertönt wurde, kam Vespasian ein Gedanke: Wenn nur einer von ihnen aus der Rolle fiele und nicht mehr an sich halten könnte, würde der ganze Senat in unkontrollierbaren Lachanfällen zusammenbrechen. Bei dieser Vorstellung musste er hinter vorgehaltener Hand grinsen. Während der Konsul die Anforderungen des Kaisers an die Schiffe aufzählte – warmes und kaltes fließendes Wasser, Bäder, Marmorböden und anderen absurden Luxus –, wuchs seine Befürchtung, er werde der Erste sein, der die Fassade nicht mehr aufrechterhalten könnte und seinen Gefühlen freien Lauf ließe. Da spürte er die Hand seines Onkels auf seiner bebenden Schulter, und es gelang ihm, sich wieder zu fassen. Er wischte sich eine Träne aus dem Augenwinkel.

Ein weiteres Kreischen, schriller und anhaltender als die vorigen, ließ den Konsul innehalten, denn es überstieg alles, was man als Lust hätte deuten können, und drückte unverkennbar unerträgliche Qual aus. Plötzlich brach es ab. Das Publikum schnappte entsetzt nach Luft, dann folgte Stille.

Eine lange, lange Stille.

Alle Senatoren wandten die Köpfe, um durch die offenen Türen zu dem hölzernen Theater hinüberzuschauen.

Das Schweigen dauerte an. Niemand regte sich.

Schließlich zerriss ein düsterer Klagelaut die Stille, lang und bebend, und schwoll immer mehr an, bis er das ganze Forum erfüllte. Alle Senatoren erkannten die Stimme: Es war Caligulas.

Die Zuschauer begannen, aus dem Theater zu strömen und über das Forum davonzulaufen, eilends auf der Flucht vor ihrem trauernden, wahnsinnigen Kaiser, ehe er darauf verfiel, seine Verzweiflung an ihnen auszulassen. Die Senatoren standen von ihren Schemeln auf und hasteten zur Tür.

«Mir scheint, Drusillas Ausdauer hat sich soeben erschöpft», folgerte Gaius, der gemeinsam mit Vespasian ins Freie drängte.

«Was tun wir jetzt?», fragte Vespasian. «Nach Hause gehen und uns still verhalten, bis sich die Lage beruhigt hat?»

«Ich glaube, mein lieber Junge, jeder, der jetzt nicht öffentlich an Caligulas Trauer Anteil nimmt, könnte bald zum Anlass der Trauer für seine eigene Familie werden. Die beste Überlebensstrategie besteht darin, hinzugehen und sich ihm zu stellen, was immer die Folgen auch sein mögen.»

Vespasian atmete tief durch, dann folgte er Gaius und zahlreichen weiteren Senatoren, die offenbar zu demselben Schluss gekommen waren, die Stufen hinunter und zum Theater.

Caligula stand, nunmehr schweigend, in der Mitte der Bühne und hielt Drusilla in den Armen. Blut tropfte aus ihren zerrissenen Innereien und breitete sich als Lache um seine Füße aus. Um die beiden herum lagen die Leichen der Männer, die das Pech gehabt hatten, an ihrem letzten, tödlichen Auftritt beteiligt gewesen zu sein. Clemens und ein halbes Dutzend Prätorianer standen mit blutigen Schwertern ein wenig abseits.

Der erste Konsul führte die Senatoren zwischen den verlassenen Sitzreihen hinunter zur Bühne. Caligula starrte ihnen mit verständnislosem Blick entgegen. Drusillas Kopf schlenkerte über seinem linken Arm schlaff hin und her, da er vor Trauer bebte.

«Wohin wende ich mich um Trost?», schrie Caligula plötzlich. «Wohin? Ein Kind kann sich an seine Mutter wenden, eine Frau kann sich an ihren Ehemann wenden, ein Mann kann sich an seine Götter wenden; aber an wen wendet sich ein Gott? Sagt es mir, Ihr weisen und gelehrten Männer des Senats.» Er fiel in der immer größer werdenden Blutlache auf die Knie und brach in Schluchzen aus. Dabei küsste er seine tote Schwester begierig auf Mund und Hals.

Niemand im Zuschauerraum sprach ein Wort, während Caligula immer hitziger den Leichnam liebkoste, in seine tauben Ohren raunte. Das entsetzte Schweigen dauerte an, als er den schlaffen Körper in eine kniende Position herumwälzte. Alle wussten, dass er fähig war, jedwedes Tabu zu brechen, aber das hier ... das war ungeheuerlich.

«Ich befehle dir, zu leben», schrie Caligula, der jetzt in seine leblose Schwester eindrang. «Lebe!» Tränen strömten über sein Gesicht und zogen helle Spuren durch die roten Flecken, die das Blut seiner Schwester hinterlassen hatte, während er verzweifelt versuchte, wieder Leben in Drusillas Körper zu pumpen. «Lebe! Lebe! Lebe! Lebe!»

Mit einem letzten verzweifelten Aufheulen, mit dem er

seiner Schwester befahl, aus dem Schattenreich zurückzukehren, kam er zum Höhepunkt, dann brach er zusammen und blieb bäuchlings auf dem Boden liegen, ebenso reglos wie ihre Leiche.

Niemand rührte sich, alle starrten nur auf den Kaiser, der nicht mehr zu atmen schien. Eine plötzliche Hoffnung durchströmte Vespasian: Vielleicht hatte Caligula einen Frevel zu viel begangen, und die Götter waren seiner Existenz überdrüssig geworden.

Doch die Hoffnung erfüllte sich nicht. Mit einem plötzlichen heftigen Atemzug schien Caligula von den Toten zurückzukehren, wenn auch allein. Er richtete sich auf die Knie auf und schaute sich ausdruckslos nach seinem Publikum um. Nach kurzer Zeit blieben seine blutunterlaufenen, eingesunkenen Augen an Vespasian hängen. Sein Gesicht verzog sich zu einem irren Grinsen, und er winkte ihn langsam nach vorn.

Voller böser Ahnungen näherte sich Vespasian der Bühne.

Caligula rutschte auf den Knien vorwärts, legte eine Hand an Vespasians Hinterkopf und zog sein Gesicht so nah zu sich heran, dass ihre Stirnen sich berührten. «Ich habe nichts, das mich trösten könnte, außer meiner eigenen Größe, mein Freund», zischte er. «Erinnert Ihr Euch, wie ich sagte, ich würde bauen, Vespasian?»

«Ja, Princeps», erwiderte Vespasian, der starr vor Angst dastand. «Ihr sagtet, Ihr würdet Großartiges errichten, wie Ihr es bereits mit Eurer Brücke bewiesen habt.»

«Gewiss, aber das ist nur eine unbedeutende Brücke. Jetzt werde ich zu Drusillas Andenken die größte Errungenschaft aller Zeiten übertreffen. Ich werde die Brücken, die Dareios und Xerxes zwischen Asien und Europa erbauten, wie Kinderspielzeuge erscheinen lassen.»

«Ich bin sicher, dass Ihr das könntet, aber wie?»

«Ich werde eine Brücke bauen, die eines Gottes würdig ist. Ich werde eine Brücke über die Bucht von Neapolis bauen, und dann werde ich meinen Mitgöttern und der ganzen Menschheit zeigen, dass ich der größte Herrscher bin, der je gelebt hat. Ich werde über diese Brücke reiten und dabei den Brustpanzer des Mannes tragen, den ich übertroffen habe: Alexander.»

«Aber der befindet sich in seinem Mausoleum in Alexandria.»

Caligula grinste irre. «Genau, und Ihr wollt dorthin, deshalb erteile ich Euch meine Erlaubnis unter der Bedingung, dass Ihr in das Mausoleum geht und Alexander den Brustpanzer abnehmt. Bringt ihn mir hierher nach Rom.»

Teil IIII

Alexandria,
Juli A. D. 38

XVII

Das muss das höchste Gebäude sein, das ich je in meinem Leben sehen werde», murmelte Vespasian, während er mit großen Augen staunend an dem Leuchtturm hinaufblickte, der mehr als vierhundert Fuß hoch in den Himmel aufragte. Er rechnete sich aus, wenn eine *Insula* – ein Mietshaus – in Rom so hoch wäre, müsste sie fast fünfzig Geschosse haben. Dann fragte er sich, wie die Chancen standen, dass Caligulas geplante Brücke dieses Bauwerk in den Schatten stellen würde. Er klammerte sich an der Reling der kaiserlichen Trireme fest, da das Schiff wieder einmal von einer gewaltigen Welle angehoben wurde, ehe diese sich an dem riesigen Damm brach, der den Großen Hafen von Alexandria schützte. Die salzige Brise trug feinen Gischt zu ihm heran, der seine Toga befeuchtete und seine von der sengenden Sonne erhitzte Haut kühlte. Die Pfeifentöne des Taktgebers verlangsamten sich, und das Großsegel wurde gerefft; die Reise näherte sich ihrem Ende.

«Das ist bestimmt das größte verdammte Ding auf der ganzen verdammten Welt», sagte Ziri, der inzwischen fließend auf Latein fluchen konnte. «Ich glaube, es würde sogar neben dem größten Berg mitten in der verdammten Wüste groß aussehen.»

«Es muss einige Zeit gedauert haben, das zu bauen», kommentierte Magnus neben ihm.

Vespasian nickte. «Siebzehn Jahre. Der Leuchtturm wurde vor etwas mehr als dreihundert Jahren fertiggestellt. Ptolemaios I. hat ihn in Auftrag gegeben, und unter seinem Sohn wurde er vollendet. Das ist wohl die beste Methode, um sicherzustellen, dass man in Erinnerung bleibt: etwas Großartiges zu bauen.»

«Wie Caligulas Brücke?», fragte Magnus grinsend.

«Die wird nur als Torheit in Erinnerung bleiben. Ich meine, etwas zu bauen, das für die Menschen von praktischem Nutzen ist, dann werden sie sich an deinen Namen erinnern.»

«Wer hat den Circus Maximus gebaut?»

Vespasian überlegte einen Moment lang stirnrunzelnd. «Das weiß ich nicht.»

«Da seht Ihr, es funktioniert nicht immer.»

Vespasian blickte noch einmal am Pharos von Alexandria empor. Im Laufe des Tages war er in ihren Augen immer größer geworden, seit sie aus mehr als fünfzig Meilen Entfernung auf See zuerst sein Licht gesehen hatten – tagsüber warf der gewaltige Spiegel aus polierter Bronze das Sonnenlicht zurück, nachts den Schein eines riesigen Feuers. Es war wahrhaftig ein prächtiger Anblick: Der Turm befand sich an der östlichen Spitze der langen, schmalen Insel Pharos auf einem quadratischen Sockel von dreihundertfünfzig Fuß Breite und neunzig Fuß Höhe, aus Granitblöcken errichtet, welche mit geschmolzenem Blei verbunden waren, damit sie der Gewalt des Meeres standhielten. Der Turm selbst war in drei Abschnitte unterteilt: Der untere war quadratisch und machte gut die Hälfte der Gesamthöhe des Turms aus; der nächste war achteckig und der oberste, in dem sich der Spiegel und das Feuer befanden, rund. Das ganze Bauwerk war von einer riesigen Poseidonstatue gekrönt und an den vier Ecken des Sockels mit vier Tritonstatuen geschmückt. Vespasian konnte sich nicht vorstellen, dass jemals ein anderes Bauwerk dieses an Großartigkeit übertreffen sollte.

«Hör auf zu gaffen, Ziri, geh lieber und pack unsere Sachen», befahl Magnus, nachdem sie noch eine Weile andächtig geschaut hatten. «Wir legen bald an.»

«Ja, Herr.» Der kleine Marmaride eilte zu ihrer Kabine am Heck des Schiffes.

Vespasian rief ihm nach: «Und vergiss nicht –»

«Nein, ich vergesse nicht die verdammte Truhe, Herr», fiel Ziri ihm ins Wort.

Vespasian warf Magnus einen Blick zu. «Muss ich mir solche Unverschämtheit gefallen lassen?»

Magnus zuckte die Achseln. «Ihr müsst nicht. Wenn Ihr wollt, dass ich ihn von Euch fernhalte, braucht Ihr es nur zu sagen. Aber da Ihr keinen eigenen Sklaven dabeihabt, wer würde dann für Euch die Arbeiten erledigen?»

«Ich sehe, es ist höchste Zeit, dass ich in eigene Sklaven investiere», stellte Vespasian fest. Bisher hatte er immer die Sklaven seiner Eltern oder die von Gaius zur Verfügung gehabt und war nie auf den Gedanken gekommen, sich selbst welche zu kaufen. Während seiner Zeit in der Kyrenaika hatten ihm die Sklaven gedient, die zur Residenz des Statthalters gehörten. «Das Problem ist, man muss sie teuer bezahlen und dann noch für ihren Unterhalt aufkommen.»

«Wenn Ihr erst diesen Scheck bei Thales eingelöst habt,

werdet Ihr Euch reichlich Sklaven leisten können. Bis dahin hört auf, Euch zu beklagen, wenn ich Euch meinen umsonst leihe.»

Das Schiff glitt durch die Hafeneinfahrt, und augenblicklich vergaß Vespasian alle Gedanken an die unliebsamen Kosten für Sklaven. Der Große Hafen von Alexandria war in ebenso gewaltigem Ausmaß gebaut wie der Pharos: fast zwei Meilen breit und anderthalb Meilen tief. Zu seiner Rechten verlief das Heptastadion, ein riesiger Damm, sieben Stadien oder eintausendvierhundert Schritt lang und zweihundert Schritt breit, der die Insel Pharos mit dem Festland verband. In dem Handelshafen dahinter, der fast so riesig war wie der Große Hafen selbst, sah Vespasian die gewaltigen Schiffe der Getreideflotte bei hohen Silos liegen. Zu seiner Linken verlief eine ebenso lange Mole von der Hafenmündung zum Artemistempel neben dem Königspalast des Ptolemaios auf dem Festland. Das Ufer zwischen diesen beiden ungeheuerlichen, von Menschenhand geschaffenen Bollwerken war mit Gebäuden gesäumt, die in ihrer Pracht sogar an jene in Rom heranreichten. In der Mitte der Uferlinie an der Spitze einer kleinen Landzunge stand das Timonium mit seinen Säulenreihen, das Marcus Antonius nach seiner Niederlage bei Actium gegen Augustus gebaut hatte. Westlich davon erstreckten sich bis zum Heptastadion die Anlegestege und Kais des Militärhafens. Hier lagen auf den Wellen schaukelnd die versammelten Triremen, Quadremen und Quinqueremen der Flotte von Alexandria vertäut. Nachdem sie im Winter überholt worden waren, sahen sie sauber und neu aus. Die kupfernen Panzerungen der Bugsporne glänzten in der Sonne, und auf den Decks waren unzählige winzige

Gestalten am Werk. Über die drei Quadratmeilen des Hafens verteilt, folgten unzählige weitere, kleinere Schiffe und Boote mit geblähten dreieckigen Segeln, von kreischenden Möwen umschwärmt, ihrer täglichen Routine, sei es als Bargen, Fähren oder Fischerboote. Sie unterstrichen Vespasians Eindruck, dass er hier den geschäftigsten und größten Hafen der Welt vor sich sah.

Vespasian bewunderte die Vorstellungskraft des Mannes, der all dies aus dem Nichts hatte bauen lassen: Alexander der Große – dessen Brustpanzer er nach Rom bringen sollte, auf Wunsch des Kaisers, der sich einbildete, ihn übertroffen zu haben. Diese majestätische Stadt war nur eine der zahlreichen, die Alexander in dem riesigen, durch seine Eroberungen geschaffenen Reich gegründet hatte. Bei dem Anblick erkannte Vespasian das Ausmaß von Caligulas Irrtum: Die größte menschenmögliche Tat war bereits getan worden. Niemand würde jemals Alexander übertreffen. Nicht einmal Iulius Caesar oder Augustus hatten an das herangereicht, was er in seinem kurzen Leben geleistet hatte. Niemand konnte sich mehr erhoffen, als ein blasser Abglanz des Mannes zu sein, dessen Vermächtnis – zumindest ein Teil davon – nun in der heißen Sommersonne vor Vespasian lag, wo vor Alexanders Wirken bloß ein kleines Fischerdorf im heißen Sand gestanden hatte.

Die Trireme glitt auf den Kai zu. Auf einen Befehl hin wurden die Ruder an Backbord eingeholt. Die an Steuerbord ruderten leicht zurück, und mit einem dumpfen Poltern und unter den Rufen der Seeleute und Hafenarbeiter kam das Schiff seitlich an den dicken hölzernen Pfählen vor der steinernen Mole zum Stillstand. Leinen wurden festgemacht, das Focksegel wurde eingeholt und die Laufplanke angelegt. Sie hatten das Ziel ihrer Reise erreicht.

Vespasian vergewisserte sich noch einmal beim *Trierarchus*, dass das Schiff wie vereinbart so lange warten würde, wie es eben dauerte, den Auftrag des Kaisers auszuführen. Dann ging er von Magnus und Ziri gefolgt die Laufplanke hinunter und auf den Hafenädil zu, der mit sechzehn Legionären und einem Optio der Legio XXII Deiotariana auf dem Kai wartete. Nach zehn Tagen auf See kam es Vespasian vor, als würde der feste Stein unter seinen Füßen schwanken; er torkelte leicht und fühlte, wie Magnus ihn am Ellenbogen stützte.

«Obacht, Herr, wir wollen doch nicht, dass ein Senator in der Öffentlichkeit platt auf den Rücken fällt wie eine Vestalin, wenn sie nach dreißig Jahren von ihren Gelübden befreit ist.»

«Ja, danke, dass du mich daran erinnerst, Magnus», erwiderte Vespasian gereizt und vergewisserte sich, dass er festen Stand hatte, ehe er dem Ädil seine kaiserliche Vollmacht aushändigte. «Senator Titus Flavius Vespasianus, ich komme im Auftrag des Kaisers.»

Der Ädil studierte das Dokument eingehend, dann blickte er kurz zu dem kaiserlichen Banner am Mast auf und zog die Augenbrauen hoch. «Das scheint seine Richtigkeit zu haben, Senator. Es ist vier Jahre her, dass uns zuletzt ein Angehöriger Eures Standes beehrte. Der vorige Kaiser hat Euresgleichen auf den Rat seines Astrologen hin verboten, diese Provinz zu besuchen.» Er lachte trocken auf. «Und dann kommt Ihr mit nichts Geringerem als einem Schiff des Kaisers selbst. Was kann ich für Euch tun?»

«Ich wünsche umgehend den Präfekten zu sprechen, in einer Angelegenheit des Kaisers.»

Der Ädil nickte und wandte sich an den Optio. «Hortensius, eskortiere den Senator zum Königspalast und bleibe für die Dauer seines Aufenthalts bei ihm, um ihn in jedweder Weise zu unterstützen.»

Vespasian murmelte seinen Dank, während er insgeheim den Eindruck hatte, dass er soeben unter militärische Bewachung gestellt worden war.

«Das kommt unter keinen Umständen in Frage», erklärte Präfekt Aulus Avilius Flaccus, nachdem Vespasian ihm von Caligulas Wunsch berichtet hatte. «Würde der Brustpanzer entfernt, dann würde die gesamte griechische Bevölkerung der Stadt, die bei weitem die größte Gruppe ausmacht, vor Empörung rebellieren. Sie verehren Alexander und würden jegliche Entweihung seines Mausoleums durch uns als Kriegserklärung auffassen. Wegen Caligulas Befehl, Statuen von ihm in allen Tempeln aufzustellen, haben bereits die Juden zu den Waffen gegriffen. Ich kann nicht deren Aufstand rigoros niederschlagen und zugleich gegen die Griechen vorgehen.»

Sein sonnengebräuntes Gesicht mit dem kantigen Kinn hatte einen entschlossenen Ausdruck angenommen, und die dunklen Augen starrten Vespasian unter silbrigen Brauen an, wie um ihn zum Widerspruch herauszufordern. Durch das Fenster hinter ihm sah Vespasian die riesige Wasserfläche des Großen Hafens in der Spätnachmittagssonne glitzern. Eine sanfte Brise wehte vom Meer her und kühlte den Raum, in dem schon Kleopatra, Iulius Caesar und Marcus Antonius Audienzen abgehalten hatten.

«Aber es ist Caligulas Wunsch.»

«Dann soll der kleine Scheißer sich was anderes wünschen.»

Vespasian war bestürzt, dass ein Statthalter des Kaisers ihn so offen beleidigte. «Ihr könnt nicht so über den Kaiser sprechen, erst recht nicht im Beisein eines Senators.»

«Und wer wird es ihm berichten? Ihr? Nur zu, ich schere mich einen Dreck darum.»

Vespasian straffte sich. «Als Angehöriger des Senats stehe ich im Rang über Euch, und ich verlange, dass Ihr mir den Brustpanzer aushändigt.»

«Ihr mögt ein Senator sein und ich bloß ein einfacher Angehöriger des Ritterstandes. Aber hier in Ägypten herrsche ich, und ich sage Euch, wenn der Kaiser nicht will, dass die Getreidelieferungen nach Rom für den Rest des Sommers ausbleiben, während ich zwei Rebellionen niederschlage, muss er irgendwas anderes tragen, wenn er über seine elende Brücke reitet. Und Ihr könnt ihm ausrichten, dass ich das gesagt habe.»

«Er wird Euch ablösen und nach Rom zurückbringen lassen, um Euch hinzurichten.»

«Er wollte mich schon durch Macro ablösen lassen, aber da er ihm stattdessen befahl, sich das Leben zu nehmen, beschloss er, mich in meinem Amt zu bestätigen. Als ich Euch sah, hoffte ich, Ihr brächtet mir das kaiserliche Mandat, doch das scheint dem Kaiser entfallen zu sein. Nun, das macht nichts, ich bin sicher, es wird bald eintreffen. Selbst wenn er seine Meinung ändern und beschließen sollte, mich abzuberufen, werde ich nicht nach Rom zurückkehren. Sogar hier, in tausend Meilen Entfernung, habe ich die Geschichten gehört. Caligula ist wahnsinnig, er hat sogar seinen eigenen Cousin wegen eines Hustens umbringen lassen. Unter keinen Umständen werde ich einen Fuß in die Stadt setzen, solange er Kaiser ist.»

«Aber hier könnt Ihr doch gewiss nicht bleiben?»

«Das würde ich natürlich nicht, die Welt ist groß, und das Amt des Statthalters von Ägypten ist ein höchst einträgliches. Ich habe genug Geld, um zu gehen, wohin ich will.»

Vespasian wollte das gerade anzweifeln, doch dann besann er sich eines Besseren und wechselte das Thema. «Ich habe eine private Angelegenheit zu regeln, die ein paar Tage in Anspruch nehmen wird. Wenn Ihr mir für diese Zeit ein Quartier zur Verfügung stellen könntet, würde ich das begrüßen.»

Flaccus lächelte versöhnlich. «Wenigstens in dieser Angelegenheit kann ich zu Diensten sein, Senator. Ich lasse Räume für Euch bereit machen. Ihr werdet sehen, Platz haben wir hier zur Genüge. Und ich hoffe, Ihr werdet heute Abend mit mir speisen. Meine Frau und ich erwarten noch ein paar Gäste.»

«Vielen Dank, Präfekt, es wird mir ein Vergnügen sein», erwiderte Vespasian nicht ganz wahrheitsgemäß. Doch er wollte diesen Mann nicht weiter brüskieren, der sich in seiner Provinz so sicher zu fühlen schien, dass er sogar einem Kaiser trotzen konnte.

«Kann ich sonst noch etwas für Euch tun?»

«Ja, wo finde ich Thales den Bankier? Und den Alabarchen?»

Flaccus' Miene verdüsterte sich. «Thales ist jeden Tag vom Morgengrauen an auf dem Forum. Der Alabarch wohnt neben dem jüdischen Tempel beim Kanopischen Tor, aber weshalb wollt Ihr zu ihm?»

Vespasian erklärte kurz, dass er das Gold des verstorbenen Freigelassenen seines Vaters, Ataphanes, zu dessen Familie in Parthien schicken wollte.

«Nun, das könnt Ihr ihm schon anvertrauen, vorausgesetzt, er bekommt seine Provision», sagte Flaccus. «Unredlichkeit ist das Einzige, was ich ihm niemals vorwerfen würde. Allerdings ist er ein gerissener Politiker. Passt auf, dass er Euch nicht für seine Zwecke benutzt. Die Juden stellen neuerdings eine Menge Forderungen: die vollen Bürgerrechte von Alexandria, das Recht, außerhalb des Judenviertels zu leben, und die Entfernung der Kaiserstatuen aus ihren Tempeln, um nur ein paar zu nennen. Er wird jede Möglichkeit nutzen, Euch in die Angelegenheit hineinzuziehen. Jetzt müsst Ihr mich aber entschuldigen. Mich erwartet jemand, der mir hoffentlich eine große Hilfe dabei sein wird, mit diesen Juden fertigzuwerden.» Flaccus lächelte kalt und begleitete Vespasian zur Tür. «Wir sehen uns beim Abendessen, Senator. Falls Ihr auszugehen wünscht, habe ich Eurer Eskorte befohlen, Euch überallhin zu begleiten. Sie wartet am Tor auf Euch; es ist der einzige Weg aus dem Palast.»

«Dann müssen wir eben einbrechen und ihn stehlen», sagte Magnus, als sie bei gekühltem Wein auf der Terrasse vor Vespasians Räumen im zweiten Stockwerk saßen und zusahen, wie die Sonne über dem Großen Hafen unterging.

«Das können wir nicht tun», widersprach Vespasian entsetzt.

«Habt Ihr eine bessere Idee? Wollt Ihr vielleicht zu Caligula zurückkehren und ihm erklären, Flaccus habe nicht zugelassen, dass Ihr den Brustpanzer mitnehmt?»

«Wessen Hals ist dann in seiner Reichweite, wenn ich es ihm sage, meiner oder der des Präfekten?»

«Eben. Also, habt Ihr sonst noch Ideen?»

Vespasian trank zur Beruhigung einen Schluck Wein. «Nein.»

«Also bleibt uns nur meine.»

Vespasian stand auf, trat an die marmorne Balustrade und stützte die Hände darauf, tief in Gedanken versunken. Magnus stellte sich neben ihn.

«Wenn wir das tun», sagte Vespasian nach einer Weile, «dann müssen wir es so anstellen, dass es aussieht, als wäre nichts geschehen, sonst wird sich die gesamte griechische Bevölkerung erheben.»

«Ihr mcint, wir sollten ein Duplikat anfertigen lassen und das Original dagegen austauschen?»

«Genau. Und wir müssen aus dem Palast hinaus- und wieder hineingelangen, ohne dass irgendjemand etwas bemerkt.»

Magnus schaute an der Wand hinunter, die fünfzig Fuß tief zum Wasser abfiel. «Das ist der schnellste Weg, senkrecht nach unten.»

«Wir werden ein Boot brauchen.»

«Ich hatte nicht vor, zu schwimmen.»

«Dann müssen wir noch an den Wachen vorbei, ins Mausoleum und wieder hinaus.»

«Wir werden die Gegebenheiten dort vorher auskundschaften.»

«Mit unserer Eskorte?»

«Warum denn nicht?»

«Flaccus wird davon erfahren.»

«Und? Wir dürfen uns doch wohl eine Sehenswürdigkeit anschauen?»

«Ja, schon.»

«Wir brauchen jemanden, der sich hier auskennt, der über die Sicherheitsvorkehrungen im Mausoleum bei Nacht Bescheid weiß und der uns auch das Boot beschaffen kann.»

Vespasian überlegte kurz. «Felix?»

«Können wir ihm vertrauen?»

«Was denkst du?»

«Gibt es sonst noch jemanden?»

«Antonia hat ihm vertraut.»

Magnus zögerte, dann nickte er. «Wir können ihm trauen. Wie finden wir ihn?»

«Er sagte, der Alabarch wüsste jederzeit, wo er ist.»

«Dann werdet Ihr ihn morgen fragen?»

Ein Klopfen an der Tür unterbrach sie in ihrer Planung. Sie drehten sich nach dem Zimmer um und sahen, wie Ziri eine sehr attraktive junge Sklavin einließ.

«Herr», rief Ziri zu ihnen hinaus, «sie sagt, sie ist gekommen, um Euch zum Essen zu geleiten.»

«Nun denn.» Vespasian sah Magnus an; der musterte das Mädchen. «Was machst du in der Zwischenzeit?»

«Meint Ihr wohl, Ihr könntet den Weg hinunter ins Triclinium auch allein finden?»

Vespasian zog die Augenbrauen hoch. «Ganz bestimmt.»

«Dann denke ich, ich werde den Abend hier verbringen.»

Nachdem er ein paarmal falsch abgebogen war, fand Vespasian den Weg durch das Labyrinth des Palastes in einen langen, hohen und breiten Korridor, an dessen Wänden Reihen von Statuen standen. Hinter einer Tür am Ende war angeregtes Geplauder zu hören. Er folgte den Stimmen, wobei er jede einzelne Statue im Vorbeigehen bewunderte. Es waren lebensechte Darstellungen sämtlicher Angehöriger der Ptolemaischen Dynastie, männlicher wie weiblicher, angefangen mit ihrem Gründer, Alexanders General Ptolemaios Soter. Jeder der Männer war in eine originale, vollständige Militäruniform gekleidet: Helm, Muskelkürass, Beinschienen und Schwert, alles sichtlich sehr alt. Die Frauen trugen seidene Gewänder, die leicht in der Brise wehten, und üppige Perücken zierten ihre Köpfe. Die steinernen Gliedmaßen waren hautfarben bemalt und die Gesichter in realistischer Detailtreue ausgearbeitet.

Vor der vorletzten Statue, der von Kleopatra VII., blieb Vespasian stehen und betrachtete das Gesicht, das erst Iulius Caesar und dann Marcus Antonius betört hatte. Es war nicht von klassischer Schönheit, Kleopatras Nase war lang und ausgeprägt, Kinn und Mund sahen knabenhaft aus, doch in ihrer Erscheinung lag eine Sinnlichkeit, die er äußerst anziehend fand. Offensichtlich war sie eine beeindruckende Frau gewesen.

«Starrt Ihr noch immer Frauen an, Quästor? Oder sollte ich nur ‹Senator› sagen?»

Vespasian fuhr herum und erblickte in der Tür die Silhouette einer Frau.

«Wenigstens versucht diese nicht, Euch zum Zuhören zu bewegen.»

«Flavia! Was macht Ihr denn hier?»

Flavia Domitilla trat in den erleuchteten Korridor. «Ich bin hier, seit ich vor den Aufständen in Kyrene geflohen bin. Und Ihr?»

Vespasian starrte sie an. Sie hatte sich nicht verändert – und danach zu urteilen, wie das Blut durch seinen Körper strömte, hatte sich auch an seinem Verlangen nach ihr nichts geändert. Sie war für ihn noch immer der Inbegriff einer richtigen Frau. «Ich bin auf Befehl des Kaisers hier», brachte er heraus, und ihn schwindelte, als er ihren Duft wahrnahm, der seine Hitze noch steigerte.

Ihre Augen wurden groß, und die Pupillen weiteten sich. Sie ging noch einen Schritt auf ihn zu und lächelte verführerisch. «Ihr bewegt Euch wohl in sehr vornehmen Kreisen? Wie faszinierend, Ihr müsst mir beim Essen davon erzählen.» Sie fasste ihn am Arm und führte ihn durch die Tür. Er ging bereitwillig mit und genoss die sanfte Berührung ihrer Hand auf seiner Haut.

«Ah, Flavia, Ihr habt unseren Senator also gefunden, wie überaus geschickt von Euch. Dann können wir jetzt essen.» Eine plumpe kleine Frau Ende vierzig mit rundem Gesicht eilte ihnen lächelnd und augenzwinkernd entgegen. «Senator Vespasian, ich bin Laelia, die Frau des Präfekten.»

Vespasian drückte behutsam die Finger, die sie ihm hinhielt. «Es freut mich, Eure Bekanntschaft zu machen. Entschuldigt bitte, wenn ich mich verspätet habe.»

«Ich habe ein Mädchen nach Euch geschickt, ist sie nicht gekommen? Ich werde sie auspeitschen lassen, sobald ich sie finde.»

«Nein, nein, bitte tut das nicht. Sie ist gekommen, aber

es … ähm …, es gab da noch etwas in meinen Räumen zu tun, deshalb habe ich sie dort zurückgelassen und bin allein gekommen.»

«Nun, wie auch immer, jetzt seid Ihr ja hier. Und da Flavia Euch hergebracht hat, wird ihr die Ehre zuteil, neben Euch zu liegen. Die anderen Frauen werden sie beneiden.»

«Damit will sie nur sicherstellen, dass ihr Mann die Hände von mir lässt», flüsterte Flavia ihm ins Ohr, während sie Laelia in den Speiseraum folgten, wo die anderen fünf Gäste und Flaccus bereits um einen niedrigen Esstisch versammelt waren. Vespasian schauderte unwillkürlich, als ihr Mund seinem Gesicht so nah war, dass ihr wohlriechender Atem ihn streifte.

«Versucht er häufig, sich Euch zu nähern?»

«Ja, und manchmal lasse ich ihn.»

«Warum? Ihr könntet nein sagen.»

«Ich bin jetzt seit mehr als drei Jahren hier – wie anders hätte ich wohl überleben sollen ohne einen Mann, der für mich sorgt?»

XVIII

Vespasian erwachte von einem Klopfen an seiner Schlafzimmertür.

Magnus steckte den Kopf herein. «Ich habe dafür gesorgt, dass eine Sänfte … oh! Damit lasse ich Euch wohl besser allein.» Er zog sich hastig zurück.

Vespasian drehte sich auf die Seite und betrachtete Flavia, die gerade die Augen aufschlug.

«Wenn er ‹damit› sagt, dann nehme ich an, er meint mich?», sagte sie gähnend.

«Er könnte auch den Akt an sich gemeint haben.»

«Diese Deutung wäre vorzuziehen, aber ich glaube sie erst, wenn du mir beweist, dass es die richtige ist.»

Vespasian lächelte und küsste sie. Dabei ließ er die Fingerspitzen über ihre Brüste abwärtsgleiten, über ihren flachen Bauch und weiter zwischen ihre Beine. Flavia stöhnte leise, wie sie es den größten Teil der Nacht getan hatte, während sie an seinem Mund gesaugt hatte, an seinen Brustwarzen und seinem Penis, und dann hatten sie sich wieder ekstatisch geliebt, wie er noch nie eine Frau außer Caenis geliebt hatte.

Im Augenblick des Wiedersehens hatte Vespasian entschieden, sie in sein Bett zu holen. Das Gefühl schien auf Ge-

genseitigkeit zu beruhen, erst recht nachdem er ihr berichtet hatte, dass er Capella gefunden und aus der Wüste zurückgeholt hatte – er hatte sie nicht enttäuscht. Die Nachricht von Capellas gewaltsamem Tod schien sie nicht allzu sehr zu betrüben, und sie war aufrichtig überrascht, als sie erfuhr, dass er nicht losgezogen war, um Kamele zu kaufen. Vespasian verriet ihr allerdings nicht, was Capella in Wirklichkeit im Schilde geführt hatte. Als sie ihn bedrängte, sagte er nur vage, es habe sich um eine Angelegenheit des Kaiserhauses gehandelt und es sei besser, wenn sie nichts Näheres wisse – was ja in der Tat stimmte. Offenbar fand sie seine Verbindungen zu den höchsten Kreisen unwiderstehlich und begann, ihre Reize rückhaltlos auszuspielen; unnötigerweise, aber sehr zu Vespasians Vergnügen, auch wenn es die anderen Gäste in Verlegenheit brachte. Als die Tafel aufgehoben wurde, schien Flaccus tief enttäuscht, und eine triumphierende Laelia machte sich nicht einmal die Mühe, Flavia zu fragen, ob ihre Sänfte gerufen werden sollte.

Der orange Schein der eben erst aufgegangenen Sonne drang durch die Fensterläden, als Vespasian sich befriedigt von Flavia hinunterwälzte und sich auf die Bettkante setzte. «Ich muss jetzt los, ich habe einige Dinge zu erledigen.»

«Was für Dinge und wie viele?», fragte Flavia, den Kopf in die Hand gestützt.

«Private Dinge und viele.»

«Ich komme mit.»

«Nein. Sei einfach hier, wenn ich zurückkomme.»

Sie ließ sich seufzend auf das Kissen zurücksinken. «Das sollte sich einrichten lassen.»

«Wie es scheint, war das Abendessen ein Erfolg», kommentierte Magnus, als Vespasian aus dem Schlafzimmer kam.

«Ein voller Erfolg», bestätigte Vespasian, während Ziri begann, seine Toga um ihn zu drapieren.

«Und?»

«Und jetzt suchen wir zuerst den Alabarchen auf, dann gehen wir aufs Forum zu Thales, und anschließend versuchen wir, Felix ausfindig zu machen.»

«Ich weiß, was wir zu tun haben. Ich meinte: Und, wer ist sie?»

«Das wird dir nicht gefallen.»

Magnus überlegte kurz, dann schlug er sich mit der flachen Hand vor die Stirn. «Venus möge Euch die Kraft geben, ihr zu widerstehen: Flavia!»

«Die Welt ist klein, nicht wahr?»

«Allzu klein. Ihr seid im Begriff, einen Scheck über eine Viertelmillion Denar einzulösen – das Geld wird sie Euch im Handumdrehen abknöpfen.»

«Nicht, wenn ich sie heirate.»

«Als Ihr diesen Gedanken das letzte Mal hattet, haben eine ganze Menge Leute ihr Leben gelassen. Warum gebt Ihr Euch nicht damit zufrieden, sie als Bettgespielin zu haben, solange Ihr hier seid?»

«Weil ich dieses Jahr neunundzwanzig werde, und ich brauche Söhne. Meine Eltern schreiben in ihren Briefen von fast nichts anderem mehr.» Vespasian begutachtete die Falten seiner Toga, die über seinem linken Arm lagen, und nickte zufrieden. «Das ist perfekt, Ziri, du hast es wirklich heraus.»

Magnus runzelte die Stirn. «Ihr wollt sie also nach Rom mitnehmen?»

«Ich habe nicht vor, mich hier niederzulassen.»

«Vielleicht will sie gar nicht mit.»

«Oh doch, sie wird mitkommen. Ein besseres Angebot hat sie nicht erhalten, seit sie hier ist. Wie war eigentlich dein Abend?»

«So ähnlich wie Eurer, nur ohne langfristige Verpflichtungen gegenüber einer sehr kostspieligen Frau.»

«Warum habt Ihr beide letzte Nacht gevögelt und ich nicht?», fragte Ziri düster.

«Weil du ein Sklave bist, Ziri», erwiderte Magnus und versetzte ihm eine leichte Ohrfeige. «Außerdem habe ich hier im Palast noch keine Kamele gesehen. Jetzt hör auf, dich zu beklagen, und geh und hol die Truhe von unserem Herrn.»

Optio Hortensius und seine Männer hatten sich im Schatten einer überlebensgroßen sitzenden Statue am Palasttor niedergelassen und erwarteten dort Vespasian und seine Gefährten. Die Statue erinnerte Vespasian an die des Amun im Tempel von Siwa, doch laut der griechischen Inschrift handelte es sich um eine Darstellung von Ptolemaios I. im ägyptischen Stil.

«Du kannst uns zum Haus des Alabarchen beim Kanopischen Tor führen, Optio», sagte Vespasian, während er in die offene Sänfte stieg, die Magnus beschafft hatte, «da wir dich und deine Leute schon einmal am Hals haben.»

Hortensius salutierte, und seine Männer fielen in Tritt.

«Du könntest dich außerdem nützlich machen, indem du unterwegs den Fremdenführer spielst und uns etwas über die Stadt erzählst», sagte Magnus grinsend.

Hortensius ignorierte ihn.

«Verärgere ihn nicht», murmelte Vespasian, während sie durch das Palasttor in den ummauerten Königlichen Hafen zogen. «Vielleicht kann er uns noch nützlich sein.»

«Ich kann mich nicht erinnern, wann zuletzt irgendjemand von der Zweiundzwanzigsten Deiotariana irgendetwas Nützliches getan hat. Die Legion hat seit Ewigkeiten nicht mehr wirklich gekämpft.»

Sie ließen den Königlichen Hafen hinter sich und kamen in die eigentliche Stadt, vorbei an der alten makedonischen Baracke, einem zweigeschossigen Bau, in dem jetzt Legionäre untergebracht waren, die in der Stadt Dienst taten. Das römische Militärlager befand sich außerhalb der östlichen Stadtmauer. Sie wandten sich nach links und gingen an der tristen, zweihundert Schritt langen Fassade mit quadratischen Fenstern vorbei, wobei ihre Eskorte ihnen einen Weg durch die Menge bahnte. Dann bogen sie nach rechts ab und betraten das Judenviertel.

Sofort nahmen sie die veränderte Atmosphäre wahr. Auch hier herrschte geschäftiges Treiben, doch Feindseligkeit lag in der Luft, und während sie mitten über die Straße gingen, bemerkte Vespasian Blicke voller Groll, die nicht nur den Legionären, sondern auch dem breiten Purpurstreifen an seiner Senatorentoga galten. Er hielt den Kopf hoch erhoben und den Blick würdevoll geradeaus gerichtet, wie es einem römischen Senator in einem Teil des Imperiums geziemte, das dem Senat und dem römischen Volk gehörte.

Je tiefer sie in das Viertel vordrangen, desto unwilliger machten die Leute ihnen Platz, und die Männer ihrer Eskorte mussten zur Warnung die Schwerter ziehen und gelegentlich ein hartnäckigeres Hindernis mit ihren Schilden zur Seite stoßen.

«Vielleicht ist es gar nicht so schlecht, dass sie uns eine Wache mitgegeben haben», bemerkte Magnus rechts hinter Vespasian. «Wir scheinen hier nicht sonderlich beliebt zu sein.»

So setzten sie ihren Weg eine halbe Meile weit fort, vorbei an Reihen von Häusern im griechischen Stil: zweigeschossig, um einen rechteckigen Innenhof gebaut, mit ein paar kleinen Fenstern und einer schlichten Holztür in der weiß getünchten Fassade. Schließlich bogen sie nach Osten auf die Kanopische Straße ein. Nichts, was er in Rom gesehen hatte, hätte Vespasian auf diesen Anblick vorbereiten können: Dreieinhalb Meilen lang und sechzig Schritt breit, auf der gesamten Länge von Tempeln und öffentlichen Gebäuden gesäumt, führte sie vom Kanopischen Tor in der östlichen Stadtmauer pfeilgerade bis zur westlichen Mauer und hinaus in die Nekropolis. Vespasian bemühte sich, nicht zu gaffen wie ein Bauer aus den Bergen – der er, so wurde ihm bewusst, ja tatsächlich war.

Hier kamen sie leichter voran, was teils an der Breite der Straße lag und teils daran, dass das Straßenbild hier von Menschen unterschiedlicher Kulturen geprägt war. Zwischen den Gebäuden zu beiden Seiten bemerkte Vespasian aus dem Augenwinkel kleine Anlagen in der Form des Circus Maximus, an einem Ende offen. Auf den Sitzreihen hatten bis zu hundert Menschen Platz. Im Publikum waren überwiegend Griechen, die einem Redner am hinteren, abgerundeten Ende lauschten. Als Vespasian und seine Begleiter sich der vierten Anlage dieser Art näherten, scholl ihnen Lärm entgegen, der wohl nicht von einer Gruppe Schüler herrührte, die eine philosophische Debatte verfolgten.

Im Näherkommen erkannte Vespasian, dass das Publikum nicht nur aus Griechen bestand, sondern auch Juden und einheimische Ägypter darunter waren. Alle führten ein hitziges Wortgefecht, bei dem es stellenweise zu Handgreiflichkeiten kam. Die beiden Seiten waren nicht nach Bevölkerungsgruppen getrennt. Eine Minderheit von Juden widersprach der Mehrheit des Publikums – darunter ebenfalls zahlreiche Juden –, die den Hauptredner zu unterstützen schien, einen kleinen Mann mit beginnender Glatze, der am hinteren Ende stand und versuchte, sich Gehör zu verschaffen. Vespasian hätte beinahe seine Würde vergessen und gegafft, als er die krummen Beine und die herrische Stimme des Redners erkannte, der sich bemühte, die Streitereien der anderen zu übertönen: Gaius Iulius Paulus.

«Verdammt, was macht der denn hier?», rief Magnus aus, als auch er Paulus bemerkte.

«Anscheinend das, was er am besten kann», erwiderte Vespasian. «Unruhe und Zwietracht stiften.»

«Widerlicher kleiner Scheißer.»

«Dies ist das Haus des Alabarchen Alexander, Senator», teilte Hortensius Vespasian mit, da sie sich einem großen Haus auf der Nordseite der Straße am Rand des Judenviertels näherten. Es war im griechischen Stil erbaut, jedoch so herrschaftlich, dass es sich gut in die Architektur der Kanopischen Straße einfügte. «Ich und meine Jungs werden hier draußen auf Euch warten, Senator.»

«Danke, Optio», erwiderte Vespasian, stieg von seinem

Sitz und nahm Ataphanes' Truhe von Ziri entgegen. «Du und Ziri, ihr wartet auch hier, Magnus. Ich beeile mich.»

«Ich stehe noch immer gelegentlich in Kontakt mit der Familie, Senator», erklärte Alexander, der Alabarch der Juden von Alexandria, «und ich kann Euch versichern, dass es kein Problem sein wird, das hier zu ihnen zu bringen. Beim nächsten Vollmond, in drei Tagen, bricht eine Karawane nach Parthien auf. Der Eigentümer ist ein Cousin von mir, Ihr könnt ihm vertrauen. Dürfte ich den Inhalt sehen?»

Vespasian öffnete den Deckel von Ataphanes' Truhe, die zwischen ihnen auf dem Schreibpult stand. Die zwei Männer saßen im kühlen Studierzimmer des Alabarchen an der Nordseite seines Hauses, die vor direkter Sonneneinstrahlung geschützt war. In dem Raum lagerten zahlreiche Schriftrollen, auf Griechisch, Hebräisch, Aramäisch und Latein beschriftet, die einen muffigen Geruch wie in einer Bibliothek verströmten. Licht drang nur durch die zwei Lamellenfenster in der Wand zum Innenhof herein. Von dort waren auch die Stimmen zweier junger Männer zu hören, die schnell im Chor etwas vorlasen.

«Euer Freigelassener war recht wohlhabend», kommentierte Alexander und ließ die Goldmünzen und kleinen Schmuckstücke in der Truhe durch die Finger gleiten. «Wie viel ist das alles wert?»

«Ich fürchte, das weiß ich nicht genau.»

«Dann werde ich es wiegen.» Alexander erhob sich und holte eine große Waage aus einer hölzernen Truhe in einer Ecke des Raumes. «Meine Provision, mit der alle Kosten gedeckt sind, auch die Auslagen meines Cousins, beträgt achtzehn Prozent des Goldes, rein nach dem Materialwert berechnet. Seid Ihr damit einverstanden?»

«Zehn.»

«Sechzehn.»

«Zwölf.»

«Fünfzehn.»

«Elf.»

Alexander schmunzelte durch seinen buschigen, sandfarbenen Bart. «Ihr feilscht hartnäckig, wenn man bedenkt, dass es nicht Euer Geld ist. Also schön, zwölf.»

«Abgemacht», sagte Vespasian. Alexander begann, das Gold zu wiegen.

Die äußere Erscheinung des Alabarchen hatte Vespasian überrascht. Er hatte einen weise aussehenden, graubärtigen Alten erwartet, Augen und Nase triefend, der Rücken vielleicht ein wenig gebeugt. Stattdessen war Alexander ein kräftig wirkender Mann Ende vierzig mit wachen, durchdringenden blauen Augen, langem, fast blondem Haar und einem Bart von der gleichen Farbe. Das Einzige an ihm, was zu Vespasians Klischee vom Juden passte, waren die typische Kleidung und seine einigermaßen ausgeprägte Nase. Er strahlte die Gelassenheit eines Menschen aus, der mit sich selbst und seiner Stellung im Leben im Reinen war, und Vespasian erkannte auf Anhieb, dass er diesem Mann vertrauen konnte.

«Sechs Minen, vierundzwanzig Drachmen und drei Oboli», sagte Alexander schließlich.

«Das heißt, Euer Anteil beträgt fünfundsiebzig Drachmen weniger einen Obolul», sagte Vespasian nach kurzem Überlegen, «oder fast genau ein römisches Pfund in Gold.»

Alexander rechnete schnell auf einer Wachstafel und zog die Augenbrauen hoch. «Ich sehe, Ihr seid ein Mann, der nicht leicht zu betrügen wäre.»

«Nicht dass ich etwa dächte, Ihr würdet es versuchen, Alexander.»

Der Alabarch machte sich daran, seinen Anteil abzuwiegen. «Ich wurde dazu erzogen, in allen Dingen ehrlich und aufrichtig zu sein, und hoffe, das auch an meine Söhne weitergegeben zu haben.» Er wies zum Hof, von wo noch immer die Stimmen ertönten. «Das sind sie bei ihren Torahstudien, zu denen sie wohl leider ebenso unwillig sind, wie ich es in ihrem Alter war. Aber ich bestehe darauf, dass sie sie fortsetzen. Wie sonst sollten sie im Mannesalter eine fundierte Entscheidung darüber treffen, ob sie an die Religion glauben oder, so wie ich, es nicht tun?»

«Ihr seid kein Jude?»

«Natürlich bin ich Jude, der Abstammung nach, ich bin nur kein praktizierender Jude. Was denkt Ihr, warum ich sonst der Alabarch bin? Mit mir bekommt Rom das Beste beider Welten: einen Juden, der die jüdische Gemeinde hier in Alexandria verwaltet und die Steuern eintreibt, was es für die Juden akzeptabel macht.»

«Obwohl Ihr nicht ihre Religion teilt?»

Alexander kicherte. «Oh, ich tue genug, um in ihren Augen als Gerechter zu gelten. Erst kürzlich habe ich für die Vergoldung der neun Tore des Tempels in Jerusalem bezahlt, also müssen sie mich akzeptieren. Zugleich hat Rom aber einen Alabarchen, der nicht von religiösen Dogmen beherrscht ist. Rom kann mich als unvoreingenommen ansehen.»

«Das ist nicht der Eindruck, den Flaccus mir vermittelt hat», fiel Vespasian ihm unwillkürlich ins Wort. «Er sagte, Ihr hättet in letzter Zeit zu viele Forderungen gestellt.»

«Es gibt diesen andauernden Streit um die Bürgerrechte von Alexandria und um das Wohnrecht jüdischer Bürger außerhalb des Judenviertels, von den Kaiserstatuen in den Tempeln gar nicht zu reden. Aber ich habe mich auch bemüht, in einer anderen Angelegenheit zwischen den Ratsältesten und dem Präfekten zu vermitteln: Sie wollen, dass er diese neue Sekte zerschlägt, die ihrer Ansicht nach Gotteslästerung predigt und die sie als Angriff der Römer auf ihre Religion betrachten.»

«Aber das ist doch lächerlich, es ist überhaupt nichts Römisches daran.»

«Der wichtigste Prediger ist ein römischer Bürger.»

Vespasian runzelte die Stirn. «Paulus? Gewiss nicht, er bemüht sich doch, diese Sekte auszulöschen.»

«Er hat sich bemüht, das auszulöschen, was als der ‹Weg› bekannt war. Vor vier Jahren war er schon einmal hier und hat äußerst unschöne Dinge mit denen getan, die er verdächtigte, der Sekte anzugehören.» Alexander deutete auf die Waage, die jetzt völlig im Gleichgewicht war.

Vespasian nickte zustimmend zu den zwölf Prozent. «Ja, ich bin ihm in der Kyrenaika begegnet. Er war skrupellos. Ich habe ihn verhaften lassen und mit einem Schiff zurück nach Osten geschickt.»

«Ein Jammer, dass Ihr ihn nicht habt töten lassen.» Alexander füllte sein Gold in einen Beutel und verwahrte ihn in einer Schublade. «Nun, er behauptet, auf dem Weg nach Damaskus eine Art Erleuchtung gehabt zu haben. Vor ein paar Monaten kehrte er aus der Wüste zurück, wo er drei Jahre lang allein gelebt hatte, und fing an, ohne Erlaubnis zu predigen. Er behauptet, er sei von Gott ermächtigt und es sei keine jüdische Angelegenheit, und in gewisser Weise hat er recht. Er predigt nicht eine reformierte Version des Judentums, nicht wie das, wovon die Anhänger des Weges behaupteten, Jeschua bar Joseph habe es allein den Juden gepredigt. Er predigt Juden und Heiden gleichermaßen eine gänzlich neue Religion; im Mittelpunkt steht unser Gott, aber nicht die Torah. Er behauptet, Jeschua bar Joseph sei Gottes Sohn, der gekommen sei, um für die Sünden der Welt zu sterben und die ganze Menschheit zu erlösen. Nur durch ihn könnten jene hoffen, die ihre Sünden aufrichtig bereuen, zu Gott ins Himmelreich zu kommen, das nicht von dieser Welt sei – statt wie die meisten Juden darauf zu warten, am Ende der Tage aufzuerstehen und in einem irdischen Paradies zu leben. Er mischt Angst und Dringlichkeit in seine Botschaft, indem er behauptet, das Ende der Tage sei nahe – oder das Jüngste Gericht, wie er es nennt. Paradoxerweise beschuldigt er die Juden, diesen Jeschua gekreuzigt zu haben, obwohl es eine römische Hinrichtungsmethode ist und obwohl Paulus selbst ohne diese Hinrichtung überhaupt keine Grundlage für seine unausgegorene neue Religion hätte. Ihr werdet wohl verstehen, warum die Ratsältesten und mein Volk zornig sind.»

«Ja, das habe ich gespürt, als ich durch das Judenviertel kam. Warum unternimmt Flaccus nichts gegen Paulus?»

«Fragt ihn selbst», erwiderte Alexander und füllte Ataphanes' Gold zurück in die Truhe. «Ich weiß es nicht, aber ich denke, es kümmert ihn einfach nicht. Was bedeutet schon eine neue Religion für einen Römer? Ihr nehmt sie doch alle an.»

«Zu Recht, solange man sich dazu nicht die Vorhaut abschneiden lassen muss. Aber es klingt, als wäre diese neue Religion anders.»

Alexander schloss die Truhe. «Sie ist anders, und sie ist gefährlich, weil sie keine weltliche Autorität anerkennt. Ihr Reiz liegt im Versprechen der Erlösung und des Lohns in einer künftigen Welt, nicht im Hier und Jetzt. Wenn sie Fuß fassen kann, dann wird sich womöglich der Schwerpunkt unserer ganzen Zivilisation verschieben: von einer philosophischen Debatte darum, wie man in der Gegenwart leben soll, hin zu einer spirituellen Debatte, wie man sich auf ein theoretisches Leben nach dem Tod vorbereiten soll. Ich habe darüber nachgedacht und frage mich, was aus der Wissenschaft und der Gelehrsamkeit würde, wenn die Leute sich um nichts anderes mehr Gedanken machen würden als um die Vorstellung von einer unsterblichen Seele.»

«Ich fürchte, da kann ich nicht folgen», erwiderte Vespasian, während Alexander begann, eine Quittung auszustellen. «Immerhin verstehe ich aber, wie gefährlich eine Religion ist, die den Kaiser als oberste Autorität nicht anerkennt – was für einen Kaiser auch immer. Aber das ist doch gewiss nur eine kleine Sekte, die von einem einzigen Mann gegründet wurde?»

«Sie wird wachsen, weil Paulus seine Predigten an die Armen und die Sklaven richtet, die auf dieser Welt nichts zu verlieren haben und von seiner Vorstellung der Erlösung und des spirituellen Reichtums in der nächsten Welt alles zu gewinnen. Es ist eine sehr mächtige Vorstellung. Paulus ist ein ungemein ehrgeiziger Mann, der glaubt, dass seine Fähigkeiten nie richtig anerkannt wurden und dass ihm ein Leben lang sein rechtmäßiger Platz in der Gesellschaft verwehrt wurde. Kurz bevor er nach Damaskus ging, bat er, forderte er sogar, die Tochter des Hohepriesters heiraten zu dürfen, und wurde abgewiesen. Das war wohl für ihn eine Demütigung zu viel, und er beschloss, sich selbst einen Weg zur Macht zu suchen, denn kurz danach verschwand er. Jetzt ist er zurückgekehrt, und ich glaube, er hat eine Möglichkeit gefunden, diese Welt auf den Kopf zu stellen, sodass er endlich obenauf ist.»

«Ich werde mit Flaccus sprechen, vielleicht kann ich ihn dazu bringen, Paulus zu verhaften», sagte Vespasian. Gleich darauf wurde ihm klar, dass Alexander ihn in seine Angelegenheiten hineingezogen hatte, genau wie von Flaccus vorhergesagt.

Alexander lächelte und händigte ihm die Empfangsquittung über Ataphanes' Gold aus. «Danke, Vespasian, ich wäre Euch sehr verbunden. Aber er muss mehr tun, als Paulus zu verhaften; er muss ihn hinrichten.»

Vespasian blickte in die durchdringenden blauen Augen des Alabarchen und erkannte, dass es ihm ernst war. Er fürchtete diese neue Sekte tatsächlich. «Also gut, ich werde das vorschlagen, Alexander», willigte er ein, erhob sich und bot ihm seinen Arm. «Ich muss jetzt gehen, ich habe heute noch viel zu erledigen. Könnt Ihr mir vielleicht sagen, wo ich den Verwalter der verstorbenen Dame Antonia finde, Felix?»

Alexander ergriff über das Pult hinweg Vespasians Arm.

«Er hält sich zurzeit in der Stadt auf, Ihr findet ihn in Antonias Haus, gleich südlich vom Gymnasion.»

Vespasian folgte dem Alabarchen hinaus auf den Hof. Beim Anblick ihres Vaters und seines Besuchers unterbrachen Alexanders Söhne sofort ihre Lesung und standen auf.

«Senator Vespasian, dies ist mein älterer Sohn, Tiberius», sagte Alexander und wies auf den größeren der Jungen, den Vespasian auf etwa siebzehn Jahre schätzte. «Und dies ist sein Bruder Marcus.»

Die Jungen neigten die Köpfe.

«Euer Vater hält euch streng zum Studium an», bemerkte Vespasian.

«Er scheint Vergnügen an unserem Leiden zu finden», erwiderte Tiberius grinsend.

«Entweder das, oder er versucht, unseren Geist durch sinnlose Wiederholung abzustumpfen», schlug Marcus vor. Er war ein paar Jahre jünger als sein Bruder.

Alexander lächelte voller Stolz auf seine Söhne. «Für diese Frechheit könnt ihr fünfzig Verse zusätzlich lernen. Ich höre euch bei Sonnenuntergang ab.»

«Dazu musst du uns erst finden», versetzte Tiberius und wich behände aus, als sein Vater ihm eine spielerische Ohrfeige versetzen wollte.

«Genug davon», sagte Alexander lachend, «zurück an eure Studien. Ich begleite Euch hinaus, Senator.»

Obwohl Vespasian getragen wurde, lief ihm der Schweiß in Strömen, während sie der Kanopischen Straße zurück nach Westen folgten. Selbst jetzt am Vormittag waren die trockene Hitze und die Windstille fast unerträglich, erst recht für jemanden, der eine wollene Toga trug. Anders als in Kyrene, das auf einem Plateau über dem Meer gebaut war, schien es in Alexandria keine kühlende Brise zu geben.

«Wie haltet ihr das nur aus, Hortensius?», erkundigte sich Magnus, der zwar nur eine Tunika trug, aber dennoch vor Hitze schier verging. «In euren Helmen und der Rüstung müsst ihr doch lebendig gebraten werden.»

«Man gewöhnt sich dran, Kumpel», erwiderte der Optio kameradschaftlich, «wenn man erst mal zehn Jahre oder so hier ist.»

«Du meinst, man hört einfach auf, sich drum zu scheren.»

«Recht hast du, Kumpel», räumte Hortensius lachend ein, «nicht wahr, Jungs?»

Seine Männer stimmten gut gelaunt zu. Vespasian erkannte, dass Magnus die Zeit des Wartens vor dem Haus des Alabarchen geschickt genutzt hatte, um sich mit ihren Wachen anzufreunden.

«Es scheint, als wäre Paulus weitergezogen», bemerkte Vespasian an Magnus gewandt, denn die Arena, in der der Mann vorhin gepredigt hatte, war jetzt leer.

«Habt Ihr vom Alabarchen erfahren können, was er hier treibt?»

«Allerdings, und du wirst es nicht glauben –»

Mehrere laute Rufe und das Geräusch zahlreicher rennender Füße unterbrachen ihn. Zwei Juden kamen von Süden nach Norden über die Straße gestürmt, verfolgt von einer Horde schreiender Griechen, die mit Knüppeln fuchtelten und Steine nach den Fliehenden warfen.

Mit einem gellenden Aufschrei, der abrupt abbrach, ging der hintere Jude zu Boden, von einem Stein am Kopf getroffen. Er stürzte bäuchlings auf das Straßenpflaster und rutschte noch ein Stück weiter, sodass die Haut in seinem Gesicht aufriss. Der andere rannte ins Judenviertel hinein, während die Menge der Verfolger den Verletzten umringte, der jetzt reglos am Boden lag, und ihn mit Schlägen und Tritten traktierte.

«Mir nach, Jungs», rief Hortensius und zog seinen Gladius. «Eine Linie, zwei Mann tief, Schilde hoch, und schlagt mit der Breitseite des Schwerts.» Er rannte los, je acht seiner Legionäre zu beiden Seiten. Frauen auf der Straße schrien auf, und die Männer zogen sich zurück, wobei manche die Soldaten beschimpften und andere sie anfeuerten, je nachdem, zu welcher Bevölkerungsgruppe sie gehörten. Vespasian stieg von seiner Sänfte und folgte zusammen mit Magnus und Ziri langsam den angreifenden Legionären. Die Verfolger waren so damit beschäftigt, auf ihr Opfer einzuprügeln, dass sie die Bedrohung erst wahrnahmen, als neun überlappende Schilde mit Wucht gegen sie prallten, sodass Knochen brachen und Männer zu Boden geschleudert wurden. Polierter Stahl blitzte in der Sonne auf, als die Legionäre mit der Breitseite ihrer Klingen auf die Köpfe der Verfolger in ihrer Reichweite einschlugen, die noch auf den Beinen waren, sodass diese ebenfalls zusammenbrachen.

Die noch die Möglichkeit hatten, ergriffen die Flucht, während hinter ihnen die Legionäre auf ihre am Boden liegenden Kameraden eintraten und über sie trampelten.

«Das reicht, Hortensius», schrie Vespasian. «Ruf deine Leute zurück.»

Es dauerte ein paar Augenblicke, bis die Legionäre auf den Befehl ihres Optios reagierten, doch schließlich, nachdem noch ein paar Arme und ein weiterer Schädel gebrochen waren, zogen sie sich zurück. Ein halbes Dutzend blutige Körper blieben auf der Straße liegen. Ein paar der Verwundeten schrien vor Qual, die übrigen waren entweder bewusstlos oder wälzten sich stöhnend am Boden und umklammerten ihre zertrümmerten Gliedmaßen.

«Sieh ihn dir an», befahl Vespasian Magnus und zeigte auf den blutverschmierten Juden, der reglos dalag.

Magnus stieg über ein paar andere hinweg, ging bei dem Mann in die Hocke und wälzte ihn herum. Ein Blick in seine glasigen Augen verriet ihm alles, was er wissen musste. «Tot», verkündete er, während Männer und Frauen aus dem Judenviertel angerannt kamen.

Hortensius formierte seine Leute zu einem Schutzwall um die Toten und Verletzten. «Zurückbleiben!», rief er warnend, als die ersten Juden sich näherten.

«Das ist mein Bruder», schrie ein Mann mittleren Alters und trat aus der Menge vor.

Vespasian erkannte ihn als den zweiten Mann, der geflohen war. «Lass ihn durch, Hortensius», befahl er, «und lass diese Verwundeten einsperren. Der Präfekt sollte sie wegen Mordes vor Gericht stellen.»

Die Reihe der Legionäre teilte sich, um ihn zu seinem getöteten Bruder durchzulassen. Er kniete nieder, nahm den leblosen Kopf in beide Hände und weinte.

«Warum haben sie euch verfolgt?», fragte Vespasian.

«In der Stadt ist einer, der Gotteslästerung predigt. Heute Morgen war er wieder hier. Mein Bruder und ich sind hingegangen, um mit ihm zu diskutieren, aber er hört gar nicht zu. Er beharrt darauf, dass Gott alle Menschen liebt, ob sie sich an die Torah halten oder nicht, und dass man zu Gott gelangt, indem man den Leib und das Blut des Mannes verzehrt, von dem er behauptet, er sei Gottes Sohn gewesen, Jeschua. Das ist Blasphemie.»

«Man soll seinen Leib essen und sein Blut trinken? Das ist doch absurd, Jeschua ist seit ungefähr fünf Jahren tot.»

«Er sagt, er verwandelt Brot und Wein in seinen Leib und sein Blut.»

Vespasian bemühte sich, zu verstehen. «Ist das wörtlich gemeint?»

«Ich weiß nicht, ich kann es nur annehmen. Warum sonst sollte er es sagen? Nachdem die Versammlung beendet war, verkündete der Prediger seinen Anhängern, er werde dieses Ritual vollziehen. Mein Bruder und ich sind ihnen gefolgt, um zu sehen, was geschieht. Sie gingen zu einem Haus beim Hafen am See, ein paar hundert Schritt von hier. Wir kletterten auf das Dach und schauten durch einen Spalt hinunter, aber ehe wir etwas sehen konnten, wurden wir entdeckt und mussten um unser Leben rennen.»

«Die Anhänger des Predigers haben euch verfolgt?»

«Nein, es waren gewöhnliche Griechen. Wir Juden sind derzeit in der Stadt außerhalb unseres Viertels nicht willkommen. Sie verjagen uns, aber so etwas haben sie noch nie getan.» Er deutete auf den geschundenen Körper seines Bruders und brach in Schluchzen aus.

«Nimm seinen Leichnam mit und bestatte ihn», sagte Vespasian mitfühlend. «Sage mir, wie heißt du?»

«Nathanael», antwortete der Mann unter Tränen.

«Ich werde dafür sorgen, dass die Mörder zur Rechenschaft gezogen werden. Du hast das Wort eines römischen

Senators, der eurem Alabarchen einen Gefallen schuldet für einen Dienst, den er mir eben erwiesen hat.»

«Ich danke Euch, Senator», erwiderte der Mann und hob seinen Bruder mühsam auf. Er blickte Vespasian aus geröteten Augen an. «Ich glaube nicht, dass mein Bruder der Letzte sein wird, der in dieser Stadt getötet wurde, nur weil er Jude ist.»

Vespasian wandte sich an Hortensius, der jetzt nur noch eine Eskorte aus acht Legionären bei sich hatte, da die Übrigen mit den Mördern des Juden beschäftigt waren. «Gehen wir, Optio», sagte er müde. «Ich habe noch viel zu erledigen.»

«Es ist nicht gut, wenn Leute umgebracht werden, nur weil sie Juden sind», bemerkte Magnus im Weitergehen an Vespasian gerichtet.

«Leute werden auch ermordet, nur weil sie einen dicken Geldbeutel bei sich haben.»

«Das meine ich nicht, Herr. Ich meine, wenn noch mehr von ihnen ermordet werden, weil sie Juden sind, dann wird es nicht lange dauern, bis sie zurückschlagen und anfangen, Leute zu ermorden, weil sie Griechen sind oder Ägypter oder, die Götter mögen es verhüten, Römer.» Er warf einen bedeutungsvollen Blick auf den breiten Streifen an Vespasians Senatorentoga. «Wenn Ihr versteht, was ich meine?»

Vespasian verstand.

Es war die fünfte Stunde des Tages, als Vespasian und sein verbliebenes Gefolge das Forum erreichten, das wahrhaft eindrucksvoll war wie alles andere, was er bisher von Alexandria gesehen hatte. Es bot einen Panoramablick über den Großen Hafen und lag zwischen dem Theater im Osten, in dem mehr als dreißigtausend Zuschauer Platz fanden, und dem Kaisareion im Westen, dem von zwei Obelisken bewachten Palast, den Kleopatra zu Ehren ihres Liebhabers hatte errichten lassen. Zweihundert Schritt lang und hundert breit, von einer Kolonnade von gewaltigen Ausmaßen aus verschiedenfarbigem Marmor umgeben, war das Forum das Herz dieser großartigen Stadt, und Menschen aus den unterschiedlichsten Völkern gingen dort ihren Geschäften nach.

Thales war leicht zu finden, da er offenbar einer der wichtigsten und angesehensten Bankiers der Stadt war. Vespasians Senatorentoga ermöglichte es ihm, gleich an den ersten Platz der Warteschlange vorzurücken, doch zur Erleichterung der anderen verärgerten Kunden nahm sein Anliegen nicht viel Zeit in Anspruch. Binnen einer Viertelstunde ging er wieder mit einer Quittung für seinen Scheck und dem Versprechen des kahlköpfigen, ungeheuer korpulenten Thales, ihm am nächsten Morgen 237 500 Denar bar auszuzahlen, in Gold, um den Transport zurück nach Rom zu erleichtern. Thales hatte bei dem Geschäft 12 500 Denar Provision eingenommen, doch davon ließ Vespasian sich nicht die Laune verderben. Sie setzten ihren Weg fort, vorbei an der weitläufigen Anlage des Gymnasions bis zum Haus seiner verstorbenen Wohltäterin in Alexandria.

Magnus betätigte die Türglocke, und fast augenblicklich öffnete ihnen ein dunkelhäutiger Sklave mit welligem Haar, der Ziri sehr ähnlich sah.

«Senator Titus Flavius Vespasianus wünscht Marcus Antonius Felix zu sprechen», verkündete Magnus.

Sie wurden sofort eingelassen und durch ein Atrium mit zahlreichen Springbrunnen nicht nur im Impluvium, sondern auch an verschiedenen anderen Stellen im Raum, geführt. Sie verbreiteten eine angenehme Kühle und erfüllten das Zimmer mit unablässigem sanftem Plätschern.

«Senator Vespasian», sagte eine Stimme vom anderen Ende, «welche Freude, Euch zu sehen. Ich hatte von Eurer Ankunft gehört, jedoch nicht damit gerechnet, dass Ihr mich so bald mit einem Besuch beehren würdet.» Felix trat hinter einer Poseidonstatue hervor, einer kleinen Replik der Statue auf dem Pharos, aber immer noch zweifach mannshoch. Aus dem offenen Mund floss ein Wasserstrahl.

«Das liegt daran, dass du gesagt hast, ich solle mich an dich wenden, wenn du etwas für mich tun könntest, Felix», erklärte Vespasian und ging auf seinen Gastgeber zu. «Jetzt brauche ich in der Tat deine Hilfe.»

«Ich habe nicht gesagt, dass es unmöglich wäre», erinnerte Felix Vespasian und Magnus leise, «ich sagte, es würde schwierig sein.»

«Also mir erscheint es unmöglich», murmelte Magnus.

«Dennoch muss es getan werden», beharrte Vespasian, auch wenn er sich fragte, wie Felix es für möglich hielt.

Sie standen im dämmrigen Inneren der Grabkammer vom Mausoleum des Alexander im Herzen der Soma. In der heiligen Grabanlage ruhten die sterblichen Überreste seiner Erben in Ägypten, der Ptolemaier. Zehn Fuß vor ihnen stand auf einer Granitplatte, die von zwei hochkant stehenden Platten aus dem gleichen Material getragen wurde, ein Sarkophag aus durchscheinenden Kristallscheiben in einem bronzenen Gitterrahmen. Er schimmerte orange und golden im flackernden Schein dreier Lampen, die tief an der Wand dahinter angebracht waren, sodass der Eindruck entstand, der Sarkophag leuchte von innen heraus. Drinnen eingeschlossen erkannte Vespasian die Umrisse des mumifizierten Leichnams des größten Eroberers, den die Welt kannte: Alexander von Makedonien.

Man konnte den Sarkophag durch einen Schacht in der Decke vom dreißig Fuß darüber liegenden Tempel aus sehen; die Grabkammer selbst war für die Öffentlichkeit nicht zugänglich. Allerdings gestatteten die Priester des Alexanderkults hochrangigen Besuchern bereitwillig den Zutritt, und da Vespasian der erste Senator in Ägypten seit mehr als vier Jahren war, fühlten sie sich durch sein Ersuchen besonders geehrt. Nur Ziri wurde der Zugang verweigert, da er ein Sklave war, und so wartete er jetzt oben im Alexandertempel auf sie.

Dem praktischen Grund seines Besuches zum Trotz wurde Vespasian von Ehrfurcht überwältigt angesichts des physischen Beweises dafür, dass Alexander wirklich gelebt hatte und nicht nur ein erfundener Held aus einem Mythos war. Er hatte sich dem großen Mann bereits nahe gefühlt, als er in Königin Tryphainas Palast in Thrakien vor Alexanders Schreibpult gestanden und dieselbe Aussicht genossen hatte wie der Feldherr, der nach Thrakien gekommen war, um Söldner für seine Eroberungszüge im Osten anzuwerben. Doch das war nichts im Vergleich dazu, in der Grabkammer vor seinem einbalsamierten Körper zu stehen.

Vespasian trat näher heran, um den Leichnam eingehender zu betrachten, und auch, um den Sarkophag in Augenschein zu nehmen und herauszufinden, wie er zu öffnen wäre.

«Ihr dürft Euch ihm nähern, Herr, aber es ist verboten,

ihn zu berühren», sagte der Priester, der hinter ihnen im Eingang zur Grabkammer stand.

Vespasian blickte durch den Kristall auf ein Gesicht hinunter, das uralt und zugleich jugendlich wirkte. Die vom Alter dunkel gefärbte Haut war glatt und faltenlos und spannte sich über Schädel und Kiefer wie feinstes Pergament, doch darunter lag kein Fleisch, sodass die Form des Knochens sich deutlich abzeichnete, was ihm den Eindruck hohen Alters verlieh. Sein Mund war geschlossen, die schmalen Lippen zu einem schwachen Lächeln verzogen; die Augen, die mehr Wunderbares und größere Schätze gesehen hatten als die irgendeines anderen Menschen vor oder nach ihm, waren geschlossen, als schliefe er. Langes Haar, noch immer voll und blond, bedeckte die Ohren und lag sorgfältig über das Kissen gebreitet, sodass es das Gesicht in einem sanften Ockerton umrahmte. All das zusammen erweckte den Anschein, als läge hier ein junger Mann, der friedlich ruhte. Vespasian holte tief Luft und beugte sich weiter vor. Der einzige Makel bestand darin, dass auf der Seite des Gesichts, die im Schatten lag, ein Stück vom Nasenflügel fehlte.

«Das war ein Missgeschick des großen Augustus, als er den Deckel des Sarkophags abnehmen ließ, um Alexander berühren zu können», erklärte der Priester, der erkannt hatte, auf was Vespasian aufmerksam geworden war.

«War es das letzte Mal, dass der Deckel abgenommen wurde?»

«Nein, Germanicus kam mit seinen Söhnen her, und außerdem öffnen wir den Sarkophag jedes Jahr einmal, um die Spezereien zu erneuern, mit denen der Leichnam konserviert ist.»

Vespasian ging um den Sarkophag herum und suchte nach einer Verbindung zwischen der oberen und unteren Hälfte. Er erkannte, dass der Deckel allein durch sein eigenes Gewicht gehalten wurde. «Denkt ihr, zwei Männer könnten den hochheben?», flüsterte er Felix und Magnus zu, die neben ihn getreten waren, nachdem er seinen Rundgang vollendet hatte.

Magnus zuckte die Schultern. «Wenn nicht, könnten sie ihn zumindest an einem Ende hoch genug anheben, dass man an den Brustpanzer käme.»

Vespasians Blick glitt zu dem Objekt, dessentwegen er in Caligulas Auftrag nach Ägypten gekommen war. Es sah nicht so aus, wie er erwartet hatte: vergoldet, mit Intarsien und mit Edelsteinen verziert. Offenbar handelte es sich um denselben Brustpanzer, den Alexander in der Schlacht getragen hatte, nicht um einen, der eigens für seine letzte Ruhe angefertigt worden war. Genau wie das Schwert des Marcus Antonius zeugte er davon, dass sein Besitzer ein Krieger gewesen war: Der Brustpanzer bestand aus gehärtetem Leder in der Form der Muskeln, die er geschützt hatte. Die einzige Verzierung war eine goldene Einlegearbeit auf der Brust, die zwei Pferde darstellte, einander gegenüber aufrecht auf den Hinterbeinen stehend, und in den bronzenen Einfassungen an Hals, Schultern und Taille, die das Leder zusätzlich verstärkten.

«Kannst du dir die Einlegearbeit merken?», raunte Vespasian Felix zu.

«Das ist nicht nötig, fast jede Alexanderstatue in der Stadt zeigt ihn mit diesem Brustpanzer.»

«Dann sind wir hier fertig.» Vespasian richtete sich auf

und wandte sich an den wartenden Priester. «Danke, dass Ihr mir die Ehre gestattet habt, den größten Mann anzusehen, der je gelebt hat», sagte er mit aufrichtiger Inbrunst.

«Ich muss noch ein wenig hierbleiben, um das kurze Reinigungsritual zu vollziehen, das nach jedem Besuch vorgeschrieben ist», erklärte der Priester, der den Dank mit einer Neigung des Kopfes entgegennahm. Er trat beiseite, um sie zu der steinernen Treppe durchzulassen, die hinauf in den Tempel führte.

Als sie aus dem Dunkel der Treppe traten, vorbei an dem bewaffneten Wachmann in makedonischer Uniform am oberen Ende, brauchte Vespasian eine Weile, bis seine Augen sich wieder an das helle Licht gewöhnt hatten. Dann schaute er sich in dem großen, runden Raum um, den er zuvor nur kurz gesehen hatte, während sie durch den Haupteingang direkt hinunter in die Grabkammer geführt worden waren. Der Raum wurde von einer riesigen Reiterstatue von Alexander auf seinem Streitross Bukephalos beherrscht, ohne Helm, mit wehendem Haar, als stürme er eben auf den Gegner zu. Daneben stand reichlich unpassend die nunmehr obligatorische Statue von Caligula.

Genau in der Mitte umgab eine runde, hüfthohe Balustrade die Öffnung des engen Schachts im Boden, durch den die Öffentlichkeit auf Alexanders einbalsamierten Leichnam hinunterschauen konnte. Darüber, in fünfzig Fuß Höhe, befand sich in der Decke eine Öffnung von ähnlicher Größe.

«Am Mittag des 10. Juni, Alexanders Todestag nach dem römischen Kalender, steht die Sonne so, dass sie direkt auf sein Gesicht scheint», erklärte der Priester, der sein Ritual vollendet hatte und wieder die Treppe heraufgestiegen war. «Ich fürchte, das habt Ihr um einen Monat verpasst.»

«Ein Jammer», erwiderte Vespasian. Er schaute zu der Öffnung hinauf. «Was ist, wenn es regnet?»

«Das kommt hier selten vor, aber für den Fall gibt es dort oben eine Klappe, die wir schließen können.»

Vespasian nickte nachdenklich. «Ich danke Euch, Ihr wart sehr entgegenkommend.» Als er sich zum Gehen wandte, glitt er mit einem Fuß aus und wäre gestürzt, hätte Magnus ihn nicht am Arm festgehalten. Er schaute nach unten und sah etwas Grünliches, Schleimiges auf dem Boden.

«Ich muss mich entschuldigen, Senator», sagte der Priester hastig, «ich werde die Sklaven, die den Boden reinigen, für ihre Nachlässigkeit bestrafen lassen.»

«Was ist das?»

«Wir halten nachts zur Sicherheit Gänse im Tempel. Sollte jemand die Wachen draußen überwältigen und sich Zutritt verschaffen, dann würden sie Lärm schlagen. Ich fürchte, das dort sind ihre Hinterlassenschaften.»

«Ihr habt recht, die Fenster kommen nicht in Frage. Der beste Weg hinein und wieder hinaus ist durch das Dach, sofern die Klappe stabil genug ist, dass man ein Seil daran befestigen kann», stimmte Magnus zu. Sie saßen an einem schattigen Flecken im weitläufigen Innenhof der Soma, der von den einzelnen Mausoleen der ptolemaischen Dynastie umgeben war und nach Norden an den Alexandertempel grenzte. In der Mitte stand ein Altar, an dem ein Priester bereitstand, um die Opfergaben entgegenzunehmen, die Leute aus der Stadt in der Hoffnung brachten, ihre halb göttlichen verstorbenen

Herrscher möchten sich bei den Göttern für sie einsetzen, sei es in finanziellen, juristischen oder persönlichen Angelegenheiten.

«Aber zuerst müssen wir überhaupt in die Soma hineingelangen.» Vespasian betrachtete das einzige Tor in den hohen Mauern der Anlage, durch das gerade eine Gruppe Griechen mit einem Lamm hereinkam.

«Das dürfte recht einfach sein», versicherte Felix. «Das Haupttor wird zwar bewacht, aber nie geschlossen, damit die Leute Tag und Nacht Zugang zum Altar haben.»

«Wir tun also einfach, als wollten wir ein Opfer darbringen?»

«Genau.»

«Also schön», sagte Magnus skeptisch, «mal angenommen, wir kommen rein und schaffen es, uns unbemerkt zum Tempel zu schleichen, aufs Dach zu klettern und dann durch diese Luke einzusteigen – was in aller Welt machen wir mit den Gänsen?» Er deutete auf einen kleinen Pferch links vom Tempel, in dem zwei Dutzend der gefiederten Nachtwachen gehalten wurden.

Vespasian zuckte die Schultern und schaute Felix an.

«Die Sache mit den Gänsen kann ich lösen», versicherte Felix. «Wir müssen nur am Abend, bevor wir einsteigen, einen Mann drinnen verstecken – das kann Ziri übernehmen. Das große Problem ist die Fälschung des Brustpanzers.»

«Was ist daran so schwer?», fragte Vespasian. «Du sagtest doch, die Einlegearbeit sei leicht nachzuahmen.»

«Was mir Sorgen bereitet, ist nicht die Einlegearbeit. Ihr sagtet, niemand dürfe je bemerken, dass der Brustpanzer ausgetauscht wurde – das wäre kein Problem, wenn die

Priester ihn immer nur durch den Kristall sähen. Aber wenn sie einmal im Jahr den Sarkophag öffnen, würden sie erkennen, dass das Leder nicht alt ist. Sosehr wir auch versuchen würden, es altern zu lassen, aus der Nähe betrachtet, wird es nie wie das Original aussehen.»

«Wir brauchen also einen ledernen Brustpanzer, der ungefähr dreihundert Jahre alt ist?», fragte Vespasian und zog die Augenbrauen hoch.

«Ganz genau», bestätigte Felix entmutigt.

«Das sollte kein Problem sein. Ich habe gestern Abend mehr als ein Dutzend davon gesehen.»

XVIIII

Das ist sehr gut, Felix, wirklich sehr gut», sagte Vespasian und bewunderte den ledernen Kürass, der in Felix' Schreibstube auf dem Tisch lag.

«Für mich sieht er alt aus», bestätigte Magnus und nickte anerkennend.

«Er ist recht gelungen», räumte Felix ein, «aber einer eingehenden Prüfung würde er nicht standhalten.»

«Ich kann mir nicht vorstellen, dass irgendjemand stehen bleibt, um sich die Statue von Ptolemaios Soter ganz genau anzuschauen. Selbst wenn, dann würde derjenige sie zum ersten Mal sehen. Er würde das Original nicht kennen und deshalb dieses hier für echt halten.» Vespasian hob den Brustpanzer auf und nahm die bronzenen Einfassungen an Hals, Schultern und Taille in Augenschein. Sie waren nicht identisch mit denen an Alexanders Brustpanzer, sondern sahen genauso aus wie die an dem Original, das es vorerst zu ersetzen galt: den Brustpanzer von Ptolemaios I. Vespasian hatte diesen ausgewählt, weil er der schlichteste war; die Rüstungen seiner Nachfahren wurden immer prächtiger, während zugleich deren kriegerische Fähigkeiten immer mehr nachließen. Als einer von Alexanders Generälen hatte Ptolemaios die Gewohnheit seines Feldherrn nachgeahmt, eine schlichte, funktionale makedonische Rüstung zu tragen, ohne hervorstehende Verzierungen, an denen eine Speerspitze sich verfangen und Halt finden konnte, um das gehärtete Leder zu durchdringen. An diesem Brustpanzer brauchten nur noch die Einfassungen der Ränder ausgetauscht und die Einlegearbeit mit den Pferden angebracht zu werden.

«Was ist mit Flaccus?», fragte Magnus.

«Er geht tagtäglich durch diesen Korridor, wahrscheinlich nimmt er die Statuen gar nicht mehr wahr», erwiderte Vespasian. Er befühlte das Leder des Brustpanzers und bewunderte das Geschick des Handwerkers, der es fertiggebracht hatte, dass es sich ein wenig brüchig anfühlte, als wäre es sehr alt. «Und selbst wenn er bemerken sollte, dass der Brustpanzer ausgetauscht wurde, und erraten würde, dass ich es getan habe und warum – glaubst du, er würde der griechischen Bevölkerung dieser Stadt verkünden, dass der Kaiser von Rom, der Mann, dessen Stellvertreter er ist, eines ihrer kostbarsten Heiligtümer hat entwenden lassen? Nie und nimmer. Er bekäme es mit einem Aufstand zu tun, noch ehe er sagen könnte: ‹Caligula ist wahnsinnig.›»

«Anscheinend hat er es bereits mit einem Aufstand zu tun», kommentierte Magnus, «und der wird immer schlimmer, nach dem Rauch zu urteilen, der heute Morgen aus verschiedenen Teilen der Stadt aufgestiegen ist.»

«Ja, die Bürgerunruhen eskalieren», bestätigte Felix. «Jetzt, da die Griechen sich durch die Forderungen der Juden nach Gleichberechtigung in ihrer Vormachtstellung bedroht fühlen, nehmen sie die Angelegenheit selbst in die Hand. Aber das könnte uns zustattenkommen, weil es die Aufmerksamkeit von uns ablenkt.»

In den zehn Tagen, in denen sie darauf gewartet hatten, dass der Brustpanzer fertiggestellt wurde, hatte sich die Gewalt zwischen den verschiedenen Bevölkerungsgruppen in der Stadt immer mehr hochgeschaukelt. Die Juden hatten Vergeltung für den Mann geübt, der auf der Kanopischen Straße ermordet worden war. Doch als Flaccus seine Mörder nur hatte geißeln lassen, statt sie zu kreuzigen, waren die Griechen kühner geworden und hatten angefangen, Häuser von Juden außerhalb des Judenviertels in Brand zu stecken und über jeden Juden herzufallen, der sich in einen anderen Teil der Stadt wagte. Die Juden hatten ihrerseits begonnen, Trupps auszuschicken und alle, die nicht zu ihnen gehörten, anzugreifen und mitunter auch zu töten. Flaccus hatte mehr Soldaten aufgeboten, um die Juden in ihrem Viertel in Schach zu halten, doch ohne Erfolg. Die Legionäre waren nur zur Zielscheibe für beide Parteien geworden.

«Jetzt müssen wir die beiden also nur noch austauschen», sagte Magnus. «Wer übernimmt das?»

«Ich werde es tun, heute Nacht», erwiderte Vespasian und hielt sich selbst den Brustpanzer vor. «Es sollte nicht schwer sein. Ich trage diesen unter einem Mantel, dann tausche ich ihn gegen das Original an der Statue aus und trage es auf dem Rückweg in meine Räume. Niemand würde es wagen, mich auf dem Weg anzuhalten und zu fragen, was ich da mache, und der Korridor befindet sich in einem Teil des Palastes, der nachts nicht genutzt wird.»

Felix nickte zustimmend. «Gut. Mein Handwerker schätzt, dass er fünf Tage brauchen wird, um die Einlegearbeit anzufertigen und die Einfassungen auszutauschen. Das heißt, wenn ich ihm den Brustpanzer morgen bringen kann, sollten wir die Nacht in sechs Tagen ins Auge fassen.»

«Wie viel verlangt er diesmal?»

«Das Doppelte zuzüglich des Goldes für die Einlegearbeit, das er auf etwa zehn Aurei schätzt.»

Vespasian rechnete schnell im Kopf und erbleichte. «Sechshundertundfünfzig Denar! Das ist Wucher.»

«Er ist nicht dumm. Er weiß genau, was er da macht, und lässt sich seine Verschwiegenheit bezahlen.»

Dem hatte Vespasian nichts entgegenzuhalten. Der Handwerker hatte ein Recht auf eine Zulage dafür, dass er keine Fragen stellte. Außerdem besaß Vespasian reichlich Gold, seit er den Scheck bei Thales eingelöst hatte. Es lagerte in einer großen Truhe auf dem Schiff, das darauf wartete, sie wieder nach Hause zu bringen. Es fiel ihm einfach nur schwer, sich davon zu trennen. «Also gut, ich hole das Geld auf dem Rückweg zum Palast.»

«Danke. Also, meine Herren, ich habe Seile und ein Boot, und ich habe einen Plan, wie wir auf das Dach des Tempels gelangen, ohne dass die Wachen draußen uns bemerken. Somit bleibt nur noch ein ernsthaftes Problem: die Gänse.»

«Ich dachte, du wüsstest, wie das zu lösen ist.»

«Ja, schon. Die einzige Möglichkeit, wie wir sie daran hindern können, Alarm zu schlagen, ist, sie abzulenken. Und die einzige Möglichkeit, wie wir sie ablenken können, ist mit Futter. Wie ich schon sagte, muss also Ziri bereits vor uns im Tempel sein, um Körner für sie auszustreuen, bevor wir am Seil hinunterklettern. Die Frage ist: Wo kann er sich verstecken? Ich bin gestern noch einmal hineingegangen, und im Tempel selbst habe ich keine Möglichkeit entdeckt, also bleibt nur die Grabkammer. Dort gibt es einen kleinen Zwischenraum zwischen den beiden hochkant stehenden Steinplatten, die die Platte mit dem Sarkophag tragen. Ein kleiner Mann wie Ziri könnte sich hineinzwängen, aber …»

«… Aber wie kommt er an dem Wachmann vorbei, der tagsüber am oberen Ende der Treppe steht?», ergänzte Vespasian, der das Problem erkannt hatte.

«Wir brauchen eine Ablenkung», schlug Magnus vor.

Felix nickte. «Ja, aber was? Die Priester kennen uns bereits, also werden sie Verdacht schöpfen, wenn wir dort hineingehen und anfangen, zu raufen oder zu streiten oder was auch immer.»

«Ich könnte zusammenbrechen und tun, als wäre ich krank.»

«Das könntest du, aber welcher Wachmann würde für einen wie dich seinen Posten lange genug verlassen, dass Ziri hinter ihm durchschlüpfen könnte?»

«Er hat recht, Magnus», sagte Vespasian grinsend, «ein ehemaliger Boxer wie du, der die Spuren seiner vergangenen Kämpfe trägt, wird keine große Besorgnis erregen, ganz gleich, wie sehr du wehklagen und dich am Boden winden würdest. Wohingegen eine schöne Frau …?»

«Eine Ablenkung? Du betrachtest mich als bloße Ablenkung?»

«Nein, Flavia, ich will, dass du jemanden ablenkst.»

«Dich?»

«Nein, jemand anderen.»

«Du willst, dass ich mich einem anderen hingebe wie eine Hure?»

Vespasian schloss die Augen und atmete tief durch. Das Gespräch war nicht besonders gut angelaufen. «Nun hör mir doch einmal zu. Wir … ich brauche dich, damit du einen Wachmann lange genug ablenkst, sodass Ziri sich an ihm vorbeistehlen kann.»

«Was für einen Wachmann?»

«Eine Wache im Alexandertempel.»

«Warum?»

«Damit Ziri hinunter in die Grabkammer gelangen kann.»

Flavia schaute ihn misstrauisch an und setzte sich im Bett auf. Sonnenlicht, das durch die halbgeschlossenen Fensterläden drang, malte Flecken auf ihre blasse Haut und spielte auf ihrem zerzausten, offenen Haar. «Was führst du im Schilde?»

Vespasian wurde klar, dass er gänzlich offen mit ihr reden musste, wenn er überhaupt eine Chance haben wollte, sie zur Mithilfe zu bewegen.

«Caligula will, dass du für ihn zum Dieb wirst?», fragte Flavia, nachdem er ihr die Situation erklärt hatte. «Er ist wirklich von Sinnen.»

«Ja, aber leider ist er auch der Kaiser.»

«Und wenn du dieses Ding nicht für ihn stiehlst?»

«Dann würde er mir nie verzeihen – oder Schlimmeres.»

«Warum bringst du ihm nicht einfach die Nachbildung, die du hast anfertigen lassen?»

«Darüber habe ich auch schon nachgedacht, aber Caligula hat das Original aus nächster Nähe gesehen, als er mit seinem Vater in Alexandria war. Das Risiko ist mir zu groß, dass es irgendeine kleine Besonderheit gibt, an die er sich erinnern kann und die wir nicht bemerkt haben.»

«Wenn es eine gibt, werden die Priester die Fälschung entdecken.»

Vespasian zuckte die Achseln. «Das Risiko muss ich eingehen. Ohnehin wären wir bis dahin schon wieder in Rom.»

«Wir?»

«Wenn du mit mir kommen willst, dann ja: wir.»

Flavia schaute auf ihn hinunter und lächelte. «Heißt das, dass du mich zu deiner Mätresse machen willst oder zu deiner Ehefrau?»

Vespasian schluckte, und zum zweiten Mal in dieser Unterredung erkannte er, dass Ehrlichkeit der beste Weg war. «Ich habe bereits eine Mätresse in Rom, die ich niemals aufgeben werde.»

Flavia schaute ihn argwöhnisch an. «Und was willst du dann von mir?»

«Ich brauche Söhne, deshalb dachte ich eher an die zweite Option.»

«Und was, wenn deine Mätresse von dir schwanger wird? Wirst du mich dann verstoßen und sie heiraten?»

«Das wäre unmöglich, sie ist eine Freigelassene.»

«Sie wäre also keine Bedrohung für meinen Status?»

«Nein, Flavia.»

«Was ich von dir will, ist Sicherheit.»

«Du wirst für immer meine Frau sein und die Mutter meiner Kinder.»

Flavia warf sich ihm an den Hals und küsste ihn leidenschaftlich. «Wenn das so ist, dann willige ich mit Freuden ein, Vespasian», sagte sie zwischen zwei Küssen. «Ich war in letzter Zeit so in Sorge.»

«Darüber, dass ich dich hier zurücklassen könnte?»

«Nein, darüber, dass ich immer nur eine Mätresse sein und nie die Kinder haben würde, um die ich täglich zur Mutter Isis bete.»

Vespasians Schritte hallten auf der breiten Treppe wider, als er aus seinen Räumen hinunter ins Erdgeschoss des Königspalastes ging. Er hatte gar nicht erst versucht, heimlich durch die hellbeleuchteten Korridore des Obergeschosses zu schleichen; stattdessen hatte er die Sklaven, denen er auf dem Weg begegnet war, einfach ignoriert, während sie hochachtungsvoll die Köpfe vor ihm neigten. Er achtete auch nicht auf die zwei Legionäre, die am Fuß der Treppe Wache standen und Haltung annahmen, als er vorbeiging. Überhaupt verhielt er sich, als hätte er jedes Recht, mitten in der Nacht im Palast umherzugehen, und tatsächlich hatte er das ja. Er sagte sich, um keinen Argwohn zu erregen, wäre es das Beste, mit der Selbstsicherheit aufzutreten, die von einem Mann seines Ranges erwartet wurde.

Nachdem er an den Wachen vorbei war, wandte er sich nach links und ging durch einen breiten Korridor mit Nischen an beiden Seiten, in denen auf Sockeln die Büsten früherer Präfekten standen. Flackernder Fackelschein spielte auf den steinernen Gesichtern und spiegelte sich auf dem polierten Marmorboden. Durch ein Fenster am anderen Ende des Korridors, von dem aus man den Königlichen Hafen überblicken konnte, fiel Mondlicht herein. Vespasian hörte die Rufe und Schreie zahlreicher Stimmen und das unverkennbare Scharren von Rudern, die eingezogen wurden – anscheinend legte gerade ein großes Schiff an. Ehe er an dem Fenster nach rechts abbog, warf Vespasian einen Blick auf den privaten Hafen des Palastes hinunter, der in der östlichen Ecke des Großen Hafens lag. Im blassen Licht konnte er eine Trireme erkennen, die am Kai festmachte. Eine kleine Gruppe wartete am oberen Ende der Laufplanke darauf, an Land zu gehen. Er fragte sich kurz, weshalb ein Schiff mitten in der Nacht in den Hafen einlief. Dann wurde ihm bewusst, dass dies der Vorteil des Pharos war: Sein Licht wies Schiffen zu jeder Tages- und Nachtzeit den Weg.

Nachdem er noch um ein paar Ecken gebogen und niemandem mehr begegnet war, erreichte er den unbeleuchteten Korridor, wo die Statuen der Ptolemaier wie eine lange Reihe stummer Wächter standen, reglos und seltsam bedrohlich in der Düsternis. Vespasian schob alle Gedanken an Geister von sich, schlug rasch den schweren Mantel von Ptolemaios Soter zurück und machte sich daran, die Schnallen des Brustpanzers zu lösen. Das erwies sich als schwierig, da es so dunkel und das Leder der Riemen steif war. Nach quälenden Momenten, in denen sein Herzschlag immer mehr beschleunigte, glitten die Lederriemen endlich durch die Schnallen, und der Panzer ließ sich abnehmen. Vespasian legte ihn auf den Boden, nahm die Nachbildung ab, die er unter seinem Mantel trug, und legte sie der Statue an. Gerade als er den letzten Riemen festschnallte, nahm er aus dem Augenwinkel einen flackernden orangefarbenen Schein wahr. Er drehte sich um und sah am anderen Ende des Korridors eine Fackel auftauchen, begleitet vom Geräusch harter Ledersohlen auf Marmor. Im schwachen Licht konnte er drei Personen ausmachen, zwei Männer und eine Frau, die geradewegs auf ihn zukamen. Schnell hob er den Kürass auf, schlüpfte unter den Mantel der Statue, drückte sich eng an den steinernen Pharao und betete, die Leute, die da kamen, möchten im Dunkeln nicht bemerken, dass Ptolemaios Soter ein zweites Paar Beine und ein Buckel gewachsen waren.

«Es interessiert mich nicht, wie lange der Präfekt schon im Bett ist», hörte er eine herrische Stimme, die er kannte, jedoch nicht zuordnen konnte. «Du wirst ihm mitteilen, dass ich soeben aus Rom eingetroffen bin und ihm unverzüglich eine Botschaft von unserem geliebten Kaiser zu überbringen wünsche.»

«Ich werde an seine Tür klopfen, Herr», erwiderte jemand mit unterwürfiger, zitternder Stimme.

«Du wirst mehr tun, als nur zu klopfen, du wirst ihn aus dem Bett holen! Ich warte im Triclinium und verlange, dass meine Frau und ich dort Wein und etwas zu essen serviert bekommen, während wir auf Flaccus warten. Jetzt geh und gib mir vorher deine Fackel.»

Er hörte, wie einer der Männer sich eilig wieder entfernte. Da fiel Vespasian ein, wer der andere war, der jetzt nicht einmal drei Schritt entfernt an seinem Versteck vorbeiging: Herodes Agrippa.

Sobald Herodes und seine Frau im Triclinium am Ende des Ganges verschwunden waren, spähte Vespasian vorsichtig unter dem Mantel hervor. Er vergewisserte sich, dass niemand mehr kam, dann verließ er rasch sein Versteck und machte sich auf den Rückweg zu seinen Räumen, wobei er den Kürass lose vor der Brust hielt.

Die Legionäre am Fuß der Treppe standen wieder stramm, als er vorbeiging. Er stieg die Treppe so schnell hinauf, wie seine Würde es zuließ, und eilte zu seinen Gemächern.

«Weshalb seid Ihr denn so spät noch auf, Senator?», rief ihn jemand an, als er sich seiner Tür näherte.

Vespasian drehte sich um und sah einen verschlafenen Flaccus in seine Richtung spähen.

«Ich hörte, wie ein Schiff anlegte, und wollte sehen, wer wohl zu dieser nächtlichen Stunde ankommt», log Vespasian, einen Arm quer vor dem Körper, um den Brustpanzer festzuhalten.

Flaccus schien nicht überzeugt. «Ihr hättet doch einfach von Eurer Terrasse schauen können.»

«Von dort hat man keinen Blick auf den Königlichen Hafen», erwiderte Vespasian, diesmal wahrheitsgemäß, «deshalb habe ich nach einem Fenster gesucht, von dem aus man ihn sehen kann.»

«Und, wurde Eure Neugier befriedigt?»

«Ja, ich habe gesehen, dass es Herodes Agrippa war, und nun wollte ich wieder zu Bett gehen.»

«Zurück zur reizenden Flavia, wie? Nun, sie wird Eure Zuwendung noch ein Weilchen länger entbehren müssen. Herodes will mich sprechen, und da Ihr nun schon einmal auf seid, könnt Ihr gleich als Zeuge mitkommen, denn ich traue diesem schmierigen Orientalen nicht.»

«Ich habe nicht die Absicht, auch nur einen Tag länger als nötig hierzubleiben», verkündete Herodes und trank einen Schluck Wein. «Ich beabsichtige, morgen dem Alabarchen meine Aufwartung zu machen und ihm das Geld zurückzuzahlen, das er mir geliehen hat. Dann habe ich noch ein paar geschäftliche Dinge zu regeln, ehe ich übermorgen wieder aufbreche.»

«Das mag Eure Absicht sein, Herodes», entgegnete Flaccus. Er hielt das eingerollte Dokument mit dem kaiserlichen

Siegel hoch, das Herodes ihm eben übergeben hatte. «Aber Ihr könnt mir nicht einfach nur im Privaten das Mandat des Kaisers aushändigen, das mich in meinem Amt als Präfekt bestätigt. Es muss in aller Form vor dem Rat der Stadt, dem Ältestenrat der Juden und Abordnungen der Stadträte von Memphis, Sais und Pelusium sowie kleineren Orten in der Nähe geschehen, damit alle sehen, dass meine Herrschaft hier durch den Kaiser autorisiert ist.»

«Dann organisiert das für morgen.»

«Memphis ist mit einem schnellen Schiff in zwei Tagen zu erreichen, also ist der frühestmögliche Termin in fünf Tagen.»

«Bis dahin bin ich wieder fort», sagte Herodes trocken.

«Nein, Herodes, Ihr werdet dann noch hier sein.»

Herodes musterte Flaccus mit belustigtem Lächeln, dann wandte er sich an seine Frau, die neben ihm saß. «Der Präfekt scheint sich zu überschätzen, meine liebe Kypros.»

Vespasian, der neben Flaccus saß, hatte die Unterredung verfolgt, ohne sich daran zu beteiligen. Herodes hatte ihn höflich begrüßt. Während sie einander am Arm gefasst hatten, war Vespasian ungemein erleichtert gewesen, dass er zuvor noch kurz in seinen Räumen hatte verschwinden können, um sich des Brustpanzers zu entledigen, ehe er mit Flaccus nach unten gegangen war.

Kypros zog die dünnen schwarzen Augenbrauen hoch. An ihren Ohren, dem Hals und den Fingern prangten Juwelen. «Euch ist bewusst, dass der Kaiser meinen Gemahl zum König gemacht hat, Präfekt?»

«Werte Dame, ich bin Römer, ob Euer Gemahl König ist oder nicht, spielt für mich keine Rolle. Er wird diese Provinz nicht eher verlassen, als ich es ihm gestatte.»

Herodes erhob sich und half seiner Frau auf. «Es war ein wirklich anregendes Gespräch, Präfekt, aber Ihr habt mich nicht überzeugt. Meine Gemahlin ist müde, daher werden wir uns jetzt zur Ruhe begeben. Ich nehme an, uns stehen dieselben Räume zur Verfügung wie bei unserem letzten Besuch hier.»

«Ich fürchte, die bewohnt derzeit Senator Vespasian.»

Herodes warf Vespasian stirnrunzelnd einen Blick zu. «Eure Familie macht es sich wohl zur Gewohnheit, mir Unannehmlichkeiten zu bereiten, wie?» Er wandte sich brüsk ab und verließ den Raum.

«Arroganter Dreckskerl», sagte Flaccus, nachdem die Schritte auf dem Korridor verhallt waren.

«Wenn Ihr daran interessiert wärt, etwas gegen ihn in der Hand zu haben, dann wüsste ich wohl, wo Ihr danach suchen könntet», sagte Vespasian.

«Wie meint Ihr das?»

«Ich kann mir denken, was für geschäftliche Dinge das sind, die er hier zu regeln hat.»

«Fahrt fort.»

«Eine solche Information hat selbstverständlich ihren Preis.»

«Alexanders Brustpanzer bekommt Ihr nicht.»

«Daran dachte ich auch gar nicht. Ich will, dass Ihr den Prediger Paulus verhaftet.»

«Was, den krummbeinigen kleinen Prediger, dem ein halbes Ohr fehlt? Warum wollt Ihr, dass ich das tue?»

«Ich will, dass Ihr ihn wegen Aufwiegelei vor Gericht stellt und vorzugsweise hinrichtet.»

Flaccus lächelte überlegen. «Ihr meint wohl, der Alabarch will, dass ich das tue. Ich habe Euch doch gewarnt, Euch nicht von ihm in die Politik der Juden hineinziehen zu lassen.»

«Paulus ist ein gefährlicher Eiferer. Ich bin ihm in der Kyrenaika begegnet, als er die Sekte verfolgte, die er jetzt verdrängt hat. Wenn er seine neue Lehre mit demselben Eifer predigt, mit dem er damals versuchte, die andere auszumerzen, dann habt Ihr womöglich bald ein großes Problem. Er stiftet nichts als Zwietracht.»

«Wollt Ihr damit sagen, dass die Interessen des Alabarchen und die meinen in dieser Angelegenheit dieselben sind?»

«Ja, das glaube ich.»

Flaccus überlegte kurz. «Also gut, ich werde morgen den Befehl dazu erteilen.»

«Danke, Präfekt.»

«Welche Handhabe könnte ich nun gegen Herodes Agrippa haben?»

«Getreide. Ich nehme an, er will Vorkehrungen treffen, um einen illegalen Getreidevorrat in sein Königreich verschiffen zu lassen, um sich die Gunst der neuen Untertanen zu erkaufen.»

«Woher wisst Ihr davon?»

«Durch die Dame Antonia.»

Flaccus nickte. «Sie wusste über sehr vieles Bescheid. Wo befindet sich dieses Getreide?»

«Das weiß ich nicht genau, irgendwo in dieser Provinz.»

«Das ist nicht besonders hilfreich. Wenn ich es nicht finden kann, wie soll ich es dann beschlagnahmen?»

«Es tut mir leid, das ist alles, was ich weiß.»

«Von wem hat er es gekauft?»

«Von Claudius.»

«Ach, tatsächlich? Wenn das so ist, dann kenne ich jemanden, der mir helfen wird, es zu finden: Claudius' Mittelsmann in Ägypten, Thales.»

Der Vormittag in der gedrängt vollen Sportarena im Herzen des Gymnasions war lang und ermüdend gewesen. Zuerst hatte jede Abordnung eine endlose Rede gehalten und darin wortreich ihre Treue zum Kaiser bekundet, ehe sie Flaccus für seine gerechte Herrschaft im Namen des Kaisers gepriesen hatte. Jede Delegation hatte versucht, die anderen mit Superlativen und raffinierter Rhetorik zu übertrumpfen. Alle überhörten gewissenhaft das Geschrei der Aufständischen und den Lärm der genagelten Sandalen der Legionäre, die Missetäter durch die Straßen einer Stadt verfolgten, welche in Anarchie zu verfallen drohte. Dabei rochen sie mit jedem Atemzug, mit dem sie ihre kriecherischen Reden vorbrachten, den beißenden Rauch der zahlreichen brennenden Häuser und Geschäfte von Juden.

Vespasian saß auf dem Podium vor der dreitausendköpfigen Menge, zur Rechten von Flaccus, wie es seinem Rang entsprach; Herodes Agrippa saß mit versteinerter Miene links neben Flaccus. Er grollte noch immer wegen der Schmach, dass jemand, den er als niederrangig betrachtete, ihn gezwungen hatte, gegen seinen Willen zu bleiben und der Zeremonie beizuwohnen.

Nachdem Thales von Flaccus erfahren hatte, dass dessen kaiserliches Mandat eingetroffen sei und er voraussichtlich noch wenigstens zwei Jahre lang Präfekt von Ägypten bleiben würde, hatte sich der Bankier äußerst zuvorkommend gezeigt und ohne jeglichen Zwang die gewünschte Information herausgegeben, wo sich Herodes' illegaler Getreidevorrat befand. Er hatte Flaccus sogar aus freiem Willen seine Kopien der Kaufverträge und Besitzurkunden ausgehändigt und ihm darüber hinaus ein umfangreiches zinsloses Darlehen angeboten, das der Präfekt auf Thales' Drängen hin widerstrebend, aber dankbar angenommen hatte. Thales hatte sich mit dem feierlichen Versprechen verabschiedet, falls jemals wieder jemand versuchen sollte, durch ihn illegal Getreide zu kaufen, werde Flaccus der Erste sein, der davon erführe. Der Präfekt hatte ihm aufrichtig gedankt und dem Bankier in Aussicht gestellt, ihm jedes Mal, wenn Thales mit einer solchen Information zu ihm käme, einen kleinen Teil des Darlehens zurückzuzahlen. Sie waren in bestem Einvernehmen voneinander geschieden.

Anschließend war es Flaccus gelungen, mit Herodes ein ebenso vollkommenes Einvernehmen herbeizuführen: Wenn er zu der Zeremonie bliebe, könne er gleich danach in sein Königreich aufbrechen. Und sofern er seine Rolle gut spiele, dürfe er sogar die Hälfte seines Getreides mitnehmen. Die andere Hälfte würde er natürlich Rom spenden, in tiefer Dankbarkeit für seine neuempfangene Krone.

Herodes hatte an diesem Morgen also zähneknirschend seine Rede zur Eröffnung der Zeremonie gehalten. Zuerst verlas er Caligulas Mandat, durch das Flaccus in seinem Amt bestätigt wurde, dann ließ er ein überschwängliches Lob auf die Weisheit des Kaisers folgen, der diese Entscheidung getroffen hatte. In seinem Tribut an Flaccus legte er nicht die gleiche Begeisterung an den Tag wie die Delegationen, die nach ihm zu Wort kamen, aber nach Vespasians Auffassung genügte es dennoch, damit er die Hälfte seines Getreides behalten durfte. Als Herodes schließlich sein Bedauern darüber ausdrückte, dass er seinen guten Freund Flaccus schon nach einem solch kurzen Besuch wieder verlassen musste, um in sein Königreich aufzubrechen, hatte Vespasian alle Mühe, einen Lachanfall zu unterdrücken.

Endlich hatten die Delegationen aus den umliegenden Städten und Orten zur Genüge die Tugenden des Mannes gepriesen, der sie regierte und die Macht über Leben und Tod innehatte, und nun waren die Vertreter der von Unruhen erschütterten Stadt Alexandria an der Reihe. Die Juden kamen zuerst zu Wort, sodass den Griechen, die den größeren Anteil an der Bevölkerung darstellten, die Ehre zufiel, direkt vor der Erwiderung des Präfekten zu sprechen.

Alexander der Alabarch erhob sich aus der Mitte einer Gruppe alter Männer, die in ihren Mänteln und langen Gewändern unter der immer heißer sengenden Sonne furchtbar schwitzten.

«Wir, die Juden von Alexandria», deklamierte er auf Griechisch, «beglückwünschen ebenfalls unseren geliebten Kaiser zu seiner weisen Entscheidung, unseren edlen Präfekten in seinem Amt zu bestätigen. Wir schätzen uns glücklich, dass Kaiser Gaius einen Mann wie Aulus Avilius Flaccus entsandt hat, um über uns zu herrschen, da wir wissen, dass wir auf seine Unvoreingenommenheit im Umgang mit dem schweren Unrecht zählen können, das unserem Volk derzeit durch den nichtjüdischen Teil der Bevölkerung dieser Stadt angetan wird.»

Flaccus' Haltung versteifte sich. Unter den Delegationen der Städte und der Menge der Griechen von Alexandria im Publikum hinter ihnen kam allgemeine Unruhe auf – so etwas sollte gemäß guter Sitte und Anstand nicht in einer Glückwunschrede zur Sprache kommen.

«Auch wenn die Ausschreitungen gegen jüdisches Eigentum noch immer andauern und Mord und Raub an unserem Volk mit jedem Tag weiter eskalieren, so zweifeln wir doch nicht daran, dass der Präfekt die Verantwortlichen zur Rechenschaft ziehen und für eine Entschädigung der Opfer sorgen wird. Ebenso vertrauen wir darauf, dass er König Herodes Agrippa, dem persönlichen Freund des Kaisers und ranghöchsten Juden im Reich, sein Wort darauf geben wird.»

Das empörte Raunen unter den Griechen in der Menge wurde lauter. Herodes rutschte unbehaglich auf seinem Stuhl herum. Offenbar wollte er nicht in die Probleme seiner Glaubensbrüder in dieser Provinz hineingezogen werden.

«Wir müssen dem Präfekten Flaccus auch für seine Bemühungen danken, den blasphemischen Prediger Gaius Iulius Paulus aufzuspüren und zu verhaften, um seiner abscheulichen Gotteslästerung ein Ende zu machen. Obwohl es ihm bislang nicht gelungen ist, Paulus ausfindig zu machen, so sind wir doch überzeugt, dass der Präfekt seine Anstrengungen verdoppeln und diesen gefährlichen, Zwietracht säenden Mann sehr bald zur Strecke bringen wird.»

Darauf wurden erboste Ausrufe aus dem Publikum laut. Es war ungeheuerlich, öffentlich zu erwähnen, dass dem Präfekten etwas nicht gelang. Flaccus jedoch blieb sitzen, den Anflug eines Lächelns auf dem Gesicht, äußerlich entspannt, in seine Toga gehüllt, den rechten Ellenbogen auf die Armlehne seines Stuhls gestützt, die andere Hand auf das Knie des ausgestreckten linken Beins gelegt. Es wäre unter seiner Dignitas gewesen, dem Alabarchen laut ins Wort zu fallen.

An dem Eingang zur Arena, der Vespasian am nächsten war, entstand Bewegung, während Alexander fortfuhr: «Deshalb versprechen wir, ihm unsere Treue zu schwören und Gott um seinetwillen Opfer darzubringen, sobald er diese Dinge getan hat.»

Das war für die Griechen eine Beleidigung zu viel. Alexander hatte sich soeben geweigert, Flaccus' Autorität anzuerkennen, solange dieser nicht die Forderungen der Juden erfüllte.

Alexanders nächste Worte gingen im Protestgeschrei unter, das sich allmählich in schallendes Gelächter verwandelte, als die Menge eine seltsame Prozession gewahrte. Von dem Eingang in die Arena in Vespasians Nähe, dicht bei dem Bereich, wo Flavia und die anderen Römerinnen saßen, wurde ein schmutziger, zahnloser Bettler schulterhoch durch die Menge getragen, in einen purpurnen Mantel gehüllt. Auf dem Kopf trug er eine lächerliche Krone aus Eisenresten, die an einem ledernen Stirnband befestigt waren, und in der Hand statt eines Zepters einen Schwamm an einem Stock, wie man ihn in den öffentlichen Latrinen benutzte, um sich zu säubern. Der Bettler lachte gackernd, während seine Leibgarde aus ebenso abstoßend aussehenden Vagabunden sich einen Weg durch die Menge bahnte und dabei laut rief: «Macht Platz für den König, der eben noch ein Bettler war!»

«Hoch lebe der König!», schrie die erheiterte Menge mehrmals unter Gelächter.

Vespasian warf einen Blick zu Herodes, der mit vor Zorn hervortretenden Augen und zusammengebissenen Zähnen diese Farce ansah. Offensichtlich war sie auf ihn gemünzt, den König, der unlängst noch mittellos wie ein Bettler gewesen war und im Kerker geschmachtet hatte. Der heruntergekommene Kerl, der zu Herodes' Beschämung herumgetragen wurde, war aus der Gosse aufgelesen und königlich ausstaffiert worden, so, wie Caligula Herodes aus der Gefangenschaft befreit und ihn beinahe über Nacht zum König gemacht hatte.

Herodes stand auf und schritt so würdevoll, wie er es eben noch vermochte, unter dem Hohngeschrei und Gelächter der versammelten Griechen aus der Arena, gefolgt vom Alabarchen und den Ratsältesten der Juden.

«Ich verstehe, was Ihr meint, Vespasian», bemerkte Flaccus mit schwachem Lächeln und wies mit einer Kopfbewegung zu dem Eingang, durch den die Spötter gekommen waren. «Er versteht sich in der Tat darauf, Zwietracht zu stiften.»

Vespasian schaute sich um und erblickte im Schatten des Torbogens eine kleine Gestalt, der ein halbes Ohr fehlte und die boshaft grinste. Für einen Moment trafen sich ihre Blicke, dann wandte Paulus sich ab und ging auf seinen krummen Beinen davon.

XX

Ich verstehe nicht, warum Flaccus verdammt noch mal nichts dagegen unternimmt», erklärte Magnus. Er betrachtete angewidert die Leichen zweier jüdischer Frauen, die offenbar brutal vergewaltigt worden waren, bevor man ihnen die Kehlen durchgeschnitten hatte. Ein toter Säugling lag wie eine makabre Imitation eines Kissens unter dem Kopf der einen Toten.

«Weil die Griechen ihm derzeit die Arbeit abnehmen, indem sie die Juden in ihrem Viertel gefangen halten», erwiderte Vespasian, der die Leichen geflissentlich ignorierte und Flavia, die in einer zweiten offenen Sänfte neben ihm hergetragen wurde, einen besorgten Blick zuwarf. Sie war sehr blass geworden, trotz Ziris Bemühungen, ihr mit einem großen Fächer Kühlung zu verschaffen. Es sollte ihr nicht allzu schwerfallen, im Alexandertempel eine Ohnmacht vorzutäuschen, dachte er bitter, erst recht, wenn sie auf dem Weg dorthin an noch mehr Leichen vorbeikamen.

Die Kunde von Herodes' Beschämung bei der Zeremonie und seiner überstürzten Abreise aus Alexandria am vergangenen Tag – bei der er auch der anderen Hälfte seines Getreides verlustig gegangen war – hatte sich in der Stadt verbreitet. Die Juden hatten den Vorfall als Beleidigung gegen jeden

Angehörigen ihres Volkes aufgefasst, hatten massenhaft revoltiert und waren in das Griechenviertel eingedrungen. Die Griechen hatten daraufhin ihre verhassten, zahlenmäßig unterlegenen Mitbürger in ihr Viertel zurückgeschlagen und es verbarrikadiert, sodass die Gewalt eingegrenzt war. Sie hatten sich jedoch nicht damit zufriedengegeben, sondern waren eingedrungen und hatten die Juden immer weiter zurückgedrängt, bis fast die gesamte Bevölkerung des Viertels in ein paar Straßen entlang der Küste östlich vom Königspalast zusammengepfercht war. Und das waren noch die Glücklichen; diejenigen, die das Pech gehabt hatten, in Gefangenschaft zu geraten, waren geschunden, gekreuzigt und dann an ihren Kreuzen lebendig verbrannt worden.

An diesem Morgen hatte Vespasian von den Fenstern des Palastes aus Zehntausende Frauen und Kinder am Strand zusammengedrängt gesehen. Sie hatten sich dorthin geflüchtet, während ihre Männer mit allen verfügbaren improvisierten Waffen kämpften, um die Bereiche zu verteidigen, die ihnen noch geblieben waren. Im übrigen Viertel wüteten solche Feuersbrünste, dass die Luft selbst in zwei Meilen Entfernung rauchgeschwängert war, wo Vespasian sich jetzt dem Alexandertempel näherte. Auch wenn die Gewalt auf das Judenviertel eingegrenzt war, hatte Hortensius doch zur Sicherheit seinen Trupp um sechzehn Mann verstärkt, um Vespasian zu begleiten. Der hatte Nachricht von Felix bekommen, dass die Replik des Brustpanzers fertig war, und sich nicht davon abbringen lassen, einen Ausflug zu unternehmen, vorgeblich, um Flavia Alexanders Leichnam zu zeigen.

«Ich verstehe das immer noch nicht», beharrte Magnus, während eine Gruppe Griechen aufgeregt schreiend an ihnen vorbeirannte, dem Aufstand entgegen. Sie machten einen weiten Bogen um Hortensius und seine Legionäre, die den Sänften vorausgingen. «Wenn der Aufstand nun schon eingegrenzt wurde, warum lässt er zu, dass das Morden weitergeht?»

«Je schlimmer es wird, umso dankbarer werden die Juden Flaccus sein, wenn er dem Ganzen schließlich ein Ende macht, und dann müssen sie sich allen seinen Bedingungen fügen, darum», sagte Flavia matt.

«Aber sie werden doch mächtig sauer sein, dass er nicht früher eingeschritten ist?»

«Das mag schon sein», räumte Vespasian ein, «aber Flaccus wird ihnen einfach sagen, dass er beim nächsten Mal vielleicht gar nicht mehr einschreiten wird, wenn sie nicht Ruhe geben und aufhören, Forderungen zu stellen. Er wird sagen, sie sollen dankbar sein, dass die meisten von ihnen noch am Leben sind, und weitermachen wie vorher. Man könnte fast meinen, er hätte das Ganze angezettelt.»

«Oh, das hat er, dessen bin ich gewiss», teilte Flavia ihnen mit.

«Du meinst wohl, er hat es nicht verhindert?»

«Nein, er hat es selbst angestiftet, ganz bestimmt.»

«Wieso bist du dir da so sicher?»

«Ich habe gesehen, wer hinter der Scharade in der Arena steckte, und ich habe den Mann von den Aufständen in der Kyrenaika wiedererkannt, er ist ein Unruhestifter.»

«Paulus? Ich weiß, aber das heißt doch nicht, dass Flaccus ihn benutzt hat. Im Gegenteil, er hat mir sein Wort darauf gegeben, dass er versuchen wird, ihn zu verhaften.»

«Und du hast ihm geglaubt?»

«Warum nicht? Er gab mir das Versprechen als Gegenleistung für eine sehr nützliche Information über Herodes. Zudem war es doch auch in seinem eigenen Interesse.»

«Dann frage dich doch einmal: Wenn er Paulus wirklich hätte verhaften wollen, warum hat er es dann gestern im Gymnasion nicht getan? Du hast ihn gesehen, ich habe ihn gesehen, Flaccus hat ihn gesehen, und doch hat er nicht die Wachen auf ihn gehetzt. Paulus ist nicht einmal davongerannt, er ist gegangen.»

Die Erkenntnis traf Vespasian wie ein Stein aus einer Schleuder: Sie hatte recht. «Flaccus hat während Alexanders Rede lächelnd dagesessen, weil er wusste, was als Nächstes geschehen würde. Er wusste auch, wie es ausgehen würde: Die Juden würden sich so provoziert fühlen, dass es einen ausgewachsenen Aufstand geben würde. Nun wird er also der Gewalt nicht Einhalt gebieten, ehe die Juden ihn geradezu darum anflehen. Dann kann er seine Bedingungen stellen, genau, wie er es geplant hatte. Und ich habe ihm noch die Mittel dazu in die Hand gegeben, indem ich ihm erklärt habe, wie sehr Paulus Zwietracht stiftet.»

Flavia zog die Augenbrauen hoch. «Du solltest dir deshalb keine Vorwürfe machen, mein Lieber, Flaccus wusste das bereits. Dies war nicht das erste Mal, dass ich Paulus in Alexandria gesehen habe. An dem Abend, an dem wir uns wiedersahen, war er im Palast. Ich sah, wie er ging, als ich gerade eintraf.»

Vespasian erinnerte sich, dass Flaccus nach ihrem ersten Gespräch zu einer Unterredung davongeeilt war, und er stöhnte. «Er hat Paulus die ganze Zeit als Werkzeug benutzt, um Unfrieden unter den Juden zu stiften, und hatte nie die Absicht, ihn zu verhaften. Er hat alles bekommen, was er wollte: eine öffentliche Zeremonie, in der das Volk seiner Provinz zusehen konnte, wie der Abgesandte des Kaisers, Herodes, ihm sein Mandat überreichte und selbst so beschämt wurde, dass er sich eilends davonmachte. Und zwar ohne sein Getreide – das Flaccus nun zweifellos für sich beanspruchen wird. Die Juden wurden durch die Schmähung so aufgestachelt, dass sie nun revoltieren und sich damit dummerweise selbst in eine Lage bringen, aus der nur Flaccus sie retten kann, unter der Bedingung, dass sie in seine Forderungen einwilligen.»

«Er ist ein raffinierter Mann», kommentierte Magnus anerkennend, als sie die Soma erreichten. «Aber ich denke, Ihr solltet nicht länger darüber grübeln, Herr. Lasst uns das erledigen, wozu wir hergekommen sind, und dann von hier verschwinden und dieses Drecksloch sich selbst überlassen. Sollen sie doch alle verschimmeln.»

Während Hortensius ihre Leibgarde am Tor zur Soma anhalten ließ, fand Vespasian sich seufzend damit ab, dass Flaccus ihn geschickt ausgespielt hatte. Jegliche Vergeltung für diese Schmach musste jetzt warten. Immerhin fand er eine gewisse Genugtuung darin, dass er ihm Flavia wegnahm. Er ergriff sie bei der Hand, um ihr von ihrem Sitz herunterzuhelfen. «Ist dir im Hinblick auf den zeitlichen Ablauf alles klar, meine Liebe?»

«Vollkommen, Vespasian.»

«Gut. Hortensius, warte hier auf uns, wir werden nicht lange bleiben. Die Dame wünscht, den großen Alexander zu sehen.»

Die Sonne hatte schon fast den Horizont erreicht, und der Alexandertempel war von einem bernsteinfarbenen Licht erfüllt, das eine friedvolle Atmosphäre erzeugte – ein krasser Gegensatz zu der Gewalt, die nur ein paar Meilen entfernt wütete. Vespasian und Magnus standen unter der großen Reiterstatue und sahen zu, wie der Priester Flavia an dem Wachposten vorbei und die Treppe zur Grabkammer hinunterführte. Ziri blieb nicht weit vom Eingang stehen, wie man es von einem Sklaven erwarten würde, der seiner Herrin aufwartete. Vespasian hatte das Angebot des Priesters abgelehnt, die Grabkammer ein zweites Mal zu besuchen, mit der plausiblen Begründung, dass auch Augustus sie nur einmal betreten hatte. In Wahrheit jedoch war es von entscheidender Wichtigkeit, dass Flavia allein am oberen Ende der Treppe wieder zum Vorschein kam, während der Priester sein kurzes Reinigungsritual vollzog.

Während Flavia auf der Treppe verschwand, wandte Vespasian sich an Magnus. «Geh und nimm genau gegenüber vom oberen Treppenabsatz Aufstellung. Wenn Flavia zurückkehrt, wird sie sich umdrehen und auf mich zugehen. Sobald du den Priester heraufkommen siehst, reibst du dir die Nase, dann gebe ich ihr das Zeichen, in Ohnmacht zu fallen.»

«Alles klar, Herr. Hoffen wir, dass Ziri nicht das ganze Brot aufisst, das für die Gänse bestimmt ist, während er dort unten wartet», sagte Magnus mit schiefem Grinsen, dann bezog er seinen Posten.

Vespasian warf einen raschen Blick zu Ziri, der ihm zunickte und auf den Beutel klopfte, den er über der Schulter trug. Der kleine Marmaride war bereit. Als Nächstes richtete

Vespasian seine Aufmerksamkeit auf den bärtigen Wachposten. Er trug die Uniform der *Argyraspiden*, der altgedienten Elite der Phalangiten, die das Rückgrat von Alexanders Infanterie gebildet hatten: einen Helm aus Bronze mit Helmbusch in thrakischem Stil, einen Kürass aus braunem Leder über einem schlichten weißen Chiton, bronzene Beinschienen und einen kleinen, runden, silberbeschlagenen Schild – von dem der Name dieser Einheit abgeleitet war –, verziert mit einer bronzenen Einlegearbeit in Form des sechzehnzackigen Sterns von Makedonien. Er war mit einem kurzen Schwert bewaffnet, das an einem Lederriemen über seiner rechten Schulter befestigt war, sodass das Schwert an seiner linken Seite hing. Senkrecht in der Hand hielt er die gefürchtete sechzehn Fuß lange, mit beiden Händen geführte Pike, die alle gegnerischen Armeen vernichtet hatte, bis sie auf das römische Pilum getroffen war. Er und seine vier Kollegen, von denen zwei am Eingang zum Tempel Wache standen und zwei am Tor der Soma, waren die einzigen Soldaten, denen Rom noch gestattete, die Uniform zu Ehren Alexanders zu tragen. Vespasian betete zu Mars Victor, dieser zeremonielle Wachposten möge nicht dieselbe unerschütterliche Disziplin an den Tag legen, die seine Vorgänger befähigt hatte, das größte Weltreich aller Zeiten zu erobern, sondern er werde seine Position verlassen, um einer leidenden Dame zu Hilfe zu kommen.

Nach einer scheinbaren Ewigkeit – auch wenn es in Wirklichkeit wohl nicht einmal die Hälfte der Zeit war, die Vespasian selbst ein paar Tage zuvor in der Grabkammer verbracht hatte – kam Flavia wieder zum Vorschein. Als sie das obere Ende der Treppe erreichte, blieb sie leicht schwankend neben dem Wachmann stehen. Sie stöhnte leise, als wäre sie ganz überwältigt von dem, was sie eben gesehen hatte, und legte eine Hand auf den muskulösen Arm des Mannes, um sich zu stützen. Er schaute besorgt auf sie hinunter. Vespasian grinste innerlich. Sie verstand sich auf den Umgang mit Männern, die Berührung hatte eine kleine Bindung zwischen ihnen geschaffen. Flavia lächelte dem Wachmann entschuldigend zu, tätschelte seinen Arm, drehte sich zu Vespasian um und ging unsicheren Schrittes auf ihn zu. Vespasian hielt den Blick auf Magnus gerichtet. Als Flavia vier Schritte gegangen war, hob Magnus die Hand an die Nase. Vespasian schaute Flavia an und nickte. Mit einem leisen Aufschrei brach sie zusammen. Der Wachmann fuhr herum, ließ sofort seine Pike los, die scheppernd auf den Boden fiel, und eilte der Frau zu Hilfe, die ihn eben noch so sanft berührt hatte. Gleichzeitig erschien der Priester am oberen Ende der Treppe. Er schaute sich nach der Ursache des Lärms um und hastete ebenfalls zu seinem vormaligen Schützling.

«Flavia!», rief Vespasian. Er lief auf sie zu, während der Wachmann niederkniete und ihren Kopf von dem kalten Marmorboden hob.

«Was ist geschehen?», fragte der Priester, der dem Wachmann besorgt über die Schulter schaute.

«Ich weiß es nicht», erwiderte Vespasian mit zutiefst besorgter Miene. Als er aufblickte, sah er Magnus näher kommen; Ziri war verschwunden. «Magnus, schick Ziri hinaus, die Sänften sollen bereit gemacht werden.»

«Er ist bereits auf dem Weg, Herr.»

«Gut, dann hilf mir, sie aufzuheben.»

«Es geht schon», flüsterte Flavia, und ihre Lider flatterten, ehe sie die Augen aufschlug, «ich fühle mich sicher gleich wieder besser. Es ist nichts weiter, ich war nur so unglaublich beeindruckt.» Sie setzte sich auf, wobei der Wachmann einen Arm um ihre Schultern legte, um sie zu stützen.

«Ich habe dergleichen schon früher erlebt», sagte der Priester ernst. «Manche Menschen werden bereits von Ehrfurcht ergriffen, wenn sie nur durch den Schacht auf Alexanders Gesicht hinunterschauen.»

«Ihm in der Kammer so nah zu sein war eine überwältigende Erfahrung, erst recht für eine Frau», sagte Flavia freundlich. «Ich würde Euch raten, keine Frauen dort hinunterzulassen, in die Nähe eines solch mächtigen Mannes.»

Der Priester nickte bedächtig. «Da könntet Ihr recht haben, meine Dame. Ich werde ein Priesterkomitee einberufen, um über unsere bisherige Praxis zu beraten.»

«Ihr seid sehr gütig», sagte Flavia innig und kam mit der Hilfe des Wachmannes auf die Beine. «Es geht mir schon viel besser. Alexanders schlummernde männliche Kraft ist wie durch mich hindurchgeströmt. Vespasian, wollen wir gehen? Ich empfinde das dringende Bedürfnis, die Umarmung eines Mannes zu spüren.»

«Ja, lass uns gehen, Flavia», erwiderte Vespasian. Er hoffte, sie möge nicht noch melodramatischer werden.

Flavia ergriff seinen Arm und schaute den Wachmann mit großen Augen an. «Danke, mein starker Wächter des Alexander.»

Der Mund des Mannes verzog sich unter dem buschigen Bart zu einem breiten Grinsen. Vespasian führte Flavia zum Ausgang, ein starres Lächeln auf dem Gesicht. «Komm, meine Liebe.»

«Ich werde zu Alexander für Euer Wohlergehen beten», rief der Priester ihnen nach, während sie ins Freie traten.

Felix erwartete sie am Fuß der Treppe, den Blick auf den kleinen Pferch mit Gänsen neben dem Tempel gerichtet. Er trug einen leeren Sack über der Schulter. «Ist er drinnen?», fragte er, als sie außer Hörweite der äußeren Wachen waren.

«Ja», antwortete Vespasian. «Es ist gutgegangen, auch wenn es zum Ende hin etwas theatralisch wurde. Wir sehen uns später, Felix.»

«Gut. Ich bin zur fünften Stunde der Nacht im Boot unter Eurer Terrasse. Den Brustpanzer bringe ich mit. Jetzt werde ich noch die letzten zwei Dinge beschaffen, die wir benötigen.»

«Das, mein Lieber, war keine Theatralik», teilte Flavia ihm mit, während Felix in Richtung des Gänsepferchs in der Dämmerung verschwand. «Das habe ich getan, damit diese beiden Männer, wenn sie den Zwischenfall im Geiste noch einmal Revue passieren lassen, nur mich sehen. Ihnen wird nicht auffallen, dass Ziri niemals von seinem Standpunkt aus einen Befehl von Magnus entgegengenommen haben und dann zur Tür hinausgelangt sein kann – nicht in der kurzen Zeit zwischen meinem Zusammenbruch und Magnus' Behauptung, er sei schon fort, nachdem du so törichterweise die Aufmerksamkeit auf sein Fehlen gelenkt hattest.»

«Das hätten sie niemals bemerkt.»

«Jetzt werden sie es jedenfalls nicht bemerken, weil ich dafür gesorgt habe.»

Vespasian wollte nicht mit ihr streiten. Sie hatte tapfer mitgespielt, und ohne sie hätten sie diesen Teil ihres Plans nicht umsetzen können. «Und ich bin sicher, sie werden die

Erinnerung hegen. Jetzt, meine Liebe, solltest du deine Dienerinnen fertig packen lassen, sobald wir zurück sind, und sie an Bord des Schiffes schicken. Mit etwas Glück werden wir bei Tagesanbruch lossegeln.»

«Das habe ich bereits getan. Ich freue mich ja so darauf, mit dir nach Rom zurückzukehren.»

Vespasian schaute sie an und lächelte. «Ich freue mich auch, meine Liebe.»

Der Nachthimmel leuchtete vom Widerschein der Flammen, als sie sich dem Palastkomplex näherten. Aus dem Judenviertel dahinter waren die Schreie der Kämpfenden zu hören.

«Es scheint schlimmer zu werden», rief Hortensius ihnen über die Schulter zu, als eine Horde Griechen einen schreienden Juden in ihre Richtung zerrte. «Ich denke, Ihr solltet jetzt aus den Sänften steigen und zu Fuß weitergehen, Senator.»

«Gut», willigte Vespasian ein und gab seinen und Flavias Trägern das Zeichen zum Anhalten.

«Warum müssen wir zu Fuß gehen?», fragte Flavia, während Magnus ihr beim Absteigen half.

«Weil wir Euch so im Fall eines Angriffs besser verteidigen können. Wir wollen doch nicht riskieren, dass Euch etwas zustößt, nicht wahr?» Seit ihrem Auftritt vorhin hatte er eine deutlich höhere Meinung von ihr.

Auf den letzten paar hundert Schritt zum Palast kamen sie an wilden Horden vorbei, die zu den Schauplätzen der Kämpfe rannten oder von diesen flüchteten. Es überraschte Vespasian nicht mehr, keine Legionäre auf den Straßen zu sehen. Flaccus verfolgte offenbar seine gewagte Politik, mit der er das Leben zahlreicher Juden aufs Spiel setzte. Er war sichtlich entschlossen, als Sieger aus der Angelegenheit hervorzugehen und sie unter seine Herrschaft zu zwingen.

Je näher sie dem Palasttor kamen, umso ruhiger war es auf der Straße, da der Pöbel die starke Wache aus kampfbereiten Legionären fürchtete, die dort postiert war.

Hortensius salutierte vor ihrem Centurio. «Optio Hortensius mit der Eskorte für Senator Titus Flavius Vespasianus.»

«Ah, Senator», sagte der Centurio, «da ist ein Mann, der seit einer halben Stunde auf Euch wartet. Er sagt, sein Name ist Nathanael. Er ist vom Judenviertel aus an der Küste entlanggeschwommen.» Er zog einen blutigen, zerschunden aussehenden Mann nach vorn. «Wir haben ihm zuerst nicht geglaubt, dass er Euch kennt», fügte er hinzu, um den Zustand des Mannes zu erklären.

«Senator, Ihr müsst uns helfen», sagte Nathanael und trat in den Fackelschein.

Vespasian musterte ihn und erkannte ihn als den Bruder des Mannes wieder, der ein paar Tage zuvor auf der Kanopischen Straße ermordet worden war. «Was willst du, Nathanael?»

«Ihr sagtet, Ihr würdet dafür sorgen, dass die Mörder meines Bruders zur Rechenschaft gezogen werden, weil Ihr dem Alabarchen einen Gefallen schuldetet. Wie Ihr wisst, wurden die Mörder verschont, also seid Ihr den Gefallen noch immer schuldig.»

«Und?»

«Der Alabarch und seine Söhne werden in einem Tempel nicht weit von hier belagert. Sie haben ein paar Männer bei sich, aber sie können nicht mehr lange durchhalten. Der Prediger hat seine Anhänger dazu gebracht, sich mit den Griechen zu verbünden. Der Alabarch hat mich hergeschickt, kurz bevor das Gebäude ganz umstellt war, um Euch um Hilfe zu bitten. Werdet Ihr kommen?»

Magnus sah Vespasian mit hochgezogenen Augenbrauen an. «Nun?»

«Nun, ich stehe in seiner Schuld, und außerdem ist mir der Gedanke zuwider, dass Paulus sich daran ergötzt, ihn und seine Söhne umzubringen. Wir gehen hin. So bekommen wir vielleicht auch gleich noch eine Gelegenheit, diesem widerlichen kleinen Eiferer den Garaus zu machen.»

«Wenn wir hingehen, dann geht Ihr aber nicht so. Eine Toga hat Caesar im Theater des Pompeius nicht am Leben erhalten.»

«Du hast recht, wir sollten uns richtig bewaffnen. Hortensius, warte hier mit diesem Mann und befiehl deinen Leuten, ihre Klingen zu schärfen, wir sind gleich zurück.»

Hortensius salutierte zackig.

«Ihr könnt nicht Legionäre ins Judenviertel führen, Senator», protestierte der Centurio.

«Warum nicht?»

«Weil das gegen die Befehle wäre. Der Präfekt hat es verboten.»

«Das glaube ich gern, aber hat er auch verboten, dass Senatoren hineingehen?»

Der Centurio schaute ihn verwirrt an.

«Ich gehe, Centurio, und wenn Hortensius und seine Männer nicht mitkommen, würde er gegen den ausdrücklichen Befehl des Präfekten verstoßen, mich während meines Aufenthalts in Alexandria überallhin zu begleiten.»

Der Kampflärm klang näher, als Vespasian, jetzt mit Schild und seinem bronzenen Brustpanzer, Magnus und Nathanael an seiner Seite, Hortensius und dessen Männer in schnellem Laufschritt durch die Rauchschwaden ins Judenviertel führte. Durch die Hitze von den Feuern überall in der Umgebung war ihm bereits der Schweiß ausgebrochen, und seine Kopfhaut juckte unter dem Filzfutter seines Legionärshelms. Marcus Antonius' Schwert schlug beim Laufen gegen seinen rechten Oberschenkel, und die Spannung ergriff von seinem ganzen Körper Besitz, als er daran dachte, diese Waffe zum ersten Mal im Zorn zu gebrauchen, in derselben Stadt, in der sie dem Leben ihres ersten Besitzers ein Ende gemacht hatte.

Da plötzlich eine Einheit bewaffneter Legionäre in das Gebiet vordrang, aus dem sich die Obrigkeit bislang völlig herausgehalten hatte, ließen die Horden plündernder Griechen die größeren Stücke ihrer Beute fallen und rannten in Seitengassen davon. Hier und da wurden Steine nach den Soldaten geworfen, die jedoch von ihren Schilden abprallten, ohne Schaden anzurichten.

«Noch zwei Straßenabschnitte, dann biegen wir links ab in Richtung Meer», sagte Nathanael mit zusammengebissenen Zähnen zu Vespasian, in der rauchgeschwängerten Luft nach Atem ringend. «Der Tempel steht am Ende der Straße.»

Überall lagen verstümmelte Leichen, abgetrennte Körperteile und Schutt herum. Im Vergleich kam Vespasian der Aufstand in Kyrene wie ein harmloses Missverständnis unter Nachbarn vor: leicht beizulegen und bald wieder vergessen.

«Ich weiß ja nicht, wie es Euch geht, Herr, aber mir kommt allmählich die Befürchtung, dass vier *Contubernia* nicht reichen werden, um es mit der gesamten griechischen Bevölkerung aufzunehmen», bemerkte Magnus, als wieder einmal ein Stein gegen seinen Schild schlug. «Ich würde gern viel mehr genagelte Sandalen hinter mir trampeln hören.»

«Es ist müßig, sich darüber Gedanken zu machen, wir haben nun einmal nicht mehr Leute», entgegnete Vespasian gereizt. «Wir können nur hoffen, dass die Autorität Roms die Oberhand gewinnen wird und wir die Freilassung dieser Männer befehlen können.»

Magnus schnaubte, sagte jedoch nichts.

Bald hatten sie das Ende des zweiten Straßenabschnitts erreicht und bogen nach links auf eine breite Straße ab. Vespasian hielt im Laufen inne und zauderte. Die Straße war mit Leichen übersät, teils schwelend, vom Feuerschein der brennenden Häuser zu beiden Seiten beleuchtet. Der Gestank verbrannten Fleisches hing schwer in der Luft. Aus einer gewaltigen Menge fünfzig Schritt voraus drangen heisere, gequälte Schreie. Dahinter sah Vespasian einen jüdischen Tempel lichterloh in Flammen stehen.

Nathanael stöhnte. «Wir kommen zu spät, sie häuten die Gefangenen lebendigen Leibes.»

Vespasian ließ seinen kleinen Trupp anhalten. «Hortensius, befiehl den Männern, sich zu einem Rechteck zu formieren, die Gesichter nach außen.»

«Wir dringen doch nicht etwa in diese Menge ein?», fragte Magnus ungläubig. Er nahm seinen Platz an Vespasians rechter Seite ein, während die Legionäre sich rasch formierten.

«Nicht, wenn sie wissen, was gut für sie ist. Gladii ziehen und im Schritttempo vorrücken!»

Das kleine Rechteck aus Männern, von denen manche

rückwärts und andere seitwärts wie Krebse gehen mussten, schob sich vorwärts, die Schilde dicht zusammen, die geschärften Klingen ihrer Schwerter, die im Feuerschein orange glänzten, in den Lücken bereit.

Die Schreie aus der Menge hielten an, doch allmählich nahm der Pöbel die Anwesenheit der Römer wahr. Bis das Rechteck auf zwanzig Schritt heran war, hatten Hunderte Gesichter sich ihnen zugewandt.

«Halt!», befahl Vespasian.

Mit einem Stampfen von genagelten Sandalen auf Stein kam die Formation zum Stehen.

Der Lärm der Menge verebbte, nur aus ihrer Mitte erschollen weiter die Schmerzensschreie der Gemarterten.

«Wer führt hier das Kommando?», rief Vespasian.

Kurz blieb es still, dann trat eine Gruppe aus vier Männern ein wenig vor.

«Was wollt Ihr, Römer?», fragte der Anführer, ein großer, muskulöser Mann mit kurzem schwarzem Haar und Vollbart. Er hielt einen Knüppel in der Hand, durch dessen dickes Ende ein langer Nagel getrieben war.

«Ich will es vermeiden, euch zu töten. Wie heißt du?»

«Isodoros. Aber das ist kein Geheimnis, Flaccus kennt mich bereits.»

«Und Flaccus hat euch erlaubt, nach Herzenslust zu morden und Häuser in Brand zu stecken?»

Isodoros lächelte kalt. «Der Präfekt hat uns keine Versprechungen gemacht. Aber er hat auch nichts unternommen, um uns an dem Versuch zu hindern, diese Stadt von dem Geschwür in ihrem Inneren zu befreien; von denen, die sich weigern, die Göttlichkeit des großen Caesar anzuerkennen, und doch für sich die gleichen Rechte beanspruchen wie wir, seine gesetzestreuen Untertanen.»

«Das ist offensichtlich, aber ich bin nicht Flaccus und unterstehe auch nicht seiner Autorität. Ich wurde vom Kaiser in diese Provinz entsandt, und dem Kaiser werde ich Bericht erstatten, wenn ich nach Rom zurückkehre. Du hast also die Wahl, Isodoros: Komm und töte mich und sieh, wie viele deiner Leute wir mit unseren Schwertern niederstrecken, ehe ihr uns mit euren Stöcken und Essmessern überwältigt. Oder gib uns die Gefangenen heraus, die ihr aus diesem Tempel gezerrt habt, ehe wir kommen, um sie zu holen.»

«Das wird Euch nie gelingen.»

Vespasians Blick verhärtete sich. «Lass es nur darauf ankommen, Isodoros. Wir werden leicht zehn von deinem Pack für jeden Legionär töten, das macht mehr als dreihundert, und du wirst der Erste sein.» Er ließ den Blick über die Menge gleiten. «Wer von euch tapferen Ladenbesitzern, Tavernenwirten und Dieben ist gewillt, einer der dreihundert zu sein, die mit Isodoros sterben, damit ihr eure Gefangenen behalten könnt?» Er zeigte mit der Schwertspitze auf einen dicken Mann mit Halbglatze, dessen Hände und Tunika blutverschmiert waren. «Du vielleicht?» Der Mann wich in die Menge zurück. «Was ist mit dir?», schrie er und zeigte auf den Mann daneben, der sich ebenfalls zurückzog. «Mir scheint, du hast ein Problem, Isodoros. Deine tapferen Bürger hängen zu sehr am Leben, als dass sie es opfern würden, um deine Gefangenen festzuhalten, damit du ihnen die Haut vom Leib reißen kannst. Also entscheide dich, Isodoros, jetzt!»

Der Grieche schaute sich unter seiner zusammengewürfelten Horde aus unzureichend bewaffneten Stadtbewohnern um und erkannte, dass sie nicht den Mut aufbringen würden, es mit gut ausgebildeten Legionären und deren Schwertern aufzunehmen. Er trat beiseite.

«Sehr weise», höhnte Vespasian. «Formation! Im Schritttempo vorrücken.»

Die Legionäre setzten sich wieder in Bewegung, langsam, immer darauf bedacht, dass auch diejenigen, die nicht vorwärtsgingen, hinter ihren Schildwall geduckt die Formation halten konnten. Die Menge teilte sich vor ihnen und wich weit genug zurück, um nicht in die Reichweite der Klingen zu geraten, die zwischen den Schilden herausragten, bereit, zu töten oder zu verstümmeln.

«Ich mag nicht daran denken, wie unsere Chancen stehen, wenn ihnen plötzlich Eier wachsen», murmelte Magnus, als sie sich der Mitte der Menge näherten.

Die gequälten Schreie der Gefangenen waren verstummt, und es herrschte eine unnatürliche Stille, die nur von den gleichmäßigen Schritten der Soldaten durchbrochen wurde.

Plötzlich tat sich vor ihnen ein abscheuliches Bild des Gräuels auf: Drei Männer und eine Frau waren nackt an ein hölzernes Gerüst gefesselt, an den Handgelenken aufgehängt, sodass ihre Zehen nur gerade eben den Boden berührten. Ihre Köpfe waren auf die Brustkörbe gesunken, die sich von der Anstrengung des Atmens und dem Schmerz von ihren grauenhaften Verletzungen mühsam hoben und senkten. Sie befanden sich in unterschiedlichen Stadien der Häutung. Der Mann, der Vespasian und seinem Trupp am nächsten war, schien noch Glück gehabt zu haben; ihm war nur ein handbreiter Streifen Haut vom Rücken gerissen worden, der jetzt schlaff von der Taille herabhing wie das Ende eines blutgetränkten Gürtels. Die anderen waren weniger glimpflich davongekommen. Ihnen hing von den Taillen reichlich Haut, die leicht schwang wie gespenstische Röcke, wenn ihre Körper sich wanden. In der Mitte des Gerüsts, die Blicke ungläubig erst auf die Römer und dann wieder auf die Opfer gerichtet, befand sich eine Gruppe männlicher Gefangener, die noch ihr Schicksal erwarteten. Unter ihnen entdeckte Vespasian Alexander, der am Boden kauerte, einen Arm um seinen jüngeren Sohn Marcus gelegt.

«Umstellt diesen Bereich!», befahl Vespasian.

Das Rechteck löste sich auf, und die Legionäre bildeten stattdessen einen Ring um das Gerüst. Der Pöbel machte keine Anstalten, sich einzumischen, sondern zog sich von seinen Opfern zurück und verfolgte das Geschehen in düsterem Schweigen. Es schien, als hätte das Eintreffen der Römer den Bann des Hasses gebrochen und die Leute schämten sich jetzt ihrer Taten.

«Ich hätte nicht gedacht, dass Nathanael durchkommen würde», sagte Alexander und deutete auf den am wenigsten verletzten Mann. «Schneidet ihn los», drängte er, «schnell.»

Mit einem raschen Schnitt durchtrennte Vespasians Klinge die Fesseln des Mannes, und Alexander fing ihn auf, als er in sich zusammensackte. «Ach, mein Sohn, mein Sohn», weinte Alexander, «was haben sie dir nur angetan?» Er sank auf die Knie, bettete den Kopf des Mannes in seinen Schoß, und Vespasian erkannte, dass es kein Mann, sondern noch ein Knabe war: Tiberius, Alexanders älterer Sohn. Er stöhnte leise.

«Er wird es schaffen, Herr», meldete sich Magnus zu Wort. «Ich habe dergleichen schon in Germanien gesehen, wo wir ein paar Kameraden vor den Einheimischen gerettet haben. Wem nur ein Streifen Haut fehlt, so wie bei ihm, der überlebt.» Er schaute die anderen zwei Männer und die Frau an, an deren Oberkörpern fast nur noch rohes Fleisch zu sehen war. «Aber für die anderen gibt es keine Hoffnung. Wir sollten sie schnell von ihrem Leiden erlösen und dann zusehen, dass wir von hier verschwinden.»

«Einverstanden, aber ich werde es tun», erwiderte Alexander. «Marcus, hilf deinem Bruder.» Er legte Tiberius' Kopf in den Schoß seines jüngeren Sohnes und stand auf. «Gebt mir Euer Schwert, Vespasian, mein Freund.»

«Ihr müsst Euch beeilen», sagte Vespasian und reichte ihm die Waffe.

Alexander nickte und ging zu der bewusstlosen Frau. Ihr Oberkörper war gehäutet, eine Brust abgeschnitten. Er flüsterte etwas in ihr taubes Ohr, ehe er ihr die Klinge ins Herz stieß; ein leiser Hauch entwich ihr.

«Philon», sagte er zu einem alten, graubärtigen Mann in den Sechzigern, «du und ich, wir tragen sie gemeinsam.»

«Wir haben keine Zeit, die Toten mitzunehmen», wandte Vespasian ein.

Alexander funkelte ihn an. «Sie war meine Frau, ich werde sie nicht hier zurücklassen. Mein Bruder und ich tragen sie.»

Die beiden Männer wurden ebenso rasch erlöst, und die übrigen Gefangenen hoben die Leichen auf.

«Er war hier, wisst Ihr», sagte Alexander, als er Vespasian das Schwert zurückgab. «Er und seine Anhänger waren es, die das Volk zu solcher Grausamkeit aufgehetzt haben.»

«Paulus? Ich weiß. Aber warum? Er ist doch selbst Jude.»

«Nicht mehr. Vergesst nicht, er folgt nun seiner eigenen Religion, die uns Juden hasst.»

«Und wo ist er jetzt?»

«Er und seine Anhänger haben sich davongemacht, als Ihr ankamt.»

«Tiere waren das», stieß Philon hervor. «Sie haben uns mit Peitschen geschlagen wie gemeine ägyptische Bauern vom Feld. Sie haben uns nicht einmal die Würde der Rute zugestanden, wie es unserem Rang gebührt hätte. Und die Männer, die uns gepeitscht haben, waren Griechen der untersten Klasse. Es war eine Schmach.»

Vespasian schaute ihn ungläubig stirnrunzelnd an, dann wandte er sich an Hortensius. «Optio, bildet einen viereckigen Rahmen, zwei Mann tief, die Gesichter nach vorn. Wir marschieren hier hinaus wie Römer, wir laufen nicht davon wie dieser mordende Abschaum.»

In wenigen Augenblicken hatten die Legionäre Alexander und seine Landsleute in die Mitte genommen. Nathanael half Marcus mit dessen Bruder, der inzwischen wieder so weit bei Bewusstsein war, dass er das volle Ausmaß der Schmerzen spürte.

Auf Vespasians Befehl marschierten die Legionäre los, in schnellem Marschtritt und mit gezogenen Schwertern.

«Wir sollten uns beeilen», sagte Magnus, als sie von der Straße nach rechts abbogen, «Felix erwartet uns bald.»

«Er wird sich gedulden müssen», entgegnete Vespasian. «Ich laufe nicht aus einem Gebiet davon, das theoretisch der römischen Herrschaft untersteht.»

Magnus zuckte die Achseln und warf einen Blick über die Schulter. «Sie scheinen uns nicht zu folgen. Wahrscheinlich sind sie schon auf der Suche nach ein paar anderen armen Hunden, denen sie das Fell über die Ohren ziehen können.»

«Vielleicht, aber ein anderer Hund scheint etwas anderes im Sinn zu haben», murmelte Vespasian, da im flackernden Feuerschein vierhundert Schritt voraus Dutzende schattenhafter Gestalten aus Seitenstraßen strömten und in breiter Front die Straße versperrten. Nach dem metallischen Glänzen aus ihren Reihen zu urteilen, waren sie mit mehr als nur mit Knüppeln und Messern bewaffnet.

«Ich könnte wetten, Ihr wisst den Namen dieses speziellen Hundes», kommentierte Magnus, der nun auch die Bedrohung gewahrte.

Vespasian lächelte verbissen. «Ich denke schon. Dieses widerwärtige, krummbeinige kleine Dreckstück.»

Fünfzig Schritt vor der gegnerischen Linie ließ Vespasian die Legionäre anhalten, löste sich aus der schützenden Formation und trat vor. «Im Namen des Kaisers, lasst uns durch, dann wird keinem von euch ein Leid geschehen», rief er laut genug, dass alle es hören konnten.

«Wir achten niemanden höher als Gott und seinen Sohn, unseren Herrn Jeschua, unseren Erlöser, den Christos. In seinem Namen fordern wir, dass Ihr die Obersten des Volkes, das ihn getötet hat, in dieser Stadt ausliefert», rief eine vertraute Stimme zurück, und Paulus trat durch die Rauchschwaden vor.

«Du bist nicht in der Position, Forderungen zu stellen, Paulus. Gib den Weg frei.»

Der Mann erschrak, als er bei seinem Namen angeredet wurde, und spähte durch den Rauch.

«Ich will deinem Gedächtnis auf die Sprünge helfen, Paulus: In Kyrene hätte mir wohl doch das Messer ausrutschen sollen, dann wären viele Leben verschont geblieben.»

«Ihr! Nun, das fügt sich. So kann ich das Vergnügen persönlicher Rache mit dem Werk des Herrn verbinden. Gebt diese Männer heraus, Vespasian, sonst kommen wir und holen sie uns. Wir werden Euren jämmerlichen kleinen Trupp umzingeln und auseinanderreißen. Denkt daran, diesmal habt Ihr es nicht mit furchtsamen Krämern zu tun; diese Männer sind bewaffnet und bereit, ihr Leben für das Werk Gottes in der Gewissheit zu lassen, dass sie geradewegs in den Himmel kommen werden, weil Jeschua Christos sie von ihren Sünden erlöst hat.»

«Ich habe keine Ahnung, was du da faselst, aber wenn dieser Himmel ein Ort ist, an den Eiferer wie du kommen, dann will ich nichts damit zu tun haben.» Vespasian drehte sich auf dem Absatz um und brüllte: «In Keilformation!»

Vespasian nahm seinen Platz an der Spitze des Keils ein, mit Magnus hinter seiner rechten und Hortensius hinter der linken Schulter. Die Legionäre fächerten sich hinter ihnen auf, wobei sie die geretteten Juden in die Mitte nahmen.

«Er ist seit unserer letzten Begegnung nicht sympathischer geworden, wie?», bemerkte Magnus und prüfte den Riemen an seinem Helm. «Ich bin gespannt, ob seine Männer wirklich bereit sind, für diesen Gott zu sterben.»

«Ich habe das ungute Gefühl, dass jeder von ihnen sich darum reißen wird, der Erste zu sein», erwiderte Vespasian. Zorn kochte in ihm hoch bei dem Gedanken, dass Paulus seinen Anhängern weisgemacht hatte, sie könnten ihr Leben wegwerfen und dafür irgendeine Belohnung erwarten. Alexander hatte recht gehabt: Es war eine höchst gefährliche Religion und nicht von dieser Welt. «Hortensius, sind die Männer bereit?»

«Ja, Senator.»

«Vorwärts!»

Vespasian führte den Keil im Laufschritt an und steuerte direkt auf Paulus zu. Der zog sich rasch in die Menge seiner Anhänger zurück, denen es beim Anblick einer soliden Formation, die nur mehr zwanzig Schritt entfernt war und sich rasch näherte, sichtlich mulmig wurde.

«Er scheint es nicht besonders eilig zu haben, in seinen Himmel zu kommen», schnaufte Magnus.

Vespasian spähte mit zusammengekniffenen Augen über den Rand seines Schildes. Er fühlte das perfekt ausbalancierte Schwert in seiner Hand und hatte nur einen Wunsch: Paulus zu töten.

Zehn Schritt vor dem Zusammenstoß beschleunigte Vespasian, und die Legionäre hinter ihm rannten mit und hielten die Formation zusammen. Paulus' Anhänger blieben stehen, wirkten jedoch wenig entschlossen: Als der mit Schilden und Klingen bewehrte Keil auf sie zuschnellte, geriet ihre Frontlinie ins Wanken. Mit einem plötzlichen Aufschrei sprang ein junger Mann vor und packte mit der linken Hand den oberen Rand von Vespasians Schild. Vespasian rammte den Schildbuckel gegen den Körper des Gegners und schlug mit seinem Helm auf die weißen Fingerknöchel, sodass die Haut aufplatzte und Knochen brachen. Es folgte ein wohlgezielter Schwertstoß von Hortensius, und der Mann ging in einem Schwall von Blut zu Boden. Doch sein Beispiel genügte, und während der Keil in die wankende Linie eindrang, schweißte der Anblick des Blutes ihres Kameraden Paulus' Anhänger zusammen und trieb sie dazu, tollkühn zu kämpfen. Mit irrem Geschrei warfen sie sich den heranstürmenden Römern entgegen, hieben mit ihren Schwertern wahllos auf Schildränder ein und brachen sich die Rippen an Schildbuckeln, die ihnen entgegengestoßen wurden. Die Flanken der Linie begannen vorzurücken, um die Römer zu umzingeln.

Vespasian schlug sich durch die erste und zweite Reihe, den Schild fest vor sich gehalten, sodass die Muskeln an seinem linken Arm vor Anstrengung hervortraten. Er setzte die Klinge wie eine Verlängerung seines Arms ein, stach damit vorwärts in den weichen Bauch eines Mannes, dann zog er sie mit einer heftigen Drehung wieder heraus, riss sie in blutigem Bogen hoch, um einen Schlag von rechts zu parieren, dass Funken sprühten, während er mit seiner genagelten Sohle seinem Opfer die Kniescheibe zertrümmerte. Schwer atmend stieß er den schreienden Mann mit dem Fuß beiseite, während Magnus dem Angreifer zu seiner Rechten den Arm abschlug, und rückte gegen die dritte Reihe vor. Hinter ihm zwang der breiter werdende Keil die Gegner zurück, sodass sie immer enger zusammengedrängt wurden. Schwerter fuhren zwischen den Schilden hervor in die Masse ungeschützten menschlichen Fleisches zu beiden Seiten der Formation, schlitzten Bäuche auf, dass schleimige graue Innereien herausquollen und der Gestank von Verdauungsgasen und Kot die Luft verpestete.

Gerade als die hintersten Legionäre mit einem einstimmigen Ächzen gegen die in Unordnung geratene, zerrissene Front der Gegner prallten, stieß Vespasian beide Arme nach vorn, breitete sie mit Kraft aus und brach durch die dritte Reihe. Sein Schildbuckel krachte gegen die Rippen eines Mannes zu seiner Linken, sein Schwertknauf in den Mund des letzten Gegners, der noch zwischen ihm und dem Palast stand. Die Schneidezähne des Mannes splitterten, sein Kiefer wurde ausgerenkt, und er stürzte schreiend rücklings, das schmerzverzerrte Gesicht vom Schein eines brennenden Hauses beleuchtet. Als er mit dem Hinterkopf auf dem Straßenpflaster aufschlug, durchlief ein heftiges Beben seinen ganzen Körper, und sein Schrei verstummte. Mit der mechanischen Reaktion, die aus jahrelanger Übung entstanden war, stieß ein Legionär sein Schwert in den Hals des leblosen Mannes, während er über ihn hinwegstieg.

Sie waren durch.

Vespasian verlangsamte seinen Schritt, damit die Männer hinter ihm zusammenhalten konnten, während das breite Ende des Keils sich mit Hauen und Stechen durch das Gewirr der toten und lebenden Leiber vorarbeitete, verzweifelt darauf bedacht, dass ihnen die beiden Flanken des Gegners, die sich hinter ihnen wieder zusammenschlossen, nicht in den Rücken fielen. Ihre Aufgabe wurde dadurch erleichtert, dass die Schreie der Verwundeten und Verstümmelten denjenigen von Paulus' Anhängern, die dem Blutvergießen am nächsten waren, den Kampfgeist raubten. Sie begannen, sich zurückzuziehen, um selbst unverletzt davonzukommen. Die Linie teilte sich, und der Keil ging blutverschmiert, aber intakt daraus hervor. Vespasian trabte noch fünfzig Schritt weiter, ehe er einen Blick über die Schulter warf. Als er sah, dass sie nicht verfolgt wurden, ließ er seinen Trupp anhalten. Die Legionäre rangen um Luft nach der intensiven Anstrengung, die zwar kaum hundert Herzschläge gedauert, sich aber zehnmal so lange angefühlt hatte.

«Hortensius, lass die Männer eine Kolonne bilden», befahl Vespasian. Er schaute sich noch einmal um und sah gut zwanzig Leichen auf dem Boden liegen, wo der Keil eine Bresche durch die gegnerische Linie geschlagen hatte. Noch immer gellten die Schreie der Verwundeten, und die Überlebenden, die noch auf den Beinen waren, standen da und blickten verstört auf ihre toten Kameraden. Mitten in diesem Bild des Gemetzels ging eine kleine, krummbeinige Gestalt umher und sprach den Verwundeten Mut zu. Paulus selbst war völlig unversehrt.

Vespasian spuckte aus, dann wandte er sich ab und befahl der Kolonne, weiter zum Palastkomplex zu marschieren, der nur noch fünfhundert Schritt entfernt war.

Am Tor zum Königlichen Hafen ließ Vespasian die Kolonne erneut anhalten und wandte sich an Hortensius. «Optio, stelle zwei Contubernia dazu ab, diese Juden zu meinem Schiff im Hafen zu eskortieren. Dort werden sie wohl bis morgen früh in Sicherheit sein.»

Hortensius schaute ihn skeptisch an. «Aber Senator …»

«Tu es einfach! Ich übernehme die Verantwortung gegenüber dem Präfekten.»

Hortensius lief zum hinteren Teil der Kolonne.

Augenblicke später kamen Alexander und seine Leute mit ihrer Eskorte vorbei. «Ich verdanke Euch mein Leben, Vespasian», sagte der Alabarch, «und auch das meiner Söhne und meines Bruders. Das werde ich Euch nie vergessen.»

«Es tut mir leid, dass wir zu spät gekommen sind, um auch Eure Frau zu retten», erwiderte Vespasian mit einem

Blick auf den blutigen Leichnam, den Alexander und Philon trugen. «Geht jetzt schnell, diese Männer werden Euch zu meinem Schiff bringen. Wir sehen uns morgen früh dort.»

«Wir müssen unsere Toten begraben», wandte Philon ein.

«Nein, Ihr müsst Euch in Sicherheit bringen und Tiberius' Wunde versorgen.»

«Aber unser Gesetz schreibt vor –»

«Komm, Bruder, vergiss dein geliebtes Gesetz», fiel Alexander ihm ins Wort. «Wenn wir es jetzt befolgen, haben wir nachher noch mehr Tote zu begraben. Wir sehen uns morgen früh, Vespasian.» Er führte die Juden mit ihrer grausigen Last davon.

«Wir müssen weiter, Herr», erinnerte Magnus Vespasian.

«Ja, du hast recht», seufzte Vespasian, der sich furchtbar erschöpft fühlte. Er führte den Rest der Kolonne durch das Tor in den Königlichen Hafen, dessen Kais verlassen waren bis auf vereinzelte Ratten, die im Fackelschein umherhuschten.

Sie hatten das andere Ende beinahe erreicht, als das Tor des Palastes geöffnet wurde und Flaccus in voller Uniform heraustrat, begleitet vom Legatus und den Tribunen der XXII Deiotariana.

«Was verdammt noch mal habt Ihr getan, Senator?», brüllte er, und sein Gesicht war vor Wut fast lila.

«Was Ihr selbst hättet tun sollen, statt Euch mit wahnsinnigen religiösen Eiferern zu verschwören: anständigen Leuten das Leben retten.»

«Und wie viele römische Leben hat das gekostet?»

«Keins, und jetzt geht mir aus dem Weg.» Er drängte sich so energisch an dem Präfekten vorbei, dass dieser fast das Gleichgewicht verloren hätte.

«Ihr steht in Euren Räumen unter Arrest, Senator, bis ich entscheide, was mit Euch geschehen soll», rief Flaccus ihm nach. «Sämtliche Wachen erhalten den Befehl, Euch nicht herauszulassen.»

«Scheiße!», stieß Magnus hervor. «Wie sollen wir jetzt morgen früh das Schiff erreichen?»

«Wir müssen eben heute Nacht unser Gepäck mitnehmen und vom Mausoleum direkt dorthin gehen.»

«Und was ist mit Flavia?»

«Flavia steht eine böse Überraschung bevor.»

XXI

Nur noch zehn Fuß», rief Vespasian leise zu Flavia hinauf, die zappelnd am Ende eines Seils hing. Vierzig Fuß über ihr auf der Terrasse war die Silhouette von Magnus zu sehen, der sie langsam hinunterließ. Vespasian bemühte sich in dem Boot, das in der sanften Dünung des Großen Hafens schaukelte, um einen sicheren Stand; Felix arbeitete mit einem einzelnen Ruder, um das Boot an seinem Platz an der seeseitigen Mauer des Palastes zu halten.

Nach ein paar weiteren angespannten Augenblicken packte Vespasian Flavia an den Fußknöcheln. «Ich habe dich. Jetzt hör auf zu zappeln, sonst liegen wir gleich alle im Meer.»

Flavia erschlaffte, und Magnus ließ sie die letzten paar Fuß hinunter. «Das, Vespasian, war eine denkbar entwürdigende Art, den Palast der Ptolemaier zu verlassen», teilte sie ihm mit, während er den Knoten löste, mit dem das Seil um ihre Taille befestigt war. «Und schmerzhaft obendrein.»

«Aber unvermeidlich», erinnerte er sie und ruckte einmal an dem losgemachten Seil. «Nun setz dich hin und hör auf, dich zu beklagen.»

Flavia schüttelte mit bitterem Lächeln den Kopf und setzte sich in den Bug neben die großen Packsäcke, während

Magnus mit seinem Sack auf dem Rücken überraschend behände an dem Seil hinunterglitt.

Er landete in dem kleinen Boot und schaute am Seil hinauf. «Flaccus wird sich seinen Teil denken können, wenn er das entdeckt.»

«Flaccus wird nichts weiter argwöhnen, als dass wir aus seinem Gewahrsam geflohen sind.»

«Und das wird ihn schon genug ärgern», vermutete Magnus, nahm den Sack von seinem Rücken und verstaute ihn neben dem von Vespasian.

«Sind wir jetzt alle bereit», erkundigte sich Felix, «oder gibt es noch mehr Überraschungen?»

Vespasian setzte sich zu Flavia. «Nein, Felix, sobald wir Flavia auf dem Schiff abgesetzt haben, kann alles so verlaufen wie geplant.»

Felix schnaubte und stieß sich mit dem Ruder von der Mauer ab. Als das Boot herumschwenkte, hisste er geschickt das dreieckige Segel und nahm seinen Platz am Steuerruder ein. Mit leisem Knattern griff die leichte Brise in das Segel und trieb das Boot über das von Mondschein gesprenkelte Wasser vorwärts.

Magnus bemühte sich, Flavias Hinterteil nicht zu berühren, während er und Vespasian ihr die Leiter zum Heck des Schiffes hinaufhalfen, doch es ließ sich unmöglich vermeiden. «Tut mir leid, Herr», murmelte er, während er die rechte Hand unter ihre feste linke Gesäßbacke legte.

«Nur keine Hemmungen.» Vespasian grinste, eine Hand bereits an ihrer rechten Backe. Gemeinsam schoben sie kräftig, und Flavia erreichte mit einem unterdrückten Kreischen das obere Ende der Leiter, wo der Trierarchus und Alexander sie in Empfang nahmen. Ihre beiden Dienerinnen eilten unter besorgtem Zungenschnalzen herbei, um sie aus den Armen der Männer zu retten.

«Macht Euch bereit, in ein paar Stunden loszusegeln», sagte Vespasian zum Trierarchus, während er mit seinem Gepäckbündel an Bord kletterte.

«Dann ist es noch Nacht, Senator. Um diese Zeit kann ich den Hafenädil nicht erreichen, damit er uns die Dokumente zur Abreise stempelt», wandte der Trierarchus ein, als Magnus gerade mit den letzten zwei Packsäcken erschien.

«Ganz recht, also vermeidet jegliches Aufsehen.»

Der Trierarchus zuckte die Schultern und gab den Befehl, die Mannschaft zu wecken, die in Decken gewickelt auf dem Deck schlief.

«Ihr werdet alle mit uns kommen müssen, Alexander», sagte Vespasian. Er half nun Felix herauf. Der trug einen prallen Lederbeutel über der Schulter und in der Hand einen kleinen Käfig mit zwei Gänsen.

«Wir können unser Volk nicht im Stich lassen. Wir müssen bleiben und zu ihnen zurückkehren.»

«Das ist Eure Entscheidung. Wir sind in ein paar Stunden wieder hier. Nutzt die Zeit, um Euch zu überlegen, wie Ihr das mit drei Toten und einem Verwundeten anstellen wollt.»

«Wohin geht Ihr?»

Vespasian lächelte, klopfte Alexander auf die Schulter und wandte sich wortlos ab.

Bis auf den einen und anderen Seemann, der bis zur Besinnungslosigkeit betrunken schlief, wo er gestürzt war, waren die Hafenanlagen menschenleer. Beim Licht des Viertelmondes liefen Vespasian, Magnus und Felix rasch an den verlassenen Kais entlang und stiegen die Stufen zur Promenade hinauf, wo sie beim Kaisareion herauskamen. Vespasian hielt inne, als sie an einem der Obelisken vorbeiliefen, die wie Wächter vor dem Gebäude standen. Die Mondsichel schien auf seiner Spitze zu balancieren, als wäre sie ein Teil des Monuments. Vespasian fragte sich, ob das wohl als Omen zu deuten war, dann lief er seinen Gefährten nach, die durch die tiefen Schatten des Säulengangs huschten, der das Gebäude umgab.

«Von hier an sollten wir langsamer gehen», sagte Felix. Sie stiegen nun ein paar Stufen zu einer breiten Straße hinab. «Wir wollen ja nicht unnötig auffallen.»

Zwar hatte der größte Teil der Stadtbevölkerung vernünftigerweise entschieden, nach Einbruch der Dunkelheit hinter verschlossenen Türen zu bleiben, doch es gab keine offizielle Sperrstunde, und ein paar Leute waren unterwegs. Vespasian und seine Begleiter verlangsamten zu einem raschen Gehtempo, überquerten die breite Straße und gelangten in eine andere Straße, die nach Süden führte. Im Osten war am Nachthimmel noch immer der Widerschein der Feuer zu sehen, die im geplünderten Judenviertel brannten, doch sonst gab es keine Anzeichen von Ausschreitungen. Sie gingen eine Viertelmeile unbemerkt weiter, bis sie das Tor zur Soma erreichten.

Die zwei makedonischen Wachen standen mit gekreuzten Piken und versperrten den Zugang.

«Wir sind gekommen, um ein Opfer darzubringen», erklärte Felix und hielt den Käfig mit den Gänsen in die Höhe.

«Der Priester hat heute Nacht viel zu tun», kommentierte eine der Wachen, während sie den Durchgang freigaben. «Seid ihr auch gekommen, um die Juden mit einem Fluch zu belegen?»

«So etwas in der Art», erwiderte Felix grinsend, und sie gingen durch den Torbogen.

Im blassen Licht der Mondsichel wirkte der Hof noch größer als bei Tag. Das Feuer auf dem Altar in der Mitte, in dessen Schein eine Ansammlung von Leuten zu erkennen war, die Opfer darbringen wollten, schien weit entfernt.

Ohne den Schatten der Mauer zu verlassen, wandte Felix sich rasch nach rechts. Vespasian und Magnus folgten ihm. Dicht an der Mauer liefen sie nordwärts in Richtung des Alexandertempels, wobei sie an den Mausoleen mehrerer Ptolemaier vorbeikamen. Ohne Zwischenfälle erreichten sie den Schatten des Mausoleums, das dem Tempel am nächsten war, nur dreißig Schritt entfernt. Zwischen den beiden Bauwerken lag eine freie, mondbeschienene Fläche. Am oberen Ende der Treppe standen, in der Düsternis unter dem Vorbau nur undeutlich auszumachen, die beiden Nachtwachen.

«Sucht ein paar Steinchen zusammen», flüsterte Felix und stellte den Gänsekäfig ab. «Ein halbes Dutzend sollte genügen.»

«Wozu?», fragte Vespasian, tastete auf dem Boden herum und fand sogleich ein paar kleine Kiesel.

«Um die Gänse anzutreiben.» Felix nahm eine Gans aus dem Käfig und übergab sie Magnus, dann holte er die andere heraus und klemmte sie fest unter den Arm. «Magnus, auf drei werfen wir die beiden Gänse so weit es geht in Richtung Tempel, und wenn sie landen, dann schmeißt Ihr, Vespasian, Eure Steine nach ihnen, damit sie weiterlaufen.»

«Werden sie denn nicht davonfliegen?», fragte Vespasian und las noch ein paar Steinchen auf.

«Ihre Flügel sind gestutzt, sie können nicht weiter als ein paar Schritt fliegen. Also dann: eins, zwei, drei.»

Felix und Magnus schleuderten ihre Gänse in die Richtung des Tempels; die Vögel flatterten, so gut sie konnten, und zischten erbost, bis sie kurz vor den Stufen unbeholfen landeten. Mit ein paar wohlgezielten Würfen brachte Vespasian sie dazu, laut schnatternd loszuwatscheln. Gleich darauf war zu hören, wie die Gänse drinnen im Tempel in die Rufe ihrer Kameraden einstimmten. Die Wachen schauten sich an und wechselten ein paar Worte, ehe einer dem anderen seine Pike zu halten gab und langsam die Stufen hinabstieg. Die Gänse beäugten ihn argwöhnisch. Als er bis auf drei Schritt heran war, reckten sie die Hälse, flatterten mit ihren gestutzten Flügeln und zischten bedrohlich. Er sprang vor und begann, sehr zur Erheiterung seines Kollegen, eine der schnatternden Gänse kreuz und quer über das Gelände zu jagen, bis er sie endlich zur Strecke brachte, als sie erfolglos versuchte, die Stufen zu erklimmen. Die Gans in beiden Armen, lief er lachend wieder hinauf zu seinem Kameraden, der einen Schlüssel an einer Schnur von seinem Hals nahm und sich der Tür zuwandte.

«Jetzt!», flüsterte Felix.

Während die beiden Wachen damit beschäftigt waren, die Tür zu öffnen und die Gans hineinzuwerfen, zur schnatternden Entrüstung ihrer Artgenossen drinnen, sprinteten Vespasian und Magnus hinter Felix her über das offene Gelände zum Tempel und gingen an einer Seitenwand außer Sicht der Wachen in Deckung, die nun die Tür wieder schlossen.

«Woher wusstest du, dass sie versuchen würden, die Gänse einzufangen?», fragte Vespasian, während sie weiter zu der Stelle vorpirschten, wo der Tempel an die Mauer um die Soma grenzte.

«Ich habe sie heute Abend aus dem Gänsepferch gestohlen», erklärte Felix und blieb vor einer hölzernen Leiter stehen, die an der Mauer angebracht war. «Die Wachen müssen gewusst haben, dass zwei Gänse zu wenig da waren. Als sie sie dann sahen, haben sie richtigerweise angenommen, dass es die beiden fehlenden sind. Hier geht es rauf.»

Am oberen Ende der Leiter stiegen sie über eine niedrige Brüstung auf das flache Dach und krochen zu der Luke in der Mitte.

«Das dürfte stabil genug sein», sagte Felix erleichtert, nachdem er die soliden Eisenscharniere inspiziert hatte, mit denen die Klappe befestigt war. «Ich hätte wirklich ungern ganz allein das Seil gehalten.» Er kramte in seinem Beutel, zog ein eingerolltes Hanfseil heraus, an dessen einem Ende ein Bleigewicht befestigt war, und machte sich daran, das andere Ende an dem Scharnier festzuknoten. «Und jetzt warten wir.»

«Worauf?», fragte Vespasian und schaute durch die Öffnung. In diesem Moment wurde der Raum unten von einem blassen Licht schwach erhellt, und er konnte die Umrisse der Gänse ausmachen, die auf dem Boden umherwatschelten. Eine Kakophonie aus Geschnatter brach los, als die zweite

Gans zu ihnen hineingeworfen wurde. Das Licht erlosch, die Tür war wieder geschlossen.

«Darauf. Los geht's.» Felix begann, das Seil hinunterzulassen.

Tief unten zeigte der schwache Schein der Wandleuchten in der Grabkammer die Position des Sichtschachts an. Nach ein paar nervösen Versuchen gelang es Felix, das Bleigewicht in den Schacht zu befördern. Während er weiter Seil nach unten ließ, schaukelte er ein wenig daran, sodass das Gewicht leise gegen die steinernen Wände des Schachtes schlug.

«Das ist, damit Ziri hört, dass das Seil kommt», erklärte Felix. «Wir wollen doch nicht, dass das Bleigewicht den Kristall zerschlägt, wie?»

Augenblicke später ruckte es zweimal an dem Seil. «Gut, er weiß, dass wir hier sind.»

Vespasian spähte in die Düsternis hinunter, und nach einer Weile konnte er eine schattenhafte Gestalt am oberen Ende der Treppe ausmachen, die zur Grabkammer hinunterführte. Die Gestalt schien mit den Armen zu fuchteln; das Geschnatter und das Geräusch vieler patschender Füße steigerten sich ein wenig.

«Jetzt hinunter mit Euch, meine Herren», sagte Felix und gab Magnus seinen Lederbeutel. «Der Brustpanzer ist hier drin. Beeilt Euch, die Gänse werden nicht die ganze Nacht fressen.»

«Ich gehe zuerst, Herr», sagte Magnus, «ich bin der Schwerste.» Er packte das Seil und ließ sich durch die Öffnung hinunter.

Vespasian sah zu, wie er hinabkletterte. Als er die Balustrade um den Sichtschacht erreichte, schaukelte er ein wenig, bis es ihm gelang, auf dem Boden des Tempels zu landen. Die Gänse wurden etwas lebhafter, als er plötzlich mitten unter ihnen war, aber das Brot und die Körner schienen ihre Wirkung zu tun, die Wächter von ihren Pflichten abzulenken.

Felix half Vespasian, in die Luke zu steigen. «Sie waren sowieso schon unruhig, da werden sich die Wachen um etwas mehr Geschnatter keine Gedanken machen. Gebt nur acht, dass Ihr nicht auf eine tretet.»

«Danke für den Rat, Felix.» Auch Vespasian ließ sich in die Dunkelheit hinunter.

Er folgte Magnus' Beispiel, schaukelte am Seil und landete leichtfüßig neben der Balustrade. Die Gänse in seiner Nähe schnatterten ein wenig, ehe sie sich wieder ihrem überraschenden Mitternachtsmahl zuwandten. Vespasian ging vorsichtig zwischen den grauen Schemen am Boden hindurch zur Treppe, stieg rasch hinunter und gelangte zu Magnus und Ziri in die Grabkammer.

Jetzt, da die Wandleuchten die einzige Lichtquelle waren, wirkte Alexanders Leichnam in seinem kristallenen Kokon noch ätherischer als bei ihrem früheren Besuch, da Tageslicht durch den Schacht gedrungen war.

«Ziri, nimm das Seil und binde das Bleigewicht los», befahl Vespasian, während er und Magnus zu beiden Seiten des Sarkophags Aufstellung nahmen. «Wir heben den Deckel gerade hoch genug an, um das Seil darunterzuschieben, verstanden?»

Magnus nickte. Sie schoben die Finger auf Alexanders Brusthöhe unter den Rand des Deckels und machten sich bereit.

«Fertig, Ziri?»

«Ja, Herr», antwortete der kleine Marmaride, der am Kopfende stand.

«Jetzt.»

Mit einer gewaltigen Anstrengung hoben sie den Deckel schräg an. Der Geruch von konservierenden Spezereien und Weihrauch verbreitete sich in der Kammer. Ziri schob rasch das Seil in den Spalt, und sie ließen den schweren Kristalldeckel erleichtert wieder sinken.

«Bei Minervas Hängebrüsten, ist das Ding schwer!», stöhnte Magnus und rieb seine Finger. «Komm, Ziri, gib mir das Seil.» Er nahm das lose Ende und knüpfte einen festen Knoten, sodass das Seil eine Schlinge um den Deckel bildete. «So, Ziri, wir beide helfen mit, das Ding zu halten, während der Herr seine Arbeit macht.» Er ruckte am Seil, und es spannte sich, da Felix oben zu ziehen begann.

Ganz langsam hob sich der Deckel, bis Vespasian das mumifizierte Gesicht ohne die Verzerrung durch den Kristall sehen konnte. Im sanften Schein der Flammen wirkte es eher wettergegerbt als konserviert, allerdings fehlte der trockenen Haut jeder lebendige Glanz. Wider alle Logik empfand Vespasian Erleichterung: Er würde den großen Mann nicht aus einem tiefen Schlaf aufstören, Alexander war ganz offenkundig tot.

Der Deckel war jetzt hoch genug angehoben, dass er den Brustpanzer erreichen konnte. Magnus und Ziri standen zu beiden Seiten und hielten einen Teil des Gewichts.

Vespasian beugte sich vor, ertastete die Schnallen an den Seiten und wollte sie öffnen, doch dann stellte er fest, dass der Kürass gar nicht festgeschnallt war, sondern nur lose auf der Brust lag. «Das vereinfacht die Sache», murmelte er, schob die Finger unter die Aussparungen an den Armen und hob den Panzer behutsam an. Er ließ sich lösen. Vespasian hielt den Brustpanzer in der linken Hand und griff mit der rechten vorsichtig unter Alexanders Arme, die auf Höhe der Taille über dem Körper lagen. Ein Schauder durchlief ihn, als er die getrocknete Haut berührte. Er hob die Arme eine Daumenbreite an und zog den Brustpanzer darunter hervor.

Als er den Panzer hochhielt, um ihn im schwachen Licht eingehender zu betrachten, stockte ihm der Atem. «Scheiße.»

«Was ist?», fragte Magnus beunruhigt.

«Da ist ein Fleck», antwortete Vespasian und zeigte auf eine Stelle dicht unterhalb des linken Brustmuskels.

«Blut?»

«Gut möglich.»

Er nahm die Nachbildung aus dem Beutel, legte die beiden Brustpanzer nebeneinander auf den Boden, dann zog er sein Messer aus der Scheide und schnitt sich in die Daumenkuppe. Blut quoll heraus, und Vespasian rieb mit seinem Daumen behutsam über die Replik, um einen Fleck zu erzeugen, der hoffentlich dem Original einigermaßen ähnlich sah. Anschließend tupfte er den Fleck mit seiner Tunika trocken. Dann hob er die Replik auf und machte sich daran, sie der Mumie anzulegen.

Sie passte perfekt.

«Lasst uns von hier verschwinden», sagte Magnus und ruckte zweimal an dem straffen Seil.

Ganz langsam senkte sich der Deckel. Vespasian betrachtete sein Werk. Bei dieser Beleuchtung war kein Unterschied zu erkennen. Dann fiel ihm etwas ins Auge. «Verdammt! Halt.»

Magnus und Ziri hielten das Gewicht des Kristalldeckels; das Seil erschlaffte für einen Moment, dann spannte es sich wieder, um den Deckel zu tragen.

«Was ist los?», zischte Magnus.

«Ich habe am Halsausschnitt eine Blutspur hinterlassen», erklärte Vespasian, beugte sich vor und wischte das Blut ab, das aus seinem Daumen getropft sein musste.

Magnus ruckte wiederum zweimal an dem Seil, und der Deckel senkte sich, bis nur noch ein handbreiter Spalt blieb. Magnus und Ziri hielten ihn fest, Vespasian lockerte rasch die Schlinge und zog das Seil aus dem Spalt, ehe sie den Deckel ganz herunterließen. Mit einem leisen Knirschen kam er auf dem Unterteil zu ruhen.

«Das ging erstaunlich einfach», kommentierte Vespasian, während er den Brustpanzer in den Lederbeutel steckte.

«Noch sind wir nicht draußen», erwiderte Magnus und wandte sich zur Treppe. «Komm, Ziri, und achte auf die Gänse.»

Ein kurzes Geschnatter empfing sie, als sie das Tempelgeschoss erreichten, doch nur halbherzig, da die meisten Gänse anscheinend nach all dem Brot und Getreide gerade im Begriff waren, sich zu einem Verdauungsschläfchen niederzulassen.

Ziri kletterte als Erster am Seil hinauf und bewältigte die fünfzig Fuß in bemerkenswert kurzer Zeit. Vespasian folgte ihm weniger behände.

«Ist alles gutgegangen?», erkundigte sich Felix, der Vespasian half, aus dem Loch zu klettern.

«Sehr gut», erwiderte Vespasian. Da fiel sein Blick auf Ziri, der ausgiebig urinierte.

«Verdammt noch mal, das war nötig», sagte Ziri offenkundig erleichtert. «Ich habe Stunden gewartet.»

«Also deshalb bist du so schnell am Seil hochgeklettert.» Vespasian grinste. «Und jetzt, Felix, auf demselben Weg zurück, auf dem wir gekommen sind?»

«Nein, Ihr drei steigt von hier direkt über die Außenmauer der Soma. Ich werfe Euch das Seil hinunter und nehme dann den Weg über die Leiter. Wenn ich auf dem Gelände der Soma gefasst werde, habe ich nichts weiter bei mir als einen leeren Vogelkäfig.»

Als auch Magnus oben war, löste Felix das Seil, und sie schlichen geduckt über das Tempeldach zur Rückseite. Felix schlang das Seil um sich und warf das Ende von der Mauer der Soma. Ziri und Magnus kletterten rasch auf die Straße hinunter.

Vespasian umfasste Felix' Unterarm. «Ich danke dir. Komm mich besuchen, wenn du wieder in Rom bist, Felix, ich stehe in deiner Schuld.»

Ehe Felix etwas erwidern konnte, war vom Tor der Soma lauter Tumult zu hören. Sie schauten sich um. Ein Trupp Legionäre rannte auf den Tempel zu, angeführt von einem Centurio mit brennender Fackel. Neben ihm lief ein Priester.

«Bei Kybeles fettem Hintern!», rief Vespasian aus. «Flaccus muss es erraten haben.»

«Schnell, verschwindet. Ich komme schon zurecht, sie werden geradewegs in den Tempel gehen.»

Rasch nahm Vespasian den Lederbeutel auf die Schulter und stieg über die Brüstung, während Felix sich dagegenstemmte, um das Seil zu halten. Vespasian rutschte so schnell an dem Seil hinunter, dass er sich die Hände verbrannte, und landete unsanft auf der Straße. Gleich darauf fiel das Seil herab.

«Weshalb die plötzliche Eile?», fragte Magnus und hob das Seil auf.

«Renn einfach!»

Drei Stufen auf einmal nehmend, stürmte Vespasian zum Hafen hinunter, gefolgt von Magnus und Ziri. Voraus konnte er das Schiff sehen, dessen aufgerolltes Segel schon hochgezogen war, bereit zum Auslaufen. Er sprintete über den steinernen Kai, sprang über eine Taurolle und einen betrunkenen Seemann hinweg, dann bog er scharf nach links auf den Anleger ab, an dem sein Schiff festgemacht war. Auch wenn sie anscheinend niemand verfolgt hatte, als sie durch die Stadt gerannt waren, wollte er doch unbedingt schnellstmöglich ablegen aus Angst, der Diebstahl des Brustpanzers könnte entdeckt worden sein.

«Trierarchus», rief er, während er die Laufplanke hinaufhastete, «wir segeln sofort los!»

«Ihr scheint es recht eilig zu haben», sagte eine vertraute Stimme, als er auf das Deck hinuntersprang. «Ich frage mich, warum wohl?»

Vespasian fuhr herum und sah Flaccus an den Mast gelehnt dastehen. Die geretteten Juden und Flavia kauerten zusammengedrängt hinter ihm, von zwei Soldaten bewacht.

«Als ich Euer Seil von der Terrasse hängen sah, dachte ich, Ihr hättet einfach nur beschlossen, Euch davonzumachen», sagte Flaccus und ging auf Vespasian zu, während auch Magnus und Ziri an Bord gerannt kamen. «Also eilte ich hierher, nur um festzustellen, dass Ihr den Befehl gegeben hattet, alles zum Auslaufen bereit zu machen, und in etwa einer Stunde zurück sein wolltet. Ihr habt wohl noch einen kleinen nächtlichen Raubzug unternommen, ehe Ihr mit der reizenden Flavia und Euren neuen jüdischen Freunden zurück nach Rom verschwinden wolltet, wie? Was ist in dem Beutel?»

«Nichts, das Euch etwas angeht, Flaccus.»

«Oh doch, es geht mich durchaus etwas an. Wenn Ihr getan habt, was ich Euch ausdrücklich verboten hatte, dann geht es mich sogar eine ganze Menge an. Ich wäre Euch daher sehr verbunden, wenn Ihr den Beutel öffnen würdet.»

«Präfekt, ich möchte Euch daran erinnern, dass dies ein kaiserliches Schiff ist.» Vespasian deutete auf das kaiserliche Banner am Masttopp. «Es untersteht somit dem direkten Befehl des Kaisers persönlich, Ihr habt hier keinerlei Amtsbefugnis. Was immer sich in diesem Beutel befindet, ist Eigentum des Kaisers.»

Flaccus deutete ein Lächeln an und legte den Kopf schief. «Das mag wohl sein, aber es macht nichts – ich habe einen von Alexanders Priestern geschickt, sein Grab zu überprüfen. Sollte er feststellen, dass ein gewisser Gegenstand fehlt, dann werden wir noch einmal darüber nachdenken müssen, wo meine Befugnisse enden.»

«Ihr könnt nachdenken, so viel Ihr wollt, aber es wäre unklug, Euch an Caligulas Eigentum zu vergreifen.» Vespasian gab Ziri den Beutel. «Bring das in die Kabine, Ziri.»

«Es wäre nicht Caligulas Eigentum, wenn Caligulas Dieb es nicht gestohlen hätte, doch das werden wir bald wissen. Ich sehe schon unseren Priester kommen.»

Vespasian schaute sich um und sah den Priester mit seiner Eskorte aus Legionären über den Kai laufen.

«Er darf an Bord kommen, aber die Soldaten bleiben auf dem Steg.» Vespasian legte eine Hand an das Heft seines Schwerts. Er spürte, wie Magnus sich dichter neben ihn stellte.

«Von mir aus.» Flaccus ging zum oberen Ende der Laufplanke. «Ich brauche keine Waffengewalt, noch nicht. Centurio, bleibt mit Euren Leuten dort. Sie sollen sich bereithalten, an Bord zu kommen, wenn ich rufe. Schickt den Priester herauf.»

Derselbe Priester, der sie in die Grabkammer geführt hatte, kam an Deck.

«Und?», fragte Flaccus.

«Ich verstehe das nicht», sagte der Priester kopfschüttelnd. «Jemand war dort drin. Er muss durch das Dach eingestiegen sein, die Soldaten haben da oben eine frische Urinlache gefunden. Auf dem Boden des Tempels waren Körner und Brotkrumen ausgestreut, damit hat der Einbrecher wohl die Gänse beruhigt. Die Wachen sagten, sie hätten nichts gehört oder gesehen, außer dass ein paar der Gänse, die davongelaufen waren, wiederaufgetaucht sind und sie sie eingefangen und wieder hineingesetzt haben.»

«Ja, aber was ist mit dem Brustpanzer?», drängte Flaccus.

«Das ist es ja, was ich nicht verstehe: Er ist noch da. Ich habe die Soldaten den Deckel anheben lassen, um den Brustpanzer zu untersuchen. Es ist das Original, das kann ich beschwören, er hat an der linken Seite einen Fleck. Auch sonst fehlte nichts, aber jemand muss zuvor den Deckel geöffnet haben.»

«Wie könnt Ihr das wissen?»

«Weil am Halsausschnitt von Alexanders Tunika ein frischer Blutstropfen war. Er war noch feucht.»

Flaccus funkelte Vespasian an. «Was habt Ihr nur getan, Senator?»

Vespasian zuckte die Schultern. «Ganz offensichtlich nichts, Präfekt. Wenn Ihr mich jetzt entschuldigen würdet, ich muss zurück nach Rom. Trierarchus, wir legen ab, sobald der Präfekt und seine Männer von Bord sind.»

«Schön, Ihr könnt abreisen, aber diese Juden nehme ich mit.»

«Wenn Ihr das tut, werdet Ihr in meinem Bericht vor dem Kaiser noch schlimmer dastehen als ohnehin schon. Und glaubt mir, Flaccus, ganz gleich, wie viel Geld Ihr habt, er wird Euch aufspüren und auf äußerst unschöne Weise töten lassen. Er ist wahnsinnig, wisst Ihr das nicht?»

Flaccus blickte Vespasian verunsichert an, dann spuckte er ihm vor die Füße und stürmte von Bord.

«Wenn Ihr wisst, was gut für Euch ist», rief Vespasian ihm nach, «dann solltet Ihr die Griechen dazu bringen, die Juden in Ruhe zu lassen, und in der Stadt des Kaisers wieder für Recht und Ordnung sorgen.» Er ging auf die beiden Soldaten zu, die noch immer die Juden bewachten. «Ihr zwei, verschwindet!»

«Was für ein schrecklicher Mensch», kommentierte Philon, nachdem die Legionäre fort waren. «Ich werde eine solche Schmährede gegen ihn verfassen, dass sein Name für immer beschmutzt sein wird.»

«Versuche, sie nicht so übermäßig blumig zu gestalten wie deine übrigen Schriften, mein Bruder», sagte Alexander mit traurigem Lächeln. «Halte dich an die Tatsachen.»

Philon schnaubte.

«Wir werden Eure Toten auf See bestatten müssen», sagte Vespasian, als die Laufplanke eingeholt und die Taue losgemacht wurden.

«Das wird nicht nötig sein», erwiderte Alexander. «Wir haben beschlossen zurückzugehen.»

«Wie das? Wir haben schon abgelegt.»

«Mit diesem Boot, in dem Ihr gekommen seid. Wenn wir aus dem Hafen ausgelaufen sind, können wir zu der Stelle zurücksegeln, wo das Judenviertel ans Meer grenzt.»

«Wenn Flaccus das erfährt, wird er Euch töten.»

«Nein, das wird er nicht, denn er braucht mich als Vermittler, um einen Friedensschluss auszuhandeln. Wenn mein Volk sieht, dass ich für den Mord an meiner Frau keine Rache fordere, dann können vielleicht auch andere auf ihre Forderungen nach Vergeltung verzichten.»

«Und Flaccus bekommt, was er will?»

«Mag sein, aber wir können es uns nicht leisten, die Kämpfe fortzusetzen. Es wäre unser Verderben. Allerdings werden wir Flaccus nie verzeihen. Wenn wir Frieden haben, wird mein Bruder mit einer Delegation zum Kaiser gehen, um sich darüber zu beklagen, wie er unser Volk behandelt hat.»

«Und Paulus?»

«Unsere einzige Bedingung wird sein, dass Flaccus ihn wenigstens aus der Stadt verbannt, besser noch hinrichtet. Dann sind wir bereit, zu den früheren Zuständen zurückzukehren. Uns ist klargeworden, dass wir in der Stadt nicht stark genug sind, um Forderungen zu stellen. Wir sollten uns mit dem zufriedengeben, was wir haben, selbst wenn das bedeutet, dass wir Bürger zweiter Klasse sind und in unseren Tempeln die Statue eines wahnsinnigen Kaisers steht.»

Vom strahlenden Schein des Pharos geleitet, glitt das Schiff unter Segel und Rudern aus dem Hafen, gerade als am östlichen Horizont der erste Schimmer der Morgendämmerung heraufzog.

Außerhalb des Hafens drehte das Schiff bei, damit die Juden in das Boot steigen konnten. Die Leichen der Gehäuteten wurden an Seilen hinuntergelassen, und die Überlebenden folgten rasch.

«Vielen Dank, Vespasian», sagte Tiberius, ehe er über die Bordwand stieg. Sein Oberkörper war dick verbunden, und am Rücken war Blut durch die Binden gesickert. «Ich verdanke Euch nicht nur mein Leben, sondern auch meine Haut. Ich werde für immer in Eurer Schuld stehen.»

«Eines Tages werde ich sie einfordern», erwiderte Vespasian und half ihm über die Reling.

Alexander war der Letzte, der von Bord ging. «Wir haben Eure Gespräche mit Flaccus und dem Priester mit angehört – sagt mir, habt Ihr den Brustpanzer?»

Vespasian klopfte ihm auf die Schulter. «Alexander, mein Freund, sagen wir so: Wenn Ihr die Wahl hättet, dem Mann, der Euer Leben in der Hand hält, das zu bringen, wonach er verlangt hat, oder eine Nachbildung, wie würdet Ihr Euch entscheiden?»

Alexander nickte. «Es tröstet mich ein wenig, zu wissen, dass die Griechen etwas verloren haben, das ihnen kostbar war, auch wenn es ihnen selbst nicht bewusst ist.»

Vespasian blickte über Alexanders Schulter zu den Dutzenden Feuern hinüber, die noch immer im Judenviertel brannten, und er schüttelte den Kopf über die willkürliche Zerstörung. «Mir für meinen Teil wäre wohler, wenn er noch hier bei ihnen wäre. Jetzt, da ich ihn habe, graut mir davor, ihn Caligula zu bringen. Wer weiß, zu welchem neuen Irrsinn ihn der Besitz verleiten wird?»

Teil V

Rom und die Bucht
von Neapolis,
August A. D. 38

XXII

Im Hafen von Ostia war es seltsam ruhig. Statt der üblichen hektischen Betriebsamkeit lag eine Trägheit in der Luft, die ganz und gar nicht zu einem bedeutenden Hafen auf dem Höhepunkt der Schifffahrtssaison passte. Abgesehen von ein paar Trupps von Hafenarbeitern, die zwei kleine Handelsschiffe entluden, waren die Kais fast menschenleer. Nur da und dort boten Essensverkäufer oder Huren den wenigen desinteressierten Bürgern ihre Waren an. Selbst die Möwen wirkten energielos, und statt kreischend durch die Luft zu segeln oder auf Futter hinabzustoßen, hockten sie in langen Reihen auf den Dächern der Lagerhäuser und blickten düster auf die unbelebten Kais. Ebenso wie für die Bürger von Rom brachte die Inaktivität im Hafen auch für sie eine Nahrungsknappheit mit sich.

«Meint Ihr, die Pest könnte wieder ausgebrochen sein?», fragte Magnus, als die Trireme an einem der vielen verlassenen Anleger festmachte.

«Dann hätten sie uns nicht anlegen lassen», entgegnete der Trierarchus, während die Laufplanke hinuntergelassen wurde.

«Wir werden bald erfahren, was hier los ist.» Vespasian blickte dem angespannt wirkenden Hafenädil entgegen, der raschen Schrittes begleitet von einem Schreiber auf sie zukam.

«Ist der Senator Titus Flavius Vespasianus an Bord?», rief der Ädil.

«Ja, das bin ich.»

«Den Göttern sei Dank, Senator, ich freue mich ja so, Euch zu sehen. Jetzt können wir hoffentlich diesen Irrsinn zu Ende bringen, damit wieder Normalität einkehrt.»

«Wovon sprecht Ihr?»

«Von der Brücke des Kaisers natürlich. Der Handel ist zum Erliegen gekommen, und das Volk wird hungrig. Er hat jedes Schiff requiriert, das in die Gewässer um Italien gekommen ist, und zur Bucht von Neapolis hinuntergeschickt. Dort liegen sie nun zu Tausenden aneinandergekettet. Er lässt sie nicht wieder fahren, ehe er über diese Schiffbrücke hinübergeritten ist. Und er reitet erst hinüber, wenn er das hat, was Ihr ihm bringen sollt, was immer es sein mag. Ich hoffe für unser aller Wohl, besonders für das Eure, dass Ihr es habt, denn er wird immer ungeduldiger. Er schickt zwei- oder dreimal täglich Boten, um nachzufragen, ob Ihr inzwischen eingetroffen seid.»

«Ja, ich habe es.» Vespasian hob den Lederbeutel hoch, um seine Worte zu unterstreichen.

«Ein Glück für Euch. Ich habe den Befehl, Euch in Ketten nach Rom bringen zu lassen, falls Ihr mit leeren Händen zurückkehren solltet. So wie die Dinge liegen, müsst Ihr unverzüglich zum Kaiser reiten. Ich halte ein schnelles Pferd für Euch bereit.»

«Ich befinde mich in Gesellschaft einer Dame.»

«Sie wird in einem Reisewagen nachkommen müssen.

Und Trierarchus, sobald diese beiden Handelsschiffe entladen sind, sollt Ihr mit ihnen zur Bucht hinuntersegeln, damit sie Teil dieser vermaledeiten Brücke werden.» Er warf ihnen noch einen gequälten Blick zu und ging dann kopfschüttelnd wieder von Bord.

«Was war das, mein Liebster?», erkundigte sich Flavia, die aus der Kabine kam.

«Ich muss mich sofort beim Kaiser melden. Magnus und Ziri werden dich zum Haus meines Onkels begleiten. Mit etwas Glück bin ich bereits dort, wenn du ankommst.»

«Ich glaube nicht, dass das irgendwas mit Glück zu tun hat», bemerkte Magnus düster. «Eher mit der Laune eines Wahnsinnigen.»

Vespasian sah Magnus finster an, dann ging er forschen Schrittes die Laufplanke hinunter.

«Er hat sich geweigert, ihn Euch herauszugeben?» Caligula war empört und schüttelte drohend seinen Dreizack gegen Vespasian. Hinter ihm schlurften die Armen Roms in einer langen Reihe bewacht von Prätorianern durch das großartige Atrium im Haus des Augustus. «Warum habt Ihr ihn nicht einfach genommen?»

«Das habe ich, großer Gott des Meeres», erwiderte Vespasian – zu dieser Anrede hatte Clemens ihm geraten, da der Kaiser neuerdings den Wunsch äußerte, Neptuns Platz im römischen Pantheon für sich zu beanspruchen. «Allerdings musste ich dazu nachts ins Mausoleum einsteigen, den Brustpanzer stehlen und ihn durch eine Nachbildung ersetzen, damit sein Fehlen nicht bemerkt wurde.»

«Oho, das klingt spannend.» Caligula stieg mit einiger

Mühe aus dem Impluvium. In dem engen Rock aus schuppiger Fischhaut, der seine untere Körperhälfte zierte, konnte er kaum gehen. «War es ein prächtiges Abenteuer?»

«Es gab spannende Momente.»

«Ich hätte mitkommen sollen. Ich könnte ein wenig Ablenkung von all den Ansprüchen brauchen, die an mich gestellt werden, von Göttern wie von Menschen.»

«Ich bin überzeugt, es wäre viel reibungsloser vonstattengegangen, wenn Ihr bei uns gewesen wäret, großer Gott des Meeres.»

«Was?» Caligula schien für einen Moment irritiert, dann schaute er an seinem tropfnassen Schuppenrock hinunter. «Ach ja, natürlich, es muss verwirrend für Euch sein. Ich bin jetzt nicht mehr im Wasser, somit bin ich wieder der göttliche Gaius. Nun zeigt mir den Brustpanzer.»

Vespasian griff in seinen Beutel.

«Clemens!», schrie Caligula und drückte plötzlich die Spitzen seines Dreizacks so fest gegen Vespasians Brust, dass sie seine Toga durchbohrten.

Vespasian erstarrte, während Clemens sich eilends durch die Schlange zerlumpter Menschen drängte, die auf den Schrei des Kaisers hin abrupt stehen geblieben waren.

«Will er mich umbringen?», stieß Caligula hervor und funkelte Vespasian mit seinen dunkel geränderten, tiefliegenden Augen an. Um die Spitzen des Dreizacks breiteten sich Blutflecken in dem Stoff aus.

«Nein, göttlicher Gaius», versicherte Clemens ihm und nahm den Beutel. «Ich habe ihn selbst nach Waffen durchsucht, es ist nur der Brustpanzer darin.»

«Zeig ihn mir!»

Clemens griff langsam in den Beutel. Caligula riss seinen Dreizack von Vespasians Brust zurück, um ihn Clemens an die Kehle zu setzen. Der hielt das Kinn erhoben und blickte am Schaft des Dreizacks entlang seinen Kaiser an, während er langsam den Brustpanzer zutage förderte.

«Ihr habt recht.» Caligula atmete tief durch. «Es ist nur der Brustpanzer. Haltet das.» Er gab Clemens den Dreizack, offenbar ohne sich bewusst zu sein, dass der ihn damit ermorden könnte, und nahm den Brustpanzer. Er strich mit einer Hand darüber, blickte zu Vespasian auf und strahlte mit irrem Blick. «Das ist er, mein Freund, Ihr habt nicht versucht, mich zu täuschen, das ist er wirklich, ich erinnere mich an den Fleck. Ich weiß noch, wie ich meinen Vater fragte, warum die Priester nicht dafür gekreuzigt worden waren, dass sie zugelassen hatten, dass etwas Alexander beschmutzte.» Er hielt ihn sich vor die Brust. «Wie sehe ich aus?»

«Wie der große Alexander, nur göttlicher», erwiderte Vespasian ernsthaft, während er insgeheim dachte: wie ein in Fischhaut gekleideter Mann mit einem Brustpanzer, der ihm nicht passt.

«Ausgezeichnet! Ihr werdet heute Abend mit mir und meinen Freunden speisen. Euer Bruder ist endlich aus seiner Provinz zurück, er wird also auch hier sein – und mein Pferd ebenfalls.»

Vespasian fragte sich, ob er recht gehört hatte. «Ich freue mich darauf, sie beide zu sehen, göttlicher Gaius.»

«Ja, Incitatus wird besonders erfreut sein, Euch zu sehen. Er kann es gar nicht erwarten, mich in einem Triumphwagen über meine Brücke zu ziehen. Jetzt steht dem nichts mehr im Wege.» Er betrachtete mit aufrichtigem Vergnügen den

Brustpanzer. «Ich muss ihn meinen Schwestern zeigen, wenn sie nicht zu beschäftigt damit sind, die Armen zu befriedigen.» Er wandte sich ab und trippelte mit den lächerlich winzigen Schritten davon, zu denen sein Kostüm ihn zwang.

Vespasian wischte sich den Schweiß von der Stirn. «Die Armen befriedigen?»

«Ich fürchte, ja», bestätigte Clemens, der den Dreizack betrachtete und überlegte, was er damit tun sollte. «Seit Drusillas Tod ist er immer argwöhnischer gegen alle geworden, besonders gegen seine beiden anderen Schwestern. Er ist überzeugt, dass sie sich gegen ihn verschworen haben, und bestraft sie dafür, indem er sie zwingt, mit sämtlichen Empfängern kostenloser Getreiderationen in Rom zu vögeln. In seiner verqueren Denkweise entschädigt das zugleich das Volk für die Knappheit, die durch seine Brücke verursacht wurde. Das geht jetzt seit drei Tagen so, und nach dem letzten Stand hatten sie schon mehr als zweitausend Männer.»

«Das wird sie umbringen, wie es Drusilla umgebracht hat.»

«Höchstwahrscheinlich, aber früher oder später wird er ohnehin uns alle umbringen, welchen Unterschied macht es da noch? Mir ist inzwischen einfach alles gleichgültig. Ich bleibe ihm treu, um meine Familie zu schützen, solange ich kann.» Clemens blickte Vespasian aus müden Augen an. «Ich weiß nicht, wie lange ich das noch verkrafte. Wir sehen uns beim Essen.» Er übergab Vespasian den Dreizack und ging zu der Warteschlange hinüber, um sich wieder seiner abscheulichen Aufgabe zu widmen, die Massenvergewaltigung zweier Töchter des Germanicus zu überwachen.

Vespasian betrachtete den Dreizack und dann die Blutflecken auf seiner Toga, während die Armen der Stadt weiter vorbeischlurften. Angewidert warf er den Dreizack zurück ins Impluvium, wandte sich ab und machte sich schweren Herzens auf den Weg zum Haus seines Onkels. Dabei dachte er darüber nach, welche Möglichkeiten es für ihn und seine Familie gab.

«Denke gar nicht erst daran, lieber Junge», sagte Gaius warnend zu Vespasian und nahm sich noch ein Stück Mandelgebäck mit Honig. «Das wäre Selbstmord.»

«Nicht, wenn es uns gelingt, Onkel», hielt Vespasian dagegen.

Eine kühlende Brise wehte durch Gaius' schattigen Garten und vertrieb die Nachmittagshitze. Im Fischteich wimmelte es von Neunaugen, die gerade gefüttert wurden.

«Selbst wenn du Caligula töten könntest, ohne seiner unverbrüchlich treuen germanischen Leibgarde zum Opfer zu fallen, wärest du binnen zwei Tagen ebenfalls tot.»

Vespasian warf noch ein Stück Fisch in den Teich. «Warum?»

«Der nächste Kaiser würde selbstverständlich dafür sorgen. Zweifellos wäre er dir dankbar dafür, dass du den Platz für ihn frei gemacht hättest. Aber er müsste dich dennoch hinrichten lassen, damit das Volk sieht, dass nicht jemand von außerhalb des Kaiserhauses einen Kaiser, so verderbt er auch sein mag, ermorden und selbst mit dem Leben davonkommen kann. Das wäre eine Einladung an jeden, der einen Groll gegen ihn hegt, auch ihn umzubringen. Das muss dir doch klar sein? Und komm mir nicht mit irgendwelchem naivem Unfug über die Wiedereinführung der Republik –

das würden die Prätorianer niemals zulassen. Der Kaiser ist schließlich der Grund für ihre Existenz.»

«Aber jemand muss etwas unternehmen, Onkel, ehe es zu spät ist.»

«Es ist bereits zu spät. Zu viele Leute haben ein persönliches Interesse daran, dass Caligula Kaiser bleibt. Erst wenn ihm das Geld vollends ausgeht und er sie nicht mehr bezahlen kann, werden sie beginnen, sich anderweitig umzuschauen. Aber ich bezweifle, dass es jemals dazu kommt. Wenn seine Schatzkammer leer ist, wird er einfach anfangen, sich am Geld der Reichen zu bedienen.»

«Und wozu rätst du nun?»

«Zweierlei: Erstens, deponiere das Gold, das du mitgebracht hast, nicht auf einer Bank, sonst erfährt Caligula davon. Halte es hier versteckt, damit du nicht zum Opfer wirst, wenn er anfängt, sich an die Reichen zu halten. Und zweitens, schmeichle ihm, rühme ihn, unterstütze ihn, verehre ihn, lache über seine Witze. Tu, was immer nötig ist, um am Leben zu bleiben, und warte darauf, dass ein anderer töricht genug ist, einen Mordanschlag auf einen Kaiser zu verüben.»

«Aber was, wenn alle so denken wie du? Dann bleibt er womöglich noch jahrelang Kaiser.»

«Caligula wird zwangsläufig jemandem ein solches Unrecht zufügen, dass das Ehrgefühl desjenigen über seine Besonnenheit siegen wird. Dann können wir nur beten, dass er Erfolg hat.»

«Ja», pflichtete Vespasian ihm düster bei, warf noch ein Stück Fisch in den Teich und sah zu, wie die Neunaugen sich darauf stürzten. «Stell dir nur vor, wie Caligula sich rächen würde, an Schuldigen und Unschuldigen gleichermaßen, wenn eine Verschwörung gegen ihn scheiterte.»

«Ein Grund mehr, dir seine Gunst zu erhalten, lieber Junge. Sieh dir zum Beispiel einmal Livius Geminius an: Er hat beschworen, bei Drusillas Bestattung gesehen zu haben, wie ihr Geist in den Himmel aufstieg, um mit den Göttern Zwiesprache zu halten. Das ist natürlich völliger Unfug, aber er wurde reichlich dafür belohnt.»

Das Läuten der Türglocke, das aus dem Atrium herüberscholl, unterbrach ihr Gespräch.

«Ah, das werden Magnus und Ziri sein», sagte Vespasian und erhob sich. «Sie haben, äh … sie haben Flavia herbegleitet.»

Gaius schaute ihn fragend an. «Flavia? Ist das eine Verwandte von dir, eine Cousine oder so?»

«Wir müssen wohl entfernt verwandt sein. Jedenfalls beabsichtige ich, sie zu heiraten.»

Gaius schien angemessen erfreut. «Es wurde Zeit, dass du diesen Schritt tust, mein lieber Junge.»

«Eben, und da die Geschäfte meines Vaters ihn in Aventicum festhalten, muss ich dich bitten, die Bedingungen der Heirat für mich auszuhandeln.»

«Es wird mir ein Vergnügen sein. Wie lautet der Name ihres Vaters, und wo lebt er?»

«Nördlich von Rom in Ferentium. Flavia reist morgen dorthin, sie könnte deinen Brief an ihn mitnehmen. Anscheinend kennst du ihn, sein Name ist Marcus Flavius Liberalis.»

Gaius runzelte die Stirn. «Ich kenne ihn in der Tat, er war einer der Schreiber, als ich Quästor in Africa war. Er hatte damals Schwierigkeiten, zu beweisen, dass er die vollen römischen Bürgerrechte innehatte und nicht nur die latinischen Rechte.»

Vespasian zuckte die Schultern. «Jetzt ist er jedenfalls ein vollwertiger Bürger. Kürzlich ist es ihm gelungen, in den Ritterstand aufzusteigen.»

«Aber was ist mit Flavia? Sie wurde geboren, ehe er seinen rechtlichen Status geklärt hatte. Ich erinnere mich an sie als Kind.»

«Sie behauptet, die vollen Bürgerrechte zu haben, sonst würde ich sie nicht heiraten.»

«Es kann nicht schaden, das zu überprüfen, lieber Junge, du willst doch nicht, dass deine Nachkommen einmal rechtliche Probleme bekommen.»

«Vespasian, mein Liebster.» Flavia schritt mit atemberaubender Eleganz in den Garten, als gehöre er ihr. «Das ist sicher dein Onkel. Möchtest du uns nicht erneut bekanntmachen?»

«Das ist nicht nötig, Flavia», erwiderte Gaius und drückte behutsam die Finger ihrer rechten Hand, die sie ihm hinhielt. «Auch wenn es zwanzig Jahre zurückliegt, habe ich Euch noch gut als kleines Mädchen von etwa sechs Jahren in Erinnerung. Seid Ihr lange in Africa geblieben?»

«Mein Vater ist vor fünf Jahren weggezogen, aber ich blieb dort – ich war gewissermaßen gebunden.»

«Soso. Soweit ich mich erinnere, hatte Euer Vater während meiner Zeit dort einige Schwierigkeiten mit seinem Status als römischer Bürger.»

Flavia schaute ihn mit ausdrucksloser Miene an. «Wenn das der Fall war, so hat er mir nie davon erzählt.»

«Nein, warum sollte er auch? Ihr wart ja noch ein Kind.

Außerdem hat sich die Angelegenheit offenbar geklärt; Vespasian erzählte mir eben, dass er in den Ritterstand aufgestiegen ist.»

«Ja, und ich hoffe, er wird mich mit einer reichlichen Mitgift bedenken, damit Vespasian und ich die schönen Dinge des Lebens genießen können.»

«Ich bin sicher, das wird er. Ebenso sicher bin ich, dass es Vespasian ein Vergnügen sein wird, das Geld für verschwenderischen Luxus auszugeben.» Gaius zog eine gezupfte Augenbraue hoch und warf seinem Neffen einen verstohlenen Blick zu.

Vespasian hielt es für das Beste, seine Ansichten zu diesem Thema nicht zu äußern. Insgeheim dachte er, dass dies einen fruchtbaren Boden für viele zukünftige Ehestreitigkeiten abgeben würde.

Flavia bedeutete den Männern, Platz zu nehmen. «Wollen wir uns nicht setzen und etwas Wein bringen lassen?»

«Unbedingt», stimmte Gaius zu, sichtlich überrascht, dass Flavia in seinem Reich praktisch die Rolle der Gastgeberin übernahm.

Vespasian half Flavia auf einen Stuhl. «Ich fürchte, ich muss euch allein lassen, ich werde beim Kaiser zum Abendessen erwartet.»

Flavia bekam vor Entzücken große Augen. «Wie aufregend. Meinst du, ich sollte dich begleiten?»

«Es wäre besser, wenn Ihr hierbleibt, Flavia», versicherte Gaius ihr. «Der Kaiser pflegt sich bei seinen weiblichen Gästen unerhörte Freiheiten herauszunehmen. Bei mir werdet Ihr derlei Probleme nicht haben, das kann ich Euch versprechen.»

Vespasian beugte sich hinunter und küsste sie auf die Wange. «Ich weiß nicht, wann ich zurückkomme, also warte nicht auf mich. Wo ist Magnus?»

«Ach, ich habe ihm und Ziri aufgetragen, meinen Dienerinnen mit meinem Gepäck zu helfen.»

«Und er hatte nichts dagegen?»

«Warum sollte er? Ich habe ihn ganz nett darum gebeten.»

Vespasian zog die Augenbrauen hoch und wandte sich ab, um nach Magnus zu suchen. Dabei fragte er sich, ob sein Freund recht gehabt hatte, was Flavia betraf.

«Ich sage nur, Herr», schloss Magnus, als sie die Kuppe des Palatin erreichten, «dass Flavia mit Euch nach Rom zurückgekommen ist, heißt noch lange nicht, dass Ihr sie wirklich heiraten müsst. Das wäre Irrsinn – sie wird Euch das Leben vergällen. Zugegeben, sie hat sich in Alexandria wacker geschlagen, und ja, sie würde prächtige Söhne gebären. Aber Ihr hättet sie mal am Hafen sehen sollen, nachdem Ihr fort wart – nur weil Ihr vom Kaiser gerufen worden wart, hat sie angefangen, alle rumzukommandieren und Leute anzuschreien, die nicht mal Sklaven waren. Sie benutzt Euch, und das wäre ja gar nicht mal so schlimm, aber was bekommt Ihr im Gegenzug dafür? Euch ist doch schon der Gedanke unerträglich, auch nur einen einzigen Sklaven zu kaufen und zu ernähren. Wie wird es Euch ergehen, wenn sie verlangt, dass Ihr einen ganzen Haushalt kauft? Ihr werdet erbitterte Kämpfe darum ausfechten, wie viele Dienerinnen sie braucht, allein um ihr Haar zu richten. Eine Frau wie sie wird dafür wenigstens zwei verlangen, so sicher, wie ein junger Rekrut nach Hause zu seiner Mutter will.»

«Zwei?»

«Wenigstens zwei.»

Vespasian verzog das Gesicht und musste einräumen, dass Magnus nicht unrecht hatte. Ihm war klar gewesen, dass Flavia kostspielig sein würde, aber er hatte dabei nur an Kleider und Schmuck gedacht, nicht an all die anderen Dinge, die dazugehörten. Einer von ihnen würde sich ändern müssen, wenn die Ehe funktionieren sollte, und er hatte das untrügliche Gefühl, dass nicht sie es sein würde. Doch andererseits, so sagte er sich, welche andere Frau wäre bereit, ihn in dem Wissen zu heiraten, dass er eine Mätresse auf Lebenszeit hatte? Und wenn er eine andere fände, würde sie sein Blut in Wallung bringen, wie Flavia es tat, wenn er nur an sie dachte? Sie brachte ein Opfer, Caenis brachte ein Opfer, und deshalb, so fand er, konnte er es auch über sich bringen, um des häuslichen Friedens willen ein paar Sklaven zu kaufen.

«Nein, Magnus, mein Entschluss steht, ich werde sie heiraten und mich bemühen, ihren Wünschen entgegenzukommen. Was kann denn schon schlimmstenfalls passieren?»

«Sie könnte all Euer Geld verprassen, und Ihr könntet aus dem Senat ausgeschlossen werden», versetzte Magnus. Sie hatten jetzt das Haus des Augustus erreicht. «Wie auch immer, ich verabschiede mich hier von Euch, Herr. Ich habe Ziri gleich zur Straßenkreuzung geschickt, damit die Brüder wissen, dass ich zurück bin. Bis ich dort ankomme, dürften sie schon eine anständige Willkommensfeier für mich vorbereitet haben. Ich wette, da geht es verdammt zivilisierter zu als bei dem, was Euch dadrin bevorsteht.»

«Das kann gut sein», räumte Vespasian leise ein. Er betrachtete den stetigen Strom der Senatoren, die mit ihren nervös aussehenden Frauen eintrafen, und fragte sich, ob Magnus möglicherweise in beiden Punkten recht hatte.

Während er seinem Freund nachschaute, der wieder den Hügel hinunterlief, überkamen ihn für einen Moment Selbstzweifel, doch dann schüttelte er den Kopf, schob sie von sich und wandte sich ab, um den Senatoren nach drinnen zu folgen.

Da drang eine vertraute schleppende Stimme an sein Ohr. «Wie ich hörte, bist du neuerdings zum kleinen Dieb verkommen.»

«Verpiss dich, Sabinus.» Vespasian fuhr herum und sah seinen Bruder vor sich.

«Mir scheint, du machst es dir zur Gewohnheit, mich so zu begrüßen, Bruder.»

«Wenn du mir erst mal dafür danken würdest, dass ich dir deine Sachen nach Bithynia nachgeschickt und mich um die Fertigstellung deines Hauses gekümmert habe, dann dürftest du vielleicht mit einer herzlicheren Begrüßung rechnen.»

«Nun gut, ich danke dir.»

«Wo ist Clementina? Ich hoffe, du holst sie nicht her.»

«Auf gar keinen Fall. Caligula scheint sie vergessen zu haben, er hat sie seit meiner Rückkehr nicht erwähnt. Ich habe sie in Aquae Cutiliae zurückgelassen.»

«Dort wird sie wohl in Sicherheit sein.»

«Hoffen wir es. Komm, lass uns hineingehen und sehen, welchen armen Tropf der Kaiser heute Abend öffentlich zum Hahnrei macht.»

«Woher weißt du eigentlich, dass ich den Brustpanzer gestohlen habe?», fragte Vespasian, während sie sich zum Eingang des Palastes wandten. «Ich bin erst gestern zurückgekehrt und habe ihn sofort Caligula übergeben.»

«Pallas.»

«Pallas? Wie hat er denn davon erfahren?»

«Oh, er weiß alles, jetzt, da er hier im Palast lebt. Caligula hat Claudius befohlen, bei ihm einzuziehen, damit er ihn täglich demütigen kann. Pallas gehört zu seinem Haushalt, also ist er mitgekommen.»

«Narcissus auch?», erkundigte sich Vespasian und dachte an das Gold im Haus seines Onkels.

«Ja, Narcissus auch», bestätigte Sabinus mit einem Seitenblick zu seinem Bruder. «Höre ich da eine gewisse Besorgnis in deiner Stimme?»

«Ich würde ihm momentan einfach ungern begegnen, weiter nichts.»

«Nun, heute Abend wirst du ihn nicht treffen, er ist unten in der Bucht von Neapolis. Caligula hat Claudius die Verantwortung dafür übertragen, all die Schiffe für seine Brücke zu beschaffen, dann aber verlangt, dass er in Rom bleibt, um ihn weiter drangsalieren zu können. Claudius hat die praktischen Angelegenheiten Narcissus übergeben.»

Vespasian war bestürzt. «Ein Freigelassener mit der Befugnis, Schiffe zu beschlagnahmen! Das ist ungeheuerlich.»

Sabinus grinste. «Stell dir nur vor, wie das für Corbulo ist – er muss mit ihm zusammenarbeiten. Er hat die Aufgabe, die Straße über die Brücke zu bauen und für fließendes Wasser zu sorgen.»

«Fließendes Wasser auf einer Brücke?»

«Oh, es ist nicht nur eine Brücke, die von einem Ufer zum anderen führt. Es sind Halbinseln daran angebracht mit Räumlichkeiten, die so ausgestattet sind, wie es Caligulas Ansicht nach einem Gott gebührt: Triclinia, in denen leicht hundert Personen zu Tisch liegen könnten, Atrien mit Springbrunnen, sogar ein paar Badehäuser.»

«Und das alles in zwei Monaten!», rief Vespasian aus. Sie betraten jetzt das Atrium, durch das die Warteschlange der Armen der Stadt verlief.

«Man sagt, ganz Rom habe an nichts anderem gearbeitet.» Sabinus beugte sich zu Vespasian hinüber und flüsterte ihm ins Ohr: «Es ist eine phänomenale Geldverschwendung, aber ich freue mich wirklich auf den Anblick.»

«Du wirst hinreisen, nur um es zu sehen?»

«Du auch. Caligula hat befohlen, dass alle Senatoren ihn hinunter zur Bucht begleiten, um Zeugen seines Triumphes zu werden.»

Die Gärten hinter dem Haus des Augustus waren terrassenförmig auf zwei Ebenen am Hang des Palatin angelegt, mit Blick auf die Fassade des Circus Maximus mit ihren Arkaden. Entlang der niedrigen Balustrade der oberen Ebene waren Esstische so aufgestellt, dass alle, die daran lagen, eine gute Aussicht auf die untere Ebene hatten, wo sich zwei Bühnen befanden. Obwohl es noch wenigstens drei Stunden dauern würde, bis an diesem langen Sommertag die Dämmerung hereinbrach, brannten Fackeln in hohen Messinghaltern an den Rändern der Bühnen und rings um den Garten herum sowie in Abständen zwischen den Tischen. Überall auf dem Rasen des oberen Gartens waren farbenfrohe Leinenbaldachine aufgestellt, unter denen die Gäste des Kaisers standen oder saßen, gekühlten Wein tranken und sich angeregt unterhielten wie Leute, die versuchten, ihr Unbehagen zu überspielen.

Vespasian und Sabinus standen am oberen Ende der Treppe, die vom Haus hinunterführte, und bewunderten die herrliche Szene, die sich ihnen bot: die Farbenpracht, die Eleganz, das sanfte Abendlicht.

«Es wäre ein Vergnügen, hier zu sein, wenn man sicher wüsste, dass man lebend wieder heimkehren wird, nicht wahr, meine Herren?», ließ sich eine leise Stimme hinter ihnen vernehmen.

Die Brüder drehten sich um, und beide schmunzelten über die treffende Bemerkung.

«Pallas», sagte Vespasian aufrichtig erfreut, «wie geht es dir? Sabinus hat mir erzählt, dass du jetzt hier lebst.»

Pallas blickte ernst drein. «Ich denke, damit habt Ihr Eure Frage selbst beantwortet, Vespasian: Ich lebe hier.»

«Ist es so schlimm?»

Pallas deutete in den Garten hinunter, wo mehrere Gäste mit offensichtlich gespielter Heiterkeit über einen Mann in ihrer Mitte lachten. Er stand mit ausgestreckten Armen da, nur dass er keine Hände hatte, sondern stattdessen verbrannte schwarze Stümpfe. Seine Hände hingen ihm an einem Strick um den Hals, dazu ein Schild.

«Auf dem Schild steht: *Ich habe den Kaiser bestohlen*», teilte Pallas ihnen mit.

«Und, hat er?», fragte Sabinus.

«Ein kleiner Streifen einer Silberverzierung war von einem Sofa abgefallen, und er wollte es gerade dem Verwalter bringen, damit es repariert würde, als Caligula ihn damit sah. Das Leben hier ist sehr willkürlich geworden.»

«Das Leben war schon immer willkürlich.»

«Schon, aber im Allgemeinen in den Grenzen des Gesetzes. Unser neuer Gott scheint das Gesetz vergessen zu haben. Mein Patron Claudius hingegen liebt das Gesetz. Denkt einmal darüber nach, meine Herren.» Pallas klopfte beiden auf die Schultern und ging davon.

«Lass dich in nichts hineinziehen», sagte Vespasian warnend zu Sabinus, während sie die Stufen hinunterstiegen.

«Das habe ich nicht vor», erwiderte Sabinus, nahm von einem Sklaven zwei Becher Wein entgegen und reichte einen seinem Bruder. «Ich beabsichtige, am Leben zu bleiben. Aber es ist tröstlich, zu wissen, dass wir einen guten Freund haben, der dem einzigen offensichtlichen Erben des Purpurs nahesteht.»

Ein Signal aus mehreren *Bucinae* scholl durch den Garten, woraufhin sämtliche Gespräche verstummten und alle mit geheuchelter Sehnsucht zum Haupteingang des Hauses am oberen Ende der Treppe blickten. Ein Pferd trabte heraus und schaute sich in halb neugieriger Pferdemanier um. Hinter ihm ertönte ein Ruf: «Ave Incitatus.»

Die Gäste nahmen den Gruß sofort auf. «Ave Incitatus! Ave Incitatus!»

Vespasian, der noch nie einem Pferd gehuldigt hatte, musste sich beherrschen, um ein ernstes Gesicht zu machen, während er mit einer Begeisterung einstimmte, die mehr der absurden Situation geschuldet war als irgendwelcher Verehrung für das gepriesene Tier.

Gleich darauf wechselte der Sprechgesang zu «Ave, göttlicher Caesar!», als Caligula, von Clemens und Chaerea flankiert, neben seinem Lieblingsuntertan erschien. Er war für seine Verhältnisse schlicht gekleidet, fand Vespasian, im Vergleich zu einigen der Kostüme, in denen er ihn bereits gesehen hatte: Er trug eine purpurne, golden gesäumte Toga und auf dem Kopf einen goldenen Lorbeerkranz.

«Wir sind heute Abend hier zusammengekommen», hob Caligula an, «um nicht nur mich zu ehren, sondern auch meinen guten Freund, meinen vertrauten Verbündeten, meinen Kameraden, den Mann, der mir den Brustpanzer Alexanders aus Ägypten hergebracht hat: Titus Flavius Vespasianus. Morgen Mittag können wir unsere Reise hinunter an die Bucht von Neapolis antreten, wo ich im Triumph über meine großartigste Schöpfung reiten werde. Tretet vor, Vespasian, und nehmt meinen Dank entgegen. Ihr sollt im nächsten Jahr Prätor werden.»

Vespasian ging langsam die Stufen wieder hinauf, auf den strahlenden Caligula zu, der ihn mit ausgebreiteten Armen erwartete. Als er die vorletzte Stufe erreichte, wurde er unter dem Beifall der Gäste unten in eine purpurne Umarmung geschlossen und auf beide Wangen geküsst.

«Nur einem Mann wie diesem», verkündete Caligula, drehte Vespasian zum Publikum herum und legte ihm die Hände auf die Schultern, «konnte ich so weit vertrauen, dass ich ihn nach Ägypten schickte, zur Quelle eines solch großen Teils vom Reichtum Roms. In vier Jahren hat kein Senator diese Provinz besucht, nicht seit Tiberius' Astrologe Thrasyllos ihn warnte, dass die Wiederkehr des Phönix bevorstünde, die einen großen Wandel ankündigte, und eine Prophezeiung darüber abgab. Habt Ihr den Phönix gesehen, während Ihr in Alexandria wart, Vespasian?»

«Nein, göttlicher Gaius», antwortete Vespasian wahrheitsgemäß.

Caligula machte ein triumphierendes Gesicht. «Natürlich

nicht, weil er bereits geflogen ist. Voriges Jahr, drei Jahre nach seiner Wiedergeburt, wurde er gesehen, wie er aus Ägypten gen Osten flog. Thrasyllos' Prophezeiung hat sich nicht erfüllt. Ihr seid gesegnet, meine Schafe, weil der vom Phönix angekündigte Wandel darin besteht, dass Rom von einem unsterblichen Gott regiert wird. Ich werde noch fünfhundert Jahre herrschen, bis der Phönix das nächste Mal erscheint. Bis dahin steht Ägypten wieder jedem Angehörigen des Senats offen, der aus gutem Grund dorthin reisen will.»

Das wurde von den vielen Senatoren, die geschäftliche Beziehungen in die persönliche Provinz des Kaisers hatten, mit lautem Jubel aufgenommen.

«Und jetzt werden wir speisen. Vespasian wird die große Ehre zuteil, zu meiner Rechten zu liegen.» Er ging an Vespasian vorbei und begann, die Stufen hinunterzusteigen.

«Göttlicher Gaius», sagte Chaerea mit seiner hohen Stimme und schloss sich ihm an, «wie lautet das Losungswort für heute Abend?»

Caligula blieb stehen und lachte. «Ich liebe diese reizende Stimme!» Er drehte sich um, legte den Mittelfinger an Chaereas Lippen und spielte aufreizend mit ihnen. «Eine solch liebliche Stimme verdient ein liebliches Losungswort, nicht wahr?»

Ausrufe kriecherischer Zustimmung verschlimmerten noch die Schmach des Prätorianertribuns.

«Deshalb lautet das Losungswort ‹Venus› – die lieblichste Göttin für den lieblichsten Mann.»

Caligula wandte sich ab und hüpfte geziert die Stufen hinunter, vom schallenden Gelächter seiner Gäste begleitet. Vespasian sah den Zorn in Chaereas Augen glühen, doch im

Übrigen blieb dessen Gesicht ausdruckslos. Clemens' Hand glitt ans Heft seines Schwertes, während er beobachtete, wie sein untergebener Kollege um Beherrschung rang. Schließlich salutierte Chaerea und marschierte steif davon.

Magnus hätte seine Wette nicht verloren, dachte Vespasian, der nur mit Mühe einen Bissen Flussbarsch hinunterschluckte, da auf einer der Bühnen unten gerade wieder einmal eine Enthauptung vonstattenging. In bizarrem Gegensatz dazu war auf der anderen Bühne eine Gruppe Tänzer zu sehen, die sich zu den sanften Klängen zweier Flöten bewegten.

«Für jeden etwas», schwärmte Caligula und gab Incitatus, der seinen Kopf zwischen ihm und Vespasian hindurchsteckte, einen Apfel zu fressen. «Kunst oder Tod, wählt und genießt.»

«Ich p-p-persönlich ziehe den T-T-Tod vor, göttlicher und erhabener G-G-Gaius», stotterte Claudius und sah genüsslich zu, wie das Blut aus dem Halsstumpf sprudelte. Seine Erregung war für alle deutlich zu sehen, und das hübsche, hellhäutige Mädchen, das neben ihm lag, war so weit von ihm abgerückt, wie die Höflichkeit es zuließ. «Ich konnte dem T-T-Tanz nie etwas abgewinnen.»

«Das liegt daran, dass du beim Tanzen nichts zu gewinnen hast, Krüppel», bemerkte Caligula. «Deine Beine würden unter dir einknicken.» Er lachte weitaus lauter, als der Bemerkung angemessen war, und seinen Tischgefährten blieb nichts anderes übrig, als einzustimmen.

«Deine g-göttliche Einsicht ist untrüglich», sagte Claudius, ebenfalls lachend.

«Wir wollen den Beweis erbringen: Geh und tanze mit ihnen, Onkel.»

Claudius blieb der schiefe Mund offen stehen, und seine blutunterlaufenen Augen schauten sich hilfesuchend um, doch es kam keine Hilfe, nicht einmal von seiner hübschen Gefährtin, die nur wegschaute. Ein schwaches, mitleidiges Lächeln umspielte ihre feuchten, blassen Lippen.

«Geh!», zischte Caligula drohend, und seine Augen funkelten boshaft.

Claudius begriff, dass ihm nichts anderes übrig blieb, als sich vor der ganzen Gesellschaft zum Narren zu machen, und so erhob er sich unsicher und hinkte die Stufen zum unteren Garten hinunter.

«Das verspricht äußerst amüsant zu werden», beteuerte Caligula. «Ich habe ihn schon rennen, hüpfen, springen und kriechen lassen, aber ich habe ihn noch nie zum Tanzen gezwungen.» Er wandte sich an Claudius' attraktive Begleiterin. «Kannst du ihn dazu bringen, dich zu vögeln, Messalina, oder schiebst du dieses Grauen bis zu eurer Hochzeitsnacht auf?»

Messalina stimmte in das allgemeine Gelächter ein, doch die Heiterkeit erreichte nicht ihre kalten, dunklen Augen. Vespasian fühlte sich wie von ihnen durchbohrt, während er tat, als wische er sich eine Träne aus dem Auge.

Claudius watschelte auf die Bühne und begann eine Reihe ruckartiger Hüpfer und Pirouetten, wobei er ungelenk mit den Armen fuchtelte. Die verwirrten Tänzer um ihn herum setzten ihre anmutige Darbietung fort. Auf der Bühne daneben machten sich vier angekettete Löwen über den Körper des enthaupteten Verbrechers her. Hinter ihnen versank die Sonne hinter dem Circus Maximus.

«Seht ihn Euch an», brachte Caligula lachend heraus. «Wenn wir nicht zufällig einen Gott in der Familie hätten, dann hätte er Kaiser werden können. Ich glaube, dann hätte Thrasyllos' Prophezeiung sich erfüllt.»

«Wie lautete denn die Prophezeiung, göttlicher Gaius?», erkundigte sich Sabinus, während Claudius unten zur Belustigung aller Anwesenden zu einem Häuflein Elend zusammensackte.

«Er hat prophezeit, wenn ein Angehöriger des Senatorenstandes den Phönix sähe, während er sich in den Grenzen des Königreichs Ägypten aufhielte, dann würde dieser Mann die nächste Kaiserdynastie begründen.»

Vespasian verschluckte sich fast an seinem Wein. «Das heißt, wenn ein Senator sähe, wie der Phönix beispielsweise über Judäa fliegt», fragte er unschuldig, «dann würde das nicht zählen?»

«Er hat unmissverständlich gesagt, es müsse in Ägypten selbst geschehen. Deshalb haben wir all die Jahre keinem Senator gestattet, dorthin zu reisen.»

Vespasian nickte nachdenklich und bemerkte nicht Sabinus' fragenden Blick.

Caligula lehnte sich zurück, um Incitatus zu streicheln, dann wandte er sich Clemens zu. «Incitatus sagt, er ist müde und wünscht zu schlafen; wie ich ist er aufgeregt wegen morgen. Räumt sämtliche Häuser im Umkreis von einer Viertelmeile um seinen Stall und stellt Wachen auf, um sicherzustellen, dass niemand irgendwelchen Lärm verursacht. Ich will, dass er die Reise gut ausgeruht antritt.»

«Eine sinnvolle Vorkehrung, göttlicher Gaius», sagte Clemens ohne eine Spur von Ironie und stand auf.

Caligula folgte ihm. «Wenn Ihr mich entschuldigt, ich begleite Incitatus hinaus. Er wäre tief gekränkt, wenn ich es nicht täte.» Er küsste das Pferd auf die Lippen. «Ist er nicht wunderschön? Vielleicht sollte ich ihn zum Konsul ernennen. Er wäre mir im nächsten Jahr ein guter Kollege, weitaus passender als der pferdegesichtige Schwachkopf, den ich bereits erwählt habe.» Nach einem weiteren zärtlichen Kuss führte er seinen Ehrengast davon.

«Warum hast du dich so genau nach der Prophezeiung über den Phönix erkundigt?», fragte Sabinus, sobald Caligula außer Hörweite war.

Vespasian schaute seinen Bruder mit belustigtem Grinsen an. «Laut diesem alten Scharlatan Thrasyllos habe ich es nur knapp verpasst, der Begründer der nächsten kaiserlichen Dynastie zu werden.»

«Du sagtest doch, dass du den Phönix nicht gesehen hast.»

«In Alexandria habe ich ihn nicht gesehen, aber vor fast vier Jahren in der Kyrenaika schon. Ich war sogar Zeuge seiner Wiedergeburt. Aber die Kyrenaika ist nicht Ägypten, also kann sich die Prophezeiung nicht auf mich beziehen.»

«Sie war Teil des Ägyptischen Reiches, ich erinnere mich, dass jemand in Judäa mir das erzählt hat.»

«Eine Provinz von Ägypten, ja, aber nicht Teil des Königreiches selbst. Ohnehin war ich in Siwa, das ist eine eigenständige Oase mitten im Niemandsland.»

Sabinus schaute Vespasian eindringlich an. «Als Alexander Ägypten eroberte, ging er zum Orakel des Amun in Siwa, damals war es Teil des Königreiches. Erst wir haben es aus verwaltungstechnischen Gründen der Kyrenaika zugeschlagen. Historisch betrachtet gehörte es von jeher zu Ägypten.»

Vespasian machte große Augen, doch dann schüttelte er den Kopf und winkte ab. «Nein, nein. Ich wurde zum Orakel des Amun gebracht, nachdem ich den Phönix gesehen hatte. Das Orakel hat zu mir gesprochen, und es hat mir nicht gesagt, ich würde eine kaiserliche Dynastie begründen. Eigentlich hat es mir gar nichts gesagt, nur dass ich zu früh gekommen sei, und beim nächsten Mal solle ich eine Gabe mitbringen, die das Schwert aufwiegen könne, das Alexander dort zurückgelassen hat.»

«Was für eine Gabe?»

«Danach habe ich gefragt, aber das musst du entscheiden.»

«Ich? Warum ich?»

«Weil das Orakel gesagt hat, ein Bruder werde verstehen. Ob es uns passt oder nicht, Sabinus, wir sind nun einmal Brüder.»

Caligula war so aufgeregt wegen der bevorstehenden Reise zur Bucht von Neapolis, dass er das Abendessen kurz nach Einbruch der Dunkelheit beendete. Er verkündete, er wolle den Rest der Nacht darauf verwenden, seine Fehde mit Neptun beizulegen, damit dieser nicht einen Sturm schicke und seine Brücke zerstöre. Die Gäste entfernten sich, sichtlich erleichtert, den Abend ohne Schaden an Leben, Gliedmaßen oder Tugend überstanden zu haben.

Vespasian trennte sich von Sabinus, der allein zu seinem Haus auf dem Aventin ging, und machte sich trotz der späten Stunde zu einem Besuch auf, vor dem ihm graute, den er jedoch nicht aufschieben konnte.

Zwei von Magnus' Brüdern hielten an der Ecke Wache, doch im Übrigen war die Straße, in der Caenis wohnte, menschenleer. Vespasian nickte den beiden Männern grüßend zu und ging entschlossen zu ihrer Tür. Der riesenhafte Nubier öffnete, sobald er geklopft hatte, und Vespasian wurde rasch eingelassen.

«Ich wusste, dass du kommen würdest», sagte Caenis sanft, während er in das schummrige Atrium trat. «Ich bin aufgeblieben und habe auf dich gewartet.» Sie ging ihm entgegen, schlang die Arme um seinen Hals und küsste ihn auf den Mund.

Vespasian schloss die Augen und erwiderte den Kuss innig, sog ihren betörenden Duft ein und streichelte ihren Rücken. «Woher wusstest du, dass ich wieder in Rom bin?», fragte er, als sie sich endlich voneinander lösten.

Sie blickte mit feuchten Augen lächelnd zu ihm auf. «Wie du ja weißt, besuche ich gelegentlich das Haus deines Onkels, um mir die Langeweile zu vertreiben. Heute Abend war ich dort.»

Vespasian stockte der Atem. «Dann bist du …»

«… Flavia begegnet? Ja, mein Liebster, das bin ich. Sie ist sehr schön.»

Vespasian schluckte und fragte sich, wie diese Begegnung verlaufen sein mochte. «Ich wollte dir eigentlich vorher von ihr erzählen.»

«Deshalb wusste ich, dass du heute Abend kommen würdest. Aber du brauchst mir nicht von ihr zu berichten, das hat sie bereits selbst getan, in aller Ausführlichkeit. Wenn du sie heiraten willst, dann hast du meinen Segen dazu.»

«Du wirst für mich immer an erster Stelle stehen, meine Liebste.»

«Das weiß ich, und darum lasse ich dich bereitwillig gehen. Das ist mein ganz persönlicher Sieg über sie. Ich mag die Zweite in der Rangfolge sein, wenn es darum geht, wem du deine Zuwendung schenkst, und ich kann dir niemals Kinder gebären. Aber ich werde immer die Erste sein, wenn es um deine Liebe geht, und das genügt mir.»

Er fasste sie an den Schultern und schaute lächelnd auf sie hinunter, dann küsste er sie sanft auf die Stirn. «Soll ich bleiben?»

«Ich würde dir nie verzeihen, wenn du es nicht tätest.»

XXIII

Ein kurzes Signal der Bucinae scholl über das Forum Romanum, gefolgt von den gebellten Befehlen der Centurionen, die fünf Kohorten Prätorianer gleichzeitig mit einem einzigen Knall von Nagelsohlen auf Stein strammstehen ließen. Entlang der von Menschen gesäumten Via Sacra ritten zwei Alae der Prätorianergarde im Trab, um mit dem Helden des Spektakels Schritt zu halten – Caligula, der in fünfzig Fuß Höhe und hundert Schritt zu ihrer Linken seine Brücke vom Palatin zum Kapitol überquerte. Er ritt auf Incitatus und war als Volcanus gekleidet: mit einer Tunika, die nur eine Schulter bedeckte, einen Pileus auf dem Kopf, in einer Hand einen Schmiedehammer und in der anderen eine große Muschelschale. Hinter ihm folgten zehn nackte Frauen, am ganzen Körper golden geschminkt. Sie stellten die Sklavinnen dar, die Volcanus aus dem edlen Metall geschmiedet hatte, damit sie ihm dienten.

Überall in der Umgebung des Forums brannten Freudenfeuer, in die Leute als Opfer an den Gott des Feuers lebende Fische und andere kleine Tiere warfen – Ratten, Mäuse, Hundewelpen und Kätzchen –, in der Hoffnung, er möge die Stadt während des heißen, trockenen Sommers von Feuersbrünsten verschonen. Die Vigiles in ihrer Eigenschaft als Feuerwehr der Stadt hielten ein wachsames Auge auf all diese Freudenfeuer.

Von den Stufen der Curia beobachteten Vespasian und die übrigen Senatoren, wie Caligula das Kapitol erreichte, absaß und dann die Gemonische Treppe hinunterstieg, vorbei am Tempel der Concordia, ehe er vor dem Volcanal stehen blieb, dem Altar des Volcanus, einem der ältesten Heiligtümer Roms. Vor dem Altar warteten im Schatten einer Zypresse ein rotes Kalb und ein roter Eber darauf, dem Gott geopfert zu werden, dessen Feiertag heute war.

«Mir scheint, nachdem er seinen Frieden mit Neptun geschlossen hat, will unser Kaiser jetzt sicherstellen, dass Volcanus nicht in seiner Abwesenheit die Stadt niederbrennt», bemerkte Vespasian, als das Opfermesser in Caligulas Hand aufblitzte und das Kalb tötete.

«Oder dass er nicht Feuer aus seiner Schmiede unter dem Vesuvius schickt, um seine Brücke abzubrennen», murmelte Sabinus.

«Falscher Berg, mein lieber Junge», korrigierte ihn Gaius, während der Eber in einem Schwall von Blut zusammenbrach. «Volcanus wohnt unter dem Ätna auf Sizilien. Im Übrigen tut er das jedes Mal, wenn seine Frau, Venus, ihm untreu ist. Wenn wir also einen Ausbruch auf Sizilien vermeiden wollten, sollten wir wohl besser ihr opfern, damit sie sich anständig benimmt.»

Vespasian grinste seinen Onkel und seinen Bruder an. «Ich jedenfalls sollte ihr nach Flavias Benehmen heute Morgen ein Dankopfer bringen.»

«Das solltest du allerdings», pflichtete Gaius ihm bei.

Sabinus verstand nicht. «Wer ist Flavia?»

«Flavia, mein lieber Junge, ist die Frau, die dein Bruder zu heiraten gedenkt. Dieselbe Frau, die, als Vespasian kurz nach Tagesanbruch von seiner Nacht mit Caenis zurückkehrte, ihn küsste und sich erkundigte, ob er einen schönen Abend gehabt habe. Dann beendete sie ruhig ihr Frühstück und brach anschließend mit Sack und Pack zum Haus ihres Vaters auf, mit meinem Brief im Gepäck, mit dem ich die Heiratsverhandlungen eröffne, und mit nichts weiter als einer Ermahnung an deinen kleinen Bruder, er solle sich noch genügend Kraft für ihre Hochzeitsnacht im nächsten Monat aufsparen.»

Sabinus starrte Vespasian ungläubig an, der mit Unschuldsmiene die Schultern zuckte. «Sie muss eine sehr dumme Frau sein, wenn ihr nicht klar war, dass er die Nacht mit einer anderen verbracht hat.»

«Oh, das wusste sie sehr wohl. Sie ist Caenis gestern Abend selbst begegnet und hat ihr die Regeln erklärt.»

Vespasian erschrak. «Die Regeln, Onkel?»

«Ja, mein lieber Junge, die Regeln.»

«Und wie lauten die Regeln?»

«Ganz einfach: Flavias Ansprüche an dich gehen vor, wenn sie Gäste empfängt, einen Ausflug machen will, wenn es Kinder zu erziehen gilt, sie einen Spaziergang in der Stadt unternehmen möchte oder versucht, schwanger zu werden. Zu jedem anderen Zeitpunkt kann Caenis dich gern haben, aber nicht länger als vier Nächte in Folge. Diese Dauer wird auf drei Nächte verkürzt, sobald das erste Kind zwei Jahre alt ist und seinen Vater regelmäßiger braucht, und auf zwei Nächte, wenn es sieben ist.»

Sabinus lachte schallend, sehr zur Entrüstung der umstehenden Senatoren. Hastig unterdrückte er seine Heiterkeit und setzte eine Miene auf, die einer religiösen Zeremonie angemessener war. «Das klingt, als hätten sie ihn säuberlich unter sich aufgeteilt.»

«Oh, beide wussten genau, was sie wollten. Sie haben einander mit eisiger Höflichkeit behandelt, sich gegenseitig Komplimente über ihr Haar, ihren Schmuck und dergleichen gemacht, aber sie haben sich friedlich geeinigt, sosehr sie einander auch offensichtlich verabscheuten. Es war ein Wunder, das mit anzusehen, und es hat mich darin bestätigt, welch weise Wahl ich in meiner Lebensführung doch getroffen habe.»

Vespasian war empört. «Und du hast zugelassen, dass sie um mich verhandelten, als wäre ich ein Gladiator, auf den sie beide ein Auge geworfen hätten.»

«Ich habe überhaupt nichts zugelassen, mein lieber Junge», entgegnete Gaius schulterzuckend. «Das hat nichts mit mir zu tun, ich habe lediglich beobachtet. Du bist doch derjenige, der auf diesen komplizierten häuslichen Verhältnissen besteht. Ich hoffe nur, du musst keinen zu hohen Preis dafür zahlen, sowohl emotional als auch finanziell.»

Ein Aufschrei der Menge lenkte ihre Aufmerksamkeit wieder auf das Tagesgeschehen. Nachdem die Auspizien offenbar für günstig erklärt worden waren, hatte Caligula eine Quadriga bestiegen, vor der Incitatus links im Gespann lief, und verließ gefolgt von den berittenen Prätorianern das Forum. Kohorte um Kohorte marschierten die unberittenen Prätorianer ihnen unter dem Jubel der Menge nach.

«Ich nehme an, ihre Begeisterung gilt weniger dem eigentlichen Schauspiel als vielmehr der Aussicht darauf, dass die Schiffe wieder eingesetzt werden können, um ihnen das dringend benötigte Getreide zu bringen, nachdem Caligula über seine Brücke gefahren ist», bemerkte Gaius, während er und der Rest des Senats sich der Prozession anschlossen. «Hoffen wir, dass wir diese unselige Angelegenheit rasch hinter uns bringen können.»

Zwei Meilen außerhalb der Porta Capena, auf einem Feld an der Via Appia, standen die Reisewagen der Senatoren bereit. Darin warteten bereits ihre Frauen in der zunehmenden Hitze, von Sklaven umsorgt. Bis die mehr als fünfhundert Männer zu ihren Fuhrwerken gefunden hatten, entstand ein Chaos, das über eine Stunde dauerte. Es wurde nicht gerade dadurch gemildert, dass Caligula in seinem Triumphwagen, gefolgt von einer Turma grinsender Prätorianer, an den Reihen der Wagen auf und ab ritt und mit seiner Peitsche um sich schlug, um die Angelegenheit zu beschleunigen. So manches Maultiergespann ging durch und zerrte sein Gefährt mitsamt den schreienden Insassen über das unebene Gelände, der unausweichlichen Katastrophe entgegen.

«Ich bin hier drüben, meine Herren», hörten sie endlich über den Lärm hinweg Magnus' Stimme.

Vespasian, Sabinus und Gaius folgten dem Ruf und erblickten zu ihrer Erleichterung Magnus auf dem Bock eines geschlossenen Wagens, der von vier stämmigen Maultieren gezogen wurde. Neben ihm saßen Aenor und ein weiterer junger germanischer Sklave. Für Vespasian und Sabinus war jeweils ein Pferd hinten an den Wagen gebunden.

«Magnus, die Götter seien gelobt», rief Gaius und watschelte eilig auf den Wagen zu, während die beiden Sklaven abstiegen, um ihrem Herrn behilflich zu sein. «Ich glaubte schon, wir würden dich in diesem Irrsinn niemals finden.»

Gerade als sie die Sicherheit ihres Fuhrwerks erreichten, erschien Caligula mit seinem Wagen. Er schlug mit der Peitsche nach einer Gruppe älterer, sichtlich verstörter Senatoren, die neben ihm herrannten. «Warum halten die Alten immer die Jungen auf?», schrie er sie an und versetzte dem, der als Letzter lief, einen solchen Schlag auf den Rücken, dass der Mann zu Boden ging und mit einem Schrei unter den Hufen der nachfolgenden Turma verschwand. «Nutzloser alter Scheißer», rief Caligula grinsend, dann bemerkte er Vespasian und Sabinus und brachte seinen Wagen geschickt zum Stehen, sodass die übrigen Senatoren davonlaufen konnten. «Seine Familie war wahrscheinlich erst seit einer oder zwei Generationen im Senat – kein Stammbaum, versteht Ihr, das trübt das Gedächtnis. Wahrscheinlich wusste er nicht einmal mehr, wo sein Arschloch war. Kein Wunder, dass er solche Schwierigkeiten hatte, seinen Wagen zu finden.»

«Gewiss habt Ihr recht, göttlicher Gaius», pflichtete Vespasian ihm bei, wohlweislich ohne darauf hinzuweisen, dass er selbst erst ein Senator in zweiter Generation war.

Caligula strahlte ihn an. «Wenigstens Euch ist es gelungen, rechtzeitig bereit zu sein. Ihr werdet mit mir die Prozession anführen, wenn wir uns der Bucht nähern. Ich freue mich schon darauf, das Staunen auf Euren Gesichtern zu sehen, wenn Ihr meine Brücke zum ersten Mal erblickt.» Vor Begeisterung riss er die Augen noch weiter auf. «Und

Ihr, Sabinus, auf Euer Gesicht freue ich mich ganz besonders. Ich habe eine wunderbare Überraschung für Euch.» Er ließ die Peitsche über den Widerristen seines Gespanns knallen und fuhr schnell davon, gefolgt von der Turma. Der blutig zerschundene Leichnam des alten Senators blieb liegen, den mochten seine Angehörigen holen.

Gaius bebte vor unterdrücktem Zorn. «Das geht zu weit. Senatoren niederreiten und dann im Staub liegen lassen, als wären es Wilde auf der Flucht und nicht Menschen, die Rom ihr Leben lang gedient haben. Es ist ein Skandal!»

«Onkel», sagte Vespasian und legte ihm beschwichtigend eine Hand auf die Schulter, «denk an den guten Rat, den du selbst mir gegeben hast.»

Gaius atmete tief durch und fasste sich wieder. «Du hast recht, lieber Junge: Wir müssen zusehen, dass wir am Leben bleiben und unser Ehrgefühl nicht über unsere Besonnenheit siegen lassen. Soll jemand anders sich von ihm zum Äußersten treiben lassen. Wenn er sich weiter so aufführt, wird es nicht lange dauern.»

«Wenn er sich so aufführt, dann sieht man es wenigstens noch kommen», bemerkte Magnus. «Man weiß, womit man zu rechnen hat, und kann sich darauf einstellen, noch ehe es geschieht; das macht es leichter, sich zu beherrschen. Wenn man überrumpelt wird, kommt einem viel eher die Besonnenheit abhanden.» Er starrte Sabinus düster an, der ganz zufrieden mit sich schien, da der Kaiser ihm eine besondere Gunst in Aussicht gestellt hatte. «Und wenn ich etwas nicht wollen würde, dann dass Caligula eine Überraschung für mich bereithält, wenn Ihr versteht, was ich meine?»

Die Reise gen Süden über die Via Appia verlief allerdings durchaus nicht überraschend – sie war lang, heiß und äußerst unbequem. Caligula hatte überstürzt beschlossen, gleich am Tag aufzubrechen, nachdem Vespasian ihm den Brustpanzer gebracht hatte. So war keine Zeit geblieben, über die komplexe logistische Herausforderung nachzudenken, so viele Leute durch eine Region zu schleusen, die ohnehin schon unter Mangel litt, weil Caligula sämtliche Schiffe beschlagnahmt hatte, sobald sie in italienische Gewässer gekommen waren. Am fünften Tag gingen den Prätorianern die Marschrationen aus, und sämtlicher Proviant, den die Senatoren mitgenommen hatten, war entweder verzehrt oder in der sengenden Hochsommerhitze verdorben.

Am sechsten Tag hatte die Kolonne noch nicht einmal die Hälfte des Weges zurückgelegt, weil Caligula ein plötzliches Interesse an den zivilen Angelegenheiten jeder Stadt an den Tag legte, durch die sie kamen. Er hielt die eine Meile lange Kolonne an, wenn seine Sänfte das Forum erreichte, und aus dem Schatten seines Baldachins aus Schwanendaunen sprach er Recht – wie er es verstand – und erließ neue bürgerliche Gesetze. Währenddessen beraubten seine Quartiermeister die Gemeinde nicht nur ihrer neuen Ernte, sondern beschlagnahmten auch das Vieh und die Wintervorräte. Nach etwa einer Stunde zog die Kolonne weiter und ließ eine Handvoll enthaupteter, gekreuzigter oder verstümmelter Verbrecher zurück, neue Gesetze, die vorschrieben, der kaiserlichen Gottheit Pfauen oder dergleichen zu opfern, und eine Gemeinde, die sich in den kommenden Monaten nicht würde ernähren können. Dafür war sie aber im Besitz eines kaiserlichen Schuldscheins über einen solch schwindelerregend hohen Betrag, dass die Stadtväter wussten, die Schuld würde niemals beglichen werden.

Abends befahl Caligula den Prätorianern, ein richtiges Feldlager zu bauen, mit Graben und Palisade, als befänden sie sich auf einem Feldzug auf feindlichem Gebiet – was im Allgemeinen nach dem, was er den Tag über angerichtet hatte, und nachdem sie im Umkreis von Meilen Bäume gefällt hatten, auch tatsächlich der Fall war. Mit Ausnahme der wenigen, die vorausschauenderweise selbst ein Zelt mitgebracht hatten, mussten die Senatoren und ihre Frauen in ihren überhitzten Reisewagen nächtigen, die dicht an dicht ohne jegliche Privatsphäre in einer Ecke des Lagers standen. Der einzige Trost für die Frauen war, dass für sie Latrinen gegraben wurden, wo sie immerhin ein wenig unter sich waren. Ihre Männer, die praktisch ausnahmslos unter den Adlern gedient hatten, kannten wie alle Soldaten keine Hemmungen, sich während einer Rast im Freien zu erleichtern. Für die Frauen hingegen wäre das eine allzu unerträgliche Schmach gewesen, deshalb rührten ihre gequälten Gesichter und ihre gesteigerte Reizbarkeit am Ende jedes Tages nicht nur daher, dass sie stundenlang in ihren Reisewagen durchgerüttelt worden waren.

Vespasian und seine Begleiter bemühten sich, nicht aufzufallen und sich nach Möglichkeit von Caligulas Vergnügungen fernzuhalten. Diejenigen Senatoren, die das Pech hatten, abends in seinen riesigen Pavillon eingeladen zu werden, kehrten unweigerlich mit Berichten von Verstümmelung, Unzucht, Vergewaltigung und weiteren Exzessen zurück, für die sie und ihre zumeist panischen Frauen keine Worte finden wollten oder konnten.

Dass es ihnen gelang, Caligulas Aufmerksamkeit und seinen Einladungen zu entgehen, weckte paradoxerweise eine andere Sorge: Warum lud er sie nicht ein? Der Kaiser zählte Vespasian und Sabinus immerhin zu seinen engsten Freunden. Als sie schließlich nur noch eine Tagesreise vom Ziel entfernt waren, machte Sabinus sich ernsthafte Gedanken darüber, zu keinem seiner ausschweifenden Abendessen eingeladen worden zu sein, so widerwärtig die Unterhaltung auch sein mochte.

«Darum würde ich mir keine Sorgen machen, lieber Junge», dröhnte Gaius aus der Bequemlichkeit seines mit Kissen vollgestopften Wagens. «Als ihr euch außerhalb von Rom zuletzt begegnet seid, schien er doch ganz zufrieden mit dir.»

«Aber das ist es ja gerade, Onkel», erwiderte Sabinus, der neben dem Wagen herritt. «Er weiß, dass wir hier sind, er lebt in dem unseligen Irrtum, wir seien seine Freunde. Dennoch hat er uns seit nunmehr fünfzehn Tagen überhaupt nicht beachtet. Was haben wir getan, das ihn gekränkt haben könnte?»

«Du wirst noch heute Abend eine Einladung erhalten, dich ihm am letzten Tag der Reise anzuschließen, wie er es versprochen hat.»

«Aber warum hat er so lange gewartet?»

«Vielleicht will er die Überraschung nicht verderben, die er für dich bereithält», mutmaßte Vespasian und genoss eine kühlende Windbö, die vom Tyrrhenischen Meer nur hundert Schritt zu ihrer Rechten herüberwehte.

«Sehr komisch, du kleiner Scheißer.»

«Finde ich auch», schloss Magnus sich an.

Sabinus warf ihm einen finsteren Blick zu, dann wandte er sich wieder an seinen Bruder. «Was ich sagen will: Ich hätte lieber die zweifelhafte Sicherheit, dass ich in Caligulas Gunst stehe, als mir Sorgen zu machen, ich könnte ihn irgendwie verärgert haben, und in der Angst zu leben, jeden Moment hingerichtet zu werden.»

Vespasian grinste. «Dann würde vielleicht wenigstens ich eine Einladung zum Essen bekommen.»

«Wie meinst du das?»

«Clemens hat mir vor ein paar Monaten erzählt, dass Caligula einem Vater befohlen hat, der Hinrichtung seines Sohnes beizuwohnen. Der Vater hat natürlich versucht, sich dem zu entziehen, indem er eine Krankheit vorschützte, also hat Caligula ihm eine Sänfte geschickt. Anschließend hat er den armen Mann zum Essen eingeladen und den ganzen Abend versucht, ihn mit Witzen aufzuheitern. Vielleicht wird er dieselbe Höflichkeit auch einem Bruder zuteilwerden lassen.»

«Dann hättest du bestimmt kein Problem damit, über seine Witze zu lachen, nachdem du zugesehen hättest, wie mein Blut vergossen wurde.»

Ein langgezogenes Dröhnen aus den Cornua der Prätorianer signalisierte das Ende des vorletzten Tagesmarsches. Die Kolonne hielt, und die Männer machten sich daran, das Lager aufzuschlagen. Während die Flavier im Schatten ihres Wagens warteten, kam ein Reiter durch das Getümmel auf der Straße auf sie zu. Nur mit einer Tunika bekleidet und mit dem gleichen breitkrempigen, weichen Sonnenhut auf dem

Kopf, den die berittenen Auxiliartruppen in der Kyrenaika getragen hatten, war er offensichtlich kein Prätorianer. Im Vorbeireiten warf er einen Blick in Richtung der Brüder und wendete plötzlich sein Pferd.

«Sabinus, der Kaiser hat mich geschickt, nach Euch zu suchen», verkündete der Reiter und nahm seinen Hut ab. «Er wünscht, dass Ihr und Eure Begleiter Euch morgen früh bei ihm meldet.»

Vespasian starrte den Reiter an, den er zu seinem Schrecken wiedererkannte.

«Danke, Corvinus», erwiderte Sabinus und trat vor, um den dargebotenen Arm zu fassen. «Wir werden bei Tagesanbruch zur Stelle sein. Ich habe Euch während der Reise nicht gesehen, wo habt Ihr Euch versteckt?»

«Ich bin gerade erst zu der Kolonne gestoßen, ich hatte noch etwas zu erledigen.»

Sabinus wandte sich um und wies auf Vespasian. «Kennt Ihr meinen Bruder, Titus Flavius Vespasianus?»

Corvinus' Augen wurden kaum merklich schmaler. «Ja, wir sind uns schon begegnet. Also dann, bis morgen.» Er wendete sein Pferd und ritt rasch davon.

Vespasian schaute seinen Bruder voller Unbehagen an. «Woher kennst du ihn?»

«Corvinus? Wir wohnen in derselben Straße auf dem Aventin und sind seit meiner Rückkehr oft gemeinsam vom Senat nach Hause gegangen. Wir haben uns in kurzer Zeit recht gut angefreundet. Aber es überrascht mich, dass er nie erwähnt hat, dich zu kennen. Er hat sich nach meiner Familie erkundigt, und ich habe deinen Namen genannt.»

«Was hast du ihm sonst noch erzählt?»

«Ach, nichts, das ich nicht auch jedem anderen Senator erzählen würde, der höflich nachfragt: woher wir kommen, wer unsere Eltern sind, aus welcher Familie meine Frau stammt, solche Dinge.»

«Hast du ihm von Caenis erzählt?»

«Ich glaube nicht. Warum?»

«Er hat keinen Grund, mich zu mögen. Im Gegenteil, er hat mir gedroht.»

«Warum sollte er das tun, lieber Junge?», wollte Gaius wissen und blickte besorgt in Corvinus' Richtung.

«Er war Kavalleriepräfekt, als ich in der Kyrenaika war. Ich habe dort ein paar Entscheidungen getroffen, mit denen er nicht einverstanden war – vielleicht zu Recht. Kennst du ihn?»

«Marcus Valerius Messala Corvinus? Selbstverständlich kenne ich ihn. Du scheinst dir da einen Feind gemacht zu haben, der möglicherweise einmal ziemlich einflussreich werden wird. Sofern es seinem zukünftigen Schwager gelingt, am Leben zu bleiben, hat seine Schwester gute Aussichten darauf, Kaiserin zu werden.»

«Wie könnte –» Vespasian verstummte abrupt und sog die Luft ein, denn er erinnerte sich plötzlich an ein Paar dunkle Augen, das ihn angefunkelt hatte, als er über einen von Caligulas Scherzen gelacht hatte.

Gaius nickte ernst. «Ja, mein lieber Junge, seine Schwester ist Claudius' zukünftige Frau: Valeria Messalina.»

Beklommen näherten sich die Brüder am nächsten Morgen im blassen Dämmerlicht Caligulas Pavillon. Rings umher wurde zügig das Lager abgebrochen, und die warme Meeresbrise trieb Rauch und Dampf von den eben gelöschten Kochfeuern über das Gelände.

Caligulas engere Gefolgsleute versammelten sich bereits, um ihn zu begrüßen, und standen in kleinen Gruppen leise plaudernd um den Eingang.

Die Brüder saßen ab und übergaben ihre Pferde an zwei Sklaven. Drüben beim Eingang zum Pavillon bemerkten sie ein vertrautes Gesicht, das sich gerade von einer Gruppe löste, welche aus Claudius, Asiaticus, Pallas und, sehr zu Vespasians Unbehagen, Narcissus bestand.

«Ich habe mich schon gefragt, ob ich Euch beide hier treffen würde», sagte Corbulo, während er auf sie zukam.

«Corbulo, ich hoffe, es geht Euch gut», erwiderte Vespasian und ergriff seinen Unterarm.

«So gut, wie man es von einem Mann erwarten kann, der in weniger als zwei Monaten eine dreieinhalb Meilen lange Fortsetzung der Via Appia über mehr als zweitausend Schiffe bauen musste.» Er fasste Sabinus am Arm. «Nie wieder werde ich mich in einer Rede vor dem Senat über den Zustand der Straßen beklagen.»

Vespasian musste sich das Grinsen verbeißen. «Hat er Euch deshalb die Aufgabe übertragen?»

Mit seinem langen, aristokratischen Gesicht blickte Corbulo niedergeschlagen drein. «Ja, er sagte, wenn mir die Straßen so, wie sie sind, nicht gefielen, könnte ich ihm eine schöne neue bauen. Jetzt wird meine Familie für immer mit der größten Geldverschwendung aller Zeiten in Verbindung gebracht werden. Und um unsere Schmach noch zu verschlimmern, hat meine Hure von einer Halbschwester Schande über sich gebracht, indem sie in der Öffentlichkeit bei jeder sich bietenden Gelegenheit mit dem Kaiser herummachte. Sie ist sogar von ihm schwanger, oder wenigstens behauptet sie, es sei von ihm.»

«Davon hatten wir noch nicht gehört», sagte Sabinus mitfühlend. «Es tut mir leid, dass Ihr solche Schmach erdulden müsst.»

«Nun, Ihr beide wart zu der Zeit nicht in Rom, und ich ziehe es vor, dass Ihr es von mir erfahrt. Wie dem auch sei, sie ist seit ein paar Tagen hier. Caligula hat sie zu mir geschickt, um sicherzustellen, dass sie sich während der Schwangerschaft schont, denn wenn sie das Kind austrägt, beabsichtigt er, sie zu heiraten. So erschöpft, wie die Turma berittener Prätorianer wirkt, die sie hierher eskortiert hat, glaube ich allerdings nicht, dass sie sich auf dem Weg sonderlich geschont hat.»

«Ist die Straße denn nun fertig?», erkundigte sich Vespasian, der es eilig hatte, das Thema zu wechseln, ehe er die Beherrschung verlor und sich seine Erheiterung anmerken ließ.

«Selbstverständlich ist sie fertig», versetzte Corbulo unwirsch. «Ich bin ein Domitius, wir erfüllen unsere Aufgaben, so absurd sie auch sein mögen.»

«Ja, natürlich, darum hat der Kaiser ja Euch dafür ausgewählt.»

«Die Sache wurde mir nicht gerade dadurch erleichtert, dass ich gezwungen war, mit diesem anmaßenden Freigelassenen Narcissus zusammenzuarbeiten. Der Mann ist unerträglich machtgierig. Er hat sogar einmal versucht, mir einen Befehl zu erteilen, könnt Ihr Euch das vorstellen?»

«Ich bin sicher, Caligula wird Euch für Eure Mühen reichlich entlohnen.»

Corbulo warf sich stolz in die Brust. «Er will mich für nächstes Jahr als seinen Kollegen im Amt des Konsuls nominieren. Das wird die Familienehre zumindest teilweise wiederherstellen.»

Vespasian hielt es für das Beste, Corbulo nicht zu erzählen, dass Caligula auch darüber nachdachte, sein Pferd zu nominieren. «Mich will er zum Prätor machen.»

Corbulo blickte Vespasian über seine aristokratische Nase hinweg hoheitsvoll an. «Es ist höchst ungewöhnlich, dass einem Emporkömmling diese Ehre gleich im ersten Jahr zuteilwird, in dem er die Bedingungen für das Amt erfüllt. Was habt Ihr getan, um Euch das zu verdienen?»

«Ach, etwas ebenso Absurdes wie Ihr. Ich habe nur Caligulas Wünschen gehorcht.»

Die Menge um den Pavillon verstummte plötzlich, als Clemens heraustrat. «Senatoren und Bürger von Rom», rief er, «begrüßt mit mir Euren Kaiser, den göttlichen Gaius, Herrscher über Land und Meer.»

«Ave, göttlicher Gaius, Herrscher über Land und Meer!», stimmte die Menge gehorsam an.

Nachdem sie den Sprechgesang ein paarmal wiederholt hatten, wurde die Plane am Eingang des Pavillons zurückgeschlagen, und Caligula erschien. Er hatte Alexanders Brustpanzer angelegt, und darüber trug er eine mantelähnliche *Chlamys* aus purpurner Seide, die auf der rechten Schulter mit einer Nadel festgesteckt war und in der Brise wehte. Eine Krone aus Eichenblättern zierte seinen Kopf, und in den Händen trug er ein vergoldetes Schwert und einen Argyraspidenschild mit einer Einlegearbeit in Form des sechzehnzackigen Sterns von Makedonien. Bei seinem Anblick wurden die Rufe der Menge inbrünstiger, denn er sah tatsächlich aus wie ein junger Gott.

Caligula hob Schwert und Schild gen Himmel, legte den Kopf in den Nacken und sog die Huldigungen in sich auf. «Heute», rief er schließlich, «vollende ich meine bislang größte Errungenschaft. Ich werde mit meinem Triumphwagen über das Wasser fahren, in Eintracht mit meinem Bruder Neptun; unsere Fehde ist beendet!»

Auch wenn niemand recht wusste, was es mit dieser Fehde auf sich gehabt hatte, brach die Menge in erleichterten Jubel aus.

«Wenn dieser Tag vorüber ist, werden wir nach Rom zurückkehren, um uns auf ein Jahr der Eroberungen vorzubereiten, das im nächsten Frühling beginnen soll. Um der Welt zu zeigen, dass ich der wahre Herrscher über Land und Meer bin, werde ich unsere Armeen nach Germanien führen und die Schande austilgen, die noch immer die Ehre Roms befleckt. Ich werde den letzten bei der schmählichen Niederlage im Teutoburger Wald verlorenen Adler zurückholen: den der Siebzehnten Legion. Wenn das vollbracht ist, werden wir nordwärts bis an den Rand der bekannten Welt ziehen, und in Eintracht mit meinem Bruder Neptun werde ich unsere Armeen über das Meer führen und für mich und für Rom Britannien erobern.»

Selbst Vespasian ließ sich ebenso wie die übrigen Zuhörer von dieser großartigen Vorstellung mitreißen: Hier handelte es sich endlich einmal um eine Unternehmung, die nicht einfach nur eine ungeheuerliche Geldverschwendung war, sondern den Ruhm und Wohlstand Roms mehren würde. Vielleicht, vielleicht hatte der junge Kaiser einen Weg gefunden, seinen Größenwahn – in dem er keine Rücksicht darauf kannte, wie viele Menschenleben und wie viel Geld er opferte – mit dem Wunsch seiner Untertanen nach Eroberungen und Ansehen in Einklang zu bringen.

«Mir nach, meine Freunde», rief Caligula, «mir nach zur Brücke. Wir werden über sie dem Sieg und dem Ruhm entgegenziehen, die uns auf der anderen Seite erwarten.»

Zum ersten Mal seit vielen Jahren folgte Vespasian Caligula bereitwillig.

XXIIII

Vespasian schnappte vor Staunen unwillkürlich nach Luft, als die Spitze der Kolonne, angeführt von Caligula in seiner Quadriga, den letzten Höhenzug vor dem nördlichsten Punkt der Bucht von Neapolis erklommen hatte.

Caligula drehte sich in seinem Wagen um und rief triumphierend dem Meer aus Gesichtern entgegen, die alle den gleichen überwältigten Ausdruck zeigten: «Was habe ich Euch gesagt, meine Freunde? Ist es nicht wahrhaft erstaunlich, das Werk eines Gottes?»

Es war unleugbar wahrhaft erstaunlich. Unter ihnen, von Baiae knapp nördlich des bergigen Kaps von Misenum, erstreckte sich quer über das glitzernde, azurblaue Wasser bis zum dreieinhalb Meilen entfernten Puteoli eine Doppelreihe Schiffe, die dicht an dicht zusammengekettet lagen und sanft auf der leichten Dünung schaukelten. Über die Schiffe war eine Straße verlegt, gerade wie die Via Appia, aber breiter, viel breiter. Allerdings war die Brücke nicht nur eine gerade Linie – in Abständen gingen einfache gebogene Reihen von Schiffen davon aus wie Tentakel. Sie endeten in Halbinseln aus kreisförmigen Ansammlungen von weiteren Schiffen, die ganz zu tragfähigen Plattformen abgedeckt waren, auf denen man unglaublicherweise Gebäude errichtet hatte. Dahinter lag der Portus Iulius, der Heimathafen der westlichen Flotte, leer.

Caligula ließ die Peitsche über den Widerristen seines Gespanns knallen, rief ein Gebet an seinen persönlichen Genius und beschleunigte den Hang hinunter, dass die eisenbereiften Räder auf dem Straßenpflaster Funken schlugen. Von Begeisterung über den Anblick einer solch großartigen Schöpfung beseelt, jagten Vespasian und die anderen jüngeren Senatoren zu Pferde ihm nach, wobei sie jauchzten wie Jünglinge und miteinander darum wetteiferten, wer als Erster nach dem Kaiser auf die Brücke gelangte. Die berittenen Prätorianer folgten dicht hinter ihnen, während die Infanterie und die Wagen in ihrem eigenen, gemächlicheren Tempo die halbe Meile zurücklegten.

Dicht hinter Caligula ritt Vespasian unter Hufgeklapper über die Hauptstraße des kleinen Fischerorts Baiae, ein breites Grinsen auf dem Gesicht. Als die Straße in den Hafenbereich mündete, lag die Brücke vor ihm, so lang, dass sie sich in der Ferne verlor. Erst jetzt aus der Nähe wurde das wahre Ausmaß erkennbar: Die Straße, die Corbulo über die Schiffe gelegt hatte, war mehr als dreißig Schritt breit. Sie bestand nicht einfach aus Holzplanken, die wahllos über all die Schiffe genagelt waren – sie war wie auf festem Boden gebaut, denn tatsächlich war das Deck eines jeden Schiffs zwischen Mast und Heck bis zur Höhe der Reling mit Erde aufgefüllt worden. Um das Gewicht auszugleichen, waren die Buge mit großen Felsbrocken beschwert, sodass die Schiffe, die in zwei Reihen Rumpf an Rumpf zusammengekettet waren, waagerecht im Wasser lagen. Nachdem man sämtliche Steuerruder entfernt hatte, waren die beiden Reihen Heck an Heck verbunden worden. Die kleinen Lücken zwischen den Schiffen waren mit dicken Planken geschlossen, die mit Nägeln von einem Fuß Länge festgenagelt waren. Dann war die Erde festgestampft und geglättet worden, sodass sie über dreieinhalb Meilen hinweg eine glatte, lückenlose Fläche bildete. Doch als wäre das noch nicht außerordentlich genug, war die Straße zudem mit einen Quadratfuß großen Steinplatten gepflastert, die in einem Daumenbreit Abstand voneinander lagen, damit sie nicht durch die Bewegung der Schiffe aufgeworfen wurden.

Caligula lenkte seine Quadriga geradewegs auf seine Schöpfung und hielt neben einer Ansammlung von vielleicht dreißig seltsam anmutenden Wagen, die von Zweiergespannen aus stämmigen Ponys mit zottigem Fell gezogen wurden.

Er wandte sich zu seinem Gefolge um. «Dies sind Nachbildungen der Wagen, die von den britischen Stämmen benutzt wurden, die Ponys jedoch sind gut ausgebildete Zugponys, eigens aus Britannien eingeführt. Kommt, meine Freunde, nehmt Euch jeder einen Wagen und fahrt mit ihm über das Wasser. Wenn die Kunde, dass wir nicht nur ihre Wagen lenken können, sondern damit sogar über das Meer zu fahren vermögen, an die Ohren der Wilden von Britannien dringt, werden sie sich vor mir niederwerfen und Euren Gott um Gnade anflehen. Kommt, meine Freunde, kommt!»

Vespasian sprang aus dem Sattel und schloss sich dem Ansturm auf die Wagen an, denn es gab mehr willige Lenker als Gefährte. Er riss dem nächstbesten der keltisch aussehenden Sklaven, welche die Gespanne beaufsichtigten, die Zügel aus der Hand und stieg auf. Der Wagen war einfach konstruiert: ein rechteckiger Holzboden auf eisenbereiften Rädern, zwei

Fuß im Durchmesser, mit halbkreisförmigen Seitenwänden aus Flechtwerk, vorn und hinten offen. Die Ponys waren mit einem Joch an die aufwärtsgebogene Deichsel gespannt und wurden mit Zügeln an ihren Trensen gelenkt.

«Kannst du so ein Ding fahren?», rief Sabinus begeistert grinsend und sprang auf den Wagen neben ihm.

«Das werden wir gleich feststellen», rief Vespasian zurück und schnalzte mit den Zügeln, während der Sklave hinter ihm aufsprang.

«Kniet Euch hin, Herr», riet der Sklave, als der Wagen sich in Bewegung setzte. «So. Dann sind die Zügel nicht so hoch.»

Vespasian warf einen Blick über die Schulter und sah, dass sein Begleiter sich geduckt auf ein Knie niedergelassen hatte. Sofort nahm er die gleiche Haltung ein, sodass die Zügel auf den Rücken der Ponys lagen. Er zog sacht nach rechts, und die kleinen Tiere reagierten und zogen den Wagen zur Mitte der Straße. Rings um ihn herum erhielten die anderen Fahrer die gleiche Lektion von ihren Begleitern und setzten sie ebenfalls mehr oder weniger erfolgreich um.

Als alle Wagen besetzt und hinter ihm in Stellung waren, wartete Caligula nicht länger. Das vergoldete Schwert in die Höhe gereckt, fuhr er im Schritt auf Puteoli zu, dessen Häuser vor den graubraunen Bergen in der Morgensonne schimmerten. Diejenigen Senatoren, die keinen Wagen abbekommen oder sich gar nicht erst darum bemüht hatten, folgten zu Pferde, ebenso die fast tausend Mann starke Einheit berittener Prätorianer. Knapp eine halbe Meile hinter ihnen näherte sich indessen die dunkle Masse der unberittenen Prätorianer Baiae, gefolgt von Hunderten Reisewagen.

Vespasian lenkte sein Gefährt näher an das von Corbulo. «Wie habt Ihr das gemacht, Corbulo? Es fühlt sich so stabil an.»

Corbulo warf ihm einen Blick zu, und der Ausdruck auf seinem sonst so starren Gesicht war bemerkenswert vergnügt. «Mit jeder Menge Sklaven. Ich habe jeden gesunden männlichen Sklaven im Umkreis von fünfzig Meilen beschlagnahmt. Nicht wenige fette Kaufleute mussten in den letzten zwei Monaten auf ihre Massagen oder eine anständige Fischsuppe verzichten.» Er schnaubte mehrmals, was Vespasian als tapferen Versuch zu lachen deutete.

Als sie auf einem Drittel der Strecke an der ersten Halbinsel vorbeikamen, trieb Caligula sein Gespann zum Trab an. Durch das gesteigerte Tempo nahm Vespasian jetzt das sanfte Schaukeln der Brücke deutlicher wahr, da er schneller von einem Schiff auf das nächste überwechselte und sich so die geringfügigen Höhenunterschiede stärker bemerkbar machten. Zu seiner Rechten bildete die leichte Krümmung des Abzweigs zur Halbinsel einen Hafen, in dem Vergnügungsboote lagen, zu klein, um in die Brücke eingebaut zu werden, aber zahlreich genug, dass später ein großer Teil der Gesellschaft sich auf dem Wasser amüsieren konnte.

Hinter ihnen rollten jetzt die Reisewagen auf die Brücke, gefolgt von der Infanterie.

Knapp hinter der Mitte, die durch zwei Abzweige zu beiden Seiten markiert war, trieb Caligula sein Gespann mit einem Peitschenknall zum leichten Galopp an. Die Wagenlenker wurden immer ausgelassener. Wenn sie über die geflochtenen Seitenwände ihrer Gefährte schauten, sahen sie aus ihrer knienden Haltung, abgesehen von den vorbeisausenden Masten, nichts mehr von den Schiffen, die sie trugen, sondern zu beiden Seiten nur das Meer. Es kam ihnen so vor, als führen sie tatsächlich über eine riesige Wasserfläche.

Eine Viertelmeile vor dem Ende der Brücke ließ Caligula seine Pferde in vollen Galopp fallen; die zähen keltischen Ponys folgten ihm, und hinter ihnen ritt donnernd die Kavallerie. Die Schläge Tausender Hufe hallten seltsam durch die hohlen Schiffsrümpfe unter ihnen, die das Geräusch fünffach verstärkten; das ohrenbetäubende Dröhnen übertönte die Rufe und Schreie der Wagenlenker und Soldaten. Vespasian nahm nichts mehr wahr als das Gefühl großer Geschwindigkeit, das Getöse in seinen Ohren und den Wind im Gesicht, der seine Sorgen fortzuwehen schien, und so folgte er Caligula blindlings, aus Leibeskräften schreiend.

Am Ende der Brücke hielt Caligula nicht an.

Er fuhr weiter, auf die Masse der Bürger von Puteoli zu, die herbeigeströmt waren, um das Schauspiel mit anzusehen. Das vergoldete Schwert schwingend, trieb er sein Gespann in die ungläubige Menge hinein, und alle, die nicht schnell genug ausweichen konnten, wurden niedergerannt und unter den Hufen der Pferde zermalmt. Im nächsten Augenblick prallten auch die übrigen Wagen – die nicht anhalten konnten, da hinter ihnen die berittenen Prätorianer nachfolgten – gegen den verletzlichen Wall aus ungeschützten Leibern. Schreie zerrissen die Luft, noch lauter als das Dröhnen der Hufe auf der Brücke, als der Schwung der zottigen Ponys und der von ihnen gezogenen Gefährte Schneisen in die Menge riss, die eben noch in Festtagslaune gewesen war.

Entsetzt musste Vespasian mit ansehen, wie sein Gespann mitten in eine Familie hineinfuhr und ein weinender Säugling durch die Luft geschleudert wurde, während seine Eltern und älteren Geschwister mit schrillen Schreien, die abrupt abbrachen, unter den Hufen seiner Ponys verschwanden. Dahinter kamen weitere Gesichter zum Vorschein, die vor Angst versteinert ein letztes Mal in eine grauenerregende Welt blickten. Sabinus und Corbulo zu beiden Seiten von ihm richteten ebensolches Blutvergießen an, während die nachfolgende Kavallerie ihrerseits nicht plötzlich anhalten konnte, da hinter ihr weitere Massen nachdrängten. Die Reiter fächerten sich daher nach beiden Seiten auf und galoppierten in Teile der Menge, die bislang unversehrt geblieben waren und verzweifelt zu entkommen suchten.

Inmitten des Durcheinanders aus gebrochenen Gliedmaßen und zertrümmerten Schädeln gelang es Vespasian, sein verängstigtes Gespann zum Stehen zu bringen. Sein völlig entsetzter Sklave sprang nach vorn zwischen die panischen Tiere, die im Geschirr stiegen, zog sie an den Halftern herunter und versuchte, sie zu beruhigen. Nachdem die vordersten Reihen gebremst waren, setzte sich der Verlust des Schwungs nach und nach durch die Kavallerie fort, die sich noch auf der Brücke befand, bis schließlich die ganze Kolonne zum Stillstand kam. Der Druck gegen die Menge ließ nach, und die Leute drängten in die verstopften Straßen, die vom Hafen wegführten, wobei die Schwächsten zu Boden gingen und niedergetrampelt wurden, da jeder nur um jeden Preis selbst überleben wollte.

Mitten aus dem Chaos der zermalmten Körper kam Caligula zu Fuß zum Vorschein, sein Gespann am Zügel führend und irre lachend. Die Räder seines Wagens holperten über

Tote und Verletzte, ohne dass er Notiz davon nahm. «Zurück zur Brücke, meine Freunde. Wir werden meinem Bruder Neptun ein Dankopfer bringen für die ruhige See, ohne die diese glorreiche Errungenschaft nicht möglich gewesen wäre.»

Vespasian und Sabinus wechselten einen Blick, Entsetzen auf den Gesichtern und brennende Scham im Herzen. Entsetzen über das, woran sie selbst Anteil gehabt hatten, und die Folgen; Scham darüber, dass sie sich dazu hatten hinreißen lassen zu glauben, dies sei eine großartige, aufregende Errungenschaft, ein Vorbote größerer Taten in der Zukunft, und dass sie mit solchem Eifer daran teilgenommen hatten.

Es gab nichts zu sagen. Die Sklaven, die noch immer ungläubig die Köpfe über das schüttelten, was sie mit angesehen hatten, wendeten die verstörten Ponys fort von der langen Reihe zerschundener Körper und stiegen wieder auf die Wagen. Überall um sie herum auf dem Kai und der Brücke versuchten die berittenen Prätorianer, aus dem entstandenen Chaos ihre strenge Formation wiederherzustellen, auf die sie so stolz waren.

Caligula indessen interessierte sich nicht für militärische Präzision. Sobald die keltischen Wagen hinter ihm gewendet hatten, sprang er wieder auf seine Quadriga und trieb mit der Peitsche sein Gespann vorwärts, in die Menge der desorganisierten Prätorianer hinein, denen nichts anderes übrig blieb, als ihrem Kaiser auszuweichen. Denen auf dem Kai fiel das nicht schwer, doch als Caligula auf die Brücke fuhr und sein Gespann immer weiter antrieb, hatte die Kavallerie auf der vergleichsweise schmalen Straße dafür nicht genug Platz. Da keiner der Soldaten derjenige sein wollte, der den Kaiser aufhielt, lenkte jeder sein Pferd energisch zu einer Seite, drängte dabei das Pferd neben sich ab und erzeugte so einen Dominoeffekt, sodass schrill wiehernde Pferde und ihre Reiter von den Rändern der Straße auf die Decks der Schiffe stürzten oder sprangen, die zum Glück nur vier Fuß tiefer lagen. Vespasian und die übrigen Wagenlenker folgten Caligula durch das Chaos, bis er durch die hintersten Reihen brach und die Straße frei vor ihm lag. Hier trieb er sein Gespann zum leichten Galopp an und fuhr davon, geradewegs den Reisewagen und der Infanterie entgegen.

Vespasians Ponys waren am Ende ihrer Kräfte, als sie die Mitte der Brücke erreichten, wo der Weg zur größten Halbinsel im Bogen nach Süden abzweigte. Caligula war lange vor ihnen dort eingetroffen – offenbar zur selben Zeit wie die Reisewagen, nach den umgestürzten Gefährten mit schrill wiehernden Gespannen zu urteilen, die auf der Straße und den Decks der Schiffe zu beiden Seiten lagen. Er war von seiner Quadriga gestiegen, hatte Incitatus ausgespannt, und jetzt führten er und sein Lieblingspferd die Senatoren und ihre Frauen zu Fuß über den gekrümmten, ein Schiff breiten Steg, an dessen Ende ein Bauwerk stand. Mit Säulen und Stufen an allen Seiten sah es aus wie ein Tempel. In dem Hafen, den der Steg bildete, sowie an den Rändern der Plattform um den Tempel waren Dutzende weiterer kleiner Boote festgemacht, doch anders als die im ersten Hafen waren diese bemannt, und ihre eingerollten Segel waren bereits hochgezogen oder die Ruder in die Dollen gelegt.

Vespasian, Sabinus und die übrigen Wagenlenker stiegen

eilends ab und rannten, um den Kaiser und sein Gefolge einzuholen.

«Ah, meine lieben Jungen, ich habe schon auf euch gewartet», rief Gaius unter einem Sonnenschirm hervor, den Aenor hielt. Der andere Sklave bemühte sich nach Kräften, seinem Herrn in der steigenden Hitze mit einem Fächer Kühlung zu verschaffen. «Wie war es? Vom anderen Ende sah es spektakulär aus.»

«Es war Mord, schlicht und ergreifend Mord!», stieß Vespasian hervor und nahm dankbar einen Trinkschlauch von Magnus entgegen. Er trank einen tiefen Zug und gab den Schlauch an Sabinus weiter, während er sich mit dem Handrücken den Mund abwischte. «Und jetzt sollen wir Neptun danken, weil er zugelassen hat, dass Caligula die Hälfte der Bevölkerung von Puteoli niedergemetzelt hat.»

«Nur die Hälfte?», fragte Magnus. «Mir scheint, er lässt nach.»

Vespasian warf seinem Freund einen finsteren Blick zu und marschierte davon.

Flankiert von acht Mann seiner germanischen Leibgarde und Incitatus, stand Caligula vor dem Tempel, die Arme mit dem Blut eines Ochsen beschmiert. «Mein Bruder Neptun, der meine Macht fürchtet, hat das Opfer dankbar angenommen, um mich nicht zu beleidigen», verkündete er den Senatoren und ihren Frauen, die sich auf der Halbinsel mit dem Tempel versammelt hatten. Wie Vespasian inzwischen erkannt hatte, war der Tempel aus Leinwand gebaut, die kunstvoll bemalt war, sodass sie wie Marmor wirkte. Ebenfalls bemalte Baumstämme dienten als Säulen. «Da er so offensichtlich Angst vor mir hat, haben wir von ihm nichts zu fürchten, also werden wir vor dem Siegesmahl alle in See stechen. Zu den Booten, meine Schafe, zu den Booten!»

Gefolgt von seiner Leibgarde, schritt er zum Rand der Plattform und sprang hinunter in ein schmales Flachbodenboot mit acht Rudern. Seine Germanen stiegen nach ihm ein und bemannten die Ruder.

«Ich denke, eine kleine Bootsfahrt vor dem Essen könnte vergnüglich sein», bemerkte Gaius und ließ sich von Vespasian, Sabinus und Magnus in ein kleine Segeljolle helfen, deren Besatzung aus einem übel riechenden, wettergegerbten alten Mann und seinem Enkel bestand. Gaius machte es sich im Bug bequem, zusammen mit Aenor, der seinen Sonnenschirm hielt, und dem anderen jungen Sklaven mit seinem Fächer. Die Brüder und Magnus ließen sich mittschiffs nieder, während der Enkel das Boot abstieß und der alte Mann das dreieckige Segel aus Leder entrollte. Von der leichten Brise getrieben, glitt das Boot in die Bucht hinaus.

Auch die anderen Senatoren und ihre Frauen stiegen in diverse Boote. Die Stimmung war heiter, da diese Leute das Blutbad in Puteoli nicht mit angesehen hatten und die meisten von ihnen ebenso wie Gaius fanden, eine kleine Bootsfahrt vor dem Essen sei eine vergnügliche Angelegenheit. Es dauerte nicht lange, da schaukelten mehr als hundert kleine Segel- und Ruderboote auf dem ruhigen Wasser zwischen dem Tempel und der Brücke, auf der sich die berittenen und unberittenen Prätorianer inzwischen in langen, dunklen Reihen formiert hatten. Die Gäste, die kein Boot abbekommen hatten oder sich nicht in der Verfassung fühlten, sich in Neptuns Element zu wagen, spazierten über den Steg, genossen die hübsche Szenerie und winkten Freunden zu, die mehr Glück oder Mut gehabt hatten als sie selbst.

Caligulas Boot glitt rasch über das Wasser, bald hierhin, bald dorthin. Er stand im Heck, hielt das Steuerruder und johlte wie von Sinnen. Als er dicht an den Flaviern vorbeikam, bemerkte Vespasian, dass er den Kopf schief legte und verwirrt dreinschaute, als wüsste er plötzlich nicht mehr, wo er sich befand. Er setzte sich und blickte seine germanischen Ruderer an. «Rammgeschwindigkeit!», befahl er schrill. Der erste Ruderer reagierte sofort, und seine muskelbepackten Kameraden passten sich seinem Rhythmus an. Das Boot beschleunigte und fuhr geradeaus auf eine Gruppe langsam dahingleitender Segelboote zu.

Der nahenden Bedrohung nicht gewahr, machten die Steuerleute keine Anstalten, ihren Kurs zu ändern. Augenblicke später hatte Caligula sie erreicht, und der Bug aus solidem Holz krachte seitlich in den Rumpf des nächsten Flachbodenboots und stieß es mit erstaunlicher Leichtigkeit um, sodass die Insassen ins Meer stürzten. Caligulas Boot fuhr in hohem Tempo weiter, und er lenkte es mit beiden Händen am Steuerruder so, dass es gleich darauf das nächste kleine Boot rammte, mit dem gleichen Effekt. So vollführte er noch zwei erfolgreiche Ramm-Manöver, während sich um ihn her Panik ausbreitete. Plötzlich wendete er das Boot und fuhr zurück in die Richtung, aus der er gekommen war.

Als er an seinen prustend im Wasser zappelnden Opfern vorbeikam, nahm er das Steuerruder aus dem Lager und hieb damit auf ihre Köpfe ein. Dabei lachte er wie von Sinnen, während die Unglücklichen, Männer wie Frauen, bewusstlos im Wasser versanken. «Mein Bruder Neptun hat auch ein paar Tischgäste verdient, richtet ihm meine Grüße aus», rief er ihnen nach, während sein Boot noch immer in Rammgeschwindigkeit weiterfuhr, jetzt direkt auf die kleine Jolle der Flavier zu.

Einen Moment lang sahen sie entsetzt zu, wie er näher kam, dann wandten sie sich an den alten Mann, dessen erschrockener Blick verriet, dass er es ebenfalls bemerkt hatte. Da er bei dem schwachen Wind keine Chance hatte, mit einem schnellen Manöver auszuweichen, saß der Alte wie gelähmt da und starrte der Gefahr entgegen. Es wäre sinnlos gewesen, ihn anzuschreien, er solle etwas unternehmen, denn es gab nichts, das er hätte tun können. Stattdessen suchte sich jeder einen festen Halt und machte sich auf den Zusammenstoß gefasst.

Er kam Augenblicke später mit einem gewaltigen Rums.

Vespasian stürzte ins Wasser, als das Boot kenterte. Er hatte die Geistesgegenwart, tiefer zu tauchen, um Caligulas Schlägen mit dem Ruder zu entgehen. Erst nachdem er bis dreißig gezählt hatte, nahm er an, dass die Gefahr vorüber sei, und tauchte wieder auf. Er und Sabinus durchbrachen fast gleichzeitig die Wasseroberfläche und schauten sich hastig um. Plötzlich tauchte Magnus auf.

«Wo ist Gaius?», rief Vespasian.

Alle drei blickten in Panik um sich. Hinter dem gekenterten Boot kamen der alte Mann und sein Enkel zum Vorschein, die beide mit kräftigen Zügen schwammen. Gaius war nicht in Sicht. Vespasian tauchte. Zwar war er kein guter Schwimmer, doch die Verzweiflung verlieh ihm ungeahnte Fähigkeiten, und er tauchte rasch tiefer, vorbei am leblosen Aenor, der offenbar einen Schlag mit dem Ruder abbekommen hatte, denn aus einer Wunde an seinem Kopf strömte Blut. Das Wasser war klar, und bald erblickte Vespasian den massigen Körper seines Onkels, der kraftlose Schwimmbewegungen machte. Seine Augen waren durch die Anstrengung, die Luft anzuhalten, schon hervorgetreten, doch das Gewicht seiner Toga zog ihn abwärts. Vespasian tauchte auf ihn zu; Sabinus und Magnus folgten ihm. Er packte Gaius am Arm und begann, ihn an die Oberfläche zu ziehen, während Magnus und Sabinus sich abmühten, seine Toga abzuwickeln. Als sie ihn endlich davon befreit hatten, fühlte Vespasian, wie der Zug nach unten schwächer wurde. Doch im selben Moment warf Gaius ihm einen Blick voller Todesqual zu, und ein Schwall Luftblasen drang ihm aus Nase und Mund; er zuckte krampfartig, als seine Lunge sich mit Wasser füllte.

Zu dritt gelang es ihnen, Gaius an die Oberfläche zu ziehen. Während sie nach Luft rangen, blieb Gaius reglos, seine Lippen waren blass und die Augen geschlossen.

«Schnell aufs Trockene mit ihm», schrie Vespasian seinen Begleitern zu.

Der alte Mann und sein Enkel kamen ihnen zu Hilfe, und mit ihren kräftigen Schwimmzügen schleppten sie Gaius zum etwa zwanzig Schritt entfernten Steg, so schnell sie konnten.

Viele helfende Hände streckten sich ihnen entgegen, um den schweren Körper aus dem Wasser zu hieven, während hinter ihnen Caligula weiter Angst und Schrecken unter den Vergnügungsbooten verbreitete.

Nachdem Gaius aufs Trockene gezogen war, wälzte Vespasian ihn auf den Bauch, sodass sein Kopf über die Kante des Stegs hing. Wasser rann aus seinem Mund. «Magnus, weißt du noch, was du gesagt hast, als wir die Sache mit Poppaeus planten? Du sagtest, man muss eine Weile warten, ehe man das Wasser aus der Lunge pumpt, weil sie sonst wieder zum Leben erwachen können.»

Magnus' Miene erhellte sich. «Ihr habt recht, Herr.» Er setzte sich rittlings auf Gaius' Hüfte und legte die Hände hinten an den Brustkorb.

Vespasian und Sabinus knieten sich an beide Seiten.

«Bereit?», fragte Magnus. «Jetzt!» Sechs Hände drückten zugleich den Brustkorb zusammen. «Jetzt!» Wieder. «Jetzt!» Und wieder.

Ein halbes Dutzend Mal pumpten sie so weiter, bis ein Schwall Wasser aus Gaius' Mund schoss. Nachdem sie noch ein paarmal gepumpt hatten, folgten ein zweiter, größerer Schwall und dann ein ersticktes Keuchen. Ein einzelner Pumpstoß brachte eine geringere Menge Wasser hervor, doch dann schlug Gaius mit einem röchelnden Atemzug die Augen auf. Heftig krampfend erbrach er den Inhalt seines mit Meerwasser gefüllten Magens, dann befreite er hustend und keuchend seine Lunge von dem restlichen Wasser. Magnus drückte noch ein paarmal, ehe er von ihm herunterstieg.

Augenblicke später war Gaius in der Lage, schnell und flach zu atmen, wenn auch unter Schwierigkeiten. Er blickte verständnislos zu Vespasian auf. «Ich erinnere mich, dass ich ertrunken bin.»

«Nun, jetzt bist du wieder lebendig, Onkel. Vielleicht hatte Neptun Sorge, du könntest zu viel von seinem Essen beanspruchen.»

Ein Ausdruck böser Ahnung breitete sich über Gaius' Gesicht aus. «Meine Jungs?»

Vespasian schüttelte langsam den Kopf, dann schaute er über den Hafen zu ihrem gekenterten Boot hinaus, neben dem zwei kleine Körper bäuchlings im Wasser trieben.

Ob Caligula es müde war, seinem Götterbruder Tischgäste zu verschaffen, oder ob er sich sorgte, am Ende könnten nicht mehr genug Gäste für sein eigenes Siegesmahl übrig bleiben, war ungewiss. Jedenfalls beendete er seine Bootsfahrt, kurz nachdem Gaius wieder zu sich gekommen war, und befahl allen, sich in das riesige Triclinium zu begeben, das auf einer Halbinsel nördlich der Brücke errichtet war.

Er selbst spazierte in heiterer Stimmung mit Incitatus über den Steg und stieß spielerisch da und dort einen Senator, der aus einem Boot zu steigen versuchte, rücklings ins Wasser. Doch da er seine Germanen an seiner Seite hatte, wagte niemand, ihn anzurühren. Die einschüchternde Gegenwart der Prätorianer, die noch immer auf der Brücke in Reih und Glied standen, tat ein Übriges für seine Sicherheit. Der Kaiser war ihr einziger Daseinsgrund, deshalb schuldete ein jeder von ihnen ihm absolute Treue, vom Befehlshaber bis zu den untersten Dienstgraden, und jedweder Anschlag auf ihn an einem solch öffentlichen Ort wäre sofort und bitter gerächt worden: Sie hätten den Senat vollständig ausgelöscht. Das wussten die Senatoren ebenso gut wie Caligula.

In Anerkennung dieses Umstands hielt Caligula eine lange Rede, in der er seine treuen Soldaten zu ihrem atemberaubenden Sieg über die Stadt Puteoli beglückwünschte und ihnen eine Prämie in Höhe eines Jahressolds versprach, wenn sie wohlbehalten wieder in Rom wären. Danach konnte es keinen Zweifel mehr daran geben, dass sie seine Sicherheit gewährleisten würden.

Am Nachmittag führte Caligula die Senatoren über den Steg zum Siegesmahl. Vespasian und Sabinus gingen dicht hinter ihm. Gaius, noch geschwächt und von Trauer niedergedrückt, wagte es jedoch nicht, sich zurückzuziehen, und ging hinkend, von Magnus gestützt, mit ihnen.

«Ah, Sabinus», rief Caligula und blieb stehen, damit die Flavier ihn einholten. «Ich denke, jetzt ist der rechte Zeitpunkt für Eure Überraschung.»

Sabinus verzog keine Miene. «Ihr tut mir große Ehre an, göttlicher Gaius.»

«Ich weiß. Aber ich brauche für meine Eroberungszüge im nächsten Jahr Männer, denen ich vertrauen kann. Ich kann ja nicht alles allein machen.»

«Wenn Ihr es sagt, göttlicher Gaius.»

«Ich sage es. Für meinen Feldzug nach Germanien benötige ich die Neunte Hispana, deshalb entledige ich mich des furchtsamen Schwachkopfes, der sie zurzeit befehligt, und ernenne Euch zu ihrem Legatus. Soweit ich weiß, habt Ihr in dieser Legion als Tribun gedient.»

Sabinus blickte seinen Kaiser mit einer Mischung aus Verblüffung und Dankbarkeit an.

Caligula brach in kaltes Lachen aus. «Die Erleichterung, gewürdigt und nicht beschimpft zu werden – ich wusste, dass ich Euren Gesichtsausdruck nach tagelanger Sorge genießen würde.»

«Ich habe nie an Euch gezweifelt, göttlicher Gaius. Wie kann ich Euch das vergelten?»

Caligula schlug Sabinus auf die Schulter, während sie sich den hohen hölzernen Türen zum Triclinium näherten. «Das wusste ich bis gestern selbst noch nicht. Nun denke ich, es wird sich eine Möglichkeit ergeben, vielleicht schneller, als Ihr denkt.»

Als die Türflügel von zwei Sklaven geöffnet wurden, stand Chaerea bereit, der Caligula schon erwartete.

«Das Losungswort, Chaerea», sagte Caligula und drängte ihn beiseite, «lautet ‹Eunuch›.»

Vespasian sah in den Augen des Prätorianertribuns wieder Hass lodern. Doch das war gleich darauf vergessen, als er eintrat, sich umschaute und erkannte: So chaotisch dieser Tag auch verlaufen war, ganz nach Caligulas Launen – dieser Moment war zeitlich perfekt abgestimmt. Der Raum war riesig und überwältigend in seiner Pracht. In derselben Bauweise wie der Tempel konstruiert, mit Säulen aus bemaltem Holz, die das Dach trugen, wirkte er luftig und weitläufig. Am hinteren Ende führten Türen in weitere Räume. Davor zupften ein paar Musiker ihre Leiern oder bliesen helle Töne auf Flöten. Überall auf dem Marmorboden standen in gleichmäßigen Abständen Dutzende Tische mit Speisesofas. Doch was den Anblick so atemberaubend machte, war die Tatsache, dass über jedem Tisch eine kleine quadratische Öffnung in die Decke geschnitten war, und zwar so, dass genau zu dieser Tageszeit die Sonne durch die Öffnungen exakt auf die Tische fiel und nur sie, nicht aber die Sofas, beleuchtete.

«Perfekt!», rief Caligula Callistus zu, der mit gesenktem Kopf neben Narcissus an der Tür stand. «Callistus, das hast du gut gemacht. Mir steht der Sinn danach, dir zur Belohnung die Freiheit zu schenken.»

Callistus hob den Kopf. Sein Gesicht verriet keinerlei Dankbarkeit ob seiner bevorstehenden Freilassung. «Wie Ihr wünscht, göttlicher Herr.»

«Alles ist so, wie ich es wünsche.» Caligula wandte sich an Narcissus. «Ich wünsche, dass du für das Wohl unserer wichtigsten Gäste sorgst, die Übrigen können sich zu Tische legen, wo sie wollen.»

«Selbstverständlich, göttlicher Gaius», erwiderte der Grieche mit schmeichelnder Stimme, während Caligula an ihm vorbei auf eine Gruppe Damen zuging, die am Ehrentisch am anderen Ende des Raumes darauf warteten, ihn zu begrüßen. Eine trug ein kleines Kind auf dem Arm. Ihre Eskorte bestand aus Clemens, Claudius und – ausgerechnet – Corvinus.

Narcissus hielt Vespasian am Arm zurück, als er vorbeigehen wollte, und flüsterte ihm ins Ohr: «Glückwunsch zu Eurem neuerworbenen Reichtum. Ich habe dem Kaiser noch nichts davon erzählt. Wir wollen es vorerst für uns behalten, einverstanden?» Er klopfte Vespasian auf die Schulter und ging davon, um zu beaufsichtigen, wie die Senatoren hereinströmten.

«Was wollte dieser schmierige Freigelassene?», erkundigte sich Sabinus, noch immer glühend vor Stolz auf seine Beförderung, während sie Caligula durch den Raum folgten.

«Nicht viel, er hat mir nur zu verstehen gegeben, dass mein Leben in seiner Hand liegt, falls Caligula das Geld ausgehen sollte.»

«Was leicht geschehen kann, wenn es noch einmal einen Tag wie diesen gibt, mein lieber Junge», sagte Gaius matt.

Vespasians Blick fiel auf die goldenen, mit erlesenen Delikatessen vollbeladenen Platten, die Sklaven jetzt auf die Tische stellten, wo die Senatoren und ihre Frauen ihre Plätze einnahmen. «Jemand muss dem ein Ende machen.»

Gaius ließ sich auf ein Sofa fallen. «Ich muss gestehen, würde ich mich kräftiger fühlen, dann täte ich es selbst.»

«Keine Sorge, Herr», redete Magnus ihm zu, «das Gefühl wird bald vergehen, und dann wird Euer Selbsterhaltungstrieb wieder die Oberhand gewinnen.»

«Ich hoffe, du behältst recht, Magnus. Mich dünkt, ich wäre nicht behände genug, um den Dolch des Meuchelmörders zu führen.»

«Chaerea schon», bemerkte Vespasian, «und wenn er noch mehr solche Beleidigungen von Caligula ertragen muss, wird er auch dazu bereit sein. Die Frage ist: Wo steht Clemens dann?» Er schaute zu dem teigigen Gesicht des Prätorianerpräfekten hinüber und war bestürzt über dessen niedergeschmetterten Ausdruck. Neben Chaerea stand Corvinus selbstgefällig grinsend. Caligula ging eben auf die Gruppe zu.

«Agrippina und Iulia Livilla», rief Caligula begeistert und begrüßte seine Schwestern mit jeweils einem Kuss, «ich hoffe, ihr habt eure Lektionen gelernt.»

Die beiden Frauen sahen aus, als hätte das, was sie kürzlich hatten durchmachen müssen, ihnen nicht weiter geschadet.

«Ja, liebster Bruder», erwiderte Agrippina. Ihre Schwester nickte nur. «Wir gehören wieder ganz dir.»

«Schön, meine Süße», sagte Caligula und tätschelte den rötlich blonden Haarschopf des Kindes, das sie im Arm hielt. «Wie geht es dem kleinen Lucius Domitius?»

«Er ist kräftig und eigensinnig.»

«Er wird stark sein müssen, wenn ich einmal gezwungen bin, dich auf den kahlen Felsen zu verbannen, wo unsere Mutter ihre letzten Tage verlebt hat.» Er hob zärtlich ihr Kinn an und küsste sie auf den Mund. «Bitte bringe mich nicht dazu, das zu tun.» Ohne eine Erwiderung abzuwarten, wandte er sich an die andere Frau. «Messalina, dein Bruder Corvinus hat mir einen großen Dienst erwiesen. Ich freue mich darauf, dich nächsten Monat in meiner Familie willkommen zu heißen – wenn auch als Ehefrau dieses Schwachkopfes.» Er warf einen verächtlichen Blick zu Claudius, der den Kopf neigte und einen Dank dafür murmelte, dass er überhaupt beachtet wurde.

Messalina lächelte, ihre dunklen Augen huschten kurz zu Vespasian, und für einen Moment begegnete sie seinem Blick, während ihr Bruder Corvinus ihn triumphierend ansah. Clemens schien sich nur mit Mühe zu beherrschen. Überall im Raum füllten sich die Speisesofas.

Caligula wandte sich nun der vierten und letzten Frau zu. Sie war älter als die anderen drei und alles andere als attraktiv. Ihr langes Gesicht mit der ausgeprägten Nase glich dem ihres Halbbruders Corbulo.

«Caesonia Milonia», sagte Caligula und legte eine Hand auf ihren Bauch, «wie verläuft deine Schwangerschaft?»

«Ich trage das Kind eines Gottes unter dem Herzen, göttlicher Gaius, und es wächst und gedeiht.»

«Natürlich, aber dennoch werde ich dich vorerst schonen und mich anderswo vergnügen. Doch zuerst wollen wir speisen.»

Caligula kaute an einer Schwanenkeule und wies mit einer verächtlichen Handbewegung auf die Senatoren, die zu Hunderten an den vielen Tischen im Raum lagen. «Seht sie Euch alle an», sagte er vertraulich zu Vespasian und Sabinus auf dem Sofa neben ihm. «Sie alle hassen mich, nach dem, was ich ihnen in den letzten paar Jahren angetan habe. Aber was würden sie nicht geben, um jetzt hier an Eurer Stelle zu sein, an der Seite Eures Kaisers?»

«Ihr ehrt uns mit Eurer Gunst», bestätigte Vespasian und betrachtete ohne großen Appetit die Speisen auf dem Tisch vor sich.

«Das tue ich. Jedes einzelne dieser Schafe ist rasend eifersüchtig, nicht die gleiche Behandlung zu erfahren. Ganz gleich, was ich ihnen antue, sie heucheln noch immer Liebe zu mir.»

«Die Liebe ist nicht geheuchelt, sie hassen Euch nicht.»

Caligula schaute Vespasian belustigt an. «Lügt mich nicht an, mein Freund. Was denkt Ihr, was ich getan habe, seit ich Kaiser wurde? Gerecht geherrscht?»

Vespasian betrachtete für einen Moment Caligulas Gesicht und sah zu seiner Überraschung den Blick klar und verständig. «Ihr habt Großes geleistet, und nächstes Jahr werdet Ihr noch größere Taten vollbringen», erwiderte er vorsichtig, wobei er versuchte, das Massaker dieses Tages aus seinen Gedanken zu verbannen.

«Das habe ich, aber meine größte Leistung ist, dass ich dem Senat einen Spiegel vorgehalten habe, damit diese Männer sich als das sehen, was sie wirklich sind: Speichellecker und Schmeichler, die keine andere Art zu leben kennen. Nach all den Jahren, in denen sie sich in Verräterprozessen gegenseitig in der Hoffnung denunziert haben, die Gunst des Augustus, Tiberius oder Seianus zu erlangen, und in dem Wissen, dass der Grundbesitz ihres Opfers bei einer erfolgreichen Anklage ihnen zufallen würde, sind sie moralisch bankrott. Ich selbst habe dabei den größten Teil meiner Familie verloren, und es ist meine Ehrenpflicht, sie zu rächen.»

Vespasian und Sabinus wechselten einen Blick, beide erschrocken darüber, dass Caligula sich ihnen in einer Weise anvertraute, die einen Anklang von Wahrhaftigkeit hatte.

«Dann ging es bei all diesen Demütigungen um Rache?», fragte Sabinus.

Caligula lächelte kalt. «Natürlich. Seht Ihr, Vespasian, jetzt heuchelt Euer Bruder nicht. Ihr solltet es auch einmal versuchen. Denkt Ihr, dass ich wahnsinnig bin?»

Die Erwiderung blieb Vespasian in der Kehle stecken. Jede mögliche Antwort konnte sein Todesurteil sein.

«Antwortet! Und antwortet wahrheitsgemäß. Denkt Ihr, dass ich wahnsinnig bin?»

«Ja, das denke ich, göttlicher Gaius.»

Caligula lachte laut, doch die Heiterkeit erreichte nicht seine Augen. «Gut gemacht, mein Freund, Ihr seid der erste Mensch, der mir die Wahrheit gesagt hat, obwohl Ihr um Euer Leben fürchtet. Natürlich denkt Ihr, dass ich wahnsinnig bin, wer dächte das nicht? Und vielleicht bin ich es, oder vielleicht habe ich auch einfach nicht das Bedürfnis, mich zu zügeln. Wie dem auch sei, durch jeden scheinbar wahnsinnigen Akt erniedrige ich den Senat immer mehr. Ich will sehen, wie lange sie das ertragen und doch noch immer versuchen, mir zu schmeicheln, in der Hoffnung auf meine Gunst. Als ich krank war, kamen sie jeden Tag an meine Tür, nachdem sie für meine Genesung gebetet und Opfer dargebracht hatten, und ich wusste, dass sie nichts mehr wünschten, als zu erfahren, dass ich tot sei. Also beschloss ich, sie im Staub kriechen zu lassen, sie dazu zu bringen, etwas zu tun, das kein Römer je getan hatte: einen lebendigen Gott zu verehren. Seht sie Euch an, sie tun es. Aber ich bin kein Gott. Sie wissen das, und sie wissen auch, dass ich weiß, dass sie es wissen, und doch erhalten wir alle den Schein aufrecht. Selbst Ihr tut vor mir so, als wäre ich ein Gott, nicht wahr?»

Vespasian schluckte. «Ja, göttlicher Gaius.»

«Selbstverständlich tut Ihr das, Ihr müsst Euch selbst schützen. Ich bin der mächtigste Mann der Welt, und was ist Macht, wenn man sie nicht zur Schau trägt? Die Leute verehren die Mächtigen in dem Wunsch, dass diese ihnen ihre Gunst bezeigen. Es ist köstlich amüsant. Erinnert Ihr Euch an den Schwachkopf, der sein Leben im Tausch gegen meines anbot? Er erwartete, für seine Speichelleckerei belohnt zu werden, doch stattdessen nahm ich ihn beim Wort. Aber dann belohnte ich den Lügner mit einer Million Sesterzen, der schwor, gesehen zu haben, wie Drusillas Geist in den Himmel aufstieg, um mit den Göttern Zwiesprache zu halten. Nun wissen die Leute nicht mehr, wie sie sich verhalten sollen. Schafe! Ich werde sie immer und immer weiter drangsalieren, weil ich es kann und weil es mir Vergnügen bereitet.»

Vespasian runzelte die Stirn. «Aber irgendwann werdet Ihr es einmal zu weit treiben.»

«Werde ich das? Ich denke nicht. Sollte es tatsächlich jemandem gelingen, mich zu töten, was sehr schwierig wäre, dann würde derjenige selbst sterben. Wer hier würde das tun, dadurch all seinen Besitz verwirken und seine Familie mittellos zurücklassen? Ihr vielleicht?»

Weder Vespasian noch Sabinus antworteten.

Caligula grinste höhnisch und erhob sich. «Seht Ihr, das tätet Ihr nicht, oder? Ihr beide seid nicht besser als all die anderen, und ich werde es Euch beweisen.» Er ging zu Corvinus hinüber, der an einer der Türen stand. Clemens neben ihm schien noch immer am Boden zerstört. Die Musikanten in der Nähe spielten weiter. «Corvinus, darf ich bitten?»

«Mit Vergnügen, göttlicher Gaius», erwiderte Corvinus, öffnete die Tür und verschwand dahinter. Ein kurzer Aufschrei war zu hören, dann kam er wieder heraus und zerrte eine nackte Frau grob am Arm mit sich.

«Clementina!», schrie Sabinus und sprang von seinem Sofa auf.

Vespasian schlug seinem Bruder einen Arm quer vor die Brust und hielt ihn zurück. «Nein!», zischte er. «Caligula hat recht, du würdest sterben, und dein Besitz wäre verwirkt. Clementina und die Kinder wären mittellos.»

«Sieht das nicht köstlich aus?», sagte Caligula gedehnt und voller Genuss. «Corvinus hat es auf sich genommen, sie herzuholen, von wo auch immer Ihr sie versteckt hattet, Sabinus. Ich brauchte ihn nicht einmal darum zu bitten. War das nicht nett von ihm, Clemens?»

Clemens schloss die Augen und atmete tief, bebend vor unterdrückter Wut. Hinter der hässlichen Szene mischte sich noch immer das Spiel der Flöten und Leiern zu einer lieblichen Melodie.

Vespasian hielt Sabinus fest, der sich wehrte und jetzt von Schluchzern geschüttelt wurde.

Caligula packte Clementina am Handgelenk. «Euer Gemahl hat sich eben erst gefragt, wie er sich mir erkenntlich zeigen könnte. Welch ein Glück für ihn, dass sich so rasch eine Möglichkeit gefunden hat.» Er warf den Brüdern einen boshaften, forschenden Blick zu. «Schafe?»

Die Zeit schien langsamer zu vergehen, Töne wurden gedämpft und undeutlich, während Vespasian sein Grauen unterdrückte. Mit ausdruckslosem Gesicht hielt er Caligulas Blick für einen Moment stand, dann war ihm klar, dass der Kaiser sich getäuscht hatte: Jemand würde ihn umbringen, und zwar bald. Wie könnte es anders sein?

Aber wer würde dann seinen Platz einnehmen?

Vespasian wandte sich ab und starrte mit noch immer ausdrucksloser Miene Claudius an, den einzigen erwachsenen direkten Erben der julisch-claudischen Linie, der beim Anblick von Clementinas Körper lüstern zuckte und sabberte, während er unbewusst mit einer Hand Messalina an die Brust griff. Vespasian sah, dass Messalina und ihr Bruder Corvinus beide Clemens anstarrten und dann einen kurzen, befriedigten Blick voller Ehrgeiz wechselten. Er begriff, was Corvinus wissentlich in Gang gesetzt hatte, als er Clementina, die Schwester des Prätorianerpräfekten, entführt und hierhergebracht hatte, damit sein Herr sie schänden konnte. Corvinus wusste, dass Messalina letztendlich davon profitieren konnte, denn wer anders als ihr zukünftiger Ehemann könnte der nächste Kaiser werden?

Vespasian schaute an Messalina vorbei zu Caligulas Schwester Agrippina, die sie voller Abscheu anstarrte, ihr karottenhaariges Kind im Arm – einen weiteren männlichen Erben, jedoch viel zu jung. Sein Blick wanderte weiter zu Caesonia Milonia, deren Bauch von Caligulas Samen anschwoll und die über ihre lange Nase hinweg die beiden anderen Frauen herablassend ansah, und er wusste, dass die Frucht ihres Leibes den Tod des Kaisers nicht überleben durfte. Claudius würde es sein, dachte er, jetzt mit Gewissheit. Er schaute wieder den missgestalteten Mann an, der sich keine Mühe gab, die Erektion unter seiner Tunika zu verbergen. Er war das Beste, was die Blutlinie Caesars zu bieten hatte. Wie lange konnte man das hinnehmen?

Der schwebende Ton einer Flöte drang in sein Bewusstsein, und aus diesem Keim entstand der Gesang des Phönix, der die Stille in seinem Kopf erfüllte. Thrasyllos' Prophezeiung folgte ungebeten, und während sein Blick auf den Erben Caesars ruhte, wusste Vespasian für einen Moment die Frage, die ihn eines Tages erneut zum Tempel des Amun in Siwa führen würde. Sie verschwand so schnell, wie sie gekommen war, die Geräusche drangen wieder an seine Ohren, und die Zeit nahm weiter ihren gnadenlosen Lauf.

Clementina schaute erst ihren Mann und dann ihren Bruder flehentlich an, doch beide standen machtlos da, während der Herrscher über Leben und Tod sie aus dem Speiseraum zerrte.

Die Tür schloss sich. Clementina schrie. Clemens kam auf die Brüder zu und flüsterte Sabinus ins Ohr: «Nicht hier und nicht jetzt, aber zu einer Zeit und an einem Ort meiner Wahl tun wir es gemeinsam.»

Sabinus nickte kaum wahrnehmbar. Tränen liefen ihm über das Gesicht, und zum ersten Mal in seinem Leben fürchtete Vespasian um seinen Bruder: den Mann, dessen

Ehrgefühl stark genug war, dass es über seine Besonnenheit siegen würde.

Und dann begann er, um sich selbst zu fürchten. Er wusste, wenn Sabinus das nächste Mal nach Rom zurückkehrte, würde er den Tod im Herzen tragen, und er, Vespasian, würde sich entscheiden müssen, ob er den geheiligten Blutsbanden den Rücken kehrte oder seinem Bruder half, einen Kaiser zu ermorden.

Nachwort des Autors

Diese historische Fiktion basiert auf den Schriften von Tacitus, Sueton, Cassius Dio, Flavius Josephus und Philon von Alexandria.

Die Ereignisse um Jeschuas Kreuzigung sind, gelinde gesagt, undurchsichtig. Mir erscheinen Beweggründe und zeitliche Abläufe äußerst verworren, zweifellos weil die antiken Autoren versuchten, aus Bruchstücken eine Geschichte zu konstruieren, die zu den Vorstellungen der neuen paulinischen Lehre passte. Meine Version der Geschichte erhebt keinerlei Anspruch auf Wissenschaftlichkeit; sie ist einzig darauf ausgelegt, Sabinus zum Zeugen der Geburt einer von Menschen geschaffenen Religion zu machen, die im weiteren Verlauf der Reihe noch eine bedeutende Rolle spielen wird.

Ich bin A. N. Wilson, dem Verfasser von *Paul: The Mind of the Apostle*, dankbar für seine Theorie über Paulus' vollständigen Namen sowie für die faszinierende Idee, er könnte der Mann von der Tempelwache gewesen sein, dem Petrus das Ohr abschlug, und er könnte durchaus auch Zeuge der Kreuzigung gewesen sein.

Es gibt keine Belege dafür, dass Paulus bei der Verfolgung von Jeschuas Anhängern nach Kreta und Kyrenaika ging. Vespasian war A. D. 34 oder wenig später dort Quästor, wenn wir dem zeitlichen Ablauf in Barbara Levicks hervorragender Biographie *Vespasian* folgen. Ich habe mich für das Jahr 34 entschieden, weil es laut Tacitus das Jahr war, in dem der Phönix wiedergeboren wurde – Cassius Dio datiert dieses Ereignis auf das Jahr 36. Tacitus glaubt offenbar an den Phönix und widmet seiner Beschreibung mehr als eine halbe Seite.

Das Silphium war zu dieser Zeit im Aussterben begriffen, was für die Wirtschaft der Kyrenaika eine starke Belastung gewesen sein muss. Angeblich erhielt Nero zwanzig Jahre später die letzte verbliebene Pflanze als Geschenk.

Den Marmariden habe ich wahrscheinlich unrecht getan, indem ich sie als skrupellose Sklavenhändler darstelle, und ich entschuldige mich dafür.

Das Orakel des Amun befand sich in Siwa, Alexander hat es tatsächlich besucht, und es hat zu ihm gesprochen – was es ihm sagte, hat er nie verraten.

Caligula hatte wirklich eine lange Affäre mit Macros Frau Ennia und hat auch geschworen, sie zu seiner Kaiserin und Macro zum Präfekten von Ägypten zu machen, ehe er ihnen wegen Ehebruchs beziehungsweise Kupplerei befahl, sich selbst zu töten. Vespasians Anteil an dieser Selbsttötung ist natürlich Fiktion.

Poppaeus starb im Jahre 35 eines natürlichen Todes, und Tacitus schrieb über ihn, er habe seine Pflichten erfüllt, ohne sich jedoch besonders hervorzutun. Nichts deutet darauf hin, dass er irgendetwas mit Pomponius' Selbstmord im vorangegangenen Jahr zu tun hatte – hinter diesem steckte anscheinend Tiberius.

Die parthische Gesandtschaft kam zu dieser Zeit nach

Rom, und Tiberius unterstützte den Anspruch von Phraates, was zwei Jahre römischer Einmischung im Osten unter dem Oberbefehl von Lucius Vitellius, dem Statthalter von Syrien, nach sich zog. Es ist meine Fiktion, dass Herodes Agrippa darin involviert war, ebenso, dass er zur Zeit der Kreuzigung in Jerusalem war und dass er sich mit Macro und Poppaeus verschwor, um die östlichen Provinzen unter ihre Herrschaft zu bringen.

Dass Sabinus als Ädil für die Getreideversorgung zuständig war, ist ebenfalls meine Erfindung, allerdings muss er etwa zur fraglichen Zeit diesen Rang erreicht haben. Tiberius stellte tatsächlich in den letzten Monaten seiner Herrschaft viel Geld für den Wiederaufbau des Aventin nach einem Brand bereit. Tacitus berichtet, Macro habe Tiberius erstickt, und Cassius Dio sagt, Caligula habe dem Senat befohlen, sein Testament für nichtig zu erklären aufgrund von geistiger Verwirrtheit, die sich schon darin zeigte, dass er einen kleinen Jungen zum Miterben ernannt hatte.

Von Sueton erhalten wir einen willkommenen Hinweis darauf, wie Vespasian Caligulas Regierungszeit überlebte: Er schreibt, Vespasian sei im Senat aufgestanden, um eine Rede zu halten, in der er dem Kaiser für eine Einladung zum Essen am vorangegangenen Abend dankte. Das zeigt, dass Caligula ihn als Freund betrachtete und auch dass er erkannte, dass Unterwürfigkeit tatsächlich eine lebensrettende Untugend war.

Was Caligulas Exzesse betrifft, so waren sie zahlreich und vielfältig, wenn wir den Geschichtsschreibern glauben, und ich habe keinen Grund, das nicht zu tun, auch wenn ich gern einräumen will, dass sie möglicherweise übertrieben haben.

Alles, was er im Roman tut, wird entweder bei Sueton oder bei Cassius Dio erwähnt oder zumindest angedeutet – Tacitus' Bericht hierzu ist leider nicht überliefert. Ich habe nur in zwei Punkten übertrieben: erstens, was seinen öffentlichen Geschlechtsverkehr mit Drusilla betrifft. Mir sind keine Belege dafür bekannt, dass er für diese Auftritte eigens ein Theater erbauen ließ, allerdings haben einige der phantasievolleren modernen Autoren zu dem Thema es vermutet, und mir gefiel die Vorstellung, deshalb habe ich sie entlehnt. Wenn jemand mir zeigen könnte, wo sie historisch dokumentiert ist, würde ich mich wirklich freuen zu erfahren, dass sie den Tatsachen entspricht! Und zweitens: Dass Caligula seine beiden anderen Schwestern dazu zwang, im Palast mit den Armen der Stadt Sex zu haben, stammt aus ähnlichen Quellen. Ich habe es aufgenommen, weil ich auf diese Weise zwei Dinge kombinieren konnte: dass er den Palast in ein Bordell verwandelte und dass er seine Schwestern seinen Freunden zum Beischlaf überließ. Beides berichtet Sueton.

Caligulas Krankheit ist rätselhaft, und es wurden diverse Theorien darüber aufgestellt. Fest steht, dass er danach nie mehr derselbe war. Ich habe schamlos Robert von Ranke-Graves' Idee entlehnt, Caligula habe nach seiner Genesung geglaubt, in einen Gott verwandelt zu sein, weil sich diese Vorstellung so schön ausschmücken ließ. Meinen Dank an den Geist eines der größten Autoren historischer Fiktion.

Vespasian war während Caligulas Herrschaft als Ädil für die Straßen Roms verantwortlich. Sueton legt großes Gewicht auf den Vorfall, bei dem Caligula, vom Zustand der Straßen angewidert, befahl, den Faltenbausch von Vespasians Toga mit Unrat zu füllen. Er behauptet, es sei ein

Zeichen dafür gewesen, dass Rom eines Tages Vespasian in den Schoß fallen werde. Ich persönlich denke, es war ein Zeichen dafür, dass Vespasian sich nicht sonderlich für sein Amt begeisterte.

Valerius Catullus war es, nicht Clemens, der behauptete, Caligula bis zur Erschöpfung befriedigt zu haben, aber es war ein hübsches Detail, das ich aufnehmen wollte.

Antonia wurde durch Caligulas Verhalten in den Selbstmord getrieben, und es ist mehr als wahrscheinlich, dass sie in ihrem Testament Caenis die Freiheit schenkte, da diese inzwischen das Mindestalter von dreißig Jahren erreicht haben musste.

Vespasians Rolle bei der Beschaffung von Alexanders Brustpanzer ist wiederum meine Fiktion, aber jemand musste schließlich hingehen und ihn holen, also warum nicht unser Held? Auf diese Weise ist er auch zur Zeit der Aufstände der Juden A.D. 38 in Alexandria. Die Aufstände und Herodes Agrippas Schmach habe ich auf Grundlage der Berichte von Flavius Josephus und Philon von Alexandria und des exzellenten Werks *Alexandrian Riots of 38 CE and the Persecution of the Jews* von Sandra Gambetti geschildert. Dass Paulus sich zur fraglichen Zeit dort aufhielt, ist meine Fiktion, aber wenn er nach seiner Bekehrung auf der Straße nach Damaskus tatsächlich drei Jahre lang in der Wüste lebte, muss er um das Jahr 38 herum wieder in Erscheinung getreten sein, wenn auch wahrscheinlich nicht in Alexandria.

Mein Lieblingskommentar zu den Aufständen stammt von Philon von Alexandria, dem Bruder des Alabarchen Alexander, der sich weniger über all das Morden empörte als über die Tatsache, dass Juden von hohem Stand mit Peitschen geschlagen wurden wie gemeine ägyptische Bauern auf den Feldern statt mit der Rute, wie es ihrem Rang entsprochen hätte. Und dann wurden die Peitschenschläge zu allem Übel auch noch von Griechen der niedersten Klasse ausgeführt. Schändlich!

Vespasian muss Flavia Domitilla innerhalb des Handlungszeitraums dieses Romans kennengelernt haben. Sie war die Mätresse von Statilius Capella von Sabrata und Tochter von Flavius Liberalis, dem Schreiber eines Quästors, der in den Ritterstand aufstieg.

Caligulas Brücke über die Bucht von Neapel muss einen wunderbaren Anblick geboten haben; allerdings verursachte sie eine erhebliche Nahrungsknappheit in Italien. Die geschilderten Ereignisse sind sämtlich historischen Quellen entnommen, nur dass sie sich bei mir alle an einem Tag zutragen statt an zweien. Corbulo hatte wahrscheinlich nichts mit dem Bau der Schiffbrücke zu tun, aber er beklagte sich tatsächlich im Senat über den Zustand der Straßen und bekam dafür von Caligula die Zuständigkeit für die Straßen übertragen – vielleicht im Scherz?

Caligulas Schändung der Clementina am Ende ist fiktional, ihm allerdings durchaus zuzutrauen.

Ich danke wieder einmal meinem Agenten Ian Drury von Sheil Land Associates ebenso wie Gaia Banks und Virginia Ascione von der Abteilung für Auslandslizenzen, die sich sehr für mich eingesetzt haben.

Danke auch an Sara O'Keefe und Toby Mundy bei Corvus / Atlantic dafür, dass sie an die «Vespasian»-Reihe glauben und sie weiter verlegen.

Wieder einmal war es mir ein Vergnügen, mit meiner Lektorin Richenda Todd zusammenzuarbeiten, die wie immer das Buch viel besser gemacht hat, als ich es allein gekonnt hätte.

Und schließlich danke ich dir, Anja, dafür, dass du dir jeden Abend mein Werk des Tages anhörst.

In *Der gefallene Adler* geht Vespasians Geschichte in Germanien und Britannien weiter.